Miguel Cabrera (1695-1768)
Alegoría de la Virgen protectora de los dominicos
Museu Nacional de Arte do México

R. GARRIGOU-LAGRANGE, O.P.

A MÃE DO SALVADOR

e nossa vida interior

Tradução de José Eduardo Câmara de Barros Carneiro

ECCLESIAE

A Mãe do Salvador e nossa vida interior
Pe. Réginald Garrigou-Lagrange, O.P.
1ª edição – abril de 2017 – CEDET

Título original: *La Mère du Sauveur et notre vie intérieur*. Paris: Éditions du Cerf, 1948.
Tradução do original francês, cotejada com a edição espanhola *La Madre del Salvador y nuestra vida interior*. Buenos Aires: Desclée de Brouwer.

Os direitos desta edição pertencem ao
CEDET – Centro de Desenvolvimento Profissional e Tecnológico
Rua Ângelo Vicentin, 70
CEP: 13084-060 - Campinas - SP
Telefone: 19-3249-0580
e-mail: livros@cedet.com.br

Editor:
Diogo Chiuso

Tradução:
José Eduardo Câmara de Barros Carneiro

Revisão:
Lucas Cardoso

Diagramação:
Maurício Amaral

Capa:
J. Ontivero

Conselho Editorial:
Adelice Godoy
César Kyn d'Ávila
Diogo Chiuso
Silvio Grimaldo de Camargo
Thomaz Perroni

§ ECCLESIAE – www.ecclesiae.com.br

Reservados todos os direitos desta obra.
Proibida toda e qualquer reprodução desta edição por qualquer meio ou forma, seja ela eletrônica ou mecânica, fotocópia, gravação ou qualquer outro meio de reprodução, sem permissão expressa do editor.

SUMÁRIO

Prefácio 11

PRIMEIRA PARTE – A Maternidade Divina e a plenitude da graça 13

Capítulo I –   A eminente dignidade da maternidade divina 15
    Artigo I –   A predestinação de Maria 17
    Artigo II – Outras razões da eminente dignidade da Mãe de Deus .. 24

Capítulo II – A plenitude inicial de graça em Maria 35
    Artigo I –   As diversas plenitudes de graça 35
    Artigo II – O privilégio da Imaculada Conceição 39
    Artigo III – Maria foi isenta de toda falta, mesmo venial? 53
    Artigo IV – A perfeição da primeira graça em Maria 57
    Artigo V – As consequências da plenitude inicial de graça 66

Capítulo III – A plenitude de graça no instante da Encarnação e após 75
    Artigo I –   O progresso espiritual em Maria até a Anunciação 75
    Artigo II – O aumento considerável da graça em Maria no instante da Encarnação 87
    Artigo III – A Visitação e o *Magnificat* 92
    Artigo IV – Da perpétua virgindade de Maria 95
    Artigo V – Dos principais mistérios que aumentaram a plenitude de graça em Maria após a Encarnação 99
    Artigo VI – Os dons intelectuais e as principais virtudes de Maria ... 111

Capítulo IV – A plenitude final de graça em Maria 125
    Artigo I – Qual foi a plenitude final no momento da morte da Santíssima Virgem 125
    Artigo II – A Assunção da Santíssima Virgem 128
    Artigo III – A plenitude final de graça no céu 139

SEGUNDA PARTE – Maria, Mãe de todos os homens: sua mediação universal e nossa vida interior 143

Capítulo I – A Mãe do Redentor e de todos os homens 145
    Artigo I – A Mãe do Salvador associada à sua obra redentora 145
    Artigo II – A Mãe de todos os homens 152

Capítulo II – A mediação universal de Maria durante sua vida terrestre .. 159
    Artigo I – A mediação universal de Maria em geral 159
    Artigo II – Os méritos de Maria para nós 166
    Artigo III – Os sofrimentos de Maria co-redentora 173

Capítulo III – A mediação universal de Maria no Céu 185
    Artigo I – A poderosa intercessão de Maria 185
    Artigo II – A dispensadora de todas as graças, seu modo de influência 191
    Artigo III – A universalidade da mediação de Maria e sua definibilidade 203

Capítulo IV – Mãe de Misericórdia 211
    Artigo I – Grandeza e força dessa maternidade 211
    Artigo II – Principais manifestações de sua misericórdia 213

Capítulo V – A realeza universal de Maria 221
    Artigo I – Sua realeza em geral 222
    Artigo II – Os aspectos particulares da realeza de Maria 226

Capítulo VI – A verdadeira devoção à Santíssima Virgem 237
    Artigo I – O culto de hiperdulia e seus benefícios 237
    Artigo II – O Rosário 243
    Artigo III – A consagração a Maria 248
    Artigo IV – A união mística a Maria 257
    Artigo V – A consagração do gênero humano a Maria, para a pacificação do mundo 264

Capítulo VII – A predestinação de São José e sua eminente santidade ... 269

Apêndice – A Santíssima Virgem e a França 285

Deus, humilium celsitudo...
Deus, que sois a grandeza
dos humildes, revelai-nos
a humildade de Maria
proporcional à elevação
de sua caridade.

À BEM-AVENTURADA VIRGEM MARIA
MÃE DE DEUS
E NOSSA MÃE
que pôs em Deus toda sua grandeza
e que d'Ele foi plenificada.
Homenagem profundíssima de gratidão
E de filial obediência.

PREFÁCIO

Este livro é, em nosso propósito, uma exposição das grandes doutrinas de Mariologia em sua relação com nossa vida interior. Escrevendo-o, constatamos, em várias das mais belas teses, que frequentemente o teólogo, em um primeiro período de sua vida, está inclinado por um sentimento de piedade e de admiração; em um segundo período, dando-se conta de certas dificuldades e das dúvidas de alguns autores, é menos afirmativo. Em um terceiro, tendo a oportunidade de aprofundar estas teses em ambos os pontos de vista, positivo e especulativo, ele retorna à sua primeira afirmação, não mais somente por um sentimento de piedade e de admiração, mas com conhecimento de causa, dando-se conta, pelos testemunhos da Tradição e pela elevação das razões teológicas geralmente alegadas, que as coisas divinas, e particularmente as graças de Maria, são mais ricas do que pensamos; então, o teólogo afirma não mais somente porque é belo e tão geralmente admitido, mas porque é verdadeiro. Se as obras-primas da arte humana em literatura, pintura e música contêm tesouros insuspeitados, igualmente acontece, com razão mais forte, para as obras-primas de Deus na ordem da natureza e, mais ainda, naquela da graça, especialmente se esta última está em relação imediata com a ordem hipostática constituída pelo próprio mistério da Encarnação do Verbo.

Parece-nos que estes três períodos tão frequentes na evolução do pensamento dos teólogos podem ser indicados no progresso do pensamento de Santo Tomás sobre a Imaculada Conceição.[1]

Estes três períodos não carecem de analogia com outros três que lhe assemelham do ponto de vista afetivo. Frequentemente verificamos que há no início aquela devoção sensível, por exemplo, ao Sagrado Coração ou à Santíssima Virgem; depois aquela aridez da

---
[1] Ver nesta obra, Primeira parte, capítulo II, artigo 2, fim.

sensibilidade; e enfim aquela devoção espiritual perfeita, que tem seu transbordamento sobre a sensibilidade; então se reencontra a devoção sensível, mas de um modo todo diferente da primeira fase; onde nos detemos muito e onde a alma não está suficientemente desapegada dos sentidos.

Digne-se o Senhor fazer compreender o que deve ser este progresso espiritual aos leitores deste livro, em que gostaria de fazer entrever a grandeza da Mãe de Deus e de todos os homens.

Não expomos aqui opiniões particulares, mas tentamos colocar em relevo a doutrina que é mais comumente admitida entre os teólogos, notadamente entre os tomistas, esclarecendo-o, o máximo possível, pelos princípios formulados por Santo Tomás.[2]

Certificamo-nos particularmente sobre a propriedade dos termos, evitando o máximo possível a metáfora, muitas vezes demasiado frequente em relação à Santíssima Virgem. A bibliografia principal será citada à medida que as questões serão tratadas.

---

[2] Para a parte positiva deste trabalho, utilizamos muito a *Mariologia* do Pe. B.-H. Merkelbach, O.P., publicada em 1939, e apesar de não siguirmos algumas opiniões que nela são expostas, esta obra nos parece merecer também, por sua parte especulativa, grandes elogios, quanto à ordem das questões e à precisão das razões teológicas, que são colocadas em valor segundo a doutrina de Santo Tomás.

PRIMEIRA PARTE

A Maternidade Divina e a plenitude da graça

CAPÍTULO I
A eminente dignidade da maternidade divina

Na doutrina revelada sobre a Virgem Maria, as duas grandes verdades que tudo dominam como dois cumes e de onde derivam todos os outros são a maternidade divina e a plenitude da graça, afirmadas uma e outra no Evangelho e nos Concílios. Para bem ver sua importância, é bom compará-los, buscando qual é o primeiro dos dois, aquele do qual tudo flui em mariologia. Assim, os teólogos se perguntam: O que é que há de maior em Maria? É sua maternidade divina, seu título de Mãe de Deus, ou é a plenitude de graça?

Posição do problema

Alguns[1] responderam: é a plenitude de graça. Eles se inclinaram a esta maneira de ver porque o Evangelho relata que, ao passar Jesus no meio do povo, uma mulher disse (Lc 11, 27): "Bem-aventurado o ventre que te trouxe, e os seios que te amamentaram"; e Jesus respondeu: "Antes bem-aventurados aqueles que ouvem a palavra de Deus e a observam". Pareceu a alguns, a partir dessa resposta do Salvador, que a plenitude da graça e da caridade, princípio dos atos sobrenaturais e meritórios de Maria, é superior à maternidade divina, que por si mesma seria de ordem corporal.

Conforme muitos outros teólogos,[2] essa razão não é conclusiva, por vários motivos; primeiramente, porque esta mulher do povo não

---

[1] GABRIEL BIEL in III^(am) Sent., dist. IV, a. 3, dub. III, p. 2, Brescia, 1574, p. 67ss e alguns outros que mais ou menos o seguiram. Assim VASQUEZ, in III^(am), disp. XXIII, c. II et disp. C, c. II, atribui a graça santificante uma dignidade superior à maternidade divina. Ver sobre esta opinião *Dictionnaire de théologie catholique*, art. Marie, par E. Dublanchy, marista, cc. 2356ss.

[2] Deve-se citar em particular, entre os tomistas, Contenson, Gotti, Hugon e Merkelbach. Na sua *Mariologia*, 1939, p. 68, o Pe. Merkelbach cita como tendo admitido, de modo mais

falava precisamente da maternidade divina; ela ainda não considerava Jesus como Deus, mas antes como um profeta escutado, admirado e aclamado, e ela falava principalmente da maternidade corporal segundo a carne e o sangue: Bem-aventurado o ventre que te trouxe, e os seios que te amamentaram". Ela não pensava no que a maternidade divina comportava espiritualmente como consentimento espiritual e meritório ao mistério da Encarnação redentora. Daí a resposta de Nosso Senhor: "Antes bem-aventurados aqueles que ouvem a palavra de Deus e a observam". Mas precisamente Maria tornou-se Mãe do Salvador escutando a palavra de Deus, crendo, dizendo generosamente com uma perfeita conformidade de vontade ao beneplácito de Deus e a tudo o que isso implicaria: "*Ecce ancilla Domini, fiat mihi secundum verbum tuum*"; e ela não deixou de conservar as palavras divinas em seu coração, depois do bendito dia da Anunciação. De modo que Santa Isabel disse-lhe: "*Beata quæ credidisti, quoniam perficientur ea quæ dicta sunt tibi a Domino*" – "Bem-aventurada és tu que creste nas palavras divinas, porque elas serão realizadas em ti" (Lc 1, 45), enquanto que Zacarias ficou mudo por não ter acreditado nas palavras do anjo Gabriel: "*Et ecce eris tacens (...) pro eo quod non credidisti verbis meis*" – "E eis que ficarás mudo (...) pois não crestes nas minhas palavras" (Lc 1, 20).

A questão, portanto, permanece intacta: o que há de maior em Maria, a maternidade divina tal qual foi nela se realizou, ou a plenitude da graça e da caridade?

Para precisar mais a questão, é preciso insistir sobre este ponto: que a maternidade em uma criatura *racional* não é somente a maternidade segundo a carne e o sangue como nos animais, porque ela exige de si o *livre consentimento* dado à luz da reta razão a um ato cujo *exercício* implica em si a liberdade e as leis morais relativas ao matrimônio, de outro modo seria uma culpa. Mais ainda, para a maternidade divina, foi pedido a Maria um consentimento não somente livre, mas *sobrenatural* e *meritório*, sem o qual, conforme o plano da

---

ou menos explícito, que a Maternidade divina é o maior título de glória de Maria: o Pseudo-Epifânio, Santo Ambrósio, São Sofrônio, São Germano de Constantinopla, São João Damasceno, André de Creta, São Pedro Damião, Santo Anselmo, Eadmer, Pedro de Celles, São Bernardo, Santo Alberto Magno, São Boaventura, Santo Tomás, Dionísio o Cartuxo, São Bernardino de Sena, Santo Afonso e geralmente os tomistas como Contenson, Gotti, Hugon. Leão XIII disse também na Encíclica *Quamquam pluries*, 15 de agosto de 1889: "Certe Matris Dei tam in excelso est dignitas, ut nihil fieri majus queat". Cf. *Dict. Théol. cath.*, *art. citado*, cc. 2349-2359.

Providência, o mistério da encarnação redentora não se realizaria; e ela o dá, diz Santo Tomás, em nome da humanidade (III[a], q. 30, a. 2).

Não é, portanto, somente uma maternidade material, segundo a carne e o sangue, mas uma maternidade que por sua própria natureza requer o consentimento sobrenatural à realização do mistério da Encarnação redentora, tal como deve ser realizada *hic et nunc*, e a tudo que resulta de sofrimentos segundo as profecias messiânicas, particularmente as de Isaías, bem conhecidas por Maria. Além disso, não pode haver questão da maternidade divina de Maria, sem que ela seja, segundo o plano da Providência, *a digna Mãe do Redentor* com uma perfeita conformidade de vontade àquela de seu Filho. Igualmente, a Tradição diz que ela *concebeu duplamente* seu Filho, no corpo e na alma; *no corpo*: ele é carne de sua carne, a tocha da vida humana de Cristo foi acessa no seio da Virgem por operação do Espírito Santo na mais perfeita pureza; *na alma*: porque foi preciso o consentimento expresso da Virgem, para que o Verbo se unisse nela à nossa natureza.

À questão assim colocada, a grande maioria dos teólogos responde que, segundo a Tradição, a maternidade divina, proclamada no Concílio de Éfeso, é superior à plenitude da graça e da caridade, e que o maior título de glória de Maria é o de Mãe de Deus.

As altas razões em que se apóia esta afirmação são as seguintes. Nós pedimos toda a atenção do leitor a estas primeiras páginas; uma vez entendidas, é fácil entender bem tudo o que segue.

Artigo I
A PREDESTINAÇÃO DE MARIA

Vejamos qual foi o objeto primeiro da predestinação da Santíssima Virgem, e em que sentido ele foi absolutamente gratuito.

Maria foi predestinada à maternidade divina antes de o ser à plenitude da glória e da graça.

Este ponto da doutrina pode parecer mui elevado para ser exposto desde o início desta obra; mas ele é deveras fácil de compreender, é geralmente admitido ao menos implicitamente e esclarece desde o alto tudo o que iremos dizer a seguir.

Como diz, com efeito, São Pio IX na bula *Ineffabilis Deus*, ao proclamar o dogma da Imaculada Conceição, *por um mesmo decreto eterno* Deus predestinou *Jesus à filiação divina natural*, imensamente superior à filiação divina adotiva, e *Maria a ser Mãe de Deus*; porque a predestinação eterna de Cristo influi não somente sobre a Encarnação, mas sobre as circunstâncias em que se deveria realizar, em que tempo e lugar, em particular sobre este: "*Et incarnatus est de Spiritu Sancto ex Maria virgine*",[3] como diz o Símbolo Niceno-Constantinopolitano. Por um mesmo decreto, Jesus foi predestinado a ser Filho do Altíssimo e Maria a ser Mãe de Deus.[4]

Daqui resulta que, como Jesus foi predestinado à filiação divina natural antes (*in signo priori*) de o ser ao mais alto grau de glória, e depois à plenitude de graça, gérmen da glória; do mesmo modo a Bem-aventurada Virgem Maria foi predestinada primeiro à maternidade divina, e em consequência a um altíssimo grau de glória celeste, e depois à plenitude de graça, para que ela fosse plenamente digna de sua missão de Mãe do Salvador, uma vez que, como Mãe, ela deveria estar *mais intimamente associada* que qualquer outra pessoa à obra redentora de seu Filho, com a mais perfeita conformidade de vontade. É o que diz, em substância, São Pio IX na bula *Ineffabilis Deus*.[5]

---

[3] As palavras *natus ex Maria virgine* estão inseridas no Símbolo ao menos desde o século II no Ocidente.

[4] "Ineffabilis Deus – diz Pio IX em 8 de dezembro de 1854 – ab initio et ante saecula *Unigenito Filio suo*, *matrem* ex qua caro factus in beata temporum plenitudine nasceretur, *elegit*, atque ordinavit tantoque *prae creaturis universis est prosecutus amore*, ut in illa una sibi *propensissima voluntate complacuerit* (...). Ipsissima verba, quibus divinae Scripturae de increata Sapientia loquuntur, ejusque sempiternas origines repraesentant, consuevit (Ecclesia), tum in ecclesiasticis officiis, tum in sacrosancta liturgia adhibere, et ad illius Virginis primordia transferre, quae *uno eodemque decreto* cum divinae sapientiae Incarnatione fuerunt praestituta". A predestinação gratuita de Cristo é exemplar e é a causa da nossa, porque mereceu-nos todos os efeitos de nossa predestinação, como mostra Santo Tomás, IIIª, q. 24, a. 4.
Mas há algo de muito especial para Maria: é que sua predestinação à maternidade divina *não foi senão uma mesma coisa* com o decreto eterno da Encarnação. Isso resulta manifestamente do texto de Pio IX que acabamos de citar.

[5] É afirmado também, de um modo belíssimo, na oração da missa votiva do Rosário (missal dominicano: "Omnipotens et misericors Deus, qui ab aeterno Unigenitum tibi coaequalem atgue consubstantialem Filium *secundum carnem praedestinasti* in Spiritu sanctificationis D.N.J.C., et sanctissimam Virginem Mariam tibi acceptissimam *in matrem eidem a saeculo praeelegisti*."
Desde toda a eternidade, Deus Pai, predestinando Cristo à filiação divina natural, amou e escolheu (dilexit, elegit et praedestinavit) Maria como sua Mãe, a qual, por consequência, a quis com a plenitude de glória e de graça. Como diz Pio IX na bula *Ineffabilis Deus*: "Et quidem decebat omnino ut perfectissimae sanctitatis splendoribus semper ornata fulgeret". Santo Tomás, *in Ep. ad Rom.*, VIII, lect. 5, éd. Marietti, p. 118, diz: "Post Christum habuit Maria maximam plenitudinem gratiae, quae ad hoc est electa, ut esset mater Dei".
A predestinação de Maria à maternidade divina contém imediatamente, como consequência, a sua predestinação à glória e à graça, porque esta maternidade é uma relação tão íntima com Deus que exige ou postula a participação da natureza divina. Não se concebe a Mãe de Deus privada da graça. Cf. HUGON, *De Virgine Maria Deipara*, 1926, p. 734. A maternidade divina implica a confirmação em graça e a *impecabilidade*, porque ela requer *um mútuo e perpétuo amor da Mãe de Deus e seu Filho*; Deus devia a si mesmo preservar sua Mãe de toda falta, que a separaria dele. Cf. Hugon, *ibid.*, p. 736.

E, portanto, como em Jesus a dignidade de Filho de Deus ou de Verbo feito carne o eleva imensamente sobre a plenitude de graça criada, de caridade e de glória que recebeu sua santa alma, como consequência da Encarnação, ou da união hipostática das duas naturezas nele; do mesmo modo em Maria a dignidade de Mãe de Deus a eleva sobre a plenitude de graça, de caridade e mesmo sobre a plenitude de glória celeste que ela recebeu em razão de sua predestinação excepcional a essa divina maternidade.

Segundo a doutrina admitida por Santo Tomás e muitos outros teólogos sobre o motivo da Encarnação (para a redenção da humanidade), a predestinação de Maria para ser a *Mãe* do Redentor depende da previsão e permissão do pecado de Adão. E esta falta foi permitida por Deus para um bem maior, como explica Santo Tomás, III³, q. 1, a. 3, ad 3, porque "onde abundou a falta, superabundou a graça" pela Encarnação redentora.[6]

Como Deus quer o corpo do homem para a alma, e essa para vivificar o corpo, de modo que ela não seria criada se o corpo não estivesse disposto para recebê-la, o próprio Deus permitiu o pecado para repará-lo por este bem maior que é a *Encarnação redentora*, e ele o quis para a regeneração das almas, de tal modo que, no plano atual da Providência, a Encarnação não teria ocorrido sem o pecado. Mas, nesse plano, tudo fica subordinado a Cristo e a sua santa Mãe, e é sempre verdade dizer com São Paulo (1Cor 3, 23): "Tudo é vosso, mas vós sois de Cristo, e Cristo é de Deus".[7]

A grandeza de Cristo e de sua Santa Mãe não são em nada diminuídos.

Maria foi, portanto, predestinada primeiro à maternidade divina. Esta dignidade se mostra ainda superior se observamos que a Santíssima Virgem, que pôde merecer a glória ou o Céu, não pôde merecer

---

[6] Pio IX, na bula *Ineffabilis Deus*, no início, fala sobretudo neste mesmo sentido: "Ineffabilis Deus (...) cum ab omni aeternitate praeviderit luctuosissimam humani generis ruinam ex Adami transgressione derivandam, atque in mysterio a saeculis abscondito primum suae bonitatis opus decrevit per Verbi incarnationem sacramento occultiore complere, ut quod in primo Adamo casurum erat, in secundo felicius erigeretur, ab inilio et ante saecula Unigenito Filio suo matrem ex qua (...) nasceretur, elegit alque ordinavit (...)".

[7] Explicamos este ponto longamente em outro lugar: *Sauveur et son amour pour nous*, 1933, pp. 129-136, e na revista *Angelicum*, 1930 et 1932: *Motivum incarnationis fuit motivum misericordiae (...) Causae ad invicem sunt causae*. O pecado a reparar é primeiro na ordem da causalidade material. A Encarnação redentora é primeiro na ordem da causalidade final, e isto na intenção divina antes da execução pré-concebida.

a Encarnação nem a maternidade divina, porque *a Encarnação e esta divina maternidade ultrapassam a esfera do mérito dos justos*, a qual está ordenada à visão beatífica como ao seu fim último.[8]

Há outra razão verdadeiramente demonstrativa, e é que o *princípio do mérito não pode ser merecido*; ora, a Encarnação é, depois do pecado original, o princípio eminente de todas as graças e, por conseguinte, de todos os méritos dos justos; não pode, portanto, ser merecida. Maria, pelas mesmas razões, não pôde merecer, nem *de condigno* nem *de congruo*, sua divina maternidade, pois isso teria sido merecer a Encarnação.[9]

Como diz muito precisamente Santo Tomás, o que Maria pôde merecer pela plenitude inicial de graça, que ela tinha gratuitamente recebido pelos méritos futuros de seu Filho, é o aumento de caridade e um grau superior de pureza e de santidade que convinha, para que fosse digna Mãe de Deus.[10] E, como diz Santo Tomás em outro lugar, "Maria não mereceu a Encarnação (nem a maternidade divina), mas dado o decreto da Encarnação, ela mereceu com um mérito de conveniência que esta se fizesse por ela",[11] isto é, que ela mereceu o grau de santidade que convinha à Mãe de Deus, grau que nenhuma outra virgem mereceu de fato e nem mesmo o poderia merecer, porque nenhuma outra tinha recebido e nem poderia receber a plenitude inicial de graça e de caridade que foi o princípio de um tal mérito.

Essa primeira razão da eminente dignidade de Mãe de Deus, advinda de sua predestinação gratuita a este título, o mais alto de todos,

---

[8] Cf. Santo Tomás, III^a, q. 2, a. 11 : "Neque opera cujuscumque hominis potuerunt esse meritoria hujus unionis (hypostaticae) ex condigno. Primo quidem quia opera meritoria hominis proprie ordinantur ad beatitudinem, quae est virtutis praemium et consistit in pierre Dei fruitione. *Unio autem incarnationis*, cum sit in esse personali, *transcendit unionem beatae mentis ad Deum*, quae est per actum fruentis, et ideo non potest cadere sub merito".

[9] *Ibidem*: "Secundo, quia gratia non potest cadere sub merito, quia est, merendi principium. Unde multo minus incarnatio cadit sub merito, quia est principium gratiae, secundum illud Joannis 1, 17, 'gratia et veritas per Jesum Christum facta est'". Maria não pôde merecer a Encarnação e sua maternidade divina nem de um mérito *de condigno*, nem mesmo de um mérito *de congrue proprie*, porque este último se funda sobre a amizade da caridade, a qual provém nos justos da influência de Cristo redentor. A causa eminente de nossos méritos não pode ser merecida.

[10] III^a, q. 2, a. 11, ad 3: "Beata Virgo, dicitur meruisse portare Deminum omnium, non quia meruit ipsum incarnari; sed quia meruit ex gratia sibi data illum puritatis et sanctitatis gradum, ut congrue posset esse mater Dei".

[11] III *Sent.*, d. IV, q. 3, a. 1, ad 6: "Beata Virgo non meruit incarnationem, sed praesupposita incarnatione, meruit quod per eam fieret, non merito condigni, sed merito congrui, in quantum decebat quod mater Dei esset purissima et perfectissima".

é de uma espantosa claridade. Contém três verdades que são como estrelas de primeira grandeza no céu da teologia: 1ª. Que, *por um mesmo decreto*, Deus predestinou Jesus à filiação divina natural e Maria à maternidade divina; 2ª. Que Maria foi, portanto, predestinada a esta divina maternidade *antes de o ser* à glória e a um alto grau de glória e de graça, que Deus quis para ela para que fosse digna Mãe do Salvador; 3ª. Que, apesar de Maria ter merecido o céu *de condigno* ou de um mérito de condignidade, ela não pôde merecer[12] a Encarnação, nem a maternidade divina, porque ela ultrapassa absolutamente a esfera e o fim último do mérito dos justos que somente está ordenado à vida eterna dos eleitos.

Esta razão pareceu evidentemente conclusiva a muitos teólogos; contempla virtualmente e mesmo implicitamente aquelas que nós exporemos no artigo seguinte, e que não são senão seu desenvolvimento, como a história de um predestinado é o desenvolvimento de sua eterna predestinação.[13]

A gratuidade da predestinação de Maria

Algumas precisões sobre a eminente predestinação de Maria permitem melhor compreender a gratuidade.

Deve-se notar que *Cristo* é entre todos os homens *o primeiro dos predestinados*, pois sua predestinação é o exemplar e a causa da nossa;

---

[12] Nem mesmo de um mérito *de congruo proprie*, pois este seria fundado sobre a caridade de Maria, a qual provém dos méritos futuros de Cristo, fonte eminente dos nossos. Mas a Santíssima Virgem pôde, por suas orações, cujo valor impetratório pode ser chamado mérito *de congrue improprie* (relativo à infinita misericórdia e não à justiça), obter a vinda do Salvador prometido.

[13] Ver sobre este ponto: *Vie intérieure de la Très Sainte Vierge*, obra que recolhe os escritos de M. OLIER, Roma, 1866, t. I, cap. 1: "Predestinação de Maria à dignidade augusta de Mãe do Verbo Encarnado: decretando a Encarnação de seu Filho, Deus Pai escolheu a Santíssima Virgem por esposa", pp. 53-60. – "Consequências: abundância prodigiosa de luzes e de amor, derramadas na alma de Maria, no momento de sua concepção", pp. 101ss. "Glória que ela dá a Deus desde que foi concebida", pp. 106-115. – Cap. III: "Apresentação e permanência de Maria no Templo: Maria supria aos deveres da Sinagoga adorando no templo Jesus Cristo sob todas as figuras do Antigo Testamento, ela já o oferecia sob a figura todas as vítimas imoladas", pp. 136-143, "Maria chamava o Messias em nome dos gentios e da Sinagoga, das quais ocupava o lugar", p. 148. – Cap V: "Realização do mistério da Encarnação. O Espírito Santo encheu Maria de uma plenitude de dons, que a tornam atualmente digna da maternidade divina", pp. 203ss. "Amor incompreensível de Maria pelo Verbo Encarnado nela, e do Verbo por Maria", pp. 250ss. "No momento da Encarnação, o Verbo desposa a Igreja, na pessoa de Maria, a qual para isso lhe comunica seus dons", p. 253. "Explicação do *Magnificat*", pp. 294-313. – Cap. VIII: "Nascimento de Jesus Cristo: Maria é a Mãe espiritual de todos os cristãos", pp. 327-345. – Cap. IX: "A Apresentação de Jesus no Templo por Maria", pp. 363ss. – "Sociedade de Jesus e de Maria, sua união", pp. 405-434.

ele nos mereceu de fato todos os efeitos de nossa predestinação, como mostra Santo Tomás, III³, q. 24, a. 3 et 4.

Ora, Cristo como homem foi predestinado, acabamos de dizer, à filiação divina natural, imensamente superior à filiação adotiva, antes de o ser à glória e à graça. Essa predestinação primeira não é outra, portanto, que o próprio decreto da Encarnação, e esse decreto eterno influi, como o vimos, não somente sobre a Encarnação abstratamente considerada, ou, por assim dizer, a substância da Encarnação, mas também sobre as circunstâncias da Encarnação, que deveria se realizar *hic et nunc*, em tal lugar e em tal tempo, de tal modo que o Verbo devia encarnar-se no seio da Virgem Maria, "desposada com um homem que se chamava José, da casa de Davi" (Lc 1, 27).

A predestinação de Jesus à filiação divina natural implica, pois, na de Maria à maternidade divina. Portanto, *a predestinação de Maria a esta divina maternidade é manifestamente anterior à sua predestinação de glória, pois Cristo é o primeiro dos predestinados*. Isso confirma grandemente o que nós dissemos nas páginas precedentes.[14]

É manifesto também que a predestinação de Maria, como aquela de Cristo, é *gratuita*. É claro, com efeito, que Jesus foi predestinado à filiação divina natural independentemente de seus méritos, pois seus méritos pressupõem a sua pessoa divina de Filho de Deus, e Jesus como homem foi precisamente predestinado a ser Filho de Deus por natureza. Este é o princípio de todos seus méritos, e este princípio não pôde, portanto, ser merecido; seria, ao mesmo tempo, causa e efeito sob o mesmo aspecto, causaria a si mesmo.[15]

Igualmente, a predestinação de Maria à maternidade divina é gratuita ou independente dos méritos da Santíssima Virgem, pois, nós o vimos, ela não pôde merecer esta divina maternidade, pois teria sido merecer a própria Encarnação, que é o princípio eminente de todos os méritos dos homens depois da queda. Por isso, Maria diz no seu *Magnificat* (Lc 1, 46.48): "Minha alma glorifica o Senhor (...) porque olhou para a baixeza (ou a humilde condição) de sua serva".

---

[14] SUÁREZ fala como os tomistas sobre este ponto; cf. in III^(am), *De mysteriis Christi*, disp. I, sect. 3, n. 3 : "Dicitur B. Virginem, nostro modo intelligendi, prius secundum rationem *praedestinatam* esse et electam ut *esset Mater Dei*, quam ad tantam gratiam et gloriam (...) Ideo enim B. Virgo praedestinata est ad tantam gratiam et gloriam, quia electa est in Matrem Dei (...), ut esset ita disposita sicut Matrem Dei decebat". Voir aussi SUÁREZ, *ibid*, disp. X, sect. VIII.

[15] Cf. Santo Tomás, III³, q. 2, a. 11 : "In Christo omnis operatio subsecuta est unionem (cum Verbo); ergo nulla ejus operatio potuit esse meritoria unionis". *Item* III s, q. 24, a. 1 et 2.

Quanto à predestinação de Maria à glória e à graça, ela é também manifestamente gratuita, como resultado ou consequência moralmente necessária de sua predestinação totalmente gratuita à maternidade divina. E, contudo, Maria mereceu o Céu, pois ela foi predestinada a obtê-lo por seus méritos.[16] Sobre a predestinação de Maria, cf. *Dict. Théol.*, art. *Marie*, c. 2358.[17]

Vê-se, pois, a ordem do plano divino: 1º. Deus quis manifestar sua bondade; 2º. Quis a Cristo e sua glória de Redentor, o que supõe a permissão simultânea do pecado original para um bem maior; 3º. Quis a Bem-aventurada Virgem Maria como Mãe de Deus Redentor; 4º. Quis, por via de consequência, a glória de Maria; 5º Quis a graça e os méritos pelos quais ela obteria esta glória; 6º. Quis a glória e a graça dos outros eleitos.

A predestinação de Maria aparece assim em toda sua elevação. Compreende-se por que a Igreja aplica a ela por extensão estas palavras do livro dos Provérbios (8, 22-35): "O Senhor me possuiu no princípio de suas vias, antes de suas obras mais antigas. Eu fui fundada desde a eternidade, desde o início, antes da origem do mundo. (...) Quando ele dispôs o céu, eu estava lá (...), quando ele colocou os fundamentos da terra, eu trabalhava junto dele, me alegrando cada dia, e brincando sem cessar em sua presença, brincando no globo da terra, e encontrando minhas delícias entre os filhos dos homens. (...) Aquele que me encontra, encontrou o caminho e obtém o favor do Senhor."

Maria foi misteriosamente anunciada como aquela que triunfará da serpente infernal (Gn 3, 15), como a Virgem que dará à luz o

---

[16] Sabe-se que sobre a questão da predestinação dos santos, os molinistas se separaram dos discípulos de Santo Agostinho e de Santo Tomás. Segundo estes grandes doutores (Cf. Santo Tomás, Iª, q. 23, a. 5), a predestinação dos eleitos não pode depender da previsão de seus méritos, porque estes são o *efeito* de sua predestinação; não podem, portanto, ser sua *causa*. É por isso que São Paulo diz: "O que possuís que não tenhas recebido?" (1Cor 4, 7). Ninguém seria melhor que outro se não tivesse sido mais amado por Deus; ninguém perseveraria no bem ao invés de cair, se Deus não lhe desse a graça de perseverar; assim, devemos pedir todos os dias a graça da perseverança final, a graça das graças, a graça dos eleitos.

Mas, se os molinistas se separam dos tomistas em sua teoria geral da predestinação, parece, como observa o Pe. Merkelbach, *Mariologia*, p. 101, que eles devem fazer uma exceção a Maria, porque do fato de que ela foi *gratuitamente* predestinada à maternidade divina, segue-se que ela foi também *gratuitamente* predestinada, por via de consequência, à glória; Deus, não podendo permitir a perda eterna de sua santa Mãe, deve querer eficazmente conduzi-la à salvação e suscitar nela os méritos que lhe fariam alcançá-la.

[17] Vasquez foi o primeiro a afirmar que Maria foi predestinada à maternidade divina por causa de seus méritos previstos. A opinião de Vasquez foi comumente rejeitada nesta época e nos séculos seguintes.

Emanuel (Is 7, 14); ela foi simbolizada pela Arca da Aliança, a casa de ouro, a torre de marfim. Todos esses testemunhos mostram que ela foi predestinada primeiro a ser Mãe de Deus, Mãe do Redentor; e a razão pela qual a plenitude de glória e de graça foi a ela concedida é precisamente para que ela fosse digna Mãe de Deus, "*ut redderetur idonea ad hoc quod esset mater Christi*", diz Santo Tomás, IIIª, q. 27, a. 5, ad 2.

Esse ponto da doutrina parece-lhe certíssimo, pois ele diz, *ibid. corp. art.*: "A Bem-aventurada Virgem Maria se aproximou mais que qualquer pessoa da humanidade de Cristo, pois foi dela que ele recebeu sua natureza humana. E é *por isso* que Maria devia receber de Cristo uma plenitude de graça que ultrapassa aquela de todos os santos".

Pio IX fala da mesma maneira no início da Bula *Ineffabilis Deus*: "Deus, desde o princípio e antes de todos os séculos, escolheu e preparou para seu Filho a Mãe da qual, encarnando-se, nasceria na bem-aventurada plenitude dos tempos; amou-a mais a ela que a universalidade das criaturas, *prae creaturis universis*, e com um tal amor que pôs nela, de uma maneira singular, suas maiores complacências. Por isso, com os tesouros de sua divindade, encheu-a tão maravilhosamente, bem mais que a todos os espíritos angélicos, bem mais que a todos os santos, com a abundância de todos os dons celestes, que ela foi sempre completamente isenta de todo pecado, e que, toda bela e perfeita, aparece em uma tal plenitude de inocência e de santidade que não se pode, fora daquela de Deus, conceber uma maior, e cuja grandeza nenhum entendimento que não seja o do próprio Deus pode medir".

Nós citamos esse texto em latim, mais acima, na nota 6 deste capítulo, e mais longamente abaixo, Cap. II, art. IV.

Artigo II
OUTRAS RAZÕES DA EMINENTE DIGNIDADE DA MÃE DE DEUS

Vimos que, pelo mesmo decreto da Encarnação *ex Maria Virgine*, a Santíssima Virgem foi predestinada primeiro à maternidade divina e, por via de consequência, à glória e à graça. Mas há outras razões que mostram que a maternidade divina ultrapassa a plenitude de graça. Nós as iremos expor agora.

Valor de uma dignidade de ordem hipostática

Há que se considerar o fim próprio ao qual a maternidade divina é imediatamente ordenada, pois o valor de uma relação depende do fim a que ela tende e que a especifica, como nos eleitos a dignidade do conhecimento divino e do amor divino depende da elevação de seu objeto, da essência divina conhecida imediatamente.

A maternidade divina é, por seu fim, de ordem hipostática, que ultrapassa aquela da graça e da glória.

Maria, com efeito, por sua maternidade divina tem uma relação real com o Verbo feito carne; essa relação tem seu fim na *Pessoa incriada do Verbo encarnado*, porque ela é a Mãe de Jesus que é Deus; a maternidade divina não tem seu fim precisamente na humanidade de Jesus, mas no próprio Jesus em pessoa; Ele, e não sua humanidade, que é Filho de Maria.[18] E, portanto, como diz Caetano, a maternidade divina "atinge as fronteiras da Divindade";[19] ela é, por seu fim, de ordem hipostática, ordem da união pessoal da humanidade de Jesus ao Verbo incriado. Isso resulta da própria definição da maternidade divina, tal como ela é formulada pelo Concílio de Éfeso.[20]

Ora, esta ordem de união hipostática excede imensamente aquela da graça e da glória, como esta última excede aquela da natureza, da natureza humana ou mesmo das naturezas angélicas criadas e criáveis. Se as três ordens citadas por Pascal em seus *Pensamentos* – aquela do corpo, aquela dos espíritos e suas faculdades naturais às vezes geniais, e aquela da caridade sobrenatural – têm entre elas uma *distância sem medida*, deve-se dizer ainda mais da ordem hipostática em relação àquela da graça e da glória tal como se realizou nos maiores santos. "A terra e seus reinos, o firmamento e suas estrelas não valem o menor pensamento; todos os espíritos juntos (e suas faculdades

---

[18] Cf. Santo Tomás, III^a, q. 35, a. 4 : "*Concipi et nasci personae attribuitur* secundum naturam illam in qua concipitur et nascitur. Cum igitur *in ipso principio conceptionis fuerit humana natura assumpta a divina persona* consequens est quod vere possit *dici Deum esse conceptum et natum de virgine* (...). Consequens est quod B. Virgo vere dicatur *Mater Dei*". Para negar que Maria é Mãe de Deus, deve-se dizer que Jesus foi, em primeiro lugar, um puro homem, antes de ser Filho de Deus; ou negar, com Nestório, que Jesus teve uma personalidade divina.

[19] Cf. CAJETANUM, in II^a II^{ae}, q. 103, a. 4, ad 2: "Ad fines Deitatis B. V. Maria propria operatione attigit, dum Deum concepit, peperit, genuit et lacte proprio pavit". Entre as criaturas, Maria "tem a maior afinidade com Deus".

[20] Cf. DENZINGER, *Enchiridion*, n. 113: "Si quis non confitetur, Deum esse veraciter Emmanuel, et propterea *Dei genitricem* sanctam virginem (peperit enim secundum carnem factum Dei Verbum), A. S.". Item. nn. 218, 290.

naturais) não valem o menor movimento de caridade, que é de uma outra ordem, toda sobrenatural".

Do mesmo modo, todos os atos de caridade dos maiores santos, homens ou anjos, e sua glória no Céu são imensamente inferiores à união pessoal ou hipostática da humanidade de Jesus ao Verbo. A maternidade divina, que tem seu fim na Pessoa incriada do Verbo feito carne, ultrapassa portanto sem medida, por seu fim, a graça e a glória de todos os eleitos e a plenitude de graça e de glória recebida pela própria Maria.

Santo Tomás diz (I^a, q. 25, a. 6, ad 4): "A humanidade de Cristo, porque unida a Deus, a beatitude dos eleitos porque é a posse de Deus, e a Bem-aventurada Virgem *porque é a Mãe de Deus têm uma certa dignidade infinita por sua relação com próprio Deus*, e desta parte nada pode ser mais perfeito, porque nada pode ser melhor que o próprio Deus". São Boaventura diz também: "Deus pode fazer um mundo maior, mais não pode fazer uma mãe mais perfeita que a Mãe de Deus" (*Spéculum*, c. VIII).

Como nota o Padre E. Hugon, O.P.: "A maternidade divina é, por natureza, superior à filiação adotiva. Esta não estabelece senão um parentesco espiritual e místico; a maternidade da Santíssima Virgem *estabelece um parentesco de natureza, uma relação de consanguinidade* com Jesus Cristo e de afinidade com toda a Santíssima Trindade. A filiação adotiva não obriga a Deus tão estritamente com relação a nós; a maternidade divina impõe a Jesus estes deveres de justiça que os filhos, por obrigação natural, têm com relação a seus pais, e confere a Maria domínio e poder sobre Jesus, pois esse é um direito natural que acompanha a dignidade maternal".[21]

A maternidade divina ultrapassa, portanto, todas as graças *gratis datae* ou carismas, como são a profecia, o conhecimento dos segredos dos corações, o dom dos milagres ou aquele das línguas, pois esses dons, de certo modo exteriores, são inferiores à graça santificante.[22] Notemos também que a maternidade divina é inamissível, enquanto a graça, aqui na terra, se pode perder.

O valor desta eminente dignidade foi bem destacado por Bossuet, quando diz no Sermão sobre a Conceição da Santíssima Virgem (no final do 1º Ponto): "*Deus de tal modo amou o mundo* – diz nosso

---

[21] Pe. E. HUGON, O.P., *Marie, pleine de grâce*, 5ª éd., 1926, p. 63. Este livro parece-nos ser um dos melhores que foram escritos sobre a Santíssima Virgem.

[22] Cf. Santo Tomás, I^a II^{ae}, q. III, a. 5.

Salvador – *que lhe deu seu Filho único* (Jo 3, 16) (...) (Mas) o amor inefável que ele tinha por vós, ó Maria, o fez conceber mui outros desígnios em vosso favor. Ordenou que estivesse em vós com a mesma qualidade que a ele lhe pertence; e para estabelecer convosco uma sociedade eterna, desejou *que vós fôsseis a mãe de seu Filho único, e que ele fosse o seu pai.* Ó prodígio! Ó abismo de caridade! Que espírito não se perde na consideração destas complacências incompreensíveis que ele teve por vós; Desde que o tocastes tão de perto por *este comum Filho*, nó inviolável de vossa santa aliança, o penhor de vossas afeições mútuas, que vós destes amorosamente um ao outro; Ele, cheio de uma divindade impassível; vós, para lhe obedecer, o revestistes de uma carne mortal".

Deus Pai comunicou a seu Filho único a natureza divina, Maria lhe deu a natureza humana, sujeita à dor e à morte, para a nossa redenção; mas é o mesmo Filho único, e isso constitui toda a grandeza da maternidade divina.

A razão de todas as graças concedidas a Maria

A eminente dignidade da maternidade divina se manifesta ainda sob um aspecto novo, se se considera que é *a razão pela qual a plenitude de graça foi concedida à Santíssima Virgem*, e é a sua medida e o seu fim, e é, portanto, superior a qualquer outra graça.

Se, com efeito, Maria desde o primeiro instante recebeu essa plenitude de graça, foi para que ela desejasse santamente conceber o Homem-Deus, dizendo com a mais perfeita generosidade seu *Fiat* no dia da Anunciação, apesar de todos os sofrimentos anunciados para o Messias; para que ela desse à luz e permanecesse virgem; para que cercasse seu filho com os cuidados mais maternais e mais santos; para que se unisse a ele na mais estreita conformidade de vontade, como somente uma mãe santíssima pode fazê-lo, durante sua vida oculta, sua vida apostólica e sua vida dolorosa; para que diga heroicamente seu segundo *Fiat* aos pés da Cruz, com ele, por ele e nele.

Como diz o Pe. E. Hugon: "A maternidade divina exige uma íntima amizade com Deus. Já é uma lei da natureza e um preceito que a mãe ame seu filho e esse ame sua mãe; é necessário, pois, que Maria e seu Filho se amem mutuamente e, uma vez que essa maternidade é sobrenatural, requer uma amizade da mesma ordem, e, portanto, santificante, pois do fato que Deus ama uma alma, ele a torna amável a seus olhos, e a santifica".[23] Existe, por consequência, a mais estreita conformidade entre a vontade de Maria e a oblação de seu Filho, que foi como a alma do sacrifício da Cruz.

É claro que tal é a razão ou o fim pelo qual lhe foi concedida a plenitude inicial da graça, e posteriormente a plenitude da graça consumada ou de glória. Ela é ao mesmo tempo a sua medida e, portanto, manifestamente superior. Nem sempre será possível deduzir desta eminente dignidade cada um dos privilégios de Maria,[24] mas todos, contudo, derivam dela. Se enfim ela foi predestinada desde toda a eternidade ao mais alto grau de glória junto a Ele, é porque ela foi predestinada primeiro a ser sua digníssima Mãe, e a permanecer eternamente após tê-lo sido no tempo. Quando no Céu os santos contemplam o altíssimo grau de glória de Maria, superior a todos os anjos, eles vêem que o motivo pelo qual ela foi predestinada é porque ela foi e permanece eternamente a digníssima Mãe de Deus, *Mater Creatoris, Mater Salvatoris, Sancta Dei Genitrix.*

Santo Alberto Magno o afirma repetidamente.[25] Os poetas também muitas vezes cantaram este mistério; nós citaremos aqui um dos mais recentes.[26]

---

[23] Pe. E. HUGON, *De B. Virgine Maria Deipara* (Tractatus theologici), 1926, p. 735.

[24] Não se poderá, por exemplo, deduzir o privilégio da Assunção, sem considerar que a Mãe de Deus foi associada muito intimamente à vitória perfeita de Cristo sobre o demônio, sobre o pecado e sobre a morte; mas, se ela esteve associada, é porque ela é Mãe de Deus redentor. Do mesmo modo, para deduzir a segunda propriedade do círculo, deve-se considerar não somente a sua definição, mas a primeira propriedade, de que deriva.

[25] *Mariale*, qq. 140 e 141: "Magis est esse matrem Dei per naturam, quam esse filium (Dei) per adoptionem". – "Quidquid claudit allerum in se plus est eligendum quam illud quod non claudit allerum in se. Sed esse Matrem Dei per naturam claudit in se filium Dei adoptivum". – Suárez diz também, em III^am P., disp. I, sect. 2, n. 4: "Comparatur haec dignitas Matris Dei ad alias gratias creatas tanquam prima forma ad suas proprietates; et e converso aliae gratiae comparantur ad ipsam sicut dispositiones ad formam. Est ergo haec dignitas matris excellentior, sicut forma perfectior est proprietatibus et dispositionibus. » *Item*, BOSSUET, cf. *infra*, p. 29.

[26] PAUL CLAUDEL escreveu no seu livro *Corona benignitatis anni Dei*, Hymne du Sacré--Coeur, 15º éd., p. 64:

A la fin de ce troisième mois après l'Annonciation [qui est juin,	Ao fim do terceiro mês depois da Anunciação [que é junho,
La femme à qui Dieu même est joint	A mulher a quem Deus mesmo se uniu
Ressehtit le premier coup de son enfant et le [mouvement d'un coeur sous son coeur.	Recebeu o primeiro golpe de seu filho e a [palpitação de um coração sob o seu coração.
Au sein de la Vierge sans péché commence une [nouvelle ère.	Ao seio da Virgem sem pecado iniciou-se uma [nova época.

O motivo do culto de hiperdulia

A doutrina que acabamos de expor é confirmada ainda por uma última consideração proposta por muitos teólogos.

Por razão da maternidade divina, e não tanto da plenitude de graça, é que se deve a Maria um culto de hiperdulia, superior àquele devido aos santos por eminentes que sejam conforme o seu grau de graça e de glória. Em outros termos, se o culto de hiperdulia é devido a Maria, não é porque ela é a maior santa, mas porque ela é a Mãe de Deus. Não

---

L'enfant qui est avant le temps prend le temps au [coeur de sa mère,	A criança que é anterior aos tempos preenche o tempo ao [coração de sua mãe,
La respiration humaine pénètre le premier moteur.	A respiração humana penetra aquele que é o primeiro motor.
Marie lourde de son fardeau, ayant conçu de [l'Esprit-Saint,	Maria, laboriosa de seu fardo, que foi concebido do [Espírito Santo,
S'est retirée loin de la vue des hommes au fond [de l'oratoire souterrain,	Se retira para longe da vida dos homens ao fundo [do oratório subterrâneo,
Comme la colombe du Cantique qui se coule au [trou de la muraille.	Como a pomba do Cântico que se refugia na [alcova da muralha.
Elle ne bouge pas, elle ne dit pas un mot, elle adore.	Ela não se move ou diz palavra alguma, ela adora.
Elle est intérieure au monde, Dieu pour elle n'est [plus au dehors,	Ela é interior ao mundo, para ela seu Deus não está [mais no exterior,
Il est son oeuvre et son fils et son petit et le fruit de [ses entrailles!	Ele é a sua obra e o seu filho, seu pequeno, fruto de [suas entranhas!
Tout l'univers est en repos, César a fermé le temple [de Janus.	Todo o universo está em repouso, César sela o templo [de Jânus.
Le sceptre a été ôté de David et les prophètes se [sont tus.	O cetro, tirado de Davi e dos profetas, se [torna teu.
Voici, plus nuit que la nuit, cette aurore qui n'est pas [de Lucifer.	Eia, na mais noturna das noites, esta aurora que não [pertence a Lúcifer.
Satan règne et le monde tout entier lui offre l'encens [et l'or.	Satã reina, e o mundo inteiro lhe oferece incenso [e ouro.
Dieu pénètre comme un voleur dans ce paradis [de la mort.	Deus penetra como um ladrão neste paraíso [da morte.
C'est une femme qui a été trompée, c'est une femme [qui fraude l'enfer.	É uma mulher que foi ludibriada, é agora uma mulher [que ludibria o inferno.
Ô Dieu caché dans la femme! Ô cause liée de ce lien.	Ó Deus escondido na mulher! Ó elo de tamanha ligação.
Jérusalem est dans l'ignorance, Joseph lui-même [ne sait rien.	Jerusalém o ignora, mesmo José [não o suspeita.
La mère est toute seule avec son enfant et reçoit son [mouvement ineffable.	A mãe é toda de seu filho, e recebe o seu [movimento inefável.

lhe seria devido, se ela tivesse o mesmo grau de glória sem ter sido predestinada à maternidade divina. Santo Tomás o ensina formalmente.[27]

Na Ladainha da Bem-aventurada Virgem, o primeiro título de glória que se proclama é este: *Sancta Dei Genitrix*; todos os outros se seguem como adequados à Mãe de Deus: *Sancta Virgo virginum, Mater divianae gratiae, Mater purissima, Mater castissima, Mater inviolata, Mater intemerata, Mater admirabilis, Mater boni consilii*, etc.

Consequências dos princípios

Segue-se do que acabamos de dizer que, pura e simplesmente, *simpliciter loquendo*, a maternidade divina, *etiam nude spectata*, isto é, mesmo tomada isoladamente, é superior à plenitude de graça, seja inicial, seja consumada, porque é por seu fim de uma ordem superior, de ordem hipostática.[28]

Assim, a alma racional, que é de ordem substancial, mesmo considerada isoladamente, é mais perfeita que as faculdades superiores da inteligência e da vontade, porque ela é a razão destas faculdades que derivam dela, a título de acidentes e de propriedades, para que ela mesma possa conhecer e querer. Analogamente, a maternidade divina,

---

[27] III^a, q. 25, a. 5: "Cum beata Virgo sit pura creatura rationalis, non debetur ei adoratio latriae, sed solum *veneratio duliae, eminentius* tamen quam caeteris creaturis, *in quantum ipsa est mater Dei*. Et ideo dicitur quod debetur ei non qualiscumque dulia, sed *hyperdulia*".
   Ad. 1: "*Matri regis* debelur quidam honor consimilis (honori qui debetur regi), ratione cujusdam excellentiae".
   Ad 2: "Honor matris refertur ad filium".
   São Boaventura, em III *Sent.*, d. 9, q. 3, a. 1, fala o mesmo, e a Sagrada Congregação dos Ritos, em 1 de junho de 1884, diz também: "Reginae et dominae angelorum, *in quantum est mater Dei* (...) debetur (...) non qualiscumque dulia, sed hyperdulia".

[28] Nisso, com muitos teólogos, nos separamos de Suárez (*in III^{am} S. Thomae*, t. II, disp. 1, sect. 2, n. 6ss) e dos Carmelitas de Salamanca, *Cursus theologicus*, tr. XIII, disp. II, 27; tr. XIX, disp. IV, 117ss. As razões que nos determinam são aquelas mesmas que são muito bem notadas por E. Dublanchy, *Dict. Théol. cath.*, art. Marie, cc. 2357ss, 2365. Como se diz *ibidem*, segundo Suárez, se a maternidade divina devesse existir sem a graça e a filiação adotiva, a filiação divina seria bem preferível. Mas se se considera a maternidade divina, compreendendo tudo o que é devido segundo o plano providencial atual, ela predomina certamente sobra a filiação adotiva. Esta distinção de Suárez foi adotava por Novato, Vega e os salamanticenses.
   Mas, como diz o Pe. E. Dublanchy, *ibid.*, c. 2357: "A maior parte dos teólogos; apoiando-se neste princípio que a maternidade divina pertence verdadeiramente à ordem hipostática, e que tudo o que pertence à ordem hipostática ultrapassa incomparavelmente os dons da graça, quaisquer que sejam, continuaram a admitir no século XVII e nos séculos seguintes que a maternidade divina, mesmo considerada sozinha, mesmo separada da graça santificante, se, por um impossível, isso se pudesse realizar, ultrapassa, ao menos como dignidade, a filiação adotiva". E. Dublanchy cita (*ibid.*, c. 2357) como admitindo esta conclusão: S. de Saavedra, Ripalda, Jorge de Rhodes, Contenson, Sedlmayr, Morgott, L. Janssens, Lépicier, Terrien, Campana, Chr. Pesch, Bucceroni. É a conclusão que ele mesmo admite na c. 2365.

mesmo considerada isoladamente, é a razão da plenitude de graça, e desse modo lhe é superior.

Compreendemos assim a força de razão pela qual Maria foi predestinada primeiramente a ser Mãe de Deus antes de ser ao mais alto grau de glória depois de Cristo. A dignidade de uma relação se mede mais pelo fim a que ela visa que por seu fundamento; ora, a maternidade divina é relativa à pessoa do Verbo feito carne; assim, na ordem humana a mãe de um rei o tem mais perto que o melhor de seus juristas.

No entanto, de um ponto de vista secundário – *secundum quid*, dizem os teólogos –, a graça santificante e a visão beatífica são mais perfeitos que a maternidade divina, porque a graça habitual santifica formalmente, o que a maternidade divina não pode fazer, pois ela é não é senão uma *relação* com o Verbo feito carne;[29] e a visão beatífica une imediatamente a inteligência criada dos eleitos à essência divina, sem o intermédio da humanidade de Cristo.[30]

É evidente que, em Cristo, a união hipostática das duas naturezas ultrapassa *simpliciter* – pura e simplesmente – a visão beatífica, ainda que esta lhe dê uma perfeição nova na ordem do conhecimento, porque a união hipostática não beatifica formalmente. Do mesmo modo, guardadas as devidas proporções, a maternidade divina, sendo de ordem hipostática, ultrapassa *simpliciter*, pura e simplesmente, a plenitude de graça e de glória, ainda que ela seja mais perfeita *secundum quid*, do ponto de vista secundário. A maternidade divina não é senão uma *relação real* com o Verbo feito carne, não suficiente para santificar Maria, mas que *exige ou postula* a plenitude de graça que lhe foi concedida para que ela fosse e permanecesse sempre à altura de sua excepcional missão. Ela não podia ser predestinada a ser Mãe do Salvador sem ser predestinada a ser sua digna Mãe.[31] Tudo se assenta sobre essa verdade

---

[29] Nisso, a maternidade divina difere da graça incriada de união que, em Cristo, não é outra que a Pessoa mesma do Verbo, a qual santifica já a humanidade de Jesus; ela lhe dá mesmo uma santidade inata, substancial, incriada, superior à santidade acidental e criada que provém da graça habitual, recebida na alma como acidente.

[30] Estas razões teológicas da superioridade da maternidade divina em relação à plenitude de graça são bem expostas pelo Pe. B. H. Merkelbach, O.P., contra Vasquez, Van Noort e alguns outros, na sua *Mariologia*, 1939, pp. 64.70. Ver também E. Hugon, O.P., *Tractatus theologici: De B. V. Maria Deipera*, 1926, p. 736.

[31] A maternidade em uma criatura *racional* deve já ser uma *digna maternidade*, sem a qual ela se torna irracional; uma mãe indigna falta aos deveres que o direito natural lhe prescreve. A maternidade de uma criatura racional ultrapassa já muito, e de si, aquela de uma criatura privada da razão, ainda que o instinto animal já tenha sua nobreza, por exemplo, a galinha que reúne seus pintinhos sob suas asas e que se sacrifica para defendê-los contra o falcão.

absolutamente certa. Ela domina toda a Mariologia, como toda a Cristologia deriva desta verdade de que Jesus é o Filho de Deus.[32]

Pelo fato mesmo que Maria, pelo fim de sua maternidade divina, pertence à ordem hipostática, segue-se que ela é superior aos anjos e ao sacerdócio comunicado aos sacerdotes de Cristo.[33] Sem dúvida, não tendo recebido o caráter sacerdotal, ela não podia consagrar, como faz o sacerdote no altar, mas a dignidade eminente da Mãe de Deus é, contudo, superior ao nosso sacerdócio e ao episcopado, pois ela é de ordem hipostática. É assim que Maria nos deu a santa Vítima oferecida sobre a Cruz e sobre o Altar; deu-nos também o Sacerdote principal do sacrifício da missa, e foi a ele associada mais que qualquer outra pessoa, mais que os estigmatizados e os mártires, aos pés da Cruz.

Desse ponto de vista, a ordenação sacerdotal, se ela o recebesse (o que não convinha à sua missão), dar-lhe-ia algo inferior ao que exprime o título de Mãe de Deus. É o caso de recordar as palavras de Santo Alberto Magno: *Beata Virgo non est assumpta in ministerium a Domino, sed in consortium et adjutorium juxta illud: Faciamus ei adjutorium simile sibi* (*Mariale*, 42 et 165). "Maria não foi escolhida para ser ministro do Salvador, mas por ser-lhe associada e para ajudá-lo na obra da Redenção."

Esta divina maternidade é, portanto, como se ensina comumente, o fundamento, a raiz e a fonte de todas as graças e privilégios de Maria, sejam os que a precedam como disposição, sejam os que a acompanhem ou sigam como consequência.

---

[32] Cf. *Dictionnaire de Théol. cath.*; art. Marie, por E. DUBIANCHY, c. 2365: "A dignidade da maternidade divina, pertencendo à ordem hipostática, ultrapassa mesmo, se comparada *isoladamente*, a todas as outras dignidades criadas, notadamente a dignidade da filiação divina adotiva e a dignidade conferida pelo sacerdócio cristão".

O Pe. E. HUGON no seu livro *Marie, pleine de grâce*, 5ª éd., 1926, p. 213, diz acertadamente: "A maternidade divina exige a santidade; ela reclama todos seus efeitos. Ela exige uma participação do ser divino e da amizade divina. Ela supõe uma habitação especial da Santíssima Trindade. Ela dá um poder soberano de impetração. Ela assegura a impecabilidade. Ela confere um direito inalienável à herança eterna e mesmo ao domínio sobre todas as coisas. Ela pertence à ordem hipostática, superior àquela da graça e da glória. A graça habitual se pode perder, a maternidade divina é inamissível. As outras graças em Maria não são senão uma propriedade de sua maternidade. Por ela, Maria é a primogênita da criação".

[33] Por sua maternidade, Maria contribui à realização do mistério da Encarnação, dando ao Verbo sua natureza humana, o que é mais do que torná-lo realmente presente na Eucaristia. Ademais, no sacerdote, o caráter sacerdotal indelével pode existir sem a graça santificante, que assegura uma união mais íntima com Deus; em Maria, a maternidade divina é, ao contrário, por sua predestinação, inseparável da plenitude de graça. Assim, pode-se conceber um padre indigno, enquanto que não se concebe que a Providência permita que a Mãe de Deus seja indigna. De sua divina maternidade derivam os privilégios da preservação do pecado original, de toda falta pessoal, mesmo venial, e de toda imperfeição.

É em vista desta maternidade divina que Maria é Imaculada Conceição, preservada da mancha original pelos méritos futuros de seu Filho; ela foi resgatada por ele tão perfeitamente quanto possível; não curada, mas preservada da mácula original antes de ter-lhe tocado por um só instante.

É em vista desta maternidade divina que ela recebeu a plenitude inicial de graça que não devia cessar de crescer nela até a sua plenitude consumada.

É em vista desta maternidade divina que ela foi isenta de toda falta pessoal, mesmo venial, de toda imperfeição, porque sempre esteve pronta a seguir as inspirações divinas, mesmo aquelas dadas por modo de simples conselho.[34]

A eminente dignidade de Mãe de Deus predomina, portanto, sobre aquela de todos os santos reunidos. Pensemos que Maria teve autoridade de uma mãe sobre o Verbo de Deus feito carne, e contribuiu, assim, não a dar-lhe a visão beatífica, nem a ciência infusa, mas a formar progressivamente a ciência adquirida que iluminava a prudência adquirida com a qual ele realizava os atos proporcionais às diferentes idades de sua vida de infância e de sua vida oculta. Nesse sentido, o Verbo feito carne foi submisso a Maria com os maiores sentimentos de respeito e de amor. Como nós não teremos esses sentimentos pela Mãe de nosso Deus?

Em um dos mais belos livros já escritos sobre Maria, o *Tratado da Verdadeira devoção a Santíssima Virgem*, o Beato Luís de Montfort[35] diz (Cap. 1, art. 1): "O Deus feito homem encontrou a sua liberdade em ver-se aprisionado em seu seio; fez brilhar a sua força, deixando-se levar por essa jovem Virgem. Achou a sua glória, e a de seu Pai, escondendo os seus esplendores a todas as criaturas da Terra, para só os revelar a Maria; glorificou a sua independência e majestade dependendo desta amável Virgem na sua concepção, nascimento, apresentação no templo, na sua vida oculta de trinta anos e, até, na sua morte. Maria devia assistir a essa morte, porque Jesus quis oferecer com Ela um mesmo sacrifício e ser imolado ao Eterno Pai com seu

---

[34] É aqui que se vê que uma imperfeição, que é uma *menor prontidão* em seguir um conselho de Deus, é distinta do pecado venial; é uma nuance difícil de discernir em nossas vidas, mas que aparece com toda a sua delicadeza na perfeita santidade de Maria.

[35] São Luís Maria Grignion de Montfort, 1673-1716, canonizado em 1947 pelo Papa Pio XII. À época da redação desta obra, ainda Beato.

assentimento, como outrora Isaac também fora imolado à vontade de Deus pelo consentimento de Abraão (...). Foi ela que o amamentou, nutriu, sustentou, criou e sacrificou por nós (...) é certo que Nosso Senhor, no Céu, é ainda tão filho de Maria como o foi na Terra ".

Tal é o primeiro motivo da devoção do culto de hiperdulia, que nós devemos ter para com ela. É por isso que toda a tradição e particularmente os Concílios de Éfeso e de Constantinopla se ocuparam antes de tudo em proclamar – com respeito à Virgem Maria, que é *Mãe de Deus* – uma nova afirmação, contra o nestorianismo, da divindade de Jesus.

Notemos, ao terminar este capítulo, que para muitas almas interiores é de tal modo evidente que o título de Mãe de Deus é o primeiro título de Maria, aquele que encerra, explica e incita a todos os outros, que elas não compreendem que se discutam coisas tão evidentes. Parece-lhes claro que se nós pudéssemos formar nossa mãe, de que dons não a teríamos enriquecido, se estes dons tivessem estado a nossa disposição.

Santo Tomás se contenta em dizer (III^a q. 27, a. 5, corp. et ad 2): "Maria, para ser a digna Mãe do Verbo feito carne, devia receber a plenitude de graça". Bossuet diz o mesmo, no Sermão sobre a Compaixão da Santíssima Virgem (1º ponto, no final): "Como a providência de Deus dispôs todas as coisas com uma conveniência admirável, era necessário que imprimisse no coração da Santíssima Virgem uma afeição que passasse bem longe da natureza, que a elevasse até o último grau de graça, a fim de que ela tivesse por seu Filho sentimentos dignos de uma mãe de Deus, e dignos de um homem-Deus".

CAPÍTULO II
A plenitude inicial da graça em Maria

"Ave, gratia plena..."
(Lc 1, 28)

Após ter visto qual é a elevação em Maria de seu título de Mãe de Deus, razão de todos os privilégios que lhe foram concedidos, convém considerar qual é o sentido e o alcance das palavras que lhe foram ditas pelo Arcanjo Gabriel no dia da Anunciação: "Salve, cheia de graça, o Senhor é contigo; (...) bendita és tu entre todas as mulheres" (Lc 1, 28.42). Para compreender o sentido dessas palavras ditas em nome de Deus, nós consideraremos: 1º As diversas plenitudes de graça; 2º O privilégio da Imaculada Conceição; 3º A elevação da primeira graça em Maria.

Artigo I
AS DIVERSAS PLENITUDES DE GRAÇA

Nesta expressão "plenitude de graça", trata-se – segundo o sentido habitual da Escritura, que se torna mais e mais explícito no Novo Testamento – da graça propriamente dita, que se distingue realmente da natureza, seja da humana, seja da angélica, como um dom de Deus totalmente gratuito, que ultrapassa as forças naturais e as exigências de toda natureza criada e mesmo criável.[1] A graça habitual ou santificante nos faz participar da própria natureza de Deus ou de sua vida íntima, segundo as palavras de São Pedro (2Pd 1, 4): "Jesus

---
[1] "Gratia plena", sobretudo segundo texto grego, quer dizer "feita muito agradável a Deus", "gratissima effecta" ou "dilectissima Deo". Ora, uma alma é agradável a Deus pela graça habitual ou *gratum faciens*, que é nela o efeito do amor incriado e ativo de Deus, que a escolheu como filho adotivo.

Cristo colocou-nos na posse das maiores e mais preciosas promessas, a fim de nos tornar participantes da natureza divina". Pela graça nós nos tornamos filhos adotivos de Deus, seus herdeiros e co-herdeiros de Cristo (Rm 8, 17); por ela nós "nascemos de Deus" (Jo 1, 13). Ela nos dispõe a receber a vida eterna como uma herança e como a recompensa dos méritos, de que é princípio. Ela é mesmo o gérmen da vida eterna, *semen gloriae*, diz a Tradição, enquanto nos dispõe desde agora a ver a Deus imediatamente como ele mesmo se vê e a amá-lo como ele se ama.

Esta graça habitual ou santificante é recebida na própria essência de nossa alma como um enxerto sobrenatural que superexalta a vitalidade e a deifica. Dela derivam, em nossas faculdades, as virtudes infusas, teologais e morais e também os sete dons do Espírito Santo, isto é, tudo o que constitui nosso organismo sobrenatural, que é em nós, na forma das virtudes adquiridas, como que uma segunda natureza, de tal modo que nós exercemos conaturalmente os atos sobrenaturais e meritórios das virtudes infusas e dos sete dons. Disso segue que, pela graça habitual, a Santíssima Trindade habita em nós como em um templo, onde é conhecida e amada, onde ela é quase experimentalmente conhecível, e por vezes conhecida, quando por uma inspiração especial se faz sentir a nós como vida de nossa vida, "pois recebemos o Espírito de adoção pelo qual clamamos: Aba! Pai!" (Rm 8, 15). O Espírito Santo nos inspira então uma afeição filial por ele, e nesse sentido "dá testemunho ao nosso espírito de que somos filhos de Deus." (Rm 8, 16).

Se a graça habitual nos faz assim filhos de Deus, a graça atual ou transitória nos dispõe a sê-lo, e em seguida nos faz agir, seja pelas virtudes infusas, seja pelos dons, ou simultaneamente por uns e outros, como verdadeiros filhos de Deus. Esta vida nova não é outra senão a vida eterna começada, pois a graça habitual e a caridade devem durar eternamente.

Esta graça, também chamada de vida divina, não é menos gratuita para os anjos que para nós. Como diz Santo Agostinho (*De Civ. Dei*, XII, c. 9): *Deus eos creavit, simul in eis condens naturam et largiens gratiam*. Deus, ao criar sua natureza, concedeu-lhes gratuitamente a graça, à qual sua natureza puramente espiritual, por muito elevada que seja, não tinha qualquer direito, ainda que pudessem ter sido criados, como nós também, em um estado puramente natural, sem este enxerto divino que produz uma vida nova.

A graça referida nestas palavras do anjo: *Ave, gratia plena* é, portanto, superior às forças naturais e às exigências de toda a natureza criada e criável; sendo uma participação da natureza divina ou da vida íntima de Deus, ela nos faz entrar, propriamente falando, no reino de Deus, imensamente superior aos diversos reinos da natureza, que se pode chamar: reino mineral, vegetal, animal, humano e mesmo angélico. A tal ponto que Santo Tomás pode dizer: *Bonum gratiae unius majus est quam bonum naturae totius universi*.[2] O menor grau de graça santificante contido na alma de uma criancinha após seu batismo vale mais que o bem natural de todo o universo, mais que todas as naturezas criadas, inclusas as naturezas angélicas. Há uma participação da *vida íntima* de Deus, que é superior também a todos os milagres e outros *sinais* exteriores da revelação divina ou da santidade dos servos de Deus.

É desta graça, gérmen da glória, que fala o anjo na palavra dirigida a Maria: "Salve, cheia de graça", e o anjo deve ter visto que, apesar de ele mesmo possuir a visão beatífica, a virgem santa que ele saudara tinha um grau de graça santificante e de caridade superior a ele, o grau que convinha para que ela se tornasse naquele mesmo instante a digna mãe de Deus.

Sem dúvida, Maria recebeu do Altíssimo, na sua perfeição, os dons naturais do corpo e da alma. Se mesmo do ponto de vista natural a alma de Jesus, pessoalmente unida ao Verbo, reúne tudo o que há de nobre e de belo na alma dos maiores artistas, poetas, pensadores geniais e dos homens mais generosos, guardadas todas as proporções, a alma de Maria, por sua própria natureza, pela perfeição natural de sua inteligência, de sua vontade, de sua sensibilidade, é uma obra-prima do Criador. Ela ultrapassa bem certamente tudo o que podemos constatar nas pessoas mais dotadas, em discernimento natural e custódia da inteligência, força de vontade, equilíbrio e harmonia de suas faculdades superiores e inferiores. Em Maria, pelo fato de que ela foi preservada do pecado original e de suas consequências desastrosas – a concupiscência e a inclinação ao erro –, o corpo não entorpecia a alma, mas era-lhe perfeitamente submisso. Se a Providência, ao formar o corpo de um santo, tem em vista a alma que deve vivificar esse corpo, formando o corpo de Maria, ela tinha em vista o corpo e a alma santa do Verbo feito carne.

---

[2] Iª IIae, q. 24, a. 3, ad 2.

Como se compraz em recordar Santo Alberto Magno, os Padres dizem que a Virgem Maria, mesmo do ponto de vista natural, reuniu a graça de Rebeca, a beleza de Raquel e a doce majestade de Ester. Eles acrescentam que esta beleza puríssima nunca se esgotava nela mesma, mas elevava todas as almas para Deus.

Quanto mais estes dons naturais são perfeitos, mais eles mostram a elevação da vida invisível da graça que os excede sem medida.

Deve-se recordar, enfim, ao falar da plenitude de graça em geral, que ela existe em três graus diferentes: em Cristo, em Maria e nos santos. Isto é explicado por Santo Tomás em diversos lugares.[3]

Existe, primeiro, *a plenitude absoluta de graça, que é própria de Cristo*, salvador da humanidade. Pelo poder ordinário de Deus, não poderia haver graça mais elevada e mais abundante do que a sua. É a fonte eminente e inesgotável de todas as graças que a humanidade inteira recebe após a queda, e que receberá até o final dos tempos; é também a fonte da beatitude dos eleitos, porque Jesus nos ganhou todos os efeitos de nossa predestinação, como bem mostra Santo Tomás (III^a, q. 24, a. 4).

Existe, em segundo lugar, *a plenitude dita de superabundância, que é privilégio especial de Maria*, e que é chamada assim porque é como um rio espiritual que, depois de quase dois mil anos, se derrama sobre todos os homens.

Há, enfim, a *plenitude de suficiência, que é comum a todos os santos*, e que os torna capazes de cumprir os atos meritórios, normalmente mais e mais perfeitos, que os conduzem à salvação eterna.

Estas três plenitudes subordinadas foram justamente comparadas com uma fonte inesgotável, com um rio que dela procede, e com canais alimentados por este rio para irrigar e fertilizar as regiões que atravessa, isto é, as diversas partes da Igreja universal no espaço e no tempo.

Esse rio de graça provém de Deus pelo Salvador, segundo a bela imagem bíblica (Is 45, 8): *Rorate coeli desuper et nubes pluant justum.* "Que os céus, das alturas, derramem o seu orvalho, que as nuvens façam chover a justiça ; que a terra se abra e brote a salvação". Em seguida, esse rio de graça retorna para Deus, oceano de paz, sob a forma de méritos, de orações e de sacrifícios.

Para seguir com a mesma imagem, a plenitude da fonte não aumenta; aquela do rio que dela deriva, ao contrário, não cessa de crescer

---

[3] Ver em particular *Comm. in Joan.*, c. I, lect. X.

sobre a terra. Falando sem metáforas, a plenitude absoluta de graça jamais cresceu em Nosso Senhor, porque ele era soberanamente perfeito desde o primeiro instante de sua concepção, como consequência da união pessoal ao Verbo, do qual deriva, desde este instante, a luz de glória e a visão beatífica, de tal sorte que, como diz o Segundo Concílio de Constantinopla (Denz., 224), o Cristo nunca se tornou melhor pelo progresso de seus atos meritórios: "*Ex profectu operum non melioratus est*".

Ao contrário, a plenitude de superabundância própria a Maria não cessou de crescer até sua morte. É por isso que os teólogos consideram geralmente nela: 1º. A plenitude inicial; 2º. A plenitude da segunda santificação no instante da concepção do Salvador; 3ª. A plenitude final (no instante de sua entrada na glória), sua extensão, e sua superabundância.[4]

Artigo II
O PRIVILÉGIO DA IMACULADA CONCEIÇÃO

A plenitude inicial de graça em Maria aparece sob dois aspectos: um, de certo modo negativo, ao menos na sua expressão: a preservação do pecado original; o outro, positivo: a concepção absolutamente pura e santa, pela própria perfeição da graça santificante original, raiz das virtudes infusas e dos sete dons do Espírito Santo.

A definição dogmática

A definição do dogma da Imaculada Conceição por Pio IX, em 8 de dezembro de 1854, diz assim: "Nós declaramos, pronunciamos e definimos que a doutrina que afirma que *a Santíssima Virgem Maria, no primeiro instante da sua concepção, por uma graça singular e um privilégio especial a ela concedido por Deus Onipotente, em previsão dos méritos de Jesus Cristo Salvador do gênero humano, foi preservada imune de toda a mancha do pecado original*, é verdade revelada por Deus, e deve, por isso, ser acreditada firme e constantemente por todos os fiéis".[5]

Essa definição contém, principalmente, três pontos importantes:

---

[4] Cf. Santo Tomás, IIIª, q. 27, a. 5, ad 2.

[5] Denzinger, 1641.

1°. Ela afirma que a Bem-aventurada Virgem Maria foi *preservada* de toda mancha do pecado original *no primeiro instante da sua concepção*, isto é, de sua concepção passiva e consumada, quando sua alma foi criada e unida ao corpo, pois só então há pessoa humana, e a definição se refere a esse privilégio concedido à própria pessoa de Maria. Diz-se que é um *privilégio especial* e uma graça singular, efeito da onipotência divina.

Que devemos entender, segundo a Igreja, do pecado original de que Maria foi preservada? A Igreja não definiu qual é a natureza íntima *do pecado original*, mas no-lo deu a conhecer por seus efeitos: inimizade ou maldição divina, mácula da alma, estado de injustiça ou de morte espiritual, servidão ao império do demônio, sujeição à lei da concupiscência, do sofrimento e da morte corporal, considerada como pena do pecado comum.[6] Esses efeitos supõem a privação da graça santificante que Adão tinha recebido com a integridade da natureza para ele e para nós, e que perdeu para ele e para nós.[7]

Deve-se, portanto, dizer que Maria, desde o instante de sua concepção, não pôde ser preservada de toda mancha do pecado original senão recebendo a graça santificante, isto é, o estado de justiça e de santidade, efeito da amizade divina, oposta à maldição divina, e que por conseguinte ela foi subtraída da servidão ao império do demônio, da sujeição à lei da concupiscência, e mesmo do sofrimento e da morte considerados como pena do pecado da natureza,[8] ainda que, tanto em Maria como em Nosso Senhor, o sofrimento e a morte tenham sido uma consequência de nossa natureza (*in carne passibili*) e que tenham sido oferecidos pela nossa salvação.

2°. Afirma-se nesta definição que é *em previsão dos méritos de Jesus Cristo Salvador do gênero humano* que Maria foi preservada do pecado original, como já havia declarado em 1661 Alexandre VII (Denz., 1100). Não se pode, portanto, admitir – como sustentaram

---

[6] cf. II Concílio de Orange, Denz., 174, 175; Concílio de Trento, Denz., 788. 789.

[7] Concílio de Trento, Denz., 789 : "Si quis Adae praevaricationem sibi soli et non ejus propagini asserit nocuisse, acceptam a Deo *sanctitatem et justitiam*, quam perdidit, *sibi soli et non nobis etiam eum perdidisse*; aut inquinatum illum per inobedientiae peccatum mortem et poenas corporis tantum in omne genus humanum transfudisse, non autem *peccatum*, quod est *mors animae*, A. S.". O pecado é a morte da alma, pela privação da graça santificante, que é a vida sobrenatural da alma e gérmen da vida eterna.

[8] Esse aspecto da definição dogmática é muito bem explicado pelo Pe. X.-M. Le Bachelet, S.J., no *Dictionnaire apologétique*, art. *Marie*, section *Immaculée Conception*, t. III, cc. 22ss.

alguns teólogos do século XIII – que Maria é imaculada no sentido de que ela não necessitou da redenção, ou de que a primeira graça nela é independente dos méritos futuros de seu Filho.

Segundo a bula *Ineffabilis Deus*, Maria foi resgatada pelos méritos de seu Filho, e do modo mais perfeito, por uma redenção, não libertadora do pecado original já contraído, mas uma *redenção preservadora*. Mesmo na ordem humana, aquele que nos preserva de um golpe mortal é ainda nosso salvador de forma melhor do que se somente nos curasse da ferida feita pelo golpe.

A idéia da redenção preservadora se relaciona à de que Maria, filha de Adão, descendente dele por via de geração natural, *devia incorrer na mancha hereditária*, e teria incorrido de fato, se Deus não tivesse decidido desde toda a eternidade conceder-lhe este privilégio singular da preservação, em virtude dos méritos futuros de seu Filho.

Este ponto de doutrina já fora afirmado pela liturgia na oração própria da festa da Imaculada Conceição, aprovada por Sixto IV (1476), em que se diz: *Ex morte ejusdem Filii tui praevisa, eam (Mariam) ab omni labe praeservasti*. A Santíssima Virgem foi preservada do pecado original pela morte futura de seu Filho, isto é, pelos méritos de Jesus morrendo por nós sobre a Cruz.

Vê-se, portanto, que esta preservação de Maria difere muito daquela do próprio Salvador, pois Jesus não foi, em nada, resgatado pelos méritos de outro, nem pelos seus; ele foi preservado do pecado original e de todo pecado por um duplo motivo: primeiramente, pela união pessoal ou hipostática de sua humanidade ao Verbo, no instante mesmo em que sua santa alma foi criada, pois nenhum pecado, seja original, seja atual ou pessoal, pode ser atribuído ao Verbo feito carne; e segundo, por sua concepção virginal, devida à operação do Espírito Santo; somente Jesus não descende de Adão por via de geração natural.[9]

3º. A definição do dogma da Imaculada Conceição propõe essa doutrina como *revelada*, e portanto como contida, ao menos implicitamente, no depósito da Revelação, isto é, na Escritura e na Tradição, ou em uma das duas fontes.

---

[9] Segundo as palavras de Santo Agostinho, *De Genesi ad litteram*, lib, X, cc. 19-20, Cristo foi em Adão "non secundum seminalem ralionem", mas somente "secundum corpulentam substantiam".

O testemunho da Escritura

A bula *Ineffabilis Deus* cita dois textos da Escritura: Gênesis 3, 15 e Lucas 1, 28.42.

No Gênesis, esse privilégio é implicitamente ou confusamente revelado, como em gérmen, nestas palavras de Deus dirigidas à serpente, figura do demônio (Gn 3, 15): "Porei uma inimizade entre ti e a mulher, entre a tua e a sua descendência. Esta te esmagará a cabeça, e tu lhe morderás o calcanhar." *Esta*, isto é, a descendência da mulher, pois no texto hebreu o pronome é masculino e designa os descendentes da mulher; o mesmo acontece na Septuaginta e na versão siríaca. A Vulgata põe *ipsa*, que se refere à própria mulher. Tal sentido não é essencialmente diferente, pois a mulher será associada à vitória daquele que representará eminentemente sua descendência na luta contra o demônio no curso dos séculos.

Por si mesmas, tais palavras certamente não bastam para provar que o privilégio da Imaculada Conceição é revelado, mas os Santos Padres, por sua comparação entre Eva e Maria, viram uma alusão a essa graça, e é a título disso que Pio IX cita essa promessa.

Uma exegese naturalista não vê nessas palavras mais que a expressão da repulsa instintiva que o homem experimenta pela serpente. Mas a tradução judaica e cristã vê muito além. A tradição cristã viu nessa promessa, que foi chamada o *protoevangelho*, o primeiro traço que serve para designar o Messias e sua vitória sobre o espírito do mal. *Jesus representa, com efeito, eminentemente a descendência da mulher*, na luta contra a descendência da serpente. Mas se Jesus é assim chamado, não é em razão do vínculo distante que o une a Eva, pois esta não pode transmitir a seus descendentes mais que uma natureza decaída, ferida, privada da vida divina; é bem mais por razão do vínculo que o une a Maria, no seio da qual ele tomou uma humanidade sem mancha. Como diz o Pe. X.-M. Le Bachelet, *art. cit.*, c. 118: "Não se encontra na maternidade de Eva o princípio desta inimizade que Deus põe entre a raça da mulher e a raça da serpente; pois a própria Eva caiu como Adão, vítima da serpente. Esse princípio de inimizade não se encontra senão em Maria, Mãe do Redentor. Portanto, no protoevangelho, a personalidade de Maria, ainda que velada, está presente, e a lição da Vulgata, *ipsa*, traduz uma consequência que se deduz do texto sagrado, pois a vitória do Redentor é moralmente, mas realmente, a vitória de sua Mãe".

Também a antiguidade cristã não cessa de opor Eva, que participa do pecado de Adão ao seguir a sugestão da serpente, a Maria, que participa da obra redentora de Cristo ao crer nas palavras do anjo no dia da Anunciação.[10]

Na promessa do Gênesis é afirmada uma vitória completa sobre o demônio: *esta te esmagará a cabeça*; e, portanto, sobre o pecado que põe a alma em um estado de servidão ao império do demônio. Portanto, como diz Pio IX, na bula *Ineffabilis Deus*, essa vitória sobre o demônio não seria completa se Maria não tivesse sido preservada do pecado original pelos méritos de seu Filho: *De ipso (serpente) plenissime triumphans, illius caput immaculato pede (Maria) contrivit.*

O anúncio desse privilégio está contido na promessa do Gênesis, como o carvalho está contido no gérmen que se encontra na glande; se jamais tivéssemos visto o carvalho, não teríamos conhecido o preço deste gérmen, nem a quê precisamente ele é ordenado; mas, uma vez que conhecemos o carvalho, vemos que este gérmen estava ordenado a produzi-lo, e não a um olmo ou um álamo. É a lei da evolução que se verifica também na progressiva ordem da revelação divina.

A bula *Ineffabilis Deus* cita também a saudação do anjo a Maria (Lc 1, 28): "Salve, cheia de graça", e as mesmas palavras ditas por Santa Isabel por revelação divina (Lc 1, 42): "Bendita sois vós entre todas as mulheres". Pio IX não diz que essas palavras bastam por si mesmas para provar que o privilégio da Imaculada Conceição é revelado; para que eles tenham essa efetividade, há que se unir a elas a tradição exegética dos Padres.

Esta tradição se torna explícita com Santo Efrém, o Sírio (†373),[11] e entre os Padres gregos posteriores ao Concílio de Éfeso (431), particularmente entre dois bispos adversários de Nestório: São Proclo, um dos sucessores de São João Crisóstomo na sé de Constantinopla (434-446) e Teódoto, bispo de Ancira (430-439); depois em São Sofrônio, patriarca de Jerusalém (634-638), André de Creta (†740), São João Damasceno, morto na metade do século VIII, cujos testemunhos são longamente relatados pelo Pe. X.-M. Le Bachelet, *Dict. Apol.*, art. *Marie*, cc. 223-231.

---

[10] Sobre a interpretação desta profecia do Gênesis, cf. TERRIEN, *La Mère de Dieu et la Mère des hommes*, t. III, l. 1, cp. II, pp. 26-49. A antítese entre Eva e Maria é exposta por São Justino, Santo Irineu, São Cirilo de Jerusalém, Santo Efrém, Santo Epifânio, Santo Ambrósio, São Jerônimo, Santo Agostinho, São João Crisóstomo etc. Cf. *Dict. Apol.*, art. citado, c. 119.

[11] Cf. *Dict. Théol.*, art. *Ephrem*, c.192.

À luz desta tradição exegética, as palavras do anjo a Maria: "Salve, cheia de graça", ou plenamente agradável a Deus e amada por ele, não estão limitadas no tempo, de modo a excluir algum período inicial da vida de Maria. Ao contrário, a Santíssima Virgem não teria recebido esta plenitude de graça se sua alma tivesse estado *por um instante no estado de morte espiritual*, e por consequência do pecado original, se ela tivesse estado por um instante privada da graça, apartada de Deus, filha da cólera, em um estado de servidão ao império do demônio. São Proclo diz que ela foi "formada de um barro puro";[12] Teódoto de Ancira diz que "o Filho do Altíssimo nasceu da Altíssima".[13] São João Damasceno escreveu que Maria era a filha santíssima de Joaquim e Ana que "escapou dos dardos inflamados do maligno",[14] que ela é um novo paraíso, "onde a serpente não tem entrada furtiva",[15] que ela é isenta da dívida de morte, que é uma das consequências do pecado original;[16] ela devia, portanto, ser isenta da ruína comum.

Se Maria tivesse contraído o pecado original, a plenitude de graça teria se *restringido*, no sentido de que ela não se teria estendido por toda a sua vida. A Igreja, lendo as palavras da saudação angélica à luz da Tradição e com a assistência do Espírito Santo, viu nelas, implicitamente revelado, o privilégio da Imaculada Conceição, não como o efeito numa causa que pode existir sem ele, mas como uma parte no todo; a parte está realmente no todo, declarada ao menos implicitamente.

O testemunho da Tradição

A própria Tradição afirma mais e mais explicitamente esta verdade. São Justino,[17] Santo Irineu,[18] Tertuliano[19] opõem Eva, causa da morte, a Maria, causa da vida e da salvação. Esta antítese é constantemente reiterada pelos Padres,[20] e encontra lugar nos documentos mais solenes

---

[12] Orat. VI, 2; P.G., LXV, 733; cf. 751s, 756.

[13] *Hom. VI, in sanctam Mariam Dei genitricem*, 10-12; P.G., LXXVII, 426s.

[14] *Hom. I in Nat.*, 7; P.G., XCVI, 672.

[15] *Hom. II in dormit.*, 2, c. 725.

[16] *Hom. II in dormit.*, 3, c. 728.

[17] *Dial. cum Tryphone*, 100; P.G., VI, 709ss.

[18] *Adv. Haereses*, III, XXII, 3. 4 ; V, XIX; P.G., VII, 858s., 1175.

[19] *De carne Christi*, XVII; P.L., II, 782.

[20] Por exemplo, São Cirilo de Jerusalém, Santo Efrém, Santo Epifânio, Santo Ambrósio, São Jerônimo, Santo Agostinho, São João Crisóstomo, etc.

do magistério supremo, em particular na bula *Ineffabilis Deus*. Esta antítese é tida como perfeita, sem restrição; e para que o seja, é necessário que Maria tenha sido sempre superior a Eva, e, portanto, que ela não lhe tenha sido inferior no primeiro momento de sua vida. Os Padres dizem frequentemente de Maria que ela é *imaculada*, que sempre foi abençoada por Deus para a honra de seu Filho, que ela é *intemerata, intacta, impolluta, intaminata, illibata*, inteiramente sem mancha.

Santo Efrém, comparando Eva e Maria, diz: "Todas as duas são na origem inocentes e simples; mas em seguida Eva se torna causa de morte e Maria, causa de vida".[21] Falando ao Senhor, diz ainda: "Vós, Senhor, e vossa Mãe, sois os únicos que são perfeitamente belos sob todos os aspectos. Em Vós, não há falta alguma, e em Vossa Mãe não há mancha alguma. Os outros filhos de Deus não se aproximam desta beleza".[22]

Santo Ambrósio diz igualmente de Maria que ela é isenta de toda macha do pecado "*per gratiam ab omni integra labe peccati*",[23] e Santo Agostinho que "a respeito somente da Santíssima Virgem Maria, a honra do Senhor não permite sequer levantar a questão de pecado",[24] enquanto que se interrogássemos todos os santos e lhes perguntássemos: "Vós estais sem pecados?", eles responderiam com o apóstolo São João (1Jo 1, 8): "Se dizemos que não temos pecado, enganamo-nos a nós mesmos, e a verdade não está em nós". Dois outros textos parecem mostrar que a afirmação de Agostinho sobre Maria ser isenta de todo pecado se estende à Imaculada Conceição.[25] Muitos outros testemunhos dos Santos Padres podem ser encontrados nas obras de Passaglia,[26] Palmieri[27] e Le Bachelet.[28]

Há que se acrescentar que, depois do século VII e VIII, celebra-se na Igreja, sobretudo na Igreja grega, a festa da Conceição da

---

[21] Op. Syriaca, ed. Romae, t. II, p. 327.

[22] Cf. G. Bickell, *Carmina Nisibena*, Leipzig, 1866, pp. 28-29. G. Bickell conclui desta passagem e de outras semelhantes que Santo Efrém é um testemunho do dogma da Imaculada Conceição.

[23] *In Ps. CXVIII*, 22, 30 ; P.L., XV, 1521.

[24] *De natura et gratia*, XXXVI. 42; P.L.. XLIV, 267.

[25] *Contra Julianum pelagianum*. Y, XV. 57; P.L., XLIV, 815; *Opus imperf. contra Julianum*, IV, CXXII ; P.L. XLV, 1418

[26] *De immaculato Deiparae conceptu.*

[27] *Thesis* 88.

[28] *Dict. Apol.* art. *Marie, Immac. Concept.*, cc. 210-275.

Bem-aventurada Virgem Maria; na Sicília no século IX, na Irlanda no século X, em quase toda a Europa no século XII.

O Concílio de Latrão de 649 (Denz., 256) chama Maria de "imaculada". Em 1476 e 1483, Sixto IV fala em favor do privilégio a respeito da festa da Conceição de Maria (Denz., 734s). O Concílio de Trento (Denz., 792) declara, quando fala do pecado original que atinge todos os homens, que não é sua intenção incluir a Bem-aventurada e Imaculada Virgem Maria. Em 1567, Baio é condenado por ter ensinado o contrário (Denz., 1073). Em 1661, Alexandre VII reafirma este privilégio, dizendo que praticamente todos os católicos o admitem, ainda que ele não tenha sido definido (Denz., 1100). Enfim, em 8 de dezembro de 1854, é promulgada a definição solene (Denz., 1641).

Deve-se reconhecer que nos séculos XII e XIII grandes doutores como São Bernardo,[29] Santo Anselmo,[30] Pedro Lombardo,[31] Hugo de São Vítor,[32] Santo Alberto Magno,[33] São Boaventura[34] e Santo Tomás[35] parecem pouco favoráveis ao privilégio, porque não haviam considerado suficientemente *o momento mesmo da animação* ou da criação da alma de Maria, e não distinguiram suficientemente – pela idéia da *redenção preservadora* – que Maria *deveria incorrer na mancha hereditária*, mas de fato *não incorreu*. Nem sempre distinguiram suficientemente entre *"debebat contrahere"* e *"contraxit peccatum"*. Veremos, contudo, mais tarde que a este respeito há três períodos na vida de Santo Tomás, e que, se no segundo ele não afirma o privilégio e parece até negá-lo, no primeiro ele o afirma e também, como parece, no último.

Razões teológicas do privilégio da Imaculada Conceição

A principal razão de conveniência desse privilégio é o desenvolvimento daquele que Santo Tomás deu, com muitos outros, para mostrar a conveniência da santificação de Maria no seio de sua mãe antes

---

[29] *Epist. ad canonicos Lugdunenses.*

[30] *De conceptione virginali.*

[31] *In III Sent.*, dist. 3.

[32] *Super Missus est.*

[33] *Item Super Missus est.*

[34] In III *Sent.*, dist. 3, q. 27.

[35] III^a, q. 27, a. 1 et 2.

de seu nascimento (III³, q. 27, a. 1): "Há que se crer razoavelmente que aquela que devia gerar o Filho único de Deus, cheio de graça e de verdade, tenha recebido, mais do que todas as outras pessoas, os maiores privilégios da graça. Se, portanto, Jeremias e São João Batista foram santificados antes de seu nascimento, há de se crer razoavelmente que o mesmo aconteceu para Maria". Santo Tomás diz também, *ibid.*, a. 5: "Quanto mais se aproxima da fonte de toda graça, mais se recebe dela; ora, Maria aproximou-se mais do que qualquer outra pessoa do princípio da graça, que é Cristo".[36]

É o mérito de Escoto (os tomistas devem ter a honra de reconhecer que seu adversário sobre este ponto estava certo) ter bem ilustrado a alta conveniência deste privilégio, respondendo a essa dificuldade formulada por muitos teólogos e por Santo Tomás: Cristo é o redentor universal de todos os homens, sem exceção (Rm 3, 23; 5, 12.19; Gl 3, 22; 2Cor 5, 14; 1Tm 2, 16). Ora, se Maria não contraiu o pecado original, ela não foi libertada por Cristo. Ela não foi, portanto, resgatada por ele.

A essa dificuldade, Duns Escoto[37] responde pela idéia da *redenção não libertadora*, mas *preservadora*; faz ver toda a conveniência, e, ao menos em certos lugares, sem alusão à sua opinião especial sobre o motivo da Encarnação, e de tal modo que essa alta razão de conveniência pode ser admitida independentemente desta opinião.

Esta razão é a seguinte: convém que o Redentor perfeito exerça uma redenção soberana ao menos para com à pessoa de sua Mãe, que lhe deve ser associada mais intimamente que qualquer outra na obra da redenção da humanidade. Ora, a redenção soberana não é somente libertadora do pecado já contraído, mas preservadora de toda mancha, como aquele que preserva alguém de um golpe mortal é ainda mais seu salvador que se ele o curasse da ferida feita por esse golpe. Portanto, é sumamente conveniente que o Redentor tenha, por seus méritos, preservado sua Mãe do pecado original e também de

---

[36] II³, q. 27, a. 5. Santo Tomás dá também, *ibid.*, a. 3, 5, 5, 6, a propósito da primeira santificação de Maria, os argumentos de conveniência que são trazidos na bula *Ineffabilis Deus* para a Imaculada Conceição, em particular (a. 4) o de que Maria, predestinada a ser Mãe do Salvador, deveria ser digna dele, porque a honra dos pais, bm como sua ignomínia, reflete sobre seus filhos, e porque ela teve uma "afinidade singular" com o Filho de Deus feito carne que ela concebeu, que nela habitou e que ela deu à luz.

[37] In III *Sent.*, dist. III, q. 1, (éd. Quaracchi), et éd. Vivès, XIV, 159; e *Reportata*, l. III. dist. III, q. 1, éd. Vivès, XXIII, 261.

toda falta atual. O argumento tinha sido anteriormente esboçado por Eadmer,[38] e tem manifestamente raízes profundas na Tradição.

Esta razão de conveniência é indicada, de certo modo, na bula *Ineffabilis Deus*, com algumas outras. É dito que a honra dos pais, assim como a sua desonra, recai sobre seus filhos, e não convinha que um Redentor perfeito tivesse uma Mãe concebida no pecado.

Ademais, como o Verbo procede eternamente de um Pai santíssimo, convinha que ele nascesse na terra de uma Mãe a que jamais tivesse faltado o esplendor de santidade.

Enfim, para que Maria pudesse reparar a queda de Eva, vencer os artifícios do demônio e dar a todos, com Cristo, por ele e nele, a vida sobrenatural, convinha que ela mesma não tivesse estado jamais no estado de decadência, na servidão do pecado e do demônio.

Se se objeta que só Cristo é imaculado, é fácil de responder: só Cristo é por ele mesmo imaculado, e a duplo título da união hipostática e de sua concepção virginal; Maria o é pelos méritos de seu Filho.

As consequências do privilégio da Imaculada Conceição podem se desenvolver tal como o fizeram os grandes autores espirituais. Maria foi preservada das consequências mordazes do pecado original, que são a concupiscência e a inclinação ao erro.

Depois da definição do dogma da Imaculada Conceição, deve-se dizer que o *foco da concupiscência* não somente esteve dominado em Maria desde o seio de sua mãe, mas que não existiu jamais nela. Nenhum movimento de sua sensibilidade poderia ser desordenado e afastar seu julgamento e seu consentimento. Nela sempre existiu a subordinação perfeita da sensibilidade à inteligência e à vontade, e da vontade a Deus, como no estado de inocência. E, por isso, Maria é Virgem das virgens, puríssima, *inviolata, intemerata*, torre de marfim, puríssimo espelho de Deus.

Do mesmo modo, *Maria jamais esteve sujeita ao erro*, à ilusão; seu julgamento foi sempre claro e reto. Se ainda não tinha luz sobre alguma coisa, ela suspendia seu julgamento e evitava a precipitação, que é a causa do erro. Ela é, como diz a ladainha, Sede de Sabedoria, Rainha dos doutores, Virgem prudentíssima, Mãe do bom conselho. Todos os teólogos reconhecem que a natureza lhe falava do Criador

---

[38] *Tractatus de Conceptione sanctae Mariae*; P.L. CLIX, 301-318. Eadmer, no século XII, discípulo de Santo Anselmo, começava assim a síntese de elementos da Tradição grega.

melhor que aos maiores poetas, e que ela teve, já neste mundo, um conhecimento eminente e superiormente simples do que diz a Escritura sobre o Messias, a Encarnação, a Redenção. Ela esteve, pois, perfeitamente isenta da concupiscência e do erro.

Mas por que o privilégio da Imaculada Conceição não subtraiu Maria *da dor e da morte*, que são também consequências do pecado original?

Em verdade, a dor e a morte em Maria, como em Jesus, não foram, como em nós, consequências do pecado original, que jamais os tocou. Foram *consequências da natureza humana*, que por si, como a natureza do animal, está sujeita à dor e à morte corporal. É somente por privilégio sobrenatural que Adão inocente estava isento de toda dor e da necessidade de morrer.

Jesus, sendo nosso Redentor por sua morte sobre a Cruz, foi virginalmente concebido em uma carne mortal, *in carne passibili*, e aceitou voluntariamente sofrer e morrer por nossa salvação. A seu exemplo, Maria aceita voluntariamente a dor e a morte para se unir ao sacrifício de seu Filho, para em nosso lugar expiar com ele e resgatar-nos.

E, coisa surpreendente, que é admiração dos contemplativos, o privilégio da Imaculada Conceição e a plenitude de graça, longe de subtrair Maria da dor, *aumentaram consideravelmente nela a capacidade de sofrer pelo maior dos males, que é o pecado*. Precisamente porque ela era absolutamente pura, porque seu coração era inflamado pela caridade divina, Maria sofreu excepcionalmente os males mais graves, que nossa leviandade impede-nos de padecer. Nós sofremos – nós – do que fere nossa suscetibilidade, nosso amor-próprio, nosso orgulho. Maria sofreu pelo pecado na medida de seu amor a Deus, a quem o pecado ofende; na medida de seu amor por seu Filho, a quem o pecado crucifica; na medida de seu amor por nossas almas, a quem o pecado devasta e mata. O privilégio da Imaculada Conceição, longe de subtrair Maria da dor, aumentou seus sofrimentos e a dispôs tão bem para suportá-los, que ela não abdicou do menor deles, e os ofereceu incessantemente junto com aqueles de seu Filho, por nossa salvação.

Do pensamento de Santo Tomás sobre a Imaculada Conceição

Pode-se, segundo parece, e como indicam alguns comentadores, distinguir neste ponto três períodos do pensamento de Santo Tomás.

Na primeira, no início de sua carreira teológica, em 1253-1254, ele afirma o privilégio, provavelmente por motivo da tradição manifestada pela festa da Conceição celebrada em muitas Igrejas, e pelo fervor de sua piedosa admiração pela santidade perfeita da Mãe de Deus. É então que escreve (*I Sent.*, d. 44, q. 1, a. 3, ad 3): "Puritas intenditur per recessum a contrario: et ideo potest aliquid creatum inveniri quod nihil purius esse potest in rebus creatis, si nulla contagione peccati inquinatum sit; *et talis fuit puritas beatae Virginis, quae a peccato originali et actuali immunis fuit*".[39] Segundo esse texto, a pureza da Bem-aventurada Virgem foi tal que ela foi isenta do pecado original e de todo pecado atual.

Em um segundo período, Santo Tomás, vendo melhor as dificuldades do problema, hesita e não se pronuncia, pois os teólogos de seu tempo sustentam que Maria é imaculada independentemente dos méritos de Cristo. Ele recusa admitir essa posição por causa do dogma da redenção universal que, sem exceção, vem do Salvador (Rm 3, 23; 5, 12.19; Gl 3, 22; 2Cor 5, 14; 1Tm 2, 6). Foi então que na III^a, q. 27, a. 2, ele coloca assim a questão : A Bem-aventurada Virgem foi santificada, *antes da animação*, na concepção de seu corpo? Pois, segundo ele, como para muitos outros teólogos, a concepção (inicial) do corpo se distingue da animação ou criação da alma, que seria posterior cerca de um mês, o que chamamos hoje concepção passiva consumada.

O santo doutor dá, no início desse artigo, quatro argumentos a favor da concepção imaculada, mesmo cronologicamente anterior à animação. Depois responde: "A santificação da Bem-aventurada Virgem não se concebe antes de sua animação: 1°. Pois essa santificação deve purificá-la do pecado original, o qual não pode ser apagado senão pela graça, que tem por sujeito a própria alma; 2°. Se a Bem-aventurada Virgem tivesse sido santificada antes da animação, ela jamais teria incorrido na mancha do pecado original e não teria necessidade de ser resgatada por Cristo. Ora, isto é um inconveniente, pois Cristo é o Salvador de todos os homens" (1Tm 2, 6 – Item ad 2).

Mesmo após a definição dogmática de 1854, é verdadeiro dizer que Maria não foi santificada antes da animação, mas Santo Tomás

---

[39] "A pureza se aplica pelo recolhimento a partir do contrário: e, por isso, nada criado pode ser encontrado de mais puro entre as coisas criadas do que algo que não tenha sido manchado por nenhum contágio de pecado; e tal foi a pureza da Bem-aventurada Virgem, que foi imune ao pecado original e atual".

acrescenta no fim do corpo do artigo: "Unde relinquitur, quod sanctifcatio B. Virginis fuerit post ejus animationem". Permanece, segundo ele, que tenha sido santificada após sua animação. Ele não distingue, como fez frequentemente em outros lugares, *a posterioridade da natureza*, que se pode e deve admitir ainda hoje, *da posterioridade do tempo*, que é contrário ao privilégio da Imaculada Conceição. Do mesmo modo, na resposta ao segundo argumento, Santo Tomás diz da Bem-aventurada Virgem: "Contraxit originale peccatum".[40]

Todo o seu argumento tem por finalidade mostrar que Maria, sendo descendente de Adão por geração natural, *devia incorrer na mácula original*. Mas não distingue suficientemente este *debituan incurrendi* do *fato de incorrer* nessa mácula.

Quanto à questão de saber a que momento exato a Virgem Maria foi santificada no seio de sua mãe, ele não se pronuncia. Ele declara que a santificação seguiu rapidamente a animação, *cito post*, diz nos Quodlibetos VI, a. 7; mas a qual momento, não se sabe: "quo tempore sanctificata fuerit, ignoratur" (III^a, q. 27, a. 2, ad 3).

Santo Tomás não examina na *Suma* a questão: Maria foi santificada *no mesmo instante da animação*? São Boaventura tinha também posto este problema e respondido negativamente. Santo Tomás não se pronuncia; ele se inspira provavelmente na atitude reservada da Igreja romana que não celebra a festa da Conceição, celebrada em outras igrejas (cf. *ibid.*, ad 3). Tal é, pelo menos, a interpretação do Pe. N. del Prado, O.P., *Santo Tomas y la Immaculada*, Vergara, 1909; do Pe. Mandonnet, O.P., *Dict. Théol. cath.*, art. *Frères Prêcheurs*, c. 899, e do Pe. Hugon, *Tractatus dogmatici*, t. II, ed. 5^a, 1927, p. 749. Para esses autores, o pensamento do santo doutor, mesmo nesse segundo período de sua carreira magisterial, era aquela expressada muito tempo depois por Gregório XV em suas cartas de 4 de julho de 1622: "Spiritus Sanctus nondum tanti mysterii arcanum Ecclesiae suae patefecit".

Os princípios invocados por Santo Tomás não concluem totalmente contra o privilégio, e subsistem perfeitamente se se admite a redenção preservadora.

Ele objeta, entretanto, um texto difícil que se encontra em *III Sent.*, dist. III, q. 1, a. 1, ad 2^{am} q^m: "Sed nec etiam in ipso instanti infusionis

---

[40] Por causa destes textos, muitos intérpretes disseram que Santo Tomás negava o privilégio; é o que pensa o Pe. Le Bachelet, *Dict. Théol.*, art. *Immaculée Conception*, cc. 1050-1053.

(animae), ut scil. per gratiam tunc sibi infusam conservaretur ne culpam originalem incurreret. Christus enim hoc singulariter in humano genere habet, ut redemptione non egeat". O Pe. del Prado e o Pe. Hugon, *loc. Cit.*, respondem: "O sentido pode ser: a Santíssima Virgem não foi preservada de tal modo que não *deveria incorrer* na mancha original, porque ela não teria tido necessidade de redenção." Desejar-se-ia evidentemente a distinção explícita entre *debitum incurrendi* e o *fato de incorrer* na mancha original.

O último período de sua carreira, em 1272 e 1273, Santo Tomás, ao escrever a *Expositio super salutationem angelicam*, que é certamente autêntica,[41] diz: "Ipsa enim (beata Virgo) purissima fuit et quantum ad culpam, quia nec originale, nec mortale, nec veniale peccatum incurrit". Cf. J. F. Rossi, C.M., *S. Thomae Aquinatis Expositio salutationis angelicae, Introductio et textus*. Divus Thomas (Pl.), 1931, pp. 445-479. Separata, Piacenza, Collegio Alberoni, 1931 (Monografie del Collegio Alberoni, II), in-8. Nessa edição crítica do Comentário da *Ave Maria*, pp. 11-15, é demonstrado que a passagem citada relativa à Imaculada Conceição se encontra em dezesseis dos dezenove manuscritos consultados pelo editor, que conclui por sua autenticidade, e que traz em apêndice fotografias dos principais manuscritos.[42]

Seria desejável que se fizesse para cada um dos principais opúsculos de Santo Tomás um estudo igualmente consciencioso.[43]

Este texto, apesar das objeções feitas pelo Pe. P. Synave,[44] parece bem ser autêntico. Se assim é, Santo Tomás, no fim de sua vida, após madura reflexão, teria retornado à afirmação do privilégio que ele

---

[41] *S. Thomae Aq. opuscula omnia*, éd. Mandonnet, Parisiis, 1927, t. I, Introd., pp. XIX-XXII.

[42] O *Bulletin Thomiste* de julho-dezembro 1932, p. [564], diz: "este bom trabalho probo e sério será bem acolhido (...); pela elaboração paciente do texto, parece, de todos os pontos, excelente".

[43] No entanto, objetou-se (*Bulletin Thomiste*, julho-dezembro 1932 p. 579): no mesmo Opúsculo, um pouco mais acima, se diz: "Ipsa [Virgo] omne peccatum vitavit magis quam alius sanctus, praeter Christum. Peccatum enim aut est originale et de isto fuit mundata in utero; aut mortale aut veniale et de istis libera fuit (...). Sed Christus excellit Beatam Virginem in hoc quod sine originali conceplus et natus fuit. Beata autem Virgo in originali concepta, sed non nata".

Há contradição entre este texto e aquele que parece bem autêntico algumas linhas abaixo. É inverossímil que a algumas linhas de distância se encontrem o sim e o não. E a dificuldade desaparece se se recorda que, para Santo Tomás, a *concepção do corpo*, no início da evolução do embrião, precede de um mês ao menos a animação, que é a concepção passiva consumada, antes da qual a pessoa não existia, porque não havia ainda alma racional.

[44] *Bulletin Thomiste*, julho-dezembro 1932, p. 579.

tinha sustentado primeiramente em *I Sent.*, dist. 44, q. 1, a. 3, ad 3, sem dúvida pela inclinação de sua piedade para com a Mãe de Deus. Podem-se notar também outros indícios deste retorno à sua primeira maneira de pensar.[45]

Esta evolução, de resto, não é rara nos grandes teólogos, que, levados pela Tradição, afirmam, às vezes, primeiro um ponto de doutrina sem ver ainda todas as dificuldades; depois chegam a ser mais reservados, e finalmente a reflexão os reconduz ao seu ponto de partida, quando afirmam que os dons de Deus são mais ricos do que se nos parece, e não se deve limitá-los sem justa razão. Ora, como vimos, os princípios invocados por Santo Tomás não concluem contra o privilégio, e mesmo a ele conduzem quando se tem a idéia explícita da redenção preservadora.

Recentemente, o Pe. J.-M. Vosté, O.P., *Commentarius in III^{am} P. Summae theol. S. Thomae* (in q. 27, a. 2), 2ª ed., Romae, 1940, aceita a interpretação de J.-F. Rossi e sustenta ele também que Santo Tomás, no fim de sua vida, retomou, após reflexão, a afirmação do privilégio que tinha exprimido no início de sua carreira teológica. É ao menos seriamente provável que fora assim.

Artigo III
MARIA FOI ISENTA DE TODA FALTA, MESMO VENIAL?

O Concílio de Trento, sess. VI, cân. 23 (Denz., 833), definiu que "o homem, uma vez justificado, não pode continuamente evitar, em todo o curso de sua vida, todos os pecados veniais, sem um privilégio especial, como aquele que a Igreja reconhece ter sido concedido à Santíssima Virgem". O justo pode evitar cada um dos pecados veniais tomados em particular, mas não os pode evitar todos juntos em seu conjunto, preservando-se deles continuamente. Ao contrário, Maria

---

[45] Em particular no *Compendium theologiae* redigido a Nápoles em 1272-1273 e interrompido pela morte, Santo Tomás escreveu, no capítulo 224: "Nec solum a peccato actuali *immunis* fuit (B. Maria Virgo), sed *etiam ab originali, speciali, privilegio mundata* (...). Est ergo tenendum quod cum peccato originali concepta fuit, sed ab eo, quodam *speciali modo, purgata fuit*". Não haveria privilégio *especial*, se ela tivesse sido purificada somente como foram Jeremias e São João Batista, no seio de sua mãe, algum tempo depois da animação.

É preciso lembrar também que Santo Tomás, em *Epist. ad Galat.*, III, 16, lect.6, declara Maria imune do pecado original: *excipitur purissima et omni laude dignissima*. Item *Expositio in Orat. domin.*, petitio V: *Plena gratia, in qua nullum peccatum fuit*. In Ps. XIV, 2: *In Christo et B. Virgine Maria nulle omnino macula fuit*. In Ps. XVIII, 6: *Quae nullam habuit obscuritatem peccati*".

evitou de fato toda falta, mesmo leve. Santo Agostinho afirma que "pela honra de seu Filho, que deveria perdoar os pecados do mundo, não se pode sequer levantar a questão de pecado em relação a ela".[46] Os Padres e teólogos mesmo afastam, por seu modo de falar de Maria, toda imperfeição voluntária, pois, segundo eles, ela jamais esteve menos pronta a responder a uma inspiração divina comunicada em modo de conselho. Uma menor generosidade não é um mal como o é um pecado venial, mas é somente um bem menor, uma imperfeição; e mesmo isso não existiu em Maria. Não houve nela ato imperfeito (*remissus*) de caridade, inferior em intensidade ao grau no qual essa virtude existia nela.

Santo Tomás dá a razão deste privilégio especial quando diz: "Aqueles que o próprio Deus escolhe para um fim determinado, ele os prepara e os dispõe de tal modo que sejam capazes de realizar aquilo a que foram escolhidos".[47] Nisto Deus difere dos homens, que escolhem frequentemente aqueles incapazes ou medíocres para funções às vezes muito elevadas: "Assim – continua Santo Tomás – São Paulo diz dos apóstolos (2Cor 3, 6): 'Ele é que nos fez capazes para ser ministros da Nova Aliança, não a da letra, e sim a do Espírito'". Ora, a Bem-aventurada Virgem foi escolhida divinamente para ser a Mãe de Deus (isto é, ela foi desde toda a eternidade predestinada à maternidade divina). E, portanto, não se poderá duvidar que Deus, por sua graça, a tornou apta para esta missão, segundo as palavras que lhe foram dirigidas pelo Anjo (Lc 1, 30): "Encontraste graça diante de Deus. Eis que conceberás e darás à luz um filho, e lhe porás o nome de Jesus". Mas Maria não teria sido digna Mãe de Deus se ela tivesse, alguma vez, pecado; pois a honra – e também a desonra – dos pais reflete sobre seus filhos, segundo as palavras dos Provérbios (17, 6): "Os pais são a glória de seus filhos". Ademais, Maria tinha uma afinidade toda especial com Cristo, que nela se encarnou, e "que harmonia é que há entre Cristo e Belial?" (2Cor 6, 15). Enfim, o Filho de Deus, que é a divina Sabedoria, habitou em Maria de um modo especialíssimo, não somente em sua alma, mas no seu seio; e é dito na Sabedora (1, 4): "A Sabedoria não entrará em uma alma que maquina o mal, nem habitará em um corpo escravo do pecado". Deve-se, portanto, dizer pura e simplesmente que a Bem-aventurada Virgem

---

[46] *De natura et gratia*, cap. XXXVI.

[47] III\ua, q. 27, a. 4.

não cometeu nenhum pecado atual, nem mortal nem venial, de tal modo que se verificaram plenamente nela as palavras do Cântico dos Cânticos (4, 7): "És toda bela, ó minha amiga, e não há mancha em ti." Assim se exprime Santo Tomás.

Existe, portanto, em Maria, *impecância* (como se diz inerrância) ou ausência de pecado, e mesmo *impecabilidade*, não no mesmo título que em Cristo, mas no sentido de que, por um privilégio especial, ela foi *preservada* de todo pecado, mesmo venial.[48]

Esse privilégio supõe, em primeiro lugar, um altíssimo grau de graça habitual e de caridade, que inclina muito fortemente a alma ao ato de amor de Deus, distanciando-a do pecado. Supõe, ademais, a *confirmação na graça* que habitualmente, nos santos, se faz por um grande aumento de caridade, principalmente aquela da união transformante, aumento acompanhado de graças atuais eficazes que de fato preservam do pecado e conduzem para atos livres e meritórios sempre mais elevados. Houve também em Maria *uma assistência especial da Providência*, que, ainda melhor que no estado de inocência, preservou todas as suas faculdades de se desviarem, e que, mesmo nas circunstâncias mais dolorosas, guardou sua alma na mais perfeita generosidade. Esta assistência preservadora era um efeito da predestinação de Maria, como a confirmação na graça é um efeito da predestinação dos santos.

Essa preservação do pecado, longe de diminuir a liberdade ou o livre-arbítrio de Maria, fazia com que ela tivesse *plena liberdade na ordem do bem*, sem desvio algum para o mal, uma vez que sua inteligência não se desviava jamais para o erro. Assim, sua liberdade, a exemplo daquela da santa alma de Jesus, era uma *imagem puríssima da liberdade de Deus*, que é ao mesmo tempo soberana e impecável.

Se as obras-primas da arte humana, em arquitetura, em pintura, em música, se os instrumentos de precisão de laboratórios alcançam a última perfeição, que pensar das obras-primas de Deus? E se as obras da ordem natural são tão perfeitas, como mostram as belezas do oceano, aquelas das altas montanhas, ou, em outra ordem, a estrutura do olho, aquela da orelha, e mais ainda nossas faculdades

---

[48] Em Nosso Senhor houve a impecabilidade absoluta a três títulos: 1º. Em razão de sua personalidade divina; 2º. Em razão da visão beatífica permanente nele depois de sua concepção; 3º. Em razão da plenitude absoluta e inamissível de graça e de caridade, cujo fervor não podia diminuir; ademais, recebia sempre a graça eficaz para agir.

superiores, sem falar das inteligências angélicas mais e mais elevadas, que dizer das obras-primas da ordem sobrenatural, como a santa alma de Maria, ornada de todos os dons gratuitos, desde o primeiro momento de sua existência?

NOTA – O problema da imperfeição, distinta do pecado venial

Este problema,[49] *desarticulado* de seu contexto pelos casuístas, coloca-se em um domínio superior, aquele onde vivem as pessoas interiores já avançadas, muito atentas em evitar todo pecado venial mais ou menos deliberado; e foi transportado indevidamente a um domínio inferior, e cometeu-se então o erro de chamar imperfeição o que, na realidade, é pecado venial.

Noutras vezes, relacionou-se muito este problema com outro: a vocação religiosa obriga, ou pode subtrair-se a ela sem pecado, por simples imperfeição? Responde-se, comumente e acertadamente, que a vocação religiosa não obriga por si, mas de fato, como ela compreende toda a vida, e como os outros caminhos são menos seguros, não se subtrai a ela sem pecado, porque se subtrai de fato – como o jovem rico de que fala o Evangelho – por um *apego imoderado* às coisas terrenas (apego imoderado proibido já por um preceito) e não somente por uma *menor generosidade*.

O problema da imperfeição distinta do pecado original deve se colocar no domínio elevado, onde vivem as almas generosíssimas que estão muito decididas a evitar todo pecado venial mais ou menos deliberado, e, mais ainda, ele se coloca a propósito da impecabilidade de Cristo e do privilégio especial pelo qual Maria foi preservada de todo pecado, por leve que fosse. Coloca-se então a questão: na vida de Cristo e da Santíssima Virgem houve qualquer imperfeição voluntária? Compreende-se, desde já, que se trata de uma questão delicadíssima.

A esse último problema responde-se comumente: na vida de Cristo e de sua santa Mãe, jamais houve imperfeição mais ou menos voluntária, pois jamais estiveram *menos prontos* a seguir uma inspiração divina comunicada em modo de conselho.

Mas se houvesse neles, de tempos em tempos, essa menor prontidão, isto não teria sido, porém, uma desordem propriamente dita,

---

[49] Nós tratamos longamente em outro lugar esta questão. Cf. *L'Amour de Dieu et la Croix de Jésus*, t. I, pp. 360-390.

como o apego imoderado aos bens terrestres, mas teria sido somente uma *menor generosidade*.

Para as almas interiores, desde que não tenham feito o voto da maior perfeição, podemos e devemos dizer que elas não são obrigadas, sob pena de pecado venial, ao *maximum* de generosidade que é moralmente possível para elas a cada instante.[50] Convém, entretanto, que, se não estão obrigadas pelo voto da maior perfeição sob pena de pecado venial, as almas mais elevadas prometam à Santíssima Virgem fazer sempre o que lhes pareça *evidentemente* mais perfeito.

Artigo IV
A PERFEIÇÃO DA PRIMEIRA GRAÇA EM MARIA

A graça habitual, que recebeu a Bem-aventurada Virgem no instante mesmo da criação de sua santa alma, foi uma plenitude, na qual já se verificou o que o anjo deveria dizer-lhe no dia da Anunciação: "Salve, cheia de graça". É o que afirma com a Tradição Pio IX, ao definir o dogma da Imaculada Conceição. Ele mesmo diz que Maria, desde o primeiro instante, "foi amada por Deus mais que todas as criaturas, *"prae creaturis universis"*, que se agradou plenamente dela, que a encheu admiravelmente de todas as suas graças, muito mais que a todos os espíritos angélicos e que todos os santos".[51] Poder-se-iam citar sobre este ponto numerosos testemunhos da Tradição.[52]

---

[50] Um conselho não obriga, propriamente falando, senão no caso em que se faltasse a um preceito, não o seguindo. Cf. Santo Tomás, II^a II^{ae}, q. 124, a. 3, ad 1.

[51] *Ineffabilis Deus*: "Deus (...) ab initio et ante saecula unigenito Filio suo *Matrem*, ex qua caro factus in beata temporum plenitudine nasceretur *elegit* atque *ordinavit, tantoque prae creaturis universis est prosecutus amore, ut in illa una sibi propensissima voluntate complacuerit. Quapropter illam longe ante omnes angelicos Spiritus, cunctosque Sanctos caelestium omnium charismatum copia de thesauro Divinitatis deprompta ita mirifice cumulavit ut ipsa ab omni prorsus peccati labe semper libera, ac tota pulchra et perfecta eam innocentiae et sanctitatis plenitudinem prae se ferret*, qua major sub Deo nullatenus intelligitur, et quam praeter Deum nemo assequi cogitando potest". [Deus Infeável... assim Deus, desde o princípio e antes dos séculos, escolheu e pré-ordenou para seu Filho uma Mãe, na qual Ele se encarnaria, e da qual, depois, na feliz plenitude dos tempos, nasceria; e, de preferência a qualquer outra criatura, fê-la alvo de tanto amor, a ponto de se comprazer nela com singularíssima benevolência. Por isto cumulou-a admiravelmente, mais do que todos os Anjos e a todos os Santos, da abundância de todos os dons celestes, tirados do tesouro da sua Divindade. Assim, sempre absolutamente livre de toda mancha de pecado, toda bela e perfeita, ela possui uma tal plenitude de inocência e de santidade, que, depois da de Deus, não se pode conceber outra maior, e cuja profundeza, afora de Deus, nenhuma mente pode chegar a compreender.]

[52] Cf. TERRIEN, *La Mère de Dieu*, t. II, l. VII, pp. 191-234. - De LA BROISE, S. J., *La Sainte Vierge*, cp. II e XII, e *Dict. Apol.*, art. *Marie*, cc. 207ss.

Santo Tomás[53] explica a razão dessa plenitude inicial de graça, quando diz: "Quanto mais se aproxima de um princípio (de verdade e de vida), mais se participa de seus efeitos. É por isso que Dionísio afirma (*De caelestia hierarchia*, c. 4) que os anjos, que são mais próximos de Deus do que os homens, participam mais de sua bondade. Ora, Cristo é o princípio da vida da graça; como Deus, ele é a causa principal, e como homem (depois de nos ter merecido), ele no-la transmite, porque sua humanidade é como um instrumento sempre unido à divindade: "A graça e a verdade vieram por ele" (Jo 1, 17). A Bem-aventurada Virgem Maria, estando mais próxima de Cristo que qualquer outra pessoa – porque dela ele tomou sua humanidade –, recebeu dele, portanto, a plenitude de graça que ultrapassa a das outras criaturas".

São João Batista e Jeremias foram também, segundo o testemunho da Escritura, santificados no seio de sua mãe, mas sem ser preservados do pecado original; Maria, desde o primeiro instante, recebeu a graça santificante em um grau muito superior a eles, com o privilégio especial de ser preservada no futuro de toda falta, mesmo venial, o que não se diz de nenhum santo.[54]

Na sua *Explicação da Ave Maria*,[55] Santo Tomás descreve a plenitude de graça em Maria (que já se verifica na plenitude inicial) do modo seguinte:

Enquanto que os anjos não manifestam sua reverência aos homens, porque eles lhe são superiores como espíritos puros e porque vivem sobrenaturalmente na santa familiaridade de Deus, o arcanjo Gabriel, ao saudar Maria, se mostra cheio de respeito e de veneração, pois compreendia que ela o ultrapassava pela plenitude de graça, pela intimidade com o Altíssimo e por uma perfeita pureza.

Ela havia recebido, com efeito, a plenitude de graça sob um triplo aspecto: para evitar todo pecado, por leve que seja, e praticar eminentemente todas as virtudes; para que esta plenitude transbordasse de sua alma para seu corpo e concebesse o Filho de Deus feito homem; para que esta plenitude transbordasse também sobre todos os homens,[56] e para que ela nos ajudasse na prática de todas as virtudes.

---

[53] III^a, q. 27, a. 5.

[54] *Ibid.*, a.6, ad 1.

[55] *Expositio super salutatione angelica*, opúsculo escrito em torno de 1272-1273.

[56] Os teólogos dizem comumente hoje que Maria mereceu-nos com um mérito de conveniência (*de congruo*) tudo o que Cristo mereceu-nos em estrita justiça (*de condigno*).

Ademais, ela ultrapassava todos os anjos por sua santa familiaridade com o Altíssimo, e por isso o arcanjo Gabriel, ao saudá-la, diz: "O Senhor é contigo", como se dissesse: "tu és mais íntima que eu com Deus, pois ele vai se tornar teu Filho, enquanto que eu não sou senão seu servidor". De fato, como Mãe de Deus, Maria tem uma intimidade mais estreita que os anjos com o Pai, o Filho e o Espírito Santo.

Enfim, ela ultrapassa os anjos por sua pureza, ainda que eles sejam puros espíritos, porque ela não foi somente puríssima em si mesma, mas já dava a pureza aos outros. Não somente ela foi isenta do pecado original[57] e de toda falta, mortal ou venial, mas também de toda maldição devida pelo pecado: "Na dor darás à luz (...) e retornarás ao pó" (Gn 3, 16.19). Ela conceberá o Filho de Deus sem perder a virgindade, ela o levará num santo recolhimento, ela o dará à luz na alegria, será preservada da corrupção do sepulcro e será associada, pela Assunção, à Ascensão do Senhor.

Ela já é *bendita entre todas as mulheres*, porque ela sozinha, com seu Filho e por ele, removerá a maldição que pesa sobre o gênero humano; ela nos trará a bênção ao abrir-nos as portas do céu. É por isso que ela é chamada Estrela do mar, que dirige os cristãos para a porta da eternidade.

O anjo lhe diz: "Bendito é o fruto do teu ventre". Enquanto que, com efeito, o pecador busca aquilo que deseja onde não o pode encontrar, o justo encontra tudo o que deseja santamente. Deste ponto de vista, o fruto do ventre de Maria será três vezes bendito.

Eva desejou o fruto proibido, para ter "a ciência do bem e do mal" e saber se conduzir sozinha, sem ter a necessidade de obedecer; ela foi seduzida pela mentira: "Vós sereis como deuses"; e, longe de se tornar semelhante a Deus, dele se afastou e se apartou. Ao contrário, Maria encontrará tudo no fruto bendito de seu ventre; nele encontrará o próprio Deus e nos fará encontrá-lo.

Eva, cedendo à tentação, desejou o deleite e encontrou a dor. Ao contrário, Maria encontrou e nos fez encontrar a alegria e a salvação em seu divino Filho.

Enfim, o fruto desejado por Eva não tinha senão uma beleza sensível, enquanto que o fruto do ventre de Maria é esplendor da glória

---

[57] É neste texto, após a edição crítica que foi feita, como vimos mais acima, que Santo Tomás, em 1272-1273, diz que Maria foi preservada do pecado original.

espiritual e eterna do Pai. A Virgem, ela mesma, é bendita, mas mais ainda é o seu Filho, que traz a todos os homens a bênção e a salvação.

Assim fala Santo Tomás da plenitude de graça em Maria no seu *Comentário da Ave Maria*; visa, sobretudo, à plenitude realizada no dia da Anunciação, mas se aplica já, em certa medida, à plenitude inicial, como aquilo que se diz do rio se aplica à fonte que dele procede.

Comparação da graça inicial de Maria àquela dos santos

Foi perguntado se *a graça inicial de Maria* foi maior que *a graça final de cada um dos anjos e dos homens*, e mesmo que a graça final de *todos os anjos e todos os santos juntos*. E geralmente entende-se esta questão não precisamente quanto à graça consumada do céu, mas àquela que é dita final, enquanto precede imediatamente a entrada no céu.[58]

Quanto à primeira parte desta questão, os teólogos respondem comumente de maneira afirmativa; é em particular o parecer de São João Damasceno,[59] Suárez,[60] Justino de Miéchow, O.P.,[61] Cristóvão de Vega,[62] Contenson,[63] Santo Afonso,[64] Pe. Terrien,[65] Godts, Hugon, Merkelbach, etc. Hoje, todas as obras de mariologia são unânimes sobre este ponto, tido como certo, e é também expressado por Pio IX na bula *Ineffabilis Deus*, na passagem que citamos um pouco mais acima.

A razão principal é dada pela maternidade divina, motivo de todos os privilégios de Maria, e essa razão se apresenta sob dois aspectos,

---

[58] Os teólogos admitem geralmente que a graça consumada de Maria no céu ultrapassa a glória de todos os santos e anjos reunidos; e que ao menos a graça final de Maria, no momento de sua morte, ou mesmo no momento da Encarnação do Verbo, ultrapassa a graça final de todos os santos reunidos, no fim de sua vida terrestre. Aqui perguntamo-nos se a plenitude *inicial* em Maria tinha já este valor por comparação com o dos santos. Sabe-se, por outra parte que, nos eleitos, o grau de glória corresponde ao grau de graça e de caridade que eles tinham antes da entrada no céu.

[59] *Orat. de Nativ. Virg.*, P.G., XCVI, 648ss.

[60] *De mysteriis vitae Christi*, disp. IV, sect. 1.

[61] *Collat. super litanias B. Mariae Virginis*, c. 134.

[62] *Theologia Mariana*, n. 1150ss.

[63] *Theol. mentis et cordis*, l. X, diss. VI c. 1.

[64] *Glórias de Maria*, IIe P., disc. 2.

[65] *La Mère de Dieu*, t. I.

segundo o que se considera o propósito para o qual a primeira graça a ela foi destinada, ou o amor divino que foi sua causa.

A primeira graça foi, com efeito, concedida a Maria como uma digna preparação à maternidade divina, ou para prepará-la para ser digna Mãe do Salvador, diz Santo Tomás (q. 27, a. 5, ad 2). Ora, a mesma graça consumada de outros santos não é, todavia, digna preparação para a maternidade divina, que pertence à ordem hipostática ou de união ao Verbo. A primeira graça em Maria já ultrapassa, portanto, a graça consumada dos outros santos.

Também os autores piedosos exprimem esta verdade acomodando estas palavras do Salmo 86: *Fundamenta ejus in montibus sanctis*, e o entendem assim: o que é o cume da perfeição de outros santos não é ainda o início da santidade de Maria.

Esta mesma razão aparece sob outro aspecto, considerando o amor incriado de Deus pela Santíssima Virgem. Como a graça é o efeito do amor ativo de Deus, que nos torna assim amáveis a seus olhos, tal como filhos adotivos, uma pessoa recebe a graça tão mais abundantemente quanto mais ela é amada por Deus. Ora, Maria, desde o primeiro instante, na sua qualidade de futura Mãe de Deus, é mais amada por ele do que qualquer outro santo, mesmo ao fim de sua vida, e mais que qualquer anjo. Ela, portanto, recebeu desde o primeiro instante uma graça superior.

Sobre este fato, não há dúvida alguma, e ele não é mais discutido atualmente.

A primeira graça em Maria foi superior à graça final de todos os santos e anjos juntos?

Alguns teólogos o negaram, entre os antigos e entre os modernos.[66] É, no entanto, ao menos muito provável, senão certo, segundo a maioria dos teólogos, e deve-se responder afirmativamente com Cristóvão de Vega, Contenson, Santo Afonso, Godts, Monsabré, Tanquerey, Billot, Sinibaldi, Hugon, L. Janssens, Merkelbach, etc.

---

[66] Théophile Raynaud, Terrien e Lépicier não respondem afirmativamente, a não ser quando se trata da plenitude final de graça em Maria, no fim de sua vida mortal. Outros, como Valencia, o concedem quando se trata da plenitude de graça da segunda santificação, no momento da Encarnação do Verbo; mas com Santo Afonso, *As Glórias de Maria*. II. Disc 2, p. 1, a grande maioria dos teólogos modernos admitem a plenitude inicial. As duas primeiras afirmações são certas; a terceira, relativa à plenitude inicial, é ao menos, muito provável, como mostra bem o Pe. Merkelbach, *Mariologie*, 1939, pp. 178-181.

Há primeiro um argumento de autoridade. Pio IX, na bula *Ineffabilis Deus*, favorece muito manifestamente essa doutrina, quando diz na passagem já citada:[67] "Deus ab initio (...) unigenito Filio suo Matrem (...) elegit atque ordinavit, *tantoque prae creaturis universis est prosecutus amore, ut in illa una sibi propensissima voluntate complacuerit*. Quapropter illam *longe ante omnes angelicos Spiritus, cunctosque Sanctos* caelestium omnium charismatum copia de thesauro Divinitatis deprompta ita mirifice cumulavit, ut (...) *eam innocentiae et sanctitatis plenitudinem prae se ferret*, et quae major sub Deo nullatenus intelligitur, et quam praeter Deum nemo assequi cogitando potest". Conforme o sentido óbvio, todas essas expressões, especialmente aquela "cunctos sanctos", significam que a graça em Maria, desde o primeiro instante de que se fala aqui, ultrapassa aquela de todos os santos juntos; se Pio IX tivesse querido dizer que a graça em Maria ultrapassava aquela de cada um dos santos, ele teria escrito: "longe ante quemlibet angelum et sanctum" e não "longe ante omnes angelicos spiritus cunctosque sanctos". Não teria dito que Deus amou Maria mais que todas as criaturas "prae creaturis universis", nem que se deleitou mais nela unicamente, "ut in illa una sibi propensissima voluntate complacuerit". Não se pode dizer que não se trata do primeiro instante, pois Pio IX, logo depois desta passagem citada, diz: "Decebat omnino ut beatissima Virgo Maria perfectissimae sanctitatis splendoribus semper ornata fulgeret".

Um pouco adiante, na mesma bula, ele diz que, segundo os Padres, Maria é superior pela graça aos Querubins, aos Serafins e a todo exército dos anjos, "omni exercitu angelorum", isto é, a todos os anjos reunidos. Isto é concedido, por todos, se se trata de Maria no céu, mas é necessário recordar que o grau de glória celeste é proporcional ao grau de caridade no momento da morte, e que o de Maria foi proporcional também ao da dignidade de Mãe de Deus, para a qual a Santíssima Virgem foi preparada desde o primeiro instante.

A esse argumento de autoridade tirado da bula *Ineffabilis Deus*, é necessário juntar duas razões teológicas, que precisam as que já

---

[67] Assim Deus, desde o princípio e antes dos séculos, escolheu e pré-ordenou para seu Filho uma Mãe, na qual Ele se encarnaria, e da qual, depois, na feliz plenitude dos tempos, nasceria; e, de preferência a qualquer outra criatura, fê-la alvo de tanto amor, a ponto de se comprazer nela com singularíssima benevolência. Por isto cumulou-a admiravelmente, mais do que todos os Anjos e a todos os Santos, da abundância de todos os dons celestes, tirados do tesouro da sua Divindade. Assim, sempre absolutamente livre de toda mancha de pecado, toda bela e perfeita, ela possui uma tal plenitude de inocência e de santidade, que, depois da de Deus, não se pode conceber outra maior, e cuja profundeza, afora de Deus, nenhuma mente pode chegar a compreender.

expusemos mais acima, que são tomadas da maternidade divina, seja considerando o fim para o qual a primeira graça lhe foi dispensada, seja o amor incriado que foi a sua causa.

Para bem entender essas duas razões teológicas, é necessário primeiro observar que – embora a graça seja de ordem de qualidade e não de quantidade –, do fato de que a plenitude inicial em Maria ultrapassa a graça consumada do *maior dos santos* não é imediatamente evidente para todos que ela ultrapassa aquela de *todos os santos reunidos*. A visão da águia, como qualidade ou poder, ultrapassa aquela do homem que tem os melhores olhos, mas não lhe permite, entretanto, ver o que vêem juntos os homens dispersos na superfície da terra. É verdade que se mescla aqui uma questão de quantidade ou de extensão e de distância, o que não sucede quando se trata de uma pura qualidade imaterial como a graça. Convém, contudo, juntar aqui uma nova precisão sob os dois aspectos já indicados.

1º. *A primeira graça em Maria*, porque a preparava para ser a digna Mãe de Deus, *devia ser já proporcional*, ao menos de modo remoto, à maternidade divina. Ora, a graça final de todos os santos, mesmo tomados juntos, não é ainda proporcional à dignidade de Mãe de Deus, que é de ordem hipostática, como nós vimos. E, portanto, a graça final de todos os santos, mesmo tomados juntos, é inferior à primeira graça recebida por Maria.

Este argumento parece ser ele mesmo certo, ainda que alguns teólogos não tenham compreendido todo o seu alcance.

Objeta-se: a primeira graça em Maria não é ainda uma preparação *próxima* à maternidade divina; assim, a prova não é conclusiva.

Muitos teólogos responderam: ainda que a primeira graça em Maria não seja uma preparação próxima à maternidade divina, ela é, entretanto, uma *preparação digna e proporcional*, segundo a expressão de Santo Tomás, IIIª, q. 27, a. 5, ad 2: "Prima quidem (perfectio gratiae) quasi dispositive, per quam beatissima Virgo reddebatur *idonea* ad hoc quod esset Mater Christi". Ora, a graça consumada de todos os santos juntos não é ainda proporcional à maternidade divina, que é de ordem hipostática. A prova conserva, portanto, seu valor.

2º. *A pessoa que é mais amada por Deus do que todas as criaturas juntas recebe uma graça maior do que todas essas criaturas reunidas*, pois a graça é efeito do amor incriado, e a ele é proporcional. Como diz Santo Tomás, Iª, q. 20, a. 4: "Deus ama a este mais do que àquele, enquanto lhe quer um bem superior, pois a vontade divina é causa do bem que existe nas criaturas". Ora, desde toda a eternidade, Deus *amou a Maria mais que a todas as criaturas juntas*, como aquela que ele devia preparar desde o primeiro instante de sua concepção para ser *digna Mãe do Salvador*. Segundo a expressão de Bossuet: "Ele sempre amou a Maria como Mãe, e a considerou como tal desde o primeiro instante em que ela foi concebida".[68]

Isso não exclui, de nenhum modo, em Maria o progresso na santidade ou o aumento da graça, pois esta, sendo uma participação da natureza divina, pode sempre aumentar e continua sempre finita; mesmo a plenitude de graça em Maria é limitada, ainda que transborde sobre todas as almas.

A estas duas razões teológicas relativas à maternidade divina junta-se uma confirmação importante, que aparecerá mais e mais, ao se falar da mediação universal de Maria. Ela pôde, com efeito, desde aqui na terra, e desde o momento em que pôde ter méritos e orar, obter mais por seus méritos e suas orações do que todos os santos juntos, pois eles não obtêm nada sem a mediação universal da Santíssima Virgem, que é como o aqueduto de graças, ou, no Corpo místico, como o pescoço pelo qual os membros são unidos à sua cabeça. Em suma, *Maria, desde que pôde ter méritos e orar, podia sem os santos obter mais que todos os santos juntos sem ela*. Ora, o grau do mérito corresponde ao grau de caridade e de graça santificante. Maria, portanto, recebeu desde o início de sua vida um grau de graça superior àquele que possuíam imediatamente antes de sua entrada no céu todos os anjos e todos os santos reunidos.

Há outras confirmações indiretas ou de analogias mais ou menos remotas: uma pedra preciosa, como o diamante, vale mais que uma quantidade de outras pedras reunidas. Do mesmo modo, na ordem espiritual, um santo como o Cura d'Ars podia mais, por sua oração e seus méritos, que todos os seus paroquianos juntos. Um fundador de

---

[68] Cf. E. DUBLANCHY, *Dict. Théol. cath.*, art. *Marie*, c. 2367: "O ensinamento de Pio IX na bula *Ineffabilis Deus* resume a razão teológica sobre o qual constantemente se apoiou a tradição teológica: o amor de especialíssima predileção de Deus por Maria, de preferência a todas as outras criaturas. Amor tal que nela só Deus colocou todas suas complacências, e que lhe deu o que tinha de mais caro, seu próprio Filho. E como, segundo o ensinamento de Santo Tomás, *Sum. theol*, Iª, q. 20, a. 3, o bem que Deus produz nas criaturas está em proporção ao amor que ele tem por elas; é, portanto, uma conclusão certa que Maria, muito especialmente amada por Deus acima de todas as outras criaturas, foi maior que elas todas, mesmo colocadas coletivamente, objeto dos favores divinos".

uma Ordem, como um São Bento, vale mais, ele só, pela graça divina que ele recebeu, que todos os seus primeiros companheiros, pois todos eles reunidos não poderiam fazer esta fundação sem ele, enquanto ele poderia encontrar outros irmãos, como aqueles que a ele vieram posteriormente.

Foram dadas também outras analogias: a inteligência de um arcanjo ultrapassa a de todos os anjos inferiores a ele tomadas em conjunto. O valor intelectual de um Santo Tomás ultrapassa aquela de todos seus comentadores reunidos. O poder de um rei é superior não somente àquele de seu primeiro-ministro, mas ao de todos os seus ministros juntos.

Se os antigos teólogos não trataram explicitamente desta questão, é muito provavelmente porque a solução lhes parecia evidente. Diziam, por exemplo, no fim do tratado da graça ou daquele da caridade, para exprimir a dignidade: enquanto uma moeda de dez francos não vale mais que dez moedas de um franco, uma graça ou uma caridade de dez talentos *vale muito mais que dez caridades de um só talento*;[69] é por isso que o demônio busca manter na mediocridade as almas que, pela vocação sacerdotal ou religiosa, são chamadas uma maior perfeição: ele quer impedir este pleno desenvolvimento da caridade, que faria muito mais bem do que uma caridade inferior simplesmente multiplicada em um grau muito comum, ou acompanhada de tibieza.

Devemos aqui prestar atenção para a categoria de *pura qualidade imaterial*, que é aquela da graça santificante. Se a visão da águia não ultrapassa a de todos os homens reunidos, é porque aqui se mescla uma questão de quantidade e de distância local, do fato de que os homens espalhados em diferentes regiões na superfície da terra podem ver o que a águia localizada sobre um cume dos Alpes não pode alcançar. É algo totalmente distinto da ordem de pura qualidade.

Se isso é verdade, não há dúvida de que Maria, pela primeira graça que já a inclinava à maternidade divina, vale mais aos olhos de Deus do que todos os apóstolos, os mártires, os confessores e as virgens reunidas, entre os que existiram e os que ainda existirão na Igreja, e mais que todas as almas e que todos os anjos criados, desde a origem do mundo.

Se a arte humana realiza maravilhas de precisão e de beleza, o que não pode fazer a arte divina na criatura de sua predileção, de quem

---

[69] Cf. SALMANTICENSES, *De Caritate*, disp. V, dub. III, §7, nn. 76, 80, 85, 93, 117.

é dito: "Elegit eam Deus et praeelegit eam", que foi elevada, diz a liturgia, acima de todos os coros dos anjos? A primeira graça recebida por ela já era uma digna preparação à sua maternidade divina e à sua glória excepcional, que vem imediatamente depois daquela de Nosso Senhor Jesus Cristo. Ela sofreu, de resto, como ele, em proporção, porque ela deveria ser vítima com ele, para ser vitoriosa também com ele e por ele.

Estas razões teológicas nos permitem já entrever toda a elevação e a riqueza da primeira graça em Maria.

Se as obras-primas da literatura clássica, grega, latina, francesa e de outras línguas contêm muito mais belezas além daquelas que percebemos na primeira leitura, quando as lemos depois de quinze ou vinte anos; se estas belezas só nos aparecem quando retomamos a leitura destas obras em uma idade mais avançada; se acontece o mesmo nos escritos de um Santo Agostinho ou de um Santo Tomás, que pensar das belezas ocultas nas obras-primas do próprio Deus, naquelas compostas imediatamente para ele, e em particular na obra-prima espiritual de natureza e de graça, que é santíssima alma de Maria, Mãe de Deus! Primeiro, fomos levados a afirmar a riqueza da plenitude inicial de graça em razão de sua beleza que entrevimos; sucede, em seguida, perguntar se não exageramos na nota, transformando uma probabilidade em certeza; finalmente, um estudo aprofundado nos conduz à primeira afirmação, mas com conhecimento de causa, não mais somente porque é belo, mas porque é verdadeiro, e porque há nela conveniências não somente teóricas, mas conveniências efetivamente motivadas pela escolha divina e nas quais repousa o beneplácito de Deus.

Artigo V
AS CONSEQUÊNCIAS DA PLENITUDE INICIAL DE GRAÇA

Da plenitude inicial da graça em Maria derivam, desde o instante de sua concepção, as virtudes infusas e os sete dons do Espírito Santo, que são as diferentes partes ou funções do organismo espiritual. A graça habitual ou santificante é também chamada, por causa disso, e desde antes de Santo Tomás, "a graça das virtudes e dos dons", porque as virtudes infusas, teologais e morais, dela derivam a título de propriedade e segundo um grau proporcionado, assim como as faculdades procedem da alma.[70] Os sete dons derivam também, segundo o mesmo grau, conforme as disposições infusas permanentes que tornam a alma prontamente dócil às inspirações do Espírito Santo, um pouco como o barco é dócil, por suas velas, à impulsão do vento favorável.[71]

Ademais, *as virtudes infusas e os dons estão unidos à caridade*, que torna seus atos meritórios,[72] e eles crescem juntamente com ela, como os dedos da mão se desenvolvem em conjunto.[73] Bem pode acontecer que os dons da sabedoria, da inteligência e da ciência – que são, ao mesmo tempo, especulativos e práticos – apareçam mais em tal santo sob uma forma mais claramente contemplativa, e em outro sob uma forma mais prática, mas normalmente, em toda alma em estado de graça, todas as virtudes infusas e os sete dons existem em um grau proporcionado ao da caridade, que corresponde, ele mesmo, ao grau de graça santificante.

Destes princípios, geralmente recebidos e expostos nos tratados das virtudes em geral e dos dons, deduzimos comumente que em Maria, desde o primeiro instante de sua concepção, da plenitude inicial de graça santificante derivam, segundo um grau proporcionado, *as virtudes infusas teologais e morais e os sete dons*. Maria, já assim preparada para o seu destino como Mãe de Deus e Mãe de todos os homens, não devia ser menos perfeita que Eva desde a sua criação. Ainda que ela não tenha recebido em seu corpo os privilégios da impassibilidade e da imortalidade, tinha em sua alma tudo o que pertencia espiritualmente ao estado de justiça original e ainda mais, porque nela a plenitude inicial de graça excedia mesmo a graça final de todos os santos reunidos; suas virtudes iniciais ultrapassavam, portanto, as virtudes heróicas dos maiores santos.[74] Sua fé, iluminada pelos dons da sabedoria, de inteligência e da ciência, era de uma firmeza inquebrantável, da maior profundidade; sua esperança era invencível, superior a todo o movimento de presunção e de desencorajamento; sua caridade, ardentíssima desde o primeiro instante. Em resumo, sua

---

[70] Cf. *Santo Tomás*, Iª IIae, qq. 62, 63 (a. 3), 110, a. 3 et 4; IIIª, q. 7, a. 2.

[71] Iª IIae, qq. 68.

[72] *Ibid.*, a 5 et q. 65.

[73] Iª IIae, qq. 66, a.2.

[74] Cf. H.-B. MERKELBACH, *Mariologia*, 1939, pp. 184-194.

santidade inicial, que excedia aquela dos maiores servidores de Deus, era inata e não devia cessar de crescer até a sua morte.

A única dificuldade que encontramos aqui é em relação ao exercício destas virtudes infusas, já tão elevadas, e dos sete dons; *tal exercício pressupõe o uso da razão e do livre-arbítrio*; e portanto deve-se perguntar se Maria teve, *desde o primeiro instante*, o uso de suas faculdades.

Todos os teólogos estão de acordo quanto à santa alma de Cristo;[75] reconhecem mesmo que ele teve, desde o primeiro instante, a visão beatífica ou a visão imediata da essência divina,[76] e o Santo Ofício, em 6 de junho de 1918, declarou esta doutrina como certa. Jesus, com efeito, em sua qualidade de chefe da ordem da graça, gozava desde o primeiro instante da glória que ele mesmo devia dar aos eleitos, e isto era nele uma consequência da união pessoal de sua humanidade ao Verbo. Ele tinha também a ciência infusa, à maneira dos anjos, em um grau superior àquela ciência infusa que existiu em vários santos; naqueles, por exemplo, que tinham o dom de línguas, sem as ter aprendido.[77] Os teólogos mesmo reconhecem que estas duas ciências eram perfeitas em Jesus, desde o princípio, pois o progresso não convinha senão à sua ciência adquirida, pela experiência e reflexão. *Jesus, sumo sacerdote, juiz e rei do universo, desde sua entrada no mundo se ofereceu por nós*, diz São Paulo,[78] e conheceu tudo o que, no passado, no presente ou no futuro, poderia ser submetido a seu julgamento.

Distingue-se enfim, a respeito do Salvador, a ciência por si infusa (*per se infusa*), que alcança um objeto inacessível à ciência adquirida, e que se pode exercer sem o concurso da imaginação desde o seio maternal, quando nenhuma imagem foi recebida do mundo exterior, da ciência acidentalmente infusa (*per accidens infusa*), cujo objeto não é inacessível à ciência adquirida e que se exerce com o concurso da imaginação, como o dom de línguas, que se poderia aprender com o tempo.

Sobre esses pontos, há acordo geralmente entre os teólogos, quando se trata do próprio Cristo. Para Maria, nada permite afirmar que

---

[75] Cf. *Santo Tomás*, III^a, q. 34, a. 2 et 3.

[76] *Ibid.*, a. 4, et q. 9, a. 2

[77] III^a, q. 9, a. 3.

[78] Hb 10, 8-9: "Ao entrar no mundo, Cristo diz: '(...) Vós não quisestes os holocaustos (da antiga lei). Eis-me aqui, eu venho, ó Deus, para fazer a vossa vontade".

ela teve a visão beatífica ainda neste mundo, sobretudo desde o seu primeiro instante.[79] Mas muitos teólogos sustentam que ela teve, desde esse momento, a ciência por si infusa (*per se infusa*), ao menos de modo transitório, e outros afirmam ainda que de modo permanente. Do mesmo modo, ela teria tido, desde o seio maternal, ao menos em certos momentos, o uso da inteligência ou do livre-arbítrio, e, por consequência, o uso das virtudes infusas e dos dons que ela possuía já em grau elevadíssimo. Não se pode negá-lo, sem supor que em Maria a inteligência, a liberdade e as virtudes infusas restaram de certa maneira adormecidas, como nas outras crianças, e despertaram mais tarde na idade ordinária do pleno uso da razão.

Em primeiro lugar, é ao menos muito provável, segundo a grande maioria dos teólogos, que *Maria teve, desde o primeiro instante de sua concepção, o uso do livre-arbítrio por ciência infusa, ao menos de modo transitório*. Assim pensavam São Vicente Ferrer,[80] São Bernardino de Sena,[81] São Francisco de Sales,[82] Santo Afonso[83] e também Suárez,[84] Vega,[85] Contenson,[86] Justino de Miéchow[87] e, com eles, comumente os teólogos modernos.[88] O Pe. Terrien declara mesmo não ter encontrado senão dois adversários dessa doutrina: Gersone e Muratori.[89]

As razões alegadas em favor desse privilégio são as seguintes:

---

[79] Cristóvão de Vega é o único a ter sustentado como provável que a Maria sempre teve, desde o primeiro instante, a visão beatífica, que exclui a fé e o mérito da vida eterna. Não se pode mesmo estabelecer com certeza que ela a teve, de um modo transitório, antes de morrer. Cf. Merkelbach, *Mariologia*, pp. 197ss. É somente muito provável, sobretudo se São Paulo gozou alguns instantes de semelhante privilégio.

[80] *Manuscript. Tolos.*, 346.

[81] *Sermon IV de B. M. V.*, a. I, c. II, t. IV, p. 86.

[82] *Sermon 38 pour la fête de la Purification.*

[83] *Glórias de Maria*, IIe P., II dis., 2 pt

[84] *De Mysteriis vitae Christi*, disp. IV, sect. 7 et 8.

[85] *Theologia mariana*, n. 956.

[86] Lib. X, diss. 6, cap. I.

[87] *Collat. 93 super titan. B. V.*

[88] Cf. *Tractatus dogmatici* de E. HUGON, O.P., t. II, p. 756; a *Mariologie* de H.-B. MERKELBACH, O.P., pp. 197ss.; item Pe. TERRIEN, S. J., *La Mère de Dieu*, t. II, p. 27. Ver também o *Dictionnaire Apologétique*, art. Marie, pelo Pe. d'Alès, que cita o Pe. de la Broise, c. 207.

[89] Cf. TERRIEN, *ibid.*

1º. Não convém que Maria, rainha dos patriarcas, dos profetas, dos apóstolos e de todos os santos, houvesse sido privada de um privilégio que fora concedido a São João Batista.⁹⁰ Ora, em São Lucas, 1, 41 e 44, diz-se a respeito dele, quando ainda estava no seio de sua mãe: "Assim que Isabel ouviu a saudação de Maria, o bebê exultou em seu seio" e a própria Isabel diz: "Tua voz, ao me saudar, antes mesmo de chegar aos meus ouvidos, meu bebê exultou de alegria em meu seio", *exultavit infans in gaudio*. Santo Irineu, Santo Ambrósio, São Leão Magno e o São Gregório Magno observaram que a alegria de João Batista, antes de seu nascimento, não foi somente de ordem sensível, mas que ela foi provocada pela vinda do Salvador, de quem ele deveria ser o precursor.⁹¹ Também Caetano acrescenta: esta alegria de ordem espiritual supunha um conhecimento e uso do livre-arbítrio; ora, naquele momento não poderia ser questão de um conhecimento adquirido, mas de conhecimento infuso.⁹² A Igreja diz também na sua liturgia, no hino das Vésperas de São João Batista: "*Senseras* Regem thalamo manentem (...) Suae regenerationis *cognovit* auctorem: Tu reconheceste teu rei e o autor de tua regeneração". Se, portanto, São João Batista teve, antes de seu nascimento, o uso da inteligência e do livre-arbítrio, como precursor de Cristo, estes não poderiam ser negados àquela que deveria ser a Mãe de Deus.

2º. Uma vez que Maria recebeu, desde o primeiro instante, a graça, as virtudes infusas e os dons em um grau superior à graça final de todos os santos, ela deveria ser justificada como convém aos adultos, isto é, com o uso do livre-arbítrio, dispondo-se por uma graça atual à graça habitual e obtendo méritos, por esta última, desde o instante de sua recepção; isso significa que, na medida de seu conhecimento, ela já se tinha oferecido a Deus, como seu Filho: "Ao entrar no mundo, ele diz ao seu Pai: (...) 'Eis me aqui; eu venho, que se cumpra a vossa

---

⁹⁰ Santo Tomás, IIIª, q. 27, a. 6, cita Jeremias (Jr 1, 5) e São João Batista como tendo sido santificados antes de seu nascimento; mas o texto sagrado não manifesta que Jeremias tenha tido no seio de sua mãe o uso da razão e do livre-arbítrio, enquanto que de São João Batista se diz (Lc 1, 44) : "Exultant infans in gaudio".

⁹¹ Santo Irineu diz: "João, que estava ainda no seio de sua mãe, conhecendo o Salvador que estava no seio de Maria, o saudou" (*Contra Haeres.*, III, 16; P.G., VII, 923). Santo Ambrósio diz também: "Ele tinha o uso da inteligência, assim exultava de alegria" (in Lc l. II, c. XXXIV; P.L., XV, 1646). – São Leão: "O precursor de Cristo recebeu, no seio de sua mãe, o espírito profético, e, antes de seu nascimento, manifestou sua alegria pela presença da Mãe de Deus" (*Serm. XXXI in Natin. Domini*, c. IV; P.L., lev, 232). – São Gregório : "Ele foi repleto do espírito profético desde o seio de sua mãe" (*Moral.*, l. III, c. 4; P.L., LXXV 603).

⁹² *Comment. in IIIª P.*, q. 27, a. 6.

vontade e não a minha'" (Hb 10, 5.9). Maria certamente não sabia, naquela altura, que ela um dia seria a Mãe de Deus, mas podia oferecer-se para tudo o que o Senhor quisesse e lhe pedisse em seguida.

3º. A plenitude inicial de graça, de virtudes infusas e de dons, que ultrapassava já a graça final de todos os santos, não deveria permanecer inativa, inoperante em Maria no início de sua vida. Isso parece contrário ao modo suavíssimo e superabundante com que a Providência opera muito especialmente com respeito à Mãe do Salvador. Ora, sem o uso do livre-arbítrio, por conhecimento infuso, as virtudes e os dons existentes já em um grau eminente teriam permanecido inativos e como que estéreis por um período muito longo da vida da Santíssima Virgem.

Também quase todos os teólogos reconhecem hoje que é ao menos muito provável que Maria teve, desde o seio de sua mãe, o uso do livre-arbítrio por ciência infusa ao menos de modo transitório. Eles reconhecem igualmente que ela teve uso desta ciência infusa em certas circunstâncias muito notáveis, como no momento da Encarnação, da Paixão, da Ressurreição do Salvador, de sua Ascensão, e também para ter um conhecimento mais perfeito das perfeições divinas e do mistério da Santíssima Trindade.

Se a ciência infusa foi concedida aos apóstolos em Pentecostes quando receberam o dom de línguas e conheceram mais profundamente a doutrina de Cristo, se Santa Teresa, chegando na sétima morada do Castelo interior, gozava frequentemente de uma visão intelectual da Santíssima Trindade, que não se explica senão por idéias infusas, tal favor não poderia ser negado à Mãe de Deus, cuja plenitude de graça ultrapassa já a graça final de todos os santos reunidos.

Assim falam geralmente os teólogos, mesmo aqueles que são os mais atentos a não avançar em nada senão apoiados em razões muito sérias.[93]

O mínimo que se pode afirmar da Mãe de Deus é que gozou da aparição do arcanjo Gabriel, da santa familiaridade do Verbo feito

---

[93] Cf. H.-B. MERKELBACH, O.P., *Mariologia*, 1939, p. 200 : "Cognitionem infusam transeuntem Mariae fuisse communicatam conveniens erat in quibusdam specialibus adjunctis, v. g. in primo instanti conceptionis et sanctificationis, aut dum hujusmodi cognitio perfectior hic et nunc opportuna aut decens videbatur ad pleniorem intelligentiam cujusdam mysterii, aut ad interpretationem cujusdam loci Scripturae; et si prophetis aliquando videatur concessa, aut etiam sanctis, quo altius in contemplando assurgerent, sicut testantur auctores mystici, non est tale privilegium B. Virgini denegandum".

carne, que foi constantemente iluminada por ele durante todo o curso de sua vida oculta, que deve ter recebido durante e depois da Paixão revelações especiais e, no dia de Pentecostes, maior abundância de luzes do Espírito Santo que os próprios apóstolos.

Este privilégio em Maria, do uso da razão e do livre-arbítrio, desde o seio materno, foi somente transitório e interrompido?

Segundo São Francisco de Sales,[94] Santo Afonso,[95] teólogos como Sauvé,[96] Terrien,[97] Hugon,[98] etc, este privilégio não foi interrompido. O Pe. Merkelbach, junto com alguns outros, diz o contrário: nada permite afirmar que ele foi permanente.[99]

Nós respondemos: nada nos permite afirmar essa permanência com certeza, mas ela é seriamente provável e é bem difícil de negar. Com efeito, se fosse de outro modo, Maria, uma vez privada deste privilégio, teria sido *menos perfeita* que no primeiro instante, e não parece conveniente que uma tão santa criatura tenha podido, de qualquer modo, decair sem culpa própria, tanto mais porque sua dignidade reclamava que ela avançasse de progresso em progresso sem cessar, e que seu mérito não fosse interrompido.[100]

Objeta-se que Santo Tomas parece negar este privilégio, dizendo que ele é próprio de Cristo.[101] É certo que o exercício permanente da inteligência e da vontade apenas em Cristo é de *direito próprio*, e como consequência da visão beatífica; é, por este título, seu apanágio exclusivo. Para Maria, ele não é devido a mesmo título, porém a alta conveniência e a dignidade ímpar de futura Mãe de Deus parecem

---

[94] *Loc. cit.*

[95] *Loc. cit.*

[96] *Jésus intime*, t. III, p. 262.

[97] *La Mère de Dieu*, t. II, cp. I.

[98] *Tractatus dogmatici*, 1927, t. II, p. 759, e, *Marie, pleine de grâce*, 5° éd., 1926, pp. 24-32.

[99] *Mariologia*, pp. 199, 201.

[100] É o que diz justamente o Pe. E. Hugon, *Marie, pleine de grâce*, p. 35, e *Tractatus dogmatici*, t. II, p. 759.

[101] III^a, q. 27, a. 3 : "Videtur melius dicendum, quod per sanctificationem in utero non fuerit sublatus B. Virginis fomes secundum essentiam, sed remansit ligatus; non quidem per actum rationis suae, sicut in viris sanctis, quia non habuit usum liberi arbitrii in ventre matris existens; hoc enim est speciale privilegium Christi, sed per abundantiam gratiae (...) et per divinam providentiam, sensualitatem ejus ab omni inordinato motu prohibentem".

reclamá-lo e nos inclinam seriamente a admiti-lo. E mais, como na época de Santo Tomás, o privilégio da Imaculada Conceição não havia sido colocado em plena luz, ainda não se tinham aprofundado as razões que são invocadas a favor do uso, desde o seio materno, do livre-arbítrio.[102]

Hoje, após a bula *Ineffabilis Deus*, nós vemos melhor que Maria, desde o primeiro instante, foi mais repleta de graças que todos os santos reunidos; também quase todos os teólogos admitem haver nela, desde esse momento, o uso ao menos transitório do livre-arbítrio, e, após admiti-o, é bem difícil dizer que ela foi em seguida privada dele, porque isso significaria se ter tornado menos perfeita, e neste período ela não apenas não teria progredido no mérito, mas ele teria sido interrompido, e a plenitude inicial de graça teria permanecido, por um tempo bastante longo, improdutiva e como que estéril, o que parece contrário à Providência especial, que velou *fortiter et suaviter* sobre Maria mais que sobre toda outra criatura.

Tal foi nela a plenitude inicial de graça, unida ao privilégio da Imaculada Conceição, e tais foram as primeiras consequências desta plenitude. Vemos assim mais e mais o sentido da saudação do anjo: "Salve, cheia de graça".

---

[102] Cf. Hugon, *locis citatis*.

CAPÍTULO III
A plenitude de graça no instante da Encarnação e após

Neste capítulo falaremos do progresso espiritual em Maria até a Anunciação, do seu aumento considerável da graça desde o instante da Encarnação; de sua virgindade perpétua; em seguida, do crescimento da sua caridade, em certas ocasiões mais importantes, sobretudo no Calvário; enfim, da inteligência de Maria, de sua sabedoria, de suas principais virtudes e de seus carismas ou graças ditas gratuitamente dadas (gratis datae) e de certo modo exteriores, como a profecia e o discernimento dos espíritos.

Artigo I
O PROGRESSO ESPIRITUAL EM MARIA ATÉ A ANUNCIAÇÃO

O método que seguimos nos obriga a insistir nos princípios para recordar sua certeza e sua elevação, de forma a lhes aplicar em seguida, com segurança, a vida espiritual da Mãe de Deus.

O progresso espiritual é, antes de tudo, aquele da caridade, que inspira e anima as outras virtudes e torna seus atos meritórios, se bem que todas as outras virtudes infusas, estando unidas a ela, se desenvolvem proporcionalmente, assim como na criança, diz Santo Tomás, crescem conjuntamente os cinco dedos da mão.[1]

Convém, pois, ver por que e como a caridade se desenvolveu constantemente aqui na terra em Maria, e qual foi o ritmo desse progresso.

A aceleração deste progresso na Santíssima Virgem

Por que a caridade deveria incessantemente crescer nela até a morte? Primeiramente, porque é conforme a própria natureza da caridade,

---
[1] Iª IIae, qq. 65 et 66, a. 2.

no curso da jornada à eternidade, e conforme também ao preceito supremo: "Amarás o Senhor teu Deus, de todo o teu coração, de toda a tua alma, de todas as tuas forças, de todo o teu espírito", segundo a gradação ascendente expressa no Deuteronômio, 6, 4, e em São Lucas, 10, 27. Segundo esse preceito, que domina todos os outros e os demais conselhos, todos os cristãos, cada um segundo o seu estado, *devem tender* à perfeição da caridade e, por consequência, das outras virtudes: este no estado do matrimônio, aquele no estado religioso ou na vida sacerdotal.[2] Nem todos estão obrigados à prática dos três conselhos evangélicos, mas devem aspirar a ter o espírito dos conselhos, que é o espírito de desapego dos bens terrestres e de si mesmo, para que cresça em nós o apego a Deus.

É somente em Nosso Senhor que não há aumento ou progresso da graça e da caridade, porque ele tinha recebido, desde o instante de sua concepção, a plenitude absoluta, consequência da união hipostática, de tal modo que o II Concílio de Constantinopla afirma que "Jesus não se tornou melhor pelo progresso das boas obras",[3] ainda que sucessivamente cumprisse os atos das virtudes correspondentes às diferentes épocas de sua vida.

Maria, ao contrário, *está sempre se tornando melhor* no curso de sua vida terrestre. Mais ainda, ela teve no seu progresso espiritual uma *aceleração maravilhosa* segundo um princípio que foi formulado por Santo Tomás a propósito desta palavra da Epístola aos Hebreus, 10, 25: "Exortemo-nos uns aos outros, e *tanto mais* quanto virdes aproximar-se o dia". O Doutor angélico escreve no seu Comentário a esta Epístola, neste ponto: "Alguém poderia perguntar: por que devemos assim progredir sempre mais na fé e no amor? É que *o movimento natural* (ou conatural) *se torna sempre mais rápido quando se aproxima de seu termo* (o fim para o qual tende). *É o inverso do movimento violento*. (De fato, nós dizemos hoje: a queda dos corpos é uniformemente acelerada, enquanto que o movimento inverso de uma pedra lançada ao ar verticalmente é uniformemente retardado.) Ora, continua Santo Tomás, *a graça aperfeiçoa e inclina para o bem à maneira da natureza* (como uma segunda natureza); segue-se, portanto, que *estes que estão em estado de graça devem tanto mais crescer*

---

[2] II^a II^{ae}, q. 184, a. 3.

[3] Cf. *II Concil. Constant.* (*Denz.*, 224) : "Si quis defendit (...) Christum (...) ex profectu operum melioratum (...) A. S."

na caridade quanto mais se aproximam de seu fim último (para o qual são mais atraídos). É por isso que se diz nesta Epístola aos Hebreus, 10, 25: "Não abandonemos nossas assembléias (...), mas exortemo-nos uns aos outros, e tanto mais quanto virdes aproximar-se o dia", isto é, o fim da viagem. E é dito em outra parte: 'A noite se retira, e o dia se aproxima' (Rm 13, 12); 'O caminho dos justos é como a brilhante luz da alvorada, cujo brilho vai crescendo até o meio-dia' (Pr 4, 18)".[4]

Santo Tomás fez esta observação profunda de um modo muito simples, antes da descoberta da lei da gravitação universal, quando ainda não se conhecia senão de um modo muito imperfeito, sem tê-la mensurado, a *aceleração* da queda dos corpos; ele viu imediatamente um símbolo do que devia ser a aceleração do progresso do amor de Deus na alma dos santos que gravitam em direção ao sol dos espíritos e fonte de todo bem.

O santo doutor quer dizer que, para os santos, a intensidade de sua vida espiritual se *acentua* mais e mais, levando-os ainda mais *pronta e generosamente* para Deus quanto mais dele se aproximam, e são mais atraídas por ele. Tal é, na ordem espiritual, a lei da atração espiritual. Como os corpos se atraem em razão direta de suas massas, e em razão inversa do quadrado de sua distância, isto é, tanto quanto mais se aproximam, assim as almas justas são atraídas por Deus tanto mais à medida que dele se aproximam.

É por isso que a trajetória do movimento espiritual da alma dos santos se eleva até o zênite e não mais descende: para eles não há crepúsculo; são somente os corpos e as faculdades sensíveis que se enfraquecem com a velhice. Na vida dos santos, o progresso do amor ocorre muito mais rápido, manifestamente durante seus últimos anos que nos primeiros. Eles marcham espiritualmente, não com um passo uniforme, mas com passo sempre apressado, apesar do abatimento da velhice, e "sua juventude espiritual se renova como a da águia" (Sl 102, 5).

---

[4] Cf, Santo Tomás, in *Ep ad Hebr, X, 25*: "*Motus naturalis* quanto plus accedit ad terminum *magis intenditur*. Contrarium est de (motu) violento Gratia autem inclinat in modum naturae Ergo qui sunt in gratia, quanta plus accedunt ad finem, *plus crescere* debent".
Ver também Santo Tomás, in *l. I de Coelo*, ch. VIII, lect. 17, fim: "Terra (vel corpus grave) *velocius* movetur quanta magis descendit". – Iª IIae, q. 35, a. 6: "Omnis motus naturalis *intensior* est in fine, cura appropinquat ad terminum suae naturae convenientem, quam in principio (...) quasi natura magis tendat in id quod est sibi conveniens, quam fugiat id quod est sibi repugnans".

Este progresso sempre mais rápido existiu, sobretudo, na vida da Santíssima Virgem sobre a terra, porque nela não se encontrava nenhum obstáculo, nenhuma interrupção ou desaceleração, nenhum retardamento em relação às coisas terrestres ou a si mesma. E esse progresso espiritual em Maria era de intensidade proporcional à rapidez inicial, em que a graça primeira havia sido maior. Houve, pois, em Maria (sobretudo se, como é provável, pela ciência infusa ela mantinha o uso da liberdade e o mérito durante o sono) uma aceleração maravilhosa do amor de Deus, aceleração da qual a gravitação dos corpos é uma imagem muito distante.

A física moderna ensina que a velocidade da queda de um corpo no primeiro segundo é de vinte, no segundo é de quarenta, no terceiro de sessenta, no quarto de oitenta, no quinto de cem. É o movimento *uniformemente acelerado*, símbolo do progresso espiritual da caridade em uma alma que a nada se atrasa, e que se põe sempre mais veloz em direção a Deus, de modo que quanto mais se aproxima dele, mais ela é atraída para Ele. Assim nesta alma, cada comunhão espiritual ou sacramental é normalmente mais fervorosa, de um fervor de vontade, que a precedente, e, portanto mais frutuosa.

Por oposição, o movimento de uma pedra lançada ao ar verticalmente, sendo *uniformemente retardado* até que inicie sua queda, simboliza o progresso de uma alma tíbia, sobretudo se, por um apego progressivo ao pecado venial, suas comunhões são cada vez menos fervorosas, ou feitas com uma devoção substancial de vontade que diminui dia a dia.

Estes princípios nos mostram o que deve ter sido o progresso espiritual em Maria, depois do instante da Imaculada Conceição, sobretudo se ela teve, como é provável, o uso ininterrupto do livre-arbítrio desde o seio materno.[5] Como parece certo, por outra parte, que a plenitude inicial de graça nela já ultrapassa a graça final de todos os santos reunidos, a aceleração desta marcha ascendente para Deus ultrapassa tudo o que nós poderíamos dizer.[6] Nada a reteve, nem as

---

[5] Esta é a opinião, vimos mais acima, de São Bernardino de Sena, Suárez, Contenson, Pe. Terrien, e, sobretudo de São Francisco de Sales, que diz: "Quanto mais verossímil não é que a Mãe do verdadeiro Salomão, isto é, Maria Santíssima, tenha alcançado o uso da razão durante o seu sono." (*Tratado do Amor de Deus*, l. III, c. 8, a respeito destas palavras do Cântico dos Cânticos: "Eu dormia, mas meu coração velava").

[6] Deve-se entender bem o significa esta expressão "ultrapassa tudo o que nós podemos dizer". Sem dúvida, a mesma graça, consumada em Maria, permanece finita ou limitada, e seria um exagero inadmissível atribuir-lhe uma perfeição que não pode pertencer senão a Nosso Senhor. Nesse sentido, sabemos que nela o progresso espiritual *não pôde chegar além de certos*

consequências do pecado original, nem algum pecado venial, nenhuma negligência ou distração, nem imperfeição alguma, pois ela jamais esteve menos pronta a seguir uma inspiração dada em modo de conselho. Tal é uma alma que, após ter feito o voto de maior perfeição, é-lhe perfeitamente fiel.

Sant'Ana deve ter ficado admirada pela perfeição singular de sua santa filha; mas ela não podia, entretanto, supor que ela era a Imaculada Conceição, nem que ela fora chamada a ser a Mãe de Deus. Sua filha era incomparavelmente mais amada por Deus do que Sant'Ana o pensava. Guardadas todas as proporções, cada justo é muito mais amado por Deus do que ele mesmo pensa; para sabê-lo, deveria conhecer plenamente o preço da graça santificante, gérmen da glória, e para conhecer todo o preço deste gérmen espiritual, deveria ter gozado por um instante da beatitude celeste, como para conhecer o preço do gérmen contido na glande é preciso contemplar um carvalho plenamente desenvolvido que normalmente provém deste gérmen tão pequeno. As grandes coisas são frequentemente contidas em uma semente quase imperceptível como o grau de mostarda, como um rio imenso que provém de um pequeno riacho.

O progresso espiritual em Maria pelo mérito e pela oração

A caridade devia, portanto, crescer incessantemente na Santíssima Virgem conforme o preceito supremo do amor. Mas como e com que meios ela cresceu? Respondemos: pelo mérito, pela oração e por uma comunhão espiritual com Deus, presente espiritualmente na alma de Maria desde o início de sua existência.

Devemos recordar, de início, que a caridade não aumenta exatamente em extensão, pois, mesmo em seu grau ínfimo, ela já leva a

---

limites; sabemos o que Maria *não pôde fazer*, o que *é negativo*; mas não sabemos *positivamente* tudo o que ela pôde, nem o grau preciso de santidade que alcançou, nem qual foi seu ponto de partida. Analogamente, em outra ordem, *sabemos negativamente o que as forças da natureza não podem produzir*: não podem produzir a ressurreição de um morto, nem os efeitos próprios de Deus; mas nós não sabemos *positivamente até onde as forças da natureza podem chegar*, e foram decobertas forças desconhecidas, como as do rádio, que produzem efeitos inesperados.

Do mesmo modo, não podemos saber positivamente o que podem, por suas forças naturais, os anjos, sobretudo os mais elevados; entretanto, é certo que o menor grau de glória santificante ultrapassa já todas as naturezas criadas, compreendidas as naturezas angélicas e suas forças naturais. Para conhecer plenamente o preço do menor grau de graça, gérmen da glória, seria preciso ter gozado por um instante da visão beatífica; com mais forte razão, diz-se o mesmo para conhecer plenamente o preço da plenitude, mesmo inicial, da graça em Maria.

amar a Deus acima de tudo com um amor de estima, e ao próximo como a si mesmo, sem excluir ninguém, embora logo a afeição se estenda progressivamente. É, sobretudo, *em intensidade* que a caridade cresce, enraizando-se mais e mais na nossa vontade, onde, para falar sem metáfora, faz com que esta mais se incline para afastar-se do que é mau, e também do que é menos bom, e a portar-se generosamente com Deus. É um crescimento de ordem, não quantitativo, como aquele de uma pilha de trigo, mas qualitativo, como quando o calor se torna mais intenso, e quando a ciência, sem se alongar em novas conclusões, se torna mais penetrante, mais profunda, mais unificada, mais certa. Assim, a caridade tende a amar, de modo mais perfeito, mais puro e mais intenso, a Deus acima de tudo e ao próximo como a si mesmo, para que todos glorifiquemos a Deus no tempo e na eternidade. O objeto formal e o motivo formal da caridade, como o das outras virtudes, é assim colocado cada vez mais em relevo, acima de todo motivo secundário ou acessório no qual se detinha no começo. No início, ama-se a Deus por causa de benefícios recebidos e esperados, e não por ele mesmo; mas, em seguida, considera-se o benfeitor, em si mesmo, como superior a todos os bens que dele procedem, e que merece ser amado por si mesmo, por causa de sua infinita bondade.

A caridade aumenta, portanto, em nós como uma qualidade, como o calor que se torna mais intenso, e isso de muitas maneiras: pelo mérito, pela oração, pelos sacramentos. Com muito maior razão ocorreu o mesmo em Maria, sem nenhuma imperfeição de sua parte.

O *ato meritório*, que procede da caridade ou de uma virtude inspirada por ela, dá direito a uma recompensa sobrenatural e, em primeiro lugar, a um aumento da graça habitual e da própria caridade. Os atos meritórios não produzem por eles mesmos diretamente o aumento da caridade, porque ela não é uma virtude adquirida, produzida e aumentada pela repetição dos atos, mas uma virtude infusa. Como só Deus a pode produzir, porque ela é uma participação da sua vida íntima, só Ele também a pode aumentar. É por isso que São Paulo diz: "Eu plantei (pela pregação e o batismo), Apolo regou, mas *Deus é quem deu o crescimento*" (1Cor 3, 6); "Ele aumentará cada vez mais os frutos da vossa justiça" (2Cor 9, 10).

Se nossos atos de caridade não podem produzir o aumento desta virtude infusa, eles contribuem para este aumento, de duas maneiras: moralmente, merecendo-a; e fisicamente, na ordem espiritual, dispondo-nos a recebê-la. A alma, por seus méritos, tem direito a receber este crescimento, que a fará amar seu Deus de modo mais puro e mais forte, e ela se dispõe a receber este crescimento, no sentido de que os atos meritórios aprofundam, de algum modo, nossas faculdades superiores e as dilatam, para que a vida divina possa melhor penetrá-las, e as elevam, purificando-lhes.

Mas, em nós, frequentemente ocorre que os atos meritórios permanecem imperfeitos – *remissi*, remitentes, dizem os teólogos, como se diz do calor lânguido ou da febre tênue,[7] isto é, inferiores ao grau da virtude da caridade que está em nós. Tendo uma caridade de três talentos, ocorre-nos frequentemente agir como não tivéssemos mais que dois, como um homem muito inteligente, que por negligência não aplicasse senão de modo muito raso a sua inteligência. Estes atos de caridade imperfeitos ou remitentes são ainda meritórios, mas, segundo Santo Tomás e os antigos teólogos, eles não obtêm imediatamente o aumento de caridade que mereceriam, porque *ainda não nos dispõem a recebê-la*.[8] Aquele que, tendo uma caridade de três talentos, opera somente como se só tivesse duas, não se dispõe imediatamente a receber um aumento desta virtude para quatro talentos. Ele não os obterá até fazer um ato mais generoso ou mais intenso desta virtude, ou de outras virtudes inspiradas ou ordenadas pela caridade.

Estes princípios muito esclarecem o que foi em Maria o progresso espiritual por seus próprios méritos. *Nela, não houve jamais ato meritório imperfeito ou remitente*; isso teria sido uma imperfeição moral, uma menor generosidade no serviço de Deus, e os teólogos, nós o vimos, estão de acordo em negar esta imperfeição nela. Seus méritos obtêm, portanto, imediatamente o *aumento da caridade merecida*.

Ademais, para melhor ver o preço desta generosidade, deve-se recordar, como se ensina comumente,[9] que *Deus é mais glorificado por um só ato de caridade de dez talentos que por dez atos de caridade de um só talento*. Do mesmo modo, um só justo perfeitíssimo agrada mais a Deus que muitos outros reunidos que permaneçam na mediocridade ou na tibieza relativa. A qualidade predomina sobre a quantidade, sobretudo no domínio espiritual.

---

[7] No original: *chaleur rémittente, ferveur rémittente*.

[8] II^a II^{ae}, q.24, a. 6, ad 1.

[9] Cf. SALMANTICENSES, *De Caritate*, disp. V, dub. III, §7, nn. 76, 80, 85, 93, 117.

Os méritos de Maria eram, portanto, sempre mais perfeitos; seu coração puríssimo se dilatava como que sempre mais, e sua capacidade divina se engrandecia, segundo as palavras do Salmo 118, 32: "Corri pelo caminho de vossos mandamentos, Senhor, quando dilatastes meu coração".

Enquanto que nós nos esquecemos frequentemente que estamos em viagem para a eternidade, e buscamos instalar-nos na vida presente como se ela devesse sempre durar, Maria não cessava de ter os olhos fixos no fim último da viagem, em Deus mesmo, e não perdia um minuto sequer do tempo que lhe era dado. Cada um dos instantes de sua vida terrestre adentrava, assim, pelos méritos acumulados e sempre mais perfeitos, no único instante de imóvel eternidade. Ela via os momentos de sua vida não somente na linha horizontal do tempo, com relação ao porvir terrestre, mas na linha vertical que os vincula ao instante eterno que nunca passa.

É preciso observar ademais que, como ensina Santo Tomás, não há, na realidade concreta da vida, ato deliberado indiferente; se tal ato é indiferente (isto é, nem moralmente bom nem moralmente mau) pelo seu objeto, como ir a passeio ou ensinar matemática, este mesmo ato é moralmente bom ou é moralmente mau pelo fim pelo qual se age, pois um ser racional deve sempre agir por um motivo racional, para um fim honesto, e não somente deleitável ou útil.[10] Daqui resulta que, em uma pessoa em estado de graça, todo ato deliberado que não é mau – que não é pecado – é *bom*; e é, por consequência, virtualmente ordenado a Deus, fim último da justiça, e é, portanto, *meritório*. "In habentibus caritatem omnis actus est meritorius vel demeritorius".[11] Disso resulta que em Maria *todos os atos deliberados eram bons e meritórios*, e, no seu estado de vigília, não houve ato indeliberado ou puramente maquinal, que seria produzido independentemente da direção da inteligência e da influência de sua vontade vivificada pela caridade.[12]

É à luz destes princípios seguros que devemos considerar sobretudo os momentos principais da vida terrestre de Maria, e, já que falamos aqui dos que precederam a Encarnação do Verbo, pensemos

---

[10] Cf. Santo Tomás, Iª IIae, q. 18, a. 9.

[11] Santo Tomás, *De Malo*, a 5, ad 17.

[12] É o que ensina muito acertadamente o Pe. E. Hugon, *Marie, pleine de grâce*, 5ª éd., 1926, p. 77.

na sua apresentação no templo, quando ela era ainda pequenina, e nos atos que ela cumpriu assistindo às grandes festas, em que se liam as profecias messiânicas, notadamente aquelas de Isaías, que aumentavam sua fé, sua esperança, seu amor a Deus e a espera pelo Messias prometido. A que grau penetravam nela aquelas palavras do profeta (Isaías 9, 5) sobre o Salvador que viria: "Um menino nos nasceu, um filho nos foi dado; o domínio repousa sobre seus ombros, e a ele será dado o nome de: Conselheiro admirável, Deus forte, Pai eterno, Príncipe da paz". A fé viva de Maria menina, já tão elevada, a fazia receber esta palavra, "Deus forte", melhor que o próprio Isaías a tinha entendido. Ela já compreendia nesta verdade que, nesse menino, residirá a plenitude das forças divinas, e que o Messias será um rei eterno, que não morre e que será sempre o pai de seu povo.[13]

A vida da graça não cresce somente pelo mérito, mas também *pela oração*, que tem uma força impetratória distinta. É assim que nós pedimos todos os dias para crescer no amor de Deus, ao dizer "Pai Nosso, que estais nos céus, santificado seja o vosso nome, venha a nós o vosso reino (cada vez mais), seja feita a vossa vontade (que vossos preceitos sejam observados por nós cada vez mais)". A Igreja faz isso também na missa: "Da nobis, Domine, fidei, spei et caritatis augmentum". Aumentai, Senhor, nossa fé, nossa esperança e nossa caridade (*Collecta* do XIII Dom. depois de Pentecostes).

Após a justificação, o justo pode, portanto, obter o aumento da vida da graça, seja pelo mérito, que apela à justiça divina, como um direito a uma recompensa; seja pela oração, que apela à sua infinita misericórdia. E a oração é tanto mais eficaz quanto mais humilde, confiante e perseverante, e quando roga em primeiro lugar não por bens temporais, mas pelo aumento das virtudes, segundo as palavras: "Buscai em primeiro lugar o reino de Deus e sua justiça, e o resto vos será dado em acréscimo" (Mt 6, 33). Assim o justo, por uma oração fervorosa, que é ao mesmo tempo impetratória e meritória, obtém muitas vezes *imediatamente mais do que merece*, isto é, não somente

---

[13] Ninguém pode afirmar com certeza que Maria, desde antes da Encarnação, não tenha visto, no sentido literal deste anúncio messiânico de Isaías, *o Deus forte*, a divindade do Messias prometido. A Igreja, iluminada pelo Novo Testamento, vê esta verdade nestas mesmas palavras que ela usa nas missas de Natal; quem ousa afirmar que Maria não o tenha visto antes da Encarnação? *O Messias é o Ungido do Senhor*; ora, à luz do Novo Testamento, compreendemos que esta unção divina é primeiramente constituída pela *graça de união*, que não é outra senão o *mesmo Verbo* que dá a humanidade de Jesus uma santidade inata, substancial e incriada. Cf. Santo Tomás, IIIª, q. 6, a. 6; q. 22, a. 2, ad 3.

o aumento da caridade merecida, mas aquela que se obtém especialmente pela força impetratória da oração, distinta do mérito.[14]

No silêncio da noite, uma oração fervorosa, que é ao mesmo tempo uma oração de súplica e um mérito, obtém muitas vezes *imediatamente* um notabilíssimo aumento de caridade, que nos faria por vezes experimentar que Deus é imensamente bom; é como uma comunhão espiritual, que tem um sabor de vida eterna.

Ora, a oração de Maria, desde sua infância, era não somente muito meritória, mas ela tinha uma força impetratória que não podemos apreciar; porque era proporcional à sua humildade, à sua confiança, à perseverança de sua generosidade não interrompida e sempre em progresso. Ela obtinha assim constantemente, conforme esses princípios certíssimos, um amor de Deus sempre mais puro e mais forte.

Ela obtinha também as graças atuais eficazes, que não *se poderiam merecer*, ao menos com um mérito *de condigno*, como aquela que leva a novos atos meritórios, e como a inspiração especial, que é o princípio da contemplação infusa pelos dons.

Era isso que acontecia quando Maria dizia, em oração, as palavras do livro da Sabedoria, 7, 7-9: "Invoquei ao Senhor, e o espírito da sabedoria veio a mim. Eu a preferi aos cetros às coroas, estimei como nada o valor das riquezas perto dela. Todo o ouro do mundo ao lado dela não é mais que um bocado de areia, e a prata, diante dela, não vale mais do que a lama".

O Senhor vinha assim alimentá-la espiritualmente de si mesmo e se doava cada dia mais intimamente a ela, levando-a a doar-se mais perfeitamente a ele.

Melhor que qualquer pessoa depois de Jesus, ela dizia estas palavras do Salmo 27, 4: *Unam petii a Domino, hanc requiram, ut inhabitem in domo Domini*. "Peço ao Senhor uma única coisa, e a desejo ardentemente: habitar na sua casa todos os dias de minha vida, e desfrutar de sua bondade". Cada dia, ela compreendia melhor que Deus é infinitamente bom para aqueles que o procuram, e mais ainda para aqueles que o encontram.

---

[14] É assim que o justo pode obter, pela oração, graças que não poderiam ser merecidas, como a da *perseverança final*, que é o princípio mesmo do mérito, ou o estado de graça conservado no momento da morte, cf. I^a II^{ae}, q. 114, a. 9. Do mesmo modo, a *graça atual eficaz*, que ao mesmo tempo preserva do pecado original, conserva no estado de graça e o faz aumentar, não pode ser merecida; mas ela é frequentemente obtida pela oração. E o mesmo se diz ainda da *inspiração especial* que é o princípio, pelos dons da inteligência e da sabedoria, da contemplação infusa.

Antes da instituição da Eucaristia, e mesmo antes da Encarnação, existiu, pois, em Maria a *comunhão espiritual*, que é a oração simplíssima e muito íntima da alma que alcançou a via unitiva, onde ela goza de Deus presente nela como num templo espiritual: *Gustate et videte quoniam suavis est Dominus*. "Provai e vede como o Senhor é suave" (Sl 33, 9).

Diz-se no Salmo 41, 2-3: "Assim como a corça suspira pelas águas vivas, assim minha alma suspira por vós, ó meu Deus. Minha alma tem sede do Deus vivo", qual deve ter sido esta sede espiritual na Santíssima Virgem, depois do instante de sua concepção imaculada até o momento da Encarnação?

Este progresso da caridade, diz Santo Tomás, não a fez merecer a Encarnação, que é o princípio de todos os méritos depois do pecado de Adão, mas a fez merecer, pouco a pouco (pela primeira graça que provinha dos méritos futuros de seu Filho) o grau eminente de caridade, de humildade e de pureza que, no dia da Anunciação, fez dela a *digna Mãe* do Salvador.[15]

Ela tampouco merece a maternidade divina, pois teria assim merecido a própria Encarnação; mas ela mereceu o grau de santidade e de caridade que foi a *disposição próxima* à maternidade divina. Ora, se a disposição remota, que era a plenitude inicial de graça, ultrapassava já a graça final de todos os santos reunidos, que pensar da perfeição desta disposição próxima!

Os anos vividos por Maria no templo despertaram nela o desenvolvimento da "graça das virtudes e dos dons" em proporções das quais nem podemos ter uma idéia, segundo uma progressão e uma aceleração que ultrapassa em muito a das almas mais generosas e dos maiores santos.

Sem dúvida, seria possível exagerar, atribuindo à Santíssima Virgem uma perfeição que só pertence a seu Filho, mas, permanecendo no seu plano, sequer poderíamos ter uma idéia da elevação do ponto de partida de seu progresso espiritual, e ainda menos da elevação do ponto de chegada.

O que nós dissemos nos prepara, no entanto, a compreender, em certa medida, o que deve ter sido o aumento considerável de graça e de caridade que se produziu nela no momento mesmo da Encarnação.

---

[15] Cf. Santo Tomás, IIIª, q. 2, a. 11, ad 3 : "Beata Virgo dicitur me cuisse portare Dominum omnium, *non quia meruit ipsum incarnari*, seo quia *meruit ex gratia sibi data illum puritatis et sanctitatis gradum, ut congrue* posset esse, Mater Dei".

NOTA – Quando, em nossa vida, os atos de caridade menos fervorosos ou remitentes obtêm o aumento de caridade que lhes é devido?

Segundo Santo Tomás,[16] todo ato de caridade do *viator* (isto é, aquele que vive neste mundo) é meritório; merece um aumento desta virtude e dispõe a alma, ao menos de modo remoto, a recebê-la; mas não a dispõe de modo próximo, senão quando é fervoroso, isto é, quando é ao menos igual em intensidade ao grau de virtude infusa de que procede.

Portanto, só os atos fervorosos obtêm, *imediatamente*, o aumento de caridade que merecem.

Quando os atos menos fervorosos obtêm o aumento devido?

Poder-se-ia pensar que é a partir do momento em que um ato fervoroso meritório se produz. Entretanto, há uma dificuldade, porque este ato obtém certamente o crescimento que lhe é devido e ao que dispõe proximamente, mas não é certo que obtém ao mesmo tempo *os atrasados*, isto é, o crescimento devido aos atos meritórios menos fervorosos que o precederam.

Estes atrasados podem obter o aumento devido, então, por atos de caridade fervorosa que não sejam apenas meritórios, mas que disponham a receber, já na vida presente, não somente o que eles mesmos merecem, porém, mais do que merecem.

É o caso do ato de *caridade fervoroso*, pelo qual a alma se dispõe a uma boa comunhão: este pode produzir *ex opere operato* um aumento de caridade correspondente à disposição fervorosa atual e *passada ou atrasada.*

Isso deve ser frequente nos bons sacerdotes e bons cristãos, notadamente na comunhão mais fervorosa que fazem em certos dias de grande festa ou na primeira sexta-feira do mês.

Com mais forte razão, deve-se realizar quando, com uma boníssima disposição, se recebe a comunhão por *viático* ou pela extrema-unção, que apagando os restos do pecado (*reliquiae peccati*) produz um aumento de caridade (não merecida) proporcional ao fervor com que recebem; pode então produzir também *os atrasados merecidos*, mas não ainda obtidos.

---

[16] II^a II^{ae}, q. 24, a. 6.

Isso pode ainda acontecer quando o *viator* faz uma *oração fervorosa* pela qual ele pede o aumento da caridade; porque essa oração é ao mesmo tempo *meritória*, como inspirada pela caridade, e *impetratória*, e por este segundo título ela obtém mais do que merece, e pode dispor *proximamente* a receber os atrasados já merecidos, mas não obtidos.

Enfim, é provável que a alma que não tenha se aproveitado durante esta vida daquilo que acabamos de dizer se disponha em breve, pelos atos fervorosos do purgatório – que não são mais meritórios – a receber os atrasados merecidos, mas não obtidos.

É certo que essas almas do purgatório, à medida que a purificação avança, fazem atos (não meritórios) cada vez mais fervorosos, que atingem ao menos o grau de intensidade da virtude infusa de que precedem. Esses atos não merecem um aumento desta virtude, mas é provável que possam dispor atualmente a receber os atrasados já merecidos *in via* e não ainda obtidos. Assim, uma alma que entra no purgatório com uma caridade de cinco talentos pode sair com uma caridade de sete; o grau de glória corresponde sempre ao grau de seus méritos.

E se isso é verdade, parece verdade sobretudo do último ato pelo qual a alma se dispõe (*in genere causae materialis*) a receber a luz da glória, ato que procede (*in genere causae efficientis et formalis*), sob essa luz, no preciso instante que é infundida, como o último ato que dispõe imediatamente a justificação procede da caridade no preciso momento em que ela é infundida. Assim, os atrasados seriam obtidos ao menos no último momento, no instante da entrada na glória.[17]

Artigo II
O AUMENTO CONSIDERÁVEL DA GRAÇA EM MARIA NO INSTANTE DA ENCARNAÇÃO

O dia da Anunciação marca um grandioso progresso da graça e da caridade na alma de Maria.

Conveniência da Anunciação

Como explica Santo Tomás,[18] convinha que o anúncio do mistério da Encarnação fosse feito à Santíssima Virgem, para que ela fosse

---

[17] Estas diferentes explicações, que têm sua probabilidade, foram propostas por diversos comentadores de Santo Tomás em II ª II ᵃᵉ, q. 24, a. 6. Nós as expomos mais longamente em outro lugar. *L'Amour de Dieu et la croix de Jésus*. t. I, pp. 415-422, e *Les Trois Ages de la Vie Intérieure*, t. I, p. 180ss.

[18] III ª q. 30, a. 1, 2, 3, 4.

instruída e pudesse dar o seu consentimento. Por este mistério, ela concebeu espiritualmente o Verbo feito carne, dizem os Padres, antes de concebê-lo corporalmente. Ela deu – acrescenta Santo Tomás – este consentimento sobrenatural e meritório em nome de toda a humanidade, que tinha necessidade de ser regenerada pelo Salvador prometido.

Convinha também que a Anunciação fosse feita por um anjo, como por um embaixador do Altíssimo. Um anjo rebelde tinha sido a causa da perdição e da queda; um santo anjo, o mais elevado dos arcanjos, anuncia a redenção.[19] Convinha também que Maria fosse instruída sobre o mistério que nela se realizaria antes de São José, porque era-lhe superior, por sua predestinação à maternidade divina. Enfim, convinha que a Anunciação se fizesse por uma visão corporal acompanhada de uma iluminação intelectual, porque a visão corporal, em estado de vigília, é mais certa que uma visão imaginária que ocorre às vezes no sono, como aquela de que São José foi favorecido, e a iluminação sobrenatural da inteligência mostra infalivelmente o sentido das palavras ditas.[20] À alegria e a segurança sucederam o temor reverencial e o assombro, quando o anjo disse a Maria: "Não tenhas medo, Maria, pois tu encontraste graça diante de Deus. Eis que conceberás em teu seio e darás à luz um filho, e lhe darás o nome de Jesus. Ele será grande, será chamado o Filho do Altíssimo (...). O Espírito Santo descerá sobre ti, e a força do Altíssimo te cobrirá com sua sombra. É por isso que o ente santo que nascer (de ti) será chamado Filho de Deus". (Lc 1, 30-35). O Anjo acrescenta um sinal e a razão do evento: "Mesmo Isabel, tua parenta, concebeu um filho na sua velhice, e atualmente já é o sexto mês daquela que era chamada estéril; porque nada é impossível a Deus" (Lc 1, 36-37).

Maria dá então seu consentimento, dizendo: "Eis a serva do Senhor, faça-se em mim segundo a tua palavra" (Lc 1, 38).

Bossuet nota, nas *Elevações sobre os mistérios*, XII semana, VI elevação, que a Santíssima Virgem manifestou por esse consentimento três virtudes principais: *a santa virgindade*, pela alta resolução de renunciar para sempre de toda satisfação dos sentidos; *a humildade perfeita*, diante da infinita grandeza de Deus que se inclina até ela; *a fé*, porque

---

[19] III^a q 30, a 3.
[20] Ibid., a 4.

teria que conceber o Filho de Deus no seu espírito antes de concebê-lo no seu corpo. É por isso que Isabel lhe dirá: "Feliz aquela que acreditou, pois se hão de cumprir as coisas que te foram ditas da parte do Senhor" (Lc 1, 45). Ela manifestou também uma grande confiança em Deus e uma *grande coragem*, porque não ignorava as profecias messiânicas, notadamente aquelas de Isaías, que anunciavam os grandes sofrimentos do Salvador prometido, dos quais ela devia participar.

O que mais impressiona as almas interiores na Santíssima Virgem, no dia da Anunciação, é *seu total esquecimento de si mesma*, que parece ser o *summum* da humildade. Ela não pensa senão na vontade de Deus, na elevação deste mistério para a glória divina e para a salvação de nossa pobre raça. Deus, que é a grandeza dos humildes, foi a sua grandeza, e portanto sua fé, sua confiança e sua generosidade estiveram à altura do mistério do qual ela devia participar.

Certo homem é talvez, como se estima, o maior poeta de sua época; outro, o maior filósofo, ou o maior político; eles colocam sua grandeza no seu gênio. A Santíssima Virgem, que é a mais elevada de todas as criaturas, esqueceu-se totalmente de si mesma e pôs sua grandeza em Deus. *Deus humilium celsitudo*,[21] Deus, que é a grandeza dos humildes, revela-nos a humildade de Maria, proporcional à elevação de sua caridade.

Santo Tomás[22] nota que, no instante da Encarnação, houve em Maria, pela presença do Verbo de Deus feito carne, um grande aumento da plenitude de graça. Se ela já não tinha sido confirmada na graça, ela o foi naquele momento.

As razões deste grande crescimento de graça e de caridade

Foram apresentadas três razões deste crescimento da vida divina em Maria, considerando a finalidade da graça nela, em seguida a causa dessa graça, e enfim o mútuo amor do Filho de Deus e de sua Santa Mãe.

---

[21] É assim que no Missal começa a oração da Missa de São Francisco de Paula, 2 de abril, e, no Missal dominicano, da Missa do Beato Martinho de Porres, 5 de novembro. Santo Alberto Magno, em seu *Mariale*, escreveu páginas esplêndidas sobre a humildade de Maria, que considerava como sua Mãe e sua inspiradora; nesta obra ele não cessa de celebrar a grandeza de suas virtudes.

[22] IIIª, q. 27, a, 5, ad 2, texto já citado: "In Beata Virgine fuit triplex perfectio gratiae: prima quidem quasi dispositiva, per quam reddebatur idonea ad hoc quod esset Mater Christi, et haec fuit prima perfectio sanctificationis. Seconda autem perfectio gratiae fuit in Beata Virgine ex praesentia Filii Dei in ejus utero incarnati. Tertia autem est perfectio finis, quam habet in gloria".

Primeiramente, por uma relação ao próprio mistério da Encarnação, este crescimento era sumamente conveniente como *preparação próxima e imediata à maternidade divina*.

Com efeito, deveria haver uma proporção entre a disposição imediata a uma perfeição e a própria perfeição. Ora, a maternidade divina é, por seu fim de ordem hipostática, muito superior; não somente pelo da natureza, mas também pelo da graça. Era preciso, portanto, que houvesse em Maria um aumento da plenitude de graça e de caridade que a tornasse *imediatamente digna* de ser a Mãe de Deus, aumento que a pusesse à altura de sua missão excepcional e única em relação ao Verbo feito carne.

Em segundo lugar, o próprio Filho de Deus, tornando-se presente em Maria pela Encarnação, deveria enriquecê-la com uma graça maior. Ele é, com efeito, por sua divindade, *a causa principal da graça*; por sua humanidade, ele a mereceu e é a sua causa instrumental. Ora, a Bem-aventurada Virgem foi, de todas as criaturas, a mais próxima de Cristo, segundo a humanidade, porque foi dela que ele recebeu sua natureza humana. Maria, portanto, devia obter, no instante da Encarnação, um grande aumento da plenitude de graça.

A vinda do Verbo feito carne a Maria devia realizar nela tudo o que produzisse a mais fervorosa comunhão, e ainda tudo para além disso. Na Eucaristia, Nosso Senhor se dá todo inteiro sob as aparências do pão; pela Encarnação, ele se dá todo inteiro a Maria em sua forma verdadeira e por um contato imediato, que produziu, por si mesmo, *ex opere operato*, mais e melhor que o mais perfeito dos sacramentos, um aumento da vida divina.

Todos os efeitos da comunhão sacramental são aqui excedidos sem comparação. Pela comunhão sacramental, Jesus se dá a nós para que nós vivamos dele; pela Encarnação, ele se deu a Maria, mas também ele viveu dela em sua natureza humana, porque dela tomou sua alimentação e o desenvolvimento de seu corpo que se formava em seu seio virginal; em retorno, ele alimentava espiritualmente a santa alma de Maria, aumentando nela a graça santificante e a caridade.

Em terceiro lugar, *o amor recíproco do Filho por sua Mãe e da Mãe por seu Filho* confirma o que acabamos de dizer. A graça é, com efeito, o fruto do amor ativo de Deus pela criatura que ele chama a participar, desde aqui na terra, cada vez mais à sua vida íntima, antes de lhe comunicar seu florescimento na vida eterna. Ora, se o Verbo feito carne ama a todos os homens pelos quais se dispôs a dar seu sangue, ela ama particularmente os eleitos, e entre estes os apóstolos, que ele quis escolher como seus ministros, e os santos, que chamará no curso dos tempos a uma grande intimidade com ele; ama mais ainda sua santa Mãe, que é mais intimamente associada a ele do que qualquer outra pessoa na obra da regeneração das almas. Jesus, como Deus, ama a Maria com um amor especialíssimo, que produz nela uma superabundância de vida divina capaz de transbordar nas outras almas. Ele a ama também como homem, e como homem merece todos os efeitos de nossa predestinação,[23] e, portanto, merece todos os efeitos da predestinação de Maria, especialmente o aumento da caridade que conduz à plenitude final da vida do céu.

Enfim, este duplo amor de Jesus, como Deus e como homem, por sua santíssima Mãe, longe de encontrar nela o menor obstáculo, encontra, desde aqui na terra, a mais perfeita correspondência no amor maternal que ela tem por ele. Por isso, ele se derrama generosamente nela, em uma medida que nós não sabemos apreciar, e que ultrapassa consideravelmente a que os maiores santos, chegados ao ápice da vida unitiva, gozaram sobre a terra.

Se as mães são frequentemente capazes de um amor heróico e dos maiores sacrifícios por seus filhos expostos a grandes sofrimentos, quanto mais não era Maria por seu Filho único, que ela amava com um coração de virgem mãe, o mais terno e mais puro que jamais existiu, e que ela amava também como seu Deus. Ela tinha por ele não somente amor maternal de ordem natural, mas um amor essencialmente sobrenatural, que procedia de sua caridade infusa, em um grau dos mais elevados, e que não cessava de crescer.

Como diz o Pe. E. Hugon,[24] falando do tempo em que o corpo do Salvador se formava no seio virginal de Maria: "Um progresso sem interrupções devia se realizar nela, durante os nove meses, por assim dizer *ex opere operato*, pelo contato permanente com o Autor da santidade (...). Se a plenitude já é incompreensível no primeiro instante em que o Verbo se fez carne, qual o grau que ela não devia ter alcançado no nascimento do Menino Deus! (...) (Em seguida,) cada vez que ela lhe dava de beber seu leite virginal, ela recebia em troca o

---

[23] Cf. *Santo Tomás*, IIIª, q. 24, a. 4.

[24] *Marie, pleine de grâce*, 5ª éd., 1926, p 46.

alimento de graças (...); quando ela o embalava docemente e lhe dava seus beijos de virgem e de mãe, dele recebia o beijo da divindade, que a tornava mais pura e mais santa". É o que diz a Santa Liturgia.[25]

Enquanto que esse contato físico cessará, a caridade de Maria e seu amor maternal e sobrenatural por Jesus não cessarão jamais de crescer nela até a morte. A graça, longe de destruir a natureza naquilo que tem de bom, a aperfeiçoa aqui em uma medida que é, para nós, inexprimível.

Artigo III
A VISITAÇÃO E O *MAGNIFICAT*

1º. A Visitação

Após a Anunciação, a Santíssima Virgem, segundo Lc 1, 39, foi visitar sua prima Isabel. Desde que esta entendeu a saudação de Maria, a criança que ela trazia saltou em seu seio e ela ficou repleta do Espírito santo. Então ela clamou: "Bendita és tu entre todas as mulheres, e bendito é o fruto do teu ventre. E de onde me é dada a honra de que a mãe de meu Senhor venha a mim? Pois tua voz, ao me saudar, antes mesmo de chegar aos meus ouvidos, meu bebê exultou de alegria em meu seio. Feliz aquela que acreditou, pois se hão de cumprir as coisas que te foram ditas da parte do Senhor." (Lc 1, 42-45).

Isabel, sob a luz da revelação divina, compreende que o fruto do ventre de Maria começa a derramar, através dela, a sua bênção. Ela sente que é o próprio Senhor que vem. De fato, o Filho de Deus vem por sua Mãe ao seu precursor, e João Batista o reconhece por ela.

São Lucas narra aqui (Lc 1, 46) o Cântico de Maria. A autoridade da imensa maioria e dos melhores manuscritos, o testemunho unânime dos Padres, os mais antigos e mais doutos (Santo Irineu, Orígenes,

---

[25] Hino do Ofício das Vésperas da Festa da Sagrada Família:
O lux beata caelitum
Et summa spes mortalium,
Jesu, o cui domestica
Arrisit orto caritas:
Maria, dives gratia,
O sola quae casto potes
Fovere Jesum pectore,
Cum lacte donans osculo.

Tertuliano, Santo Ambrósio, São Jerônimo, Santo Agostinho, etc) estão de acordo com o contexto de ver em Maria o autor inspirado do *Magnificat*.

Esse cântico é impressionante, sobretudo por sua simplicidade e sua elevação. É um canto de ação de graças, que recorda que Deus é a grandeza dos humildes, que os eleva, ao mesmo tempo em que rebaixa o orgulho dos poderosos. Bossuet, nas suas *Elevações sobre os mistérios*, XIV semana, V elevação, resume o que dizem os Padres sobre o *Magnificat*; sublinhamos algumas destas reflexões.[26]

2º. Deus fez grandes coisas em Maria

Maria disse: "Minha alma glorifica o Senhor". Ela sai de si mesma para glorificar somente a ele e colocar nele toda a sua alegria. Ela está na paz perfeita, porque ninguém pode tirar-lhe aquele ao qual ela canta.

"Meu espírito exulta de alegria em Deus, meu Salvador". O que Maria não pôde encontrar em si mesma, encontra naquele que é a soberana riqueza. Ela exulta de alegria, "porque olhou para a baixeza de sua serva". Ela não crê poder atrair seus olhares; por si mesma, não é nada. Mas, uma vez que Deus mesmo, por pura bondade, voltou a ela os seus olhares, ela tem um apoio que não lhe poderia malograr: a misericórdia divina, pela qual ele "olhou para ela".

Desde então, ela não temeu reconhecer o que ela gratuitamente recebeu dele; a gratidão se torna um dever: "Eis que, doravante, todas as gerações me chamarão bem-aventurada". Esta profecia não cessa de se verificar depois de quase dois mil anos, cada vez que se recita a Ave Maria.

Em seguida, ela vê que sua felicidade será a de toda a terra; de todas as almas de boa vontade: "Aquele que é poderoso fez em mim grandes coisas, e seu nome é santo; e sua misericórdia se estende, de geração em geração, sobre aqueles que o temem". Aquele que é poderoso fez nela a maior obra de seu poder: o mistério da Encarnação

---

[26] Ver também dois sermões de São Francisco de Sales sobre a *Visitação*. Em um deles, ele se pergunta se, dizendo "respexit humilitatem ancillae suae", Maria falou de sua ínfima condição de criatura ou também de sua humildade. Ele responde, com certos padres, contra muitos outros intérpretes: é mais provável que falasse de sua humildade, porque conhecia pelo anjo que era "cheia de graça" e teve em seguida uma grande humildade; mas ela dava a Deus toda a glória. Isso é certíssimo se se trata do próprio Jesus.

redentora; por ela, conservando-lhe miraculosamente sua virgindade, deu ao mundo um Salvador.

O nome do Altíssimo é santo; ele é a própria santidade, que nos deve santificar. E se torna mais evidente quando seu Filho, que também é o de Maria, derrama a misericórdia, a graça e a santidade de geração em geração, entre os diferentes povos, sobre aqueles que têm o temor filial, princípio da sabedoria, e que, por sua graça, desejam obedecer aos seus preceitos.

3º. Deus eleva os humildes e por eles triunfa do orgulho dos poderosos

Para explicar estes grandes efeitos, Maria volta ao poder de Deus: "Estendeu o poder do seu braço: dispersou aqueles que se orgulhavam com os pensamentos de seus corações. Derrubou de seus tronos os potentados, e elevou os pequenos".

Ele virtualmente já realizou essas maravilhas ao enviar seu Filho único, que confundirá os soberbos pela pregação de seu Evangelho, que se servirá da fraqueza dos apóstolos, dos confessores e das virgens para aniquilar a força do paganismo, que se orgulha de si mesmo; ocultará a elevação de seus mistérios aos prudentes e sábios e os revelará aos pequenos (Mt 11, 25).

A própria Maria é um exemplo; ela foi elevada acima de tudo, porque se declarou a menor das criaturas. Quando o Filho de Deus veio sobre a terra, não escolheu a rica morada dos reis, mas aquela da pobreza de Belém, e fez sentir seu divino poder pela própria fraqueza na qual ele quis se manifestar, para elevar os pequenos.

"Saciou de bens os famintos, e aos ricos despediu de mãos vazias". Jesus dirá: "Bem-aventurados vós que agora tendes fome, porque sereis saciados. Infelizes de vós, que estais saciados, porque passareis fome!" (Lc 6, 21 .25).

É assim, diz Bossuet, que a alma encontra a paz, quando vê cair toda a glória do mundo, e só Deus permanece grande; toda falsa grandeza é aniquilada.

O *Magnificat* termina como começou, pela ação de graças: "Deus cuidou de Israel, seu servo; e se recordou da sua misericórdia, e das promessas feitas a Abraão e à sua posteridade, para sempre".

Se a promessa de enviar o Salvador se cumpriu, tantos séculos após ter sido feita, não devemos duvidar que todas as demais promessas divinas se cumprirão. Se nossos pais, antes do Messias, creram nele, muito mais devemos crer agora que o Salvador prometido nos foi dado. Digamos com Santo Ambrósio: "Que a alma de Maria esteja em nós para glorificar o Senhor; que o espírito de Maria esteja em nós para exultar de alegria em Deus, nosso Salvador",[27] para que seu reino venha a nós pelo cumprimento de sua vontade.

Artigo IV
DA PERPÉTUA VIRGINDADE DE MARIA

A Igreja Católica ensina, sobre a virgindade perpétua de Maria, três verdades: que ela foi virgem ao conceber Nosso Senhor, ao dar-lhe a luz, e que depois permaneceu perpetuamente virgem.

A Igreja defendeu as duas primeiras destas três verdades, primeiro contra os Cerintianos e Ebionistas, no fim do século I; depois contra Celso, que foi refutado por Orígenes; no século XVI, contra os Socinianos condenados por Paulo IV e Clemente VIII; e recentemente contra os racionalistas, em particular contra Strauss, Renan e o pseudo-Herzog.[28] A segunda verdade foi atacada por Joviano, condenado em 390. A terceira foi negada por Helvídio, refutado por São Jerônimo.[29]

A concepção virginal

A virgindade de Maria na sua concepção já é declarada por Isaías, 7, 14: "Uma virgem conceberá em seu seio, e dará à luz um filho"; esse é o sentido literal, pois de outro modo, como diz São Justino[30] contra os Judeus, não haveria o *sinal* anunciado por esse profeta no mesmo lugar. Ela é afirmada, além disso, na própria Anunciação, pela resposta do arcanjo Gabriel a Maria, quando ela lhe pergunta:

---

[27] *In Lucam*, l. II, n. 26.

[28] Cf. Denziger, *Enchiridion*, nos 20, 91, 113, 143ss, 201, 214, 255ss, 282, 290, 344, 429, 462, 708, 735, 993, 1314, 1462.

[29] *De perpetua virginitate B. Mariae advenus Heividium*, P.L., XXIII, 183-205.

[30] *Dialog. sum.. Tryphone*, LXXXIV; P.G., VI, 673.

"Como se fará isso, pois que não conheço homem algum?" E o Anjo lhe respondeu: "O Espírito Santo descerá sobre ti, e a força do Altíssimo te cobrirá com sua sombra. É por isso que o ente santo que nascer (de ti) será chamado Filho de Deus" (Lc 1, 34ss).

Do mesmo modo é novamente afirmada pela resposta do anjo a São José: "José, filho de Davi, não receies em tomar Maria por esposa, pois o que nela se formou é obra do Espírito Santo." (Mt 1, 20). O Evangelista São Lucas (Lc 3, 23) diz enfim sobre Jesus: "Era tido por filho de José".

Toda a Tradição confirma a concepção virginal de Cristo, na esteira de Santo Inácio mártir, Aristides, São Justino, Tertuliano, Santo Irineu. Todos os Símbolos ensinam que o Filho de Deus feito carne "foi concebido da Virgem Maria, por obra do Espírito Santo".[31] É o que foi definido pelo Concílio de Latrão, sob Martinho I, em 649,[32] e de novo afirmado por Paulo IV contra os Socinianos.[33]

As razões de conveniência da concepção virginal são dados por Santo Tomás (III^a, q. 28, a. 1): 1^a.: Convém que aquele que é Filho natural de Deus não tivesse pai sobre a terra, pois que tem um único Pai no céu; 2^a.: O Verbo, que é concebido eternamente na mais perfeita pureza espiritual, devia também ser virginalmente concebido quando se fez carne; 3^a.: Para que a natureza humana do Salvador fosse isenta do pecado original, convinha que ela não fosse formada, como o é ordinariamente, por via seminal, mas por concepção virginal; 4°.: Enfim, nascendo segundo a carne de uma virgem, Cristo mostrava que seus membros deviam nascer segundo o espírito desta virgem, sua Esposa espiritual, que é a Igreja.

O nascimento virginal

Santo Ambrósio afirma, ao comentar o texto de Isaías (Is 7, 14): "Uma virgem conceberá em seu seio, e dará à luz um filho"; ela será, diz ele, virgem na concepção e também no parto.[34] Antes dele, ates-

---

[31] *Denz.*, 6ss.

[32] *Denz.*, 256.

[33] *Denz.*, 993.

[34] *Epist. XLII ad Siricum Papam*, P.L., XVI, 1124: "Non enim concepturam tantum modo virginem, sed et parituram (Isaias) dixit".

taram o mesmo Santo Inácio mártir,[35] Aristides,[36] Clemente de Alexandria.[37] No século IV, Santo Efrém,[38] e, mais tarde, Santo Agostinho.[39] O Concílio de Latrão, sob Martinho I, em 649, também o proclama.[40]

As razões de conveniência do parto virginal são as seguintes, conforme Santo Tomás (III^a, q. 28, a. 2): 1^a.: O Verbo, que é eternamente concebido e que procede do Pai sem nenhuma corrupção, ao se fazer carne, deveria nascer de uma mãe virgem, conservando-lhe a virgindade; 2^a.: Aquele que vem para remover toda corrupção não deveria nascer aniquilando a virgindade daquela que lhe dá a vida; 3^a.: Aquele que nos ordena honrar nossos pais deveria, ele próprio, ao nascer, em nada diminuir a honra de sua Santa Mãe.

A virgindade perpétua de Maria após o nascimento do Salvador

O Concílio de Latrão em 649 afirma este ponto da doutrina,[41] bem como depois Paulo IV contra os Socinianos.[42]

Entre os Santos Padres, deve-se citar como tendo-o explicitamente afirmado Orígenes,[43] São Gregório Taumaturgo;[44] no século IV, o título *semper virgo* é comumente empregado, sobretudo por Santo Atanásio e Dídimo o Cego,[45] assim como no II Concílio de Constantinopla em 533.[46]

---

[35] *Ad Ephes.*, XV, 1.

[36] *Ex vita Barlaam et Josaphat*, P.G., XCVI, 1121.

[37] *Strom.*, VII, XVI; P.G., IX, 529.

[38] *Hymn. de B. Maria*, ed. Lamy, II, 534, 570, 576, 608.

[39] *Serm. III in Natali Domini*, n. I; P.L., XXXVIII, 995.

[40] *Denz.*, 256, item 993.

[41] Cf. *Denz.*, 256: "(Mariam) incorruptibiliter genuisse, indissolubili permanente et post partum ejusdem virginitate".

[42] *Denz.*, 993: "Perstitisse semper in virginitatis integritate, ante partum scilicet, in partu, et perpetuo post partum".

[43] *In Matth.*, t. X, XVII; P.G., XIII, 876 B, ss. *Homil. VII in Luc.*; P.G., XIII, 1818.

[44] *Serm. In Nativ. Christi*; P.G., X, 391ss.

[45] S. ATANÁSIO., *Orat. II contr. Arianos*, LXX; P.G., XXVI, 296 B. – DÍDIMO, *De Trinit.*, I, XXVII; P.G., XXXIX, 404 C.

[46] *Denz.*, nn. 214, 218.

Entre os latinos, deve-se citar Santo Ambrósio,[47] Santo Agostinho,[48] São Jerônimo[49] contra Joviniano e Helvídio e, na Igreja siríaca, Santo Efrém.[50]

As razões de conveniência desta perpétua virgindade são dadas por Santo Tomás (III^a, q. 28, a. 3): 1^a.: O erro de Helvídio, diz ele, atenta contra a dignidade de Cristo, porque, do mesmo modo como ele é desde toda a eternidade o filho único de Deus, convinha que ele fosse, no tempo, o filho único de Maria; 2^a.: Este erro é uma ofensa ao Espírito Santo, que santificou para sempre o seio virginal de Maria; 3^a.: É também diminuir gravemente a dignidade e a santidade da Mãe de Deus, que pareceria muito ingrata, se ela não se tivesse contentado com um tal filho; 4^a.: Enfim, como diz também Bossuet,[51] "São José teria interferido neste desígnio, e teria faltado após um nascimento tão milagroso; teria sido um sacrilégio indigno dele, uma profanação indigna do próprio Jesus Cristo. Os irmãos de Jesus, mencionados no Evangelho, e São Tiago, que constantemente é chamado de irmão do Senhor, não eram mais que parentes, como se falava naquele tempo; e a santa tradição jamais entendeu de outra forma".

Os trabalhos recentes dos exegetas católicos contra os racionalistas contemporâneos confirmaram estes testemunhos.[52]

Santo Tomás (III^a, q. 28, a. 4) explica a doutrina comum segundo a qual Maria fez *voto de virgindade perpétua*. Suas palavras em São Lucas (Lc 1, 34), "Como se fará isso, pois que não conheço homem algum?", indicam já esta resolução. A Tradição se resume nestas palavras de Santo Agostinho: "Virgo es, sancta es, votum vovisti".[53] O casamento da Santíssima Virgem com São José era, portanto, um verdadeiro casamento, mas unido a esse voto emitido de comum acordo.[54]

---

[47] *Epist. XLII ad Siricum Papam*; P.L. XVI, 1124.

[48] *Serm. III in Natali Domini*. n. I; P.L. XXXVIII, 995.

[49] *De perpetua virginitate B. Mariae adversus Helvidium*.

[50] *S. Ephrem Syri opera*, ed. Rom., 1743, t. II, p. 267.

[51] *Elévations sur les mystères*, XVIe semaine. IIIe élév.

[52] Cf. A. DURAND, *Frères du Seigneur*, artigo do *Dictionnaire Apologétique*. A palavra "irmão" se tomava entre os Hebreus no sentido de *parente*, em geral para *primo, sobrinho*,etc: Gênesis 13, 8; 14, 6. Os que trazem o nome de irmãos de Jesus (Mt 2, 46), São Tiago, José ou Joseph, Simão e Judas, cuja mãe era uma Maria distinta da Santíssima Virgem, sua irmã ou cunhada (Mt 27, 56), mulher de Cléofas ou Alfeu (Jo 19, 13 ; Mt 10. 31; Mc 3, 18; 15, 40; Lc 6, 15). Cf. Clemente de Alexandria, Orígenes, São Jerônimo.

[53] *Sermo CCCX in Natali Joan Bap.*, P.L., XXXVIII, 1319.

[54] Cf. *Santo Tomás*, III^a, q. 29, a 2.

Artigo V
DOS PRINCIPAIS MISTÉRIOS QUE AUMENTARAM A PLENITUDE DE GRAÇA EM MARIA APÓS A ENCARNAÇÃO

Esses mistérios foram, sobretudo, aqueles que o Rosário nos convida a contemplar, depois do nascimento de Jesus.

A natividade do Salvador

Maria cresceu na humildade, na pobreza e ainda mais no amor de Deus, dando à luz o seu Filho em um estábulo. Ele não tinha mais do que um presépio, uma manjedoura, por berço. Mas no mesmo instante, por um divino contraste, os anjos cantaram: "Glória a Deus no mais alto dos céus, e paz na terra aos homens de boa vontade " (Lc 2, 14); se estas palavras foram doces ao coração dos pastores, e ao coração de José, mais ainda o foram ao coração de Maria. É o início do *Glória*, que a Igreja não cessará de cantar na missa até o fim do mundo, que é o prelúdio do culto do céu.

Diz-se que Maria "conservava todas essas palavras, meditando-as no seu coração". (Lc 2, 19). Que alegria não sentiu ela no nascimento de seu Filho, e, entretanto, guardou o silêncio; não se *abriu* senão com Santa Isabel. As maiores coisas que Deus faz nas almas excedem toda expressão. O que Maria poderia dizer que igualasse o que sentia ?

A apresentação de Jesus no Templo

No dia da Anunciação, a Santíssima Virgem tinha dito o seu *Fiat* com uma paz e uma santíssima alegria, mas também com dor, ao pressentir os sofrimentos do Salvador, anunciados por Isaías. O mistério da Redenção mais se esclareceu na apresentação de Jesus no Templo, quando o santo ancião Simeão, com a luz do Espírito Santo, viu no menino Jesus "a salvação preparada a todos os povos, a luz que dissipará as trevas das nações" (Lc 2, 30-32). Maria ficou muda de admiração e reconhecimento. Pois o santo ancião acrescentou: "Este menino é dado ao mundo para ser a queda e a ressurreição de um grande número de homens em Israel, e para ser um sinal exposto à contradição" (Lc 2, 34) . De fato, Jesus veio para a salvação de todos, será causa de queda, uma pedra de escândalo (Isaías 8, 14) para um grande número de israelitas, que, recusando reconhecer nele o Messias, cairão na infidelidade e na ruína eterna, como constata São Paulo (Rm 9, 32; 1Cor 1, 13). O próprio Jesus dirá (Mt 11, 6): "Bem-aventurado aquele para o qual eu não serei uma ocasião de queda".

Bossuet[55] sobre isso faz observar: "Tudo opera, tanto o que é elevado como o que é simples, conjuntamente. Não se pode alcançar sua profundidade, e desdenha-se de sua simplicidade; bem querem alcançá-la por si mesmos, e não o podem, e então se perturbam, e se perdem em seu orgulho. Mas os humildes de coração entram nas profundezas de Deus sem inquietação, e, distantes do mundo e de seus pensamentos, encontram a vida na profundidade das obras de Deus".

"Simeão é inspirado para falar claramente a Maria"; de fato, o mistério de Jesus e da predestinação dos eleitos se abre cada vez mais diante dela.

Enfim, o santo ancião lhe diz ainda: "Quanto a ti, uma espada transpassará tua alma, para que assim sejam revelados os pensamentos ocultos no coração de muitos homens" (Lc 2, 35). Maria tomará parte nas contradições que o Salvador encontrará; os sofrimentos de Jesus serão os seus, ela terá o coração transpassado pela mais viva dor. Se o Filho de Deus não tivesse vindo, não se teria conhecido a profunda malícia do orgulho que se revolta contra a mais alta verdade. Os pensamentos ocultos da hipocrisia e do falso zelo serão revelados quando os fariseus pedirem a crucifixão daquele que é a própria santidade.

A plenitude da graça em Nosso Senhor tem dois efeitos aparentemente contrários: a mais perfeita paz e a inclinação a oferecer-se para o sacrifício dolorosíssimo como vítima redentora, para cumprir do melhor modo possível a sua missão de Salvador. Igualmente, a plenitude de graça em Maria tem dois efeitos aparentemente contrários: de um lado, a mais pura alegria nos dias da Anunciação e da Natividade, e, de outro, o desejo de se unir o mais generosamente possível aos sofrimentos de seu Filho por nossa salvação.

Assim, na apresentação no Templo, ela já o oferece por nós; a alegria e o sofrimento se unem muito intimamente no coração da Mãe de Deus, que desde já é a Mãe de todos os acreditarão nas palavras de seu Filho.

---

[55] *Élévations*, XVIIIᵉ semaine, XIIᵉ élév.

A fuga para o Egito

São Mateus (Mt 2, 13) narra que, após a adoração dos Magos, um anjo do Senhor apareceu a José durante o sono e lhe disse: "Levanta-te, toma o menino e sua mãe, foge para o Egito, e fica lá até eu te advertir, porque Herodes irá procurar o menino para lhe tirar a vida". De fato, Herodes ordenou o massacre dos meninos de dois anos para baixo que estivessem em Belém e nos arredores.

O menino Jesus é o terror deste rei, que tem medo do que jamais deveria recear, e que não teme os castigos de Deus, que devia temer. Maria e José já tomam parte das perseguições que se levantam contra Nosso Senhor. Diz Bossuet: "Antes, eles viviam tranquilos e ganhavam suavemente sua vida com o trabalho de suas mãos; mas depois que Jesus lhes foi dado, não houve momento de repouso para eles... É preciso tomar parte na sua cruz".[56] Com isso, eles cresceram muito no amor de Deus. Os santos inocentes participaram também da cruz de Jesus; seu massacre nos mostra que estavam predestinados desde toda a eternidade à glória do martírio. Depois que Herodes morreu, um anjo do Senhor anuncia em sonho a José que chegou a hora de ir a Nazaré na Galiléia (Mt 2, 20-23).

A vida oculta de Nazaré

Maria recebia incessantemente um aumento de graça e de caridade, quando carregava o menino Jesus em seus braços, alimentava-o, quando recebia suas carícias, ouvia suas primeiras palavras, sustentava seus primeiros passos.

"Entretanto – diz São Lucas (Lc 2, 40) – o menino crescia e se fortificava, estava repleto de sabedoria, e a graça de Deus estava com ele." Quando ele chegou aos doze anos, tendo acompanhado Maria e José a Jerusalém para a Páscoa, no momento da volta, permaneceu na cidade, sem que seus parentes percebessem. Não é senão depois de três dias que eles o reencontraram no Templo, no meio dos doutores. E ele lhes diz: "Por que me procuráveis? Não sabíeis que devo ocupar-me das coisas de meu Pai?" "Eles, porém, diz São Lucas (Lc 3, 50), não compreenderam o que ele lhes dissera".

Maria aceita, na obscuridade da fé, o que ainda não pode compreender; o mistério da Redenção se revelará progressivamente a ela

---

[56] Bossuet, *Élévations*, XIXᵉ semaine, IIIᵉ élév.

em toda a sua profundidade e em toda a sua extensão. É uma alegria reencontrar Jesus, mas esta alegria a faz pressentir muitos sofrimentos.

A propósito da vida oculta de Nazaré, que se prolonga até o ministério de Jesus, Bossuet[57] faz estas observações: "Aqueles que se aborrecem por Jesus Cristo, e se ruborizam por fazer-lhe passar sua vida em uma tão estranha obscuridade, se aborrecem também pela Santíssima Virgem, querendo lhe atribuir contínuos milagres. Mas escutemos o Evangelho: 'Maria guardava todas essas coisas no seu coração' (Lc 2, 51). (...) Não é um emprego muito digno, esse de guardar no seu coração tudo que ela tinha visto deste caro Filho? E se os mistérios de sua infância lhe foram um tão doce colóquio, quanto ela aí não encontraria em se ocupar por todo resto de sua vida? Maria meditava Jesus (...), ela permanecia em perpétua contemplação, fundindo-se, liquefazendo-se, por assim dizer, em amor e em desejo (...).

"Que diremos, pois, daqueles que inventam tantas belas coisas para a Santíssima Virgem? Esta humilde e perfeita contemplação não lhes é suficiente? Mas, se o foi para Maria, para o próprio Jesus, durante trinta anos, não é mais que suficiente para a Santíssima Virgem continuar este exercício? O silêncio da Escritura sobre esta divina mãe é maior e mais eloquente que todos os discursos. Ó homem! Muito ativo e inquieto pela própria atividade, aprende a contentar-te com a recordação de Jesus, escutando-o na intimidade, e meditando suas palavras (...). Orgulho humano, de que te queixas com as tuas inquietações, por não ser nada no mundo? Que personagem foi Jesus? Que figura foi Maria! Era a maravilha do mundo, o espetáculo de Deus e dos anjos, e o que eles faziam? Quem eles eram? Que nome tinham sobre a terra? E tu, queres ter um nome e uma atividade grandiosos? Tu não conheces Maria, nem Jesus (...).

"E tu dizes: não tenho nada que fazer, quando a obra da salvação dos homens está, em parte, em vossas mãos: Não há inimigos a reconciliar, disputas a pacificar, querelas a findar, das quais o Senhor diz: 'Terás salvo teu irmão' (Mt 18, 15). Não há nenhum miserável a que se há de impedir de entregar-se à murmúria, à blasfêmia, ao desrespeito? E quando tudo isso te for retirado, não tens o negócio de tua salvação, que é para cada um a verdadeira obra de Deus?"

Quando se medita na vida oculta de Nazaré, e, neste silêncio, no progresso espiritual de Maria, e depois, por oposição, no que o mun-

---

[57] *Élévations*, XXᵉ semaine, IXᵉ et Xᵉ élév.

do moderno chama frequentemente de progresso, chegamos a esta conclusão: nunca se falou tanto de progresso desde que se negligenciou o mais importante de todos, o progresso espiritual. O que aconteceu então? O que tantas vezes observou Le Play: que o progresso inferior, procurado por si mesmo, está acompanhado – ao facilitar o prazer, a ociosidade e o repouso – de um imenso declínio moral em direção ao materialismo, ao ateísmo e à barbárie, como o manifestam as últimas guerras mundiais.

Em Maria, ao contrário, encontramos a realização sempre mais perfeita das palavras evangélicas: "Tu amarás o Senhor teu Deus de todo o teu coração, de toda a tua alma, de todas as tuas forças e de todo o teu espírito; e a teu próximo como a ti mesmo" (Lc 10, 27).

Tanto mais ela avança, tanto mais ela deve amar a Deus com todas as suas forças, ao ver, durante o mistério de Jesus, a contradição levantar-se contra ele, até a consumação do mistério da Redenção.

A causa das dores de Maria no Calvário e a intensidade de seu amor a Deus, a seu Filho e às almas

Qual foi a causa profunda das dores de Maria no Calvário? Toda alma cristã, habituada a fazer sua Via Sacra, responderá: a causa profunda de seus sofrimentos, como os de Jesus, foi o pecado. Bem-aventurados os corações simples, para os quais esta fórmula exprime uma verdade de vida, e que experimentam uma verdadeira dor por suas faltas, um bom sofrimento, que só a graça pode produzir em nós.

Compreendemos pouco os sofrimentos de Maria, porque não sofremos senão daquilo de que prova nosso corpo e das feridas feitas ao nosso amor-próprio, à nossa vaidade, ao nosso orgulho. Sofremos também, e bem naturalmente, da ingratidão dos homens, das injustiças que ferem nossa família e nossa pátria. Mas sofremos muito pouco pelo pecado, por nossas próprias faltas, enquanto são uma ferida a Deus.

Teoricamente, concebemos que o pecado é o maior dos males, porque afeta a própria alma e todas as suas faculdades, como uma loucura, uma cegueira, uma covardia, uma ingratidão, que nos priva das nossas melhores energias, e porque ele é a causa de todas as desordens que deploramos nas famílias e na sociedade; ele é a causa evidente da luta que por vezes se abre entre as classes e entre os povos. Mas, apesar de o reconhecermos, nós não experimentamos uma tão grande dor pelas faltas pessoais, pelas quais nós cooperamos mais ou menos com a desordem geral. Nossa leviandade e nossa inconstância nos impedem de verdadeiramente tomar consciência desta morte que é o pecado; sua profundidade nos escapa, precisamente porque é gravíssimo ele passa despercebido pelos espíritos superficiais. O pecado que devasta as almas e a sociedade se assemelha a essas enfermidades que atingem os órgãos mais essenciais e que por vezes carregamos sem ao menos suspeitar, como o câncer: por ora, não sofremos muito, se bem que gritaremos por uma picada tão sem gravidade.

Para sentir vivamente o bom sofrimento, que é o da aversão ao pecado, deveríamos ter um amor profundíssimo a Deus, a quem o pecado ofende, e às almas, a quem o pecado afasta de seu fim.

Os santos sofriam pelo pecado na medida de seu amor a Deus e ao próximo. Santa Catarina de Sena reconhecia as almas em estado de pecado mortal pelo odor insuportável que sentia em sua presença. Mas, para compreender até onde pode chegar o sofrimento causado pelo pecado, deveríamos perguntar sobre este segredo ao Coração Imaculado e Doloroso de Maria.

A medida de sua dor foi a mesma de seu amor a Deus ofendido, ao seu Filho crucificado, às almas que nos estão por salvar.

Ora, esse amor de Maria ultrapassa a mais ardente caridade dos grandes santos, de São Pedro, São Paulo, São João. Nela, a plenitude inicial da caridade ultrapassa já a graça final de todos os santos reunidos, e desde então não cessou de crescer; jamais a menor falta venial ralentou o entusiasmo de seu amor, e cada um de seus atos meritórios, mais fervorosos que os precedentes, multiplicava a intensidade de sua caridade segundo uma progressão que não saberíamos imaginar.

Se tal era o fervor do amor de Deus na alma de Maria, quanto deveria ela sofrer pelo mais grave de todos os males, que nossa leviandade e nossa inconstância nos impedem de nos afligirmos. Ela via incomparavelmente melhor que nós a causa da perda eterna de muitas almas: a concupiscência da carne, a dos olhos, e o orgulho da vida. Ela sofreu na medida de seu amor a Deus e a nós. É a grande luz que se encontra aqui neste claro-escuro.

A causa das suas dores foi o conjunto de todos os pecados reunidos; de todas as revoltas, de todas as cóleras sacrílegas levadas, em um instante, a seu paroxismo no pecado do deicídio, no ódio implacável contra Nosso Senhor, ele que é a luz divina libertadora e o Autor da salvação.

A dor de Maria é tão profunda como o seu amor natural e sobrenatural por seu Filho, que ela ama com um coração de Virgem, o mais puro e mais terno, e que ama como seu único filho milagrosamente concebido e como seu Deus.

Para termos uma idéia real dos sofrimentos de Maria, seria preciso ter recebido, como os estigmatizados, a impressão das chagas do Salvador; seria preciso ter participado em todos os seus sofrimentos físicos e morais, pelas graças da crucificação, que lhes fazem recorrer à Via Sacra para reviver as horas mais dolorosas da Paixão.

Voltaremos a isso mais tarde, ao falar de Maria medianeira e co-redentora, e da reparação que ela ofereceu com seu Filho, por ele e nele. Apenas notemos aqui que estes grandiosos atos de amor, para nós meritórios, eram também meritórios para ela, e aumentavam consideravelmente a sua caridade e todas as outras virtudes da fé, da confiança, da religião, da humildade, da força e da mansidão; porque praticou então estas virtudes num grau mais difícil e mais heróico, tornou-se por isso mesmo a Rainha dos Mártires.

No Calvário, a graça e a caridade superabundaram do Coração de Jesus sobre o Coração de sua santa Mãe; é ele que a fortifica, como ela mesma sustenta espiritualmente São João. Jesus oferece a ela seu martírio juntamente com o seu, e ela se oferece com seu Filho, que lhe é muito mais caro que sua própria vida. Se o menor dos atos meritórios de Maria durante sua vida oculta de Nazaré aumentava a intensidade de sua caridade, qual deve ter sido o efeito de seus atos de amor aos pés da Cruz!

Pentecostes

A ressurreição gloriosa do Salvador e suas diversas aparições marcam certamente um novo progresso na alma de sua santa Mãe, que viu a realização de muitas profecias do próprio Jesus e sua vitória sobre a morte, sinal do triunfo da Sexta-feira Santa sobre o demônio e sobre o pecado.

O mistério da Ascensão elevou ainda mais os pensamentos de Maria para o céu. Na tarde daquele dia, retirada com os Apóstolos no

Cenáculo (At 1, 14), ela deve ter sentido, como eles, que a terra estava singularmente vazia depois da partida de Nosso Senhor, e deve ter entrevisto todas as dificuldades da evangelização do mundo pagão a ser convertido em meio às perseguições preditas. Diante desta perspectiva, a presença da Santíssima Virgem deve ter sido um grande conforto para os Apóstolos. Em união com Nosso Senhor, ela lhes mereceu, com um mérito de conveniência, as graças que eles receberiam no Cenáculo onde Jesus tinha instituído a Eucaristia, onde ele os tinha ordenado sacerdotes, e onde ele apareceu após sua ressurreição.

O dia de Pentecostes, com o Espírito Santo descendo sobre ela e sobre os Apóstolos, sob a forma de línguas de fogo, veio esclarecer-lhes definitivamente a respeito dos mistérios da salvação e fortificar-lhes para a obra imensa e tão árdua a cumprir (At 2). Se os Apóstolos nesse dia são confirmados na graça, e São Pedro manifesta então por sua pregação que recebeu a plenitude da contemplação do mistério do Filho de Deus, do Salvador e do Autor da vida ressuscitado, se os Apóstolos, longe de continuar temerosos, agora vão "alegres de ter que sofrer por Jesus Cristo", qual não deve ter sido o novo aumento de graça e de caridade que Maria recebeu nesse dia, ela que devia ser aqui na terra como que o coração da Igreja nascente!

Ninguém como ela participará do amor profundo de Jesus a seu Pai e às almas; ela deveria também – por sua oração, sua contemplação, sua generosidade incessante – sustentar, de certo modo, a alma dos Doze, acompanhá-los, como uma mãe, nos seus trabalhos e em todas as dificuldades de seus apostolados, que se consumarão pelo martírio. Eles são seus filhos. Ela será chamada pela Igreja de *Regina Apostolorum*, e começara desde aqui na terra a velar sobre eles pela sua oração e a fecundar seu apostolado pela oblação contínua.

Maria, modelo de devoção eucarística

Convém particularmente insistir sobre o que deveria ser para a Mãe de Deus o sacrifício da missa e a santa comunhão que ela recebia das mãos de São João.

Por que, no Calvário, ela foi confiada por Nosso Senhor a São João, no lugar das santas mulheres que estavam aos pés da cruz? Porque João era sacerdote e tinha um tesouro que podia comunicar a Maria, o tesouro da Eucaristia.

Por que, dentre todos os Apóstolos, São João foi escolhido, em vez de Pedro? Porque João era o único dos Apóstolos que estava aos pés da cruz, aonde foi atraído por uma graça fortíssima e dulcíssima, e porque ele é, diz Santo Agostinho, o modelo da vida contemplativa, da vida íntima e oculta, que sempre foi a vida de Maria, e que o será até a sua morte. A vida de Maria não terá o mesmo caráter daquela do príncipe dos Apóstolos, São Pedro; ela não intervirá no governo dos fiéis. Sua missão será contemplar e amar a Nosso Senhor, que continua presente na Eucaristia; obter por suas incessantes súplicas a difusão da fé e a salvação das almas. Ela será, assim, verdadeiramente na terra como o coração da Igreja nascente, pois ninguém entrará como ela na intimidade e na força do amor de Cristo.[58]

Continuemos a acompanhá-la, nesta vida oculta, sobretudo na hora em que São João celebrava diante dela o sacrifício da missa. Maria não tem o caráter sacerdotal, não pode exercer as funções, mas ela recebeu, como diz M. Olier, "a plenitude do espírito do sacerdócio", que é o espírito de Cristo Redentor, e também penetrava bem mais profundamente do que São João no mistério de nossos altares. Seu título de Mãe de Deus ultrapassa, ademais, o sacerdócio dos ministros do Salvador; ela nos deu o sacerdote e a vítima do sacrifício da Cruz e se ofereceu com ele.

A *Santa Missa* era para ela, em um grau que nem podemos supor, o *memorial* e, em substância, *a continuação do sacrifício da Cruz*. É que, sobre o Calvário, Maria teve o coração transpassado pela espada da dor; a força e a ternura de seu amor por seu Filho lhe fizeram sofrer um verdadeiro martírio. O sofrimento tinha sido tão profundo que a memória não podia perder em nada sua vivacidade, e era-lhe recordada por uma luz infusa.

Ora, sobre o altar, quando São João celebrava, Maria encontrava *a mesma vítima* que estava sobre a Cruz. É o mesmo Jesus, que está realmente presente; não é somente uma imagem, é a realidade substancial do corpo do Salvador, com sua alma e sua divindade. Não há

---

[58] Santo Tomás, III^a, q. 8, a. I, ad 3, diz a propósito do Corpo místico de Cristo: "A cabeça tem uma superioridade manifesta sobre os membros, enquanto que o coração tem uma influência oculta. É por isso que se compara o coração ao Espírito Santo, que invisivelmente vivifica a Igreja e a une, enquanto que se compara a cabeça a Cristo, segundo sua natureza visível".

Sob outro ponto de vista, diz-se que o Espírito Santo é como que a alma da Igreja, porque a alma invisível está em tudo, e totalmente em cada parte, ainda que exerça suas funções superiores na cabeça. A influência de Maria é adequadamente comparada à do coração, porque é oculta e, sobretudo, de ordem afetiva, como a influência de uma mãe.

mais, é verdade, a imolação cruenta, mas há a *imolação sacramental*, realizada pela consagração separada do corpo e do precioso sangue; o sangue de Jesus é sacramentalmente derramado sobre o altar. E esta figura da morte de Cristo é das mais expressivas para aquela que não o poderia esquecer, que sempre tem no fundo de sua alma a imagem de seu caríssimo Filho maltratado, coberto de chagas; para aquela que ainda ouve as injúrias e as blasfêmias.

Essa missa celebrada por São João, a que Maria assistia, é a reprodução mais impressionante do sacrifício da cruz perpetuado substancialmente sobre o altar.

Maria via também no sacrifício da missa o ponto de conjunção do culto da terra e do céu

É, com efeito, *a mesma vítima* que é oferecida na Missa e que, no céu, apresenta por nós suas chagas gloriosas ao Pai celeste. O corpo de Cristo não cessa de estar no céu; ele não desce do céu, propriamente falando, mas, sem ser multiplicado, torna-se realmente presente sobre o altar pela transubstanciação da substância do pão nele.

É também, no céu e na terra, *o mesmo sacerdote principal* "sempre vivo para interceder por nós". (Hb 7, 25); o celebrante, com efeito, não é outro senão o ministro que fala em nome de Jesus, ao dizer: "Este é o meu corpo"; é Jesus que fala por ele.

É Jesus, como Deus, que dá a essas palavras o poder transubstanciador. É Jesus, como homem, por um ato de sua santa alma, que transmite esta influência divina, e que continua a *se oferecer assim por nós*, como sacerdote principal. Se o ministro é um pouco distraído por qualquer detalhe do culto que pode faltar, o sacerdote principal não está distraído, e Jesus, como homem, continua a se oferecer assim sacramentalmente por nós, vê aquilo que nos escapa, toda a influência espiritual de cada Missa sobre os fiéis presentes e distantes e sobre as almas do purgatório.

Ele age *presentemente* por seu ministro; é ele que continua a se oferecer por suas palavras sacramentais. *A alma do sacrifício de nossos altares é uma oblação interior que é sempre viva no Coração de Cristo*; por ela, ele continua a nos aplicar os méritos e a satisfação do Calvário no momento oportuno. Os santos, assistindo a Missa, algumas vezes viram, no momento da consagração, no lugar do celebrante, Jesus, que oferecia o Santo Sacrifício. Maria o compreendia mais do que todos os santos; mais que todos eles, ela compreendia que a alma do sacrifício da Missa é a oblação sempre viva no Coração de seu Filho. Ela entrevia que no fim do mundo, quando a última missa for concluída, essa oblação interior durará eternamente no Coração do Salvador, não mais como súplica, mas como adoração e ação de graças, e este será o culto da eternidade, expressado já na Missa pelo *Sanctus* em honra do Deus três vezes santo.

Como Maria se unia a esta oblação de Jesus, sacerdote principal? Ela se unia, nós o diremos mais tarde, como medianeira universal e co-redentora. Ela continuava a se unir como na cruz, em espírito de adoração redentora, súplica e ação de graças. Modelo das almas hóstias, ela continuava a oferecer as dores vivíssimas que ela experimentou diante da negação de Jesus, em refutação à qual São João escreveu o quarto Evangelho. Ela dava graças pela instituição da Eucaristia, por todos os benefícios de que ela é fonte. Ela suplicava para obter a conversão dos pecadores, pelo progresso dos bons, para sustentar os Apóstolos nos seus trabalhos e seus sofrimentos até o martírio. Em tudo isso, Maria é nosso modelo, para aprendermos a nos tornar "adoradores em espírito e em verdade".

Que dizer, enfim, da comunhão da Santíssima Virgem? A condição principal de uma fervorosa comunhão é ter *fome da Eucaristia*, do mesmo modo como o pão ordinário não renova verdadeiramente as nossas forças físicas senão quando o comemos com apetite. Os santos têm fome da Eucaristia; nega-se à Santa Catarina de Sena a santa comunhão, mas seu desejo é tão forte que uma partícula da grande hóstia se desprende e, sem o conhecimento do celebrante, é levada milagrosamente à santa. Ora, a fome da Eucaristia era incomparavelmente maior, mais intensa em Maria do que nas almas mais santas. Pensemos na força de atração que leva Jesus à alma de sua santa mãe.

Toda alma é atraída para Deus, porque ele é o soberano Bem para o qual nós somos feitos. Mas as consequências do pecado original, o pecado atual e outras mil imperfeições diminuem a admirável conformidade entre Deus e as almas, enfraquecem em nós o desejo da união divina. A alma de Maria não sofreu a ferida nem do pecado original, nem do pecado atual; nenhuma infidelidade, nenhuma imperfeição vem diminuir o ardor de sua caridade, superior à de todos os santos reunidos. Esquecendo-se de si mesma, Maria se lança para Deus com um impulso irresistível, que cresce cada dia com seus méritos. É o Espírito Santo, agindo nela, que a leva infalivelmente a dar-se livremente a Deus e a recebê-lo; este amor, como a sede ardente, é acompanhado de um sofrimento que não cessará senão pela morte de amor e pela união da eternidade. Tal é a fome de Eucaristia na Santíssima Virgem.

Jesus, por sua vez, tinha o maior desejo da santificação definitiva de Maria. Deseja não mais que comunicar os tesouros de graças das quais seu Coração transborda. Se ele pudesse sofrer na sua glória, ele sofreria por encontrar tantos obstáculos em nós a esta divina comunicação. Ora, em Maria, ele não tinha nenhum obstáculo. Esta comunhão era como a fusão mais íntima possível, aqui na terra, de suas duas vidas espirituais, ou como o reflexo da comunhão da santa alma do Cristo ao Verbo, ao qual ele é pessoalmente unido, ou, ainda, como a imagem da comunhão das três pessoas divinas à mesma verdade infinita e à mesma bondade sem limites.

Maria, no momento da comunhão, tornava-se o sacrário vivo e puríssimo de Nosso Senhor, sacrário dotado de conhecimento e de amor, mil vezes mais precioso que um cibório de ouro; ela era verdadeiramente a torre de marfim, a arca da aliança, a casa de ouro.

Quais eram os efeitos da Comunhão de Maria? Superavam em muito aquilo que Santa Teresa diz da união transformante na sétima morada do Castelo interior. Compara-se essa união que transforma, de certa maneira, a alma em Deus pelo conhecimento e o amor, à união do ferro e do fogo, ou àquela do ar e da luz que o penetra. Aqui, em Maria, os raios de luz e de calor sobrenaturais saídos da alma de Jesus iluminavam mais e mais sua inteligência e inflamavam sua vontade. Estes bens espirituais, esta sabedoria e esta bondade, a humilde virgem não lhes podia, de nenhum modo, referir a si mesma, senão tributava homenagem àquele que é seu princípio e seu fim: "Qui manducat me, ipse vivet propter me" (Jo 6, 58); "aquele que come minha carne, vive para mim e por mim, como eu vivo para meu Pai e por ele".

Cada uma das comunhões de Maria era mais fervorosa que as precedentes, produzia nela um grande aumento de caridade, e a dispunha a uma comunhão ainda mais frutuosa. Se a pedra cai tanto mais rápido quanto se aproxima da terra que a atrai, a alma de Maria se comportava ainda mais generosa e prontamente para com Deus, à medida que mais se aproximava dele e que era mais atraída por ele.

Ela era como um espelho puríssimo, que refletia para Jesus a luz e o calor que recebia dele, que condensava também esta luz e este calor para derramá-los sobre nossas almas.

Ela era o mais perfeito modelo de devoção eucarística. É por isso que nos pode ensinar – sem ruído de palavras, se nos dirigimos a ela – o que é o espírito da adoração reparadora, ou do sacrifício na aceitação generosa das dores que se apresentam, qual deve ser nosso desejo de Eucaristia, o fervor de nossa súplica pelas grandes intenções da Igreja, e o que deve ser também nossa ação de graças por tantos benefícios.

Artigo VI
OS DONS INTELECTUAIS E AS PRINCIPAIS VIRTUDES DE MARIA

Para melhor vislumbrar o que foi a plenitude de graça na Santíssima Virgem, sobretudo no final de sua vida, convém considerar qual foi a perfeição de sua inteligência, e especialmente como foi sua fé iluminada pelos dons da sabedoria, da inteligência, da ciência; qual foi também a elevação de suas principais virtudes, que, estando unidas à caridade, nela se encontravam como num grau proporcional àquele da graça santificante. Para completar essa síntese, falaremos brevemente também das graças gratuitas de ordem intelectual que ela recebeu, notadamente da profecia e do discernimento dos espíritos.

A fé iluminada pelos dons em Maria

Se se pensa na perfeição natural da alma da Santíssima Virgem, a mais perfeita de todas depois da alma do Salvador, deve-se admitir que sua inteligência natural já era dotada de uma grande penetração, de uma não menor grandeza de retidão, e que essas qualidades naturais não cessarão de se desenvolver no curso de sua vida.

Sua fé infusa era, com mais forte razão, profundíssima por parte do objeto, pela revelação que lhe fora feita imediatamente, no dia da Anunciação, dos mistérios da Encarnação e da Redenção, por sua santa familiaridade de todos os dias com o Verbo feito carne. Subjetivamente, sua fé, além de firmíssima, era certíssima e prontíssima em sua adesão, porque estas qualidades da fé infusa são tanto maiores quanto mais ela é elevada. Ora, Maria recebeu a fé infusa a mais alta que jamais existiu, e isso se deve dizer também de sua esperança, porque Jesus, que teve a visão beatífica desde o primeiro instante de sua concepção, não tinha fé nem esperança, mas a plena luz e a posse dos bens eternos que nos são prometidos.

Não poderíamos, pois, sequer ter uma idéia da elevação da fé de Maria. Na Anunciação, desde que a verdade divina sobre o mistério da Encarnação redentora lhe foi suficientemente proposta, ela acreditou. Por isso é que Santa Isabel lhe diz, pouco depois (Lc 1, 45): "Feliz aquela que acreditou, pois se hão de cumprir as coisas que te foram ditas da parte do Senhor." Na Natividade, ela vê seu Filho nascer em um estábulo, e crê que ele é o criador do universo; ela vê toda a fragilidade de seu corpo de criança, e crê em sua onipotência; ao começar a balbuciar, ela crê que ele é a própria sabedoria; ao ter de fugir com ele diante da cólera do rei Herodes, ela crê, não obstante, que ele é o rei dos reis, o senhor dos senhores, como dirá São João. No dia da Circuncisão e da Apresentação no Templo, sua fé se abre mais e mais ao mistério da Redenção. Maria vive aqui na terra em um claro-escuro perpétuo, distinguindo nitidamente as trevas inferiores, que provêm do erro e do mal, e a obscuridade das alturas, aquela que excede a luz divina acessível sobre a terra, e que faz pressentir o que há de mais elevado nos mistérios divinos que contemplam, a descoberto, no céu os bem-aventurados.

Durante a Paixão, quando os Apóstolos, com exceção de João, se afastam, ela está aos pés da cruz, de pé, sem desfalecer; ela não cessa por um instante de acreditar que seu Filho é verdadeiramente o Filho de Deus, o próprio Deus, que é, como disse o Precursor, "o Cordeiro de Deus que tira os pecados do mundo", que, aparentemente vencido, é o vencedor do demônio e do pecado, e que dentro de três dias será vencedor da morte por sua ressurreição, como ele tinha anunciado. Este ato de fé de Maria no Calvário, nesta hora mais obscura, foi o maior ato de fé que jamais existira, aquele cujo objeto foi o mais difícil: que Jesus alcançaria a maior vitória pela mais completa imolação.

Esta fé estava admiravelmente iluminada pelos dons que ela tinha, num grau proporcional ao de sua caridade. *O dom da inteligência* fazia-lhe penetrar os mistérios revelados, seu sentido íntimo, sua conveniência, sua harmonia, suas consequências; fazia-lhe melhor enxergar sua credibilidade, em particular nos mistérios de que ela participou mais do que ninguém, como o da concepção virginal de Cristo e da Encarnação do Filho de Deus, e por consequência os mistérios da Santíssima Trindade e da economia da redenção.

O dom da sabedoria, sob inspiração do Espírito Santo, fazia-lhe julgar as coisas divinas por esta simpatia, ou conaturalidade, que é fundada sobre a caridade.[59] Ela conhecia assim experimentalmente como estes mistérios correspondem às nossas mais altas aspirações, e como suscitam outras sempre novas para enchê-las. Ela os experimentava na proporção de sua caridade, que não cessava de crescer, de sua humildade e de sua pureza. Em Maria, realizaram-se eminentemente as palavras: "É aos humildes que Deus dá a sua graça" (Tg 4, 6) e "Bem-aventurados corações puros, pois eles verão a Deus" (Mt 5, 8); eles já o entrevêem desde aqui na terra.

O dom da ciência, por um instinto especial do Espírito Santo, fazia-lhe julgar as coisas criadas, seja como símbolo das coisas divinas, no sentido de que "os céus narram à glória de Deus" (Sl 18, 1), seja para vê-lo em seu vazio e fragilidade, e melhor apreciar, assim por contraste, a vida eterna.

Privilégios particulares de sua inteligência

À fé e a estes dons do Espírito Santo, que se encontram em graus diversos em todos os justos, como funções do organismo espiritual, somam-se em Maria, como em muitos santos, *as graças gratuitas (gratis datae)*, ou carismas, concedidos sobretudo para utilidade do próximo. Mais do que formas de vida sobrenatural, são sinais externos para confirmar a revelação e a santidade, e por isso distinguem-se da graça santificante, das virtudes infusas e dos dons que são de ordem mais elevada.[60]

A este respeito, os teólogos admitem geralmente este princípio: mais que todos os outros santos, Maria recebeu todos os privilégios que as altas conveniências reclamam para ela, e que nada tinham de incompatíveis com seu estado. Em outros termos, ela não podia estar, neste título, em condição de inferioridade com relação aos outros santos, que ela ultrapassava em muito, pelo grau segundo o qual ela tinha a graça habitual, as virtudes infusas e os sete dons.

---

[59] Cf. *Santo Tomás*, II^a II^{ae}, q. 45, a. 2.

[60] Cf. *Santo Tomás*, I^a II^{ae}, q. III, a. 5.

Novamente, deve-se bem entender este princípio, e não de modo demasiado material. Se, por exemplo, alguns santos viveram longos meses sem alimentação, se andaram sobre as águas para socorrer alguém, não se segue que a Santíssima Virgem o teria feito também; é suficiente que tais dons estejam contidos nas graças de ordem superior.[61]

Mas, em virtude do princípio enunciado, deve-se-lhe atribuir muitos carismas, seja de um modo certo, seja com uma grande probabilidade.

Primeiramente, há de se admitir que ela teve, por privilégio, melhor que os outros santos, *o conhecimento profundo da Escritura,* sobretudo do que se relaciona com o Messias, a Encarnação Redentora, a Santíssima Trindade, a vida da graça e das virtudes, a vida eterna.

Apesar de não pertencer a Maria o exercício do ministério oficial, ele devia esclarecer a São João e São Lucas acerca de muitas coisas relacionadas à vida da infância e a vida oculta de Jesus.[62]

Quanto aos objetos de *ordem natural*, ela deveria ter conhecimento claro e profundo daquilo que era de alguma utilidade; não é necessário saber que o sal ordinário é cloreto de sódio, ou que a água é composta de hidrogênio e oxigênio, para bem conhecer suas propriedades naturais, e mesmo seu simbolismo superior. Maria tinha das coisas naturais o conhecimento que serve para melhor penetrar nas verdades morais e religiosas; que manifesta a existência de Deus, de sua Providência universal que se estende ao menor detalhe; que manifesta também a espiritualidade e a imortalidade da alma, nosso livre-arbítrio, nossa responsabilidade, os princípios e as conclusões da lei moral, *as relações da natureza e da graça*. Ela via admiravelmente a finalidade da natureza, a ordem da criação, a subordinação de toda causa criada à causa suprema; ela não confundia esta subordinação com o que não seria mais que a coordenação da ação da criatura com a do Criador. Ela via que todo bem vem de Deus, até a livre determinação de nossos atos salutares e meritórios, e que ninguém seria melhor que outro, se não fosse mais amado por Deus, o que é fundamento do mérito da humildade e da ação de graças.

---

[61] Cf. E. DUBLANCHY, *Dict. Théol. cath.*, art. *Marie*, cc. 2367-2368; Ver também *ibidem*, cc. 2409-2413ss: "A ciência de Maria durante sua vida terrestre ; fontes deste conhecimento, seu entendimento e sua perfeição".

[62] Caetano remarque in III[am] P., q. 27, a. 5 : "Posset tamen dici quod non publica doctrina, sed familiari instructione, quam constat mulieribus non esse prohibitam, B. Virgo aliqua particularia facta explicavit Apostolis", e isso mais e melhor que Maria Madalena, chamada *Apostolorum apostola*, por ter-lhes anunciado o fato da ressureição do Salvador.

O conhecimento de Maria sobre a terra tinha limites, sobretudo no princípio; é assim que ela não compreendeu, inicialmente, todo o alcance das palavras do Menino Jesus referentes aos negócios de seu Pai (Lc 2, 48). Mas, como se disse muitas vezes, *eram limitações, mais que lacunas; não era ignorância*, porque não se tratava da privação de um conhecimento que lhe teria sido conveniente possuir naquele momento. A Mãe de Deus, nas diferentes épocas de sua vida, soube o que lhe convinha saber.

Com mais forte razão, ela *não esteve jamais sujeita ao erro*; ela evitava todo julgamento precipitado, e o suspendia ao passo que não tivesse luz suficiente; e, se não estava segura, contentava-se em considerar a coisa como verossimilhante ou provável, sem afirmar, nem mesmo interiormente, que ela fosse verdadeira. Por exemplo, diz-se em São Lucas (Lc 2, 44) que quando Jesus, na idade de doze anos, permaneceu em Jerusalém, ela estimou ou supôs que ele estava no cortejo de parentes e amigos. Era uma suposição verossimilhante, verdadeiramente provável, e nisso ela não se enganava.

Vimos acima[63] que ela teve – muito provavelmente, segundo muitos teólogos, ao menos de modo transitório, desde o seio de sua mãe – a *ciência infusa* para o uso do livre-arbítrio, e o mérito que fazia frutificar a plenitude inicial da graça. Se essa ciência infusa lhe foi assim muito provavelmente concedida, é bem difícil dizer que dela foi privada em seguida, porque ela teria se tornado menos perfeita ao invés de progredir incessantemente nesta via do mérito. A mesma razão de conveniência, nós o vimos, *ibidem*, leva muitos teólogos a afirmar, com São Francisco de Sales e Santo Afonso, que ela possuía o uso desta ciência infusa durante o sono para continuar a obter méritos.

Entre as graças gratuitas, as quais também não se pode recusar a Maria, está *a profecia*, que é de resto manifestada pelo *Magnificat*, em particular por estas palavras: "Eis que, doravante, todas as gerações me chamarão bem-aventurada" (Lc 1, 48). A realização desta predição é tão evidente e constante depois de séculos quanto o seu enunciado é preciso. Não foi, sem dúvida, a única profecia na vida da Santíssima Virgem, já que este dom é frequentíssimo em muitos santos, como vemos na vida do Cura d'Ars e de São João Bosco.[64]

---

[63] Cp. II, art. 5, fin.

[64] Pela mesma razão, muitos teólogos reconhecem que Maria, notadamente depois da Ascensão, como muitos servos e servas de Deus, *teve a graça das curas milagrosas*, para suavizar

Enfim, como muitos santos, ela deveria ter *o dom do discernimento dos espíritos*, para reconhecer o espírito de Deus, distingui-lo de toda ilusão diabólica ou exaltação natural, e poder penetrar também nos segredos dos corações, sobretudo quando lhe pediam conselho, para responder sempre de modo justo, oportuno e imediatamente aplicável, como faziam muitas vezes o Santo Cura d'Ars e muitos outros servos de Deus.

Muitos teólogos reconhecem mesmo em Maria *o dom de línguas*, quando ela teve que viajar por países estrangeiros, ao Egito e a Éfeso.[65] Com razão mais forte, depois da Assunção, Maria tem a plenitude deste dom; é assim que, nas as aparições de Lourdes, de la Salette e de outros lugares, ela falava o dialeto da região onde ela apareceu, dialeto que aliás era a única língua conhecida pelas crianças às quais ela trazia uma mensagem do céu.

Pergunta-se se Maria teve sobre a terra, talvez em alguns instantes, *a visão imediata da essência divina*, de que gozam no céu os bem-aventurados.

Os teólogos ensinam comumente, contra Vega e Francisco Guerra, que certamente ela não o teve de modo permanente, no que ela se difere de Nosso Senhor, porque, se ela a tivesse tido, não teria tido fé.

Teve ela esse favor, no final de sua vida, de modo transitório? É difícil responder com certeza. Ela deve ter tido uma visão intelectual da Santíssima Trindade superior àquela que teve Santa Teresa e outros santos que chegaram à dita união transformante (sétima morada de Santa Teresa); mas essa visão intelectual, tão elevada que seja, permanece na ordem da fé, inferior à visão imediata da essência divina, e se comunica por idéia infusa.

Sabe-se que, segundo Santo Agostinho e Santo Tomás,[66] é provável que São Paulo tivesse tido por um momento a visão beatífica, quando diz (2Cor 12, 2-4): "ele foi arrebatado até o terceiro céu (se com ou

---

as amarguras, enxugar as lágrimas, socorrer os infelizes que se dirigiam a ela, ou que a encontravam. Ele foi desde aqui na terra a consoladora dos aflitos, de um modo que manifestava sua altíssima santidade. É o que diz Santo Alberto Magno, Santo Antonino, Suárez, e a maior parte das obras atuais de Mariologia.

[65] Tal é o parecer de Santo Alberto Magno, Santo Antonino (IV P., cap. XIX), Gerson (*Sermo I de Spiritu Sancto*), Suárez (in III^{am} disp 20, sect. 2), Cornélio a Lápide (in *Act Apost*, II, 4) e muitos teólogos modernos.

[66] II^a II^{ae}, q. 175, a. 3.

sem o seu corpo, não sei), elevado até o paraíso e tendo ouvido palavras inefáveis, que não é permitido a um homem revelar".

Santo Agostinho e Santo Tomás notam que o terceiro céu, segundo os hebreus, não é o do ar, nem o dos astros, mas o céu espiritual onde Deus habita e é visto pelos anjos, o paraíso, como diz o próprio São Paulo no texto citado. Estes dois grandes doutores consideram como provável que São Paulo teve por um momento a visão beatífica, porque ele tinha sido chamado doutor dos gentios, doutor da graça, e que não se pode plenamente conhecer o prêmio da graça, gérmen da glória, sem ter dela gozado por um instante. Existe uma séria probabilidade, considerando a autoridade dos dois maiores teólogos da Igreja, de que eles mesmos tenham recebido grandiosas graças místicas, e que poderiam julgar muito melhor que nós a resposta a dar a tal questão.

Esta opinião de Santo Agostinho e de Santo Tomás não é, no entanto, aceita por Estio e por Cornélio a Lápide. Exegetas modernos como o Pe. B. Allo, O.P., no seu comentário à Segunda Epístola aos Coríntios, se contenta em dizer que "São Paulo foi então elevado aos mais altos ápices da contemplação divina, e pôde cantar os cantos indizíveis dos bem-aventurados ao redor do trono de Deus".

Voltando à Santíssima Virgem, é preciso notar, com o Pe. Hugon,[67] que, se é provável que São Paulo tenha recebido por um momento este privilégio, é bem difícil recusá-lo à Mãe de Deus, pois sua maternidade divina, a plenitude de graça e a ausência de toda falta dispunham-na mais do que qualquer outra pessoa à bem-aventurança eterna. Se não se pode afirmar com certeza que ela aqui na terra teve por alguns instantes a visão beatífica, ao menos é muito provável.[68]

---

[67] *Marie, pleine de grâce*, 5ᵉ éd., 1926, pp. 106ss.

[68] Cf. E. DUBLANCHY, *Dict Théol cath*., art. *Marie*, c. 2410: "Uma última fonte especial de ciência para Maria, durante sua vida terrestre, foi uma participação *transitória* da visão beatífica, que lhe foi algumas vezes concedida, como admitem, para Moisés e São Paulo, muitos dos teólogos, seguindo Santo Agostinho, *Epist*, CXLVII. n. 31ss; P.L, t. XXXIII, cc. 610ss, e Santo Tomás, *Sum theol.*, IIª IIᵃᵉ, q. 1755, a. 3, *De Veritate*, q. 13, a. 2, interpretando neste sentido muitos textos da escritura.

Provavelmente conferido a Moisés e a São Paulo, este favor deveria também ser concedido à Mãe de Deus, segundo o princípio que autoriza atribuir-lhe os privilégios concedidos aos outros santos, e conveniente à sua dupla dignidade de Mãe de Deus e co-redentora ou medianeira universal. Cf. Gerson, *Super Magnificat*, tr. III, *Opera*, Amers, 1706, t. IV, c. 268; Santo Antonino, *Sum theol.*, part. IV, tit. XV, c. XVII, I; Dionísio o Cartuxo, *De praeconio et dignitate Mariae*, l. II, art. 8; *De dignitate et laudibus B. V. Mariae*, l II, a. 12 ; Suárez, *in IIIᵃᵐ S. Thomae*, t. II, disp. XIX, sect. IV, 29, *item* Novato, Sedlmayr, Lépicier. Quando a frequência, a duração e a perfeição desta participação (da visão beatífica) podemos formar conjecturas."

Este simples exame é suficiente para dar uma idéia do que foram, durante sua vida terrestre, os dons intelectuais da Santíssima Virgem.

As principais virtudes de Maria

Falamos, um pouco mais acima, de sua fé; convém dizer brevemente o que nela foi a esperança, a caridade, as quatro virtudes cardeais; e, por fim, a humildade e a mansidão.

A esperança, pela qual ela era impelida a possuir a Deus que não ainda não via, era uma perfeita confiança, que se apoiava não nela mesma, mas na misericórdia divina e na onipotência auxiliadora. Esse fundamento lhe dava uma certeza firmíssima, "certeza da tendência", diz Santo Tomás,[69] que faz pensar na certeza que tem o navegador, depois de ter tomado o bom caminho, para tender efetivamente para o fim de sua viagem, e que aumenta na medida em que se aproxima. Em Maria, esta certeza aumentava também pelas inspirações do dom da piedade, pelo qual, suscitando em nós uma afeição toda filial por ele, "o Espírito mesmo dá testemunho ao nosso espírito de que somos filhos de Deus". (Rm 8, 16), e que nós podemos contar com seu socorro.

Esta certeza da esperança era muito maior em Maria, que foi confirmada na graça, preservada de toda falta, e portanto de todo desvio, seja do lado da presunção como o da depressão e da falta de confiança em Deus.

Esta esperança perfeita, ela a exerceu quando na sua juventude tinha o desejo ardente da vinda do Messias, quando pedia pela salvação dos povos, depois quando esperava que o segredo da concepção virginal do Salvador fosse manifestado a José, seu esposo; quando ela teve de fugir para o Egito; mais tarde no Calvário, quando tudo parecia desespero e ela esperava a perfeita e iminente vitória de Cristo sobre a morte, como ele mesmo tinha anunciado. Sua confiança sustentou, enfim, a dos Apóstolos no meio de suas lutas incessantes pela difusão do Evangelho e pela conversão do mundo pagão.

Sua caridade, seu amor a Deus por ele mesmo e às almas por Deus, ultrapassava desde o princípio a caridade final de todos os santos reu-

---

[69] II ª II ᵃᵉ, q. 18, a. 4: "Spes *certitudinaliter tendit* in suum finem, quasi participans certitudinem a fide, quae est in vi cognoscitiva". Ad 2: "Spes non innititur principaliter gratiae jam habitae, sed divinae omnipotentiae et misericordiae, per quam etiam qui gratiam non habet, eam consequi potest, ut sic ad vitam aeternam perveniat".

nidos, pois estava no mesmo grau que a plenitude de graça, e Maria estava sempre mais intimamente unida ao Pai, como filha de predileção; ao Filho como sua Virgem Mãe, estreitamente associada à sua missão; e ao Espírito Santo, por um matrimônio espiritual que ultrapassa em muito aquele que conheceram os maiores místicos. Ela foi, em um grau que nem sequer podemos entrever, o templo vivo da Santíssima Trindade. Deus já a amava mais que a todas as criaturas juntas, e ela correspondia perfeitamente a este amor, depois de se consagrar a ele desde o primeiro instante de sua concepção, e vivendo sempre mais na total completa conformidade de vontade a seu beneplácito.

Nenhuma paixão desordenada, nenhuma vã inquietação, nenhuma distração vinha atrasar o ímpeto de seu amor por Deus, e seu zelo pela regeneração das almas era proporcional a esse ímpeto; ela se oferecia incessantemente e oferecia seu Filho por nossa salvação.

Essa caridade eminente, ela a exerceu de um modo contínuo e mais especialmente quando se consagrou totalmente a Deus; depois, quando foi apresentada no Templo e fez o voto de virgindade, confiando na Providência para fazê-la observá-lo perfeitamente; em seguida, quando na Anunciação, ela deu seu consentimento com uma perfeita conformidade à vontade de Deus e por amor a todas as almas a serem salvas; igualmente ao conceber seu Filho; ao dar-lhe à luz; ao apresentá-lo no Templo; ao encontrá-lo mais tarde em meio aos doutores; enfim, ao oferecê-lo no Calvário, participando de todos seus sofrimentos para a glória de Deus, em espírito de reparação e para a salvação de todos. No mesmo momento em que ela ouviu o clamor: "Que seu sangue recaia sobre nós e sobre nossos filhos" (Mt 27, 25), ela se unia à oração do Salvador por seus algozes: "Pai, perdoai-lhes; porque eles não sabem o que fazem" (Lc 23, 34).

Também a Igreja aplica a ela estas palavras do Eclesiástico (Eclo 24, 17) : "Eu sou a mãe do puro amor, do temor de Deus, da ciência e da santa esperança".[70]

As virtudes morais infusas estão presentes, em todos os justos, em um grau proporcional ao da caridade: a prudência na razão, para assegurar a retidão do julgamento prático conforme a lei divina; a justiça na vontade, para dar a cada um que lhe é devido; a fortaleza e a temperança na sensibilidade, para discipliná-la e produzir nela a

---
[70] Este verso não se encontra no texto hebraico, mas em muitos manuscritos gregos e na Vulgata.

retidão da reta razão, iluminada pela fé. A estas quatro virtudes cardeais se unem as outras virtudes morais infusas.

Quanto às virtudes adquiridas, que são de ordem natural, elas facilitam o exercício das precedentes, às quais estão subordinadas, como no artista em que a agilidade dos dedos facilita o exercício da arte, que reside na inteligência.

A prudência em Maria dirigia todos os seus atos para seu fim último sobrenatural, sem nenhum desvio; todos eles eram atos deliberados e meritórios. A Igreja a chama de *Virgo Prudentissima*. Ela exerceu particularmente esta virtude iluminada pelo dom do conselho na Anunciação, quando "perturbou-se com as palavras do anjo, e se perguntou o que poderia significar tal saudação" (Lc 1, 29), depois quando pergunta: "Como se fará isso, pois que não conheço homem algum?" (Lc 1, 34), e depois de ter sido iluminada, quando diz: "Eis a serva do Senhor, faça-se em mim segundo a tua palavra" (Lc 1, 38).

A justiça, que ela exercia ao evitar toda falta contrária a esta virtude, observando todas as prescrições da lei, mesmo a purificação, ainda que não tivesse nenhuma necessidade de ser purificada, e ordenando toda sua vida ao bem maior da humanidade a ser regenerada e de seu povo.

Ela praticou de modo mais alto a justiça com relação a Deus, isto é, a virtude da religião, unida ao dom da piedade, consagrando-se totalmente ao serviço de Deus desde o primeiro instante, ao fazer o voto de virgindade, ao oferecer seu Filho na apresentação no Templo, e mais ainda ao oferecer a sua morte sobre a Cruz. Ela ofereceu também, com ele, o maior ato da virtude da religião: o sacrifício perfeito, o holocausto de valor infinito. Ela, igualmente, praticou a obediência perfeita a todos os mandamentos, acompanhada da mais generosa prontidão para seguir todos os conselhos e inspirações do Espírito Santo.

Esta justiça ia nela sempre unida à *misericórdia*; com seu Filho, ela perdoou todas as injúrias que lhe foram feitas, e mostrou maior compaixão pelos pecadores e pelos aflitos. A Igreja a chama também: Mãe de Misericórdia, Nossa Senhora do Perpétuo Socorro, título que ostentam milhares de santuários nos diversos países do mundo; por ela se realiza esta palavra do salmista: "Misericordia Dei plena est terra".

A fortaleza, ou a firmeza da alma que não se deixa abater pelos maiores perigos, os mais duros trabalhos e as mais penosas aflições, apareceu em Maria em um grau não menos eminente, sobretudo durante a Paixão do Salvador, quando permaneceu aos pés da Cruz, sem desfalecer, segundo o testemunho de São João (Jo 19, 25). Sabe-se que Caetano escreveu um opúsculo *De spasmo Virginis* contra a opinião segundo a qual Maria teria desmaiado no caminho do Calvário. Médina, Tolet, Suárez e a totalidade dos teólogos igualmente rejeitam esta opinião.

A Santíssima Virgem foi sustentada pelas inspirações do dom da fortaleza, a ponto que mereceu, pelo martírio do coração, ser chamada *Rainha dos mártires*, pelo fato de que ela interiormente participou das dores de seu Filho mais profunda e generosamente do que todos os mártires com seus tormentos exteriores. É o que a Igreja recorda na Festa da Compaixão da Santíssima Virgem,[71] e na de Nossa Senhora das Sete Dores, particularmente no *Stabat*, onde se diz:

> *Fac ut portem Christi mortem,* Fazei que eu seja consorte
> *Passionis fac consortem* Das chagas, Paixão e morte
> *Et plagas recolere.* De Cristo, que em mim se vejam.
>
> *Fac me plagis vulnerari,* Faz-me delas chagado,
> *Fac me cruce inebriari,* Desta Cruz embriagado,
> *Et cruore Filii.* Por amor do doce Filho.

É o mais alto grau de fortaleza, de paciência e de magnanimidade, ou grandiosidade da alma, na mais extrema aflição.

A temperança, sob suas diferentes formas, em particular a virgindade perfeita, aparece na sua angélica pureza, que assegurava em tudo o predomínio da alma sobre o corpo, das faculdades superiores sobre a sensibilidade, de tal modo que Maria ia sendo cada vez mais espiritualizada; a imagem de Deus resplandecia nela como em um espelho puríssimo, sem traço de imperfeição alguma.

A humildade nunca teve que reprimir nela o menor movimento de orgulho ou de vaidade, mas ela levou o ato próprio desta virtude, reconhecendo praticamente que, por si mesma, nada era e nada podia sem a graça, na ordem da salvação; inclinava-se diante da infinita majestade

---

[71] No calendário antigo, trata-se da comemoração de Nossa Senhora das Dores, a ser celebrada na sexta-feira da Semana da Paixão, isto é, na atual 5ª Semana da Quaresma. O dia 15 de setembro celebrava a Festa das Sete Dores de Nossa Senhora, como se menciona a seguir – NT.

de Deus e diante do que há dele em todo ser criado. Mais do que nenhuma criatura, ela pôs sua grandeza em Deus; nela se realiza eminentemente esta palavra do Missal, "Deus humilium celsitudo".

No dia da Anunciação, disse: "Eu sou a serva do Senhor" e no *Magnificat* ela dá graças ao Altíssimo que se dignou olhar para a sua ínfima condição. No dia purificação, ela se submeteu a uma lei que não fora feita para ela. Toda a sua vida de humildade se manifesta em todo o seu exterior: sua perfeita modéstia, sua pobreza voluntária, os trabalhos manuais simplíssimos que realizava, depois de ter recebido as maiores graças que qualquer outra criatura jamais receberá.

Sua mansidão correspondia à sua humildade segundo a palavra da liturgia: "Virgo singularis inter omnes mitis";[72] mesmo diante daqueles que crucificaram seu Filho, ela não proferiu qualquer palavra de indignação, mas, como ele, perdoou-lhes rezando por eles; é a maior perfeição da mansidão, unida à fortaleza.

Todas as virtudes, mesmo aquelas que são aparentemente opostas, se uniam nela com uma perfeita harmonia, que remete à simplicidade eminente de Deus, em quem se fundem todas juntas as perfeições absolutas mais diferentes, como a infinita justiça e a infinita misericórdia.

Tais são os dons intelectuais de Maria e suas principais virtudes, que fizeram dela o modelo da *vida contemplativa*, unida à maior devoção ao Verbo Encarnado, e ao apostolado oculto mais profundo e mais universal, porque ninguém foi associado como ela à obra imensa da redenção, como veremos mais tarde, falando de sua mediação universal.[73]

---

[72] Hino *Ave Maris Stella*, início da 5ª estrofe – NE.

[73] A doutrina comum, relativa às virtudes de Maria, foi exposta teologicamente por Justino de Miéchow, O.P., na sua obra latina que foi traduzida para o francês com o título *Conférences sur les litanies*. Ver também, sobre este ponto, o belo livro do Pe. R. BERNARD, O.P., *Le Mystère de Marie*, Paris, 1933, pp. 183ss. O que a Santíssima Virgem fez por nós durante os anos da vida oculta de Nosso Senhor: "Jesus realizava então a parte mais doce e mais alta de sua obra, a santificação destes dois seres (Maria e José), que ele tinha por tão perto, e que seriam tão grandes no seu reino".

O Pe. Rambaud, O.P., tratou também recentemente das diferentes virtudes da Santíssima Virgem, no seu livro *Douce Vierge Marie*, Lyon, 1939. Ver os capítulos: Vierge très prudente, Vierge clémente, Vierge fidèle, Siège de la Sagesse.

Ver também na coleção *Les Cahiers de la Vierge* (éditions de la Vie Spirituelle) as página profundas e delicadas escritas pelo Padre Ch. JOURNET no fascículo *Notre-Dame des Sept-Douleurs*, e pelo Senhor Cônego Daniel LALLEMENT no *Mater Misericordiae*, cf. *ibidem*, *Le Mois de Marie*, do Pe. A.-D. SERTILLANGES, O.P.

Isso que acabamos de dizer sobre as principais virtudes de Maria, seus dons intelectuais e sua harmonia nos mostra mais concretamente o que foi seu progresso espiritual, e como a plenitude de graça nela cresceu consideravelmente no instante da Encarnação e dos principais mistérios que se seguiram: na Natividade do Salvador, na apresentação de Jesus no Templo, depois na fuga para o Egito, durante sua vida oculta em Nazaré, mais ainda no Calvário, em Pentecostes, e quando ela assistia e comungava na Missa celebrada por São João.

Convém tratar agora da plenitude final de graça no momento de sua morte e no instante de sua entrada no céu. Podemos seguir, assim, as fases sucessivas da vida espiritual de Maria, da sua Imaculada Conceição até a sua glorificação, tal como o curso do rio que provém de uma fonte altíssima e que, fertilizando tudo com sua passagem, vai-se lançar no oceano.

CAPÍTULO IV
A plenitude final de graça em Maria

Para considerar esta plenitude final sob seus diversos aspectos, é preciso dizer primeiro como ela era no momento da morte da Santíssima Virgem, lembrar o que ensina o magistério ordinário da Igreja sobre a Assunção, e falar, enfim, desta plenitude final de graça tal como floresceu eternamente no céu.

Artigo I
QUAL FOI A PLENITUDE FINAL NO MOMENTO DA MORTE DA SANTÍSSIMA VIRGEM

Maria foi deixada no mundo depois de Jesus Cristo para consolar a Igreja, diz Bossuet.[1] Ela o fez por sua oração, por seus méritos que não cessaram de crescer; ela sustentou assim os Apóstolos em seus trabalhos e sofrimentos, e exerceu um apostolado oculto profundo, fecundando o deles.

Nós vimos acima, falando das consequências do privilégio da Imaculada Conceição, que em Maria, como em Nosso Senhor, a morte não foi uma consequência do pecado original, de que foram preservados. Ela foi uma consequência da natureza humana, porque o homem por sua natureza é mortal como o animal; não era imortal na origem senão por um privilégio preternatural concedido no estado de inocência. Este privilégio foi perdido em consequência da falta do primeiro homem; a natureza apareceu como ela é por si mesma: sujeita à dor e à morte.

---

[1] *IIe Sermon pour la fête de l'Assomption*, I^e partie, fin.

O Cristo, ao vir como Redentor, foi concebido *in carne passibili*, em uma carne passível e mortal.[2] Deve-se dizer o mesmo da Santíssima Virgem. A morte foi, portanto, neles uma consequência não do pecado original, de que foram preservados, mas da natureza humana deixada às suas leis naturais, após a perda do privilégio da imortalidade.

Mas Jesus aceitou e ofereceu sua dolorosa paixão e sua morte por nossa salvação, e Maria, no Calvário especialmente, ofereceu seu Filho por nós, e se ofereceu ela mesma com ele. Ela ofereceu, como ele, por nós o sacrifício de sua vida, no martírio do coração o mais generoso após aquele de Nosso Senhor.

Quando, mais tarde, a hora de sua morte havia chegado, o sacrifício de sua vida já estava feito, e renovou-se ao tomar a forma perfeita daquilo que a tradição chamou a morte de amor, que não é somente a morte em estado de graça ou por amor, mas uma consequência da intensidade de um amor calmo, porém fortíssimo, pelo qual a alma, madura para o céu, abandona o seu corpo e vai se unir a Deus na visão imediata e eterna da pátria, como um grande rio se lança no oceano.

Sobre os últimos momentos de Maria, é preciso repetir aquilo que foi escrito por São João Damasceno,[3] "que ela morreu de uma morte extremamente pacífica". É o que São Francisco de Sales explica admiravelmente no seu Tratado do Amor de Deus, l. VII, cap. XIII e XIV: "Que a Santíssima Virgem, Mãe de Deus, morreu de amor por seu Filho". "É impossível conceber que Maria tenha morrido de outra sorte a não ser de amor: a mais nobre de todas as mortes, e devida, por consequência, à mais nobre de todas as vidas (...), morte que os próprios anjos desejariam, se fossem suscetíveis à morte. Se dos primeiros cristãos se dizia que tinham um só coração e uma só alma (At 4, 32), tão perfeito era neles o amor divino, se São Paulo já não vivia em si, mas era Jesus que vivia nele (Gl 2, 20), tão estreita era a união do seu coração com o do divino Mestre (...), quanto mais certo não é que a Santíssima Virgem e seu Filho não tinham senão uma só alma,

---

[2] Isso supõe que o primeiro homem tenha pecado; é mesmo uma das razões mais fortes que mostra que, no plano atual da Providência, o Verbo não se teria encarnado se o homem não tivesse pecado, porque o *decreto atual e eficaz* da Encarnação diz respeito precisamente sobre a Encarnação tal que como foi realizada *hic et nunc*, isto é, *in carne passibili*, em uma carne passível e mortal, o que supõe – admitem-no mesmo os escotistas – o pecado de Adão.

[3] *Homiliae duae de dormitione Virginis Mariae*. Ver também Santa Brígida, *Révélations*, I. VI. C. 62.

uma só vida! (...) mas era o seu Filho que vivia nela. A mais amante e a mais amada das mães que jamais existiu (...) com um amor incomparavelmente superior ao de todas as ordens dos anjos e dos homens, exatamente como os nomes de Mãe única e Filho único são nomes superiores a todos os outros, em matéria de amor (...).

"Ora, se esta Mãe viveu da vida de seu Filho, também morreu da sua morte: tal vida, tal morte (...) reunindo em seu espírito, com viva e constante recordação, todos os amabilíssimos mistérios da vida e da morte de seu Filho, e recebendo sempre diretamente as mais ardentes inspirações que ele, que é o Sol da justiça, lançou sobre os homens no auge da sua caridade (...), por fim, o fogo deste divino amor consumiu-a totalmente, como um holocausto de suavidade; de modo que, ao abandonar a Virgem a existência, sua alma já fora arrebatada e transportada para os braços amorosos do seu Filho.

"Assim, a cada momento no coração virginal da gloriosa Mãe de Deus crescia e se inflamava o amor; mas gradualmente, com suavidade, sem agitação nem violência (...) não encontrava resistência, nem impedimento algum (...) como os grandes rios (...) chegando à planície, deslizam serenamente, sem esforço .

"É por isso que, assim como o ferro, desembaraçado de todos os obstáculos e aliviado do próprio peso, seria atraído forte mas suavemente para o ímã, de modo que a atração seria tanto mais forte quanto mais perto se encontrassem um do outro, assim também a Mãe Santíssima, não tendo em si nada que obstasse à operação do divino amor do seu Filho, unia-se a Ele numa união incomparável, em doces, suaves e naturais êxtases (...). A morte da Virgem foi, pois, a mais doce que pode imaginar-se; atraída por Jesus com o suave aroma de seus perfumes (...). O amor dera aos pés da Cruz a esta divina Esposa as supremas dores da morte; justo era que no fim da sua existência lhe concedesse as soberanas delícias do amor".

Bossuet se exprime do mesmo modo no 1º. Sermão para a festa da Assunção, I ponto: "Se amar a Jesus e ser amado por ele são duas coisas que atraem as divinas bênçãos sobre as almas, que abismo não tinha, pois, por assim dizer, inundado a alma de Maria! Quem poderia descrever a impetuosidade deste amor mútuo, ao qual concorria tudo que natureza tem de terno, tudo que a graça tem de eficaz? Jesus não se cansa jamais de ver-se amado por sua mãe: esta santa mãe não acreditava jamais ter amor suficiente para este único e bem-amado;

ela não pedia outra graça a seu Filho, senão amar, e isso mesmo atraía sobre ela novas graças.

"Medi, se podeis, por seu amor a santa impaciência que ela tinha de reunir-se a seu Filho (...). Se o grande Apóstolo São Paulo queria romper *incontinenti* os laços do corpo, para ir ao encontro de seu mestre na destra de seu Pai, qual devia ser a emoção do sangue maternal! O jovem Tobias, pala ausência de um ano, feriu o coração de sua mãe de inconsoláveis dores. Que diferença entre Jesus e Tobias! E que pesar a Virgem não sentia ao ver-se separada por tão longo tempo de um Filho a que ela amava de forma única! 'O que – dizia ela, quando via algum outro fiel partir deste mundo, por exemplo, Santo Estevão, e também outros – O que, meu Filho, o que me reservais daqui em diante, e por que me deixais aqui por último? (...) Após me ter conduzido aos pés da cruz para ver-vos morrer, como me negais por tanto tempo em ver-vos reinar? Deixai, deixai somente agir meu amor; ele irá logo apartar minha alma deste corpo mortal, para transportar-me a vós, para quem unicamente eu vivo'.

"Este amor era tão ardente, tão forte e tão inflamado, que levava a um desejo do céu, que atraía consigo a alma de Maria.

"Então, a divina Virgem entregou, sem dor e sem violência, sua santa e bem-aventurada alma nas mãos de seu Filho. Como o mais leve balanço desprende da árvore um fruto já maduro (...), assim foi recolhida esta alma bendita, para ser imediatamente transportada ao céu; assim morreu a divina Mãe, por um ímpeto do amor divino."

Vemos nesta santíssima morte a plenitude final de graça, tal como pode existir sobre a terra; ela corresponde admiravelmente à plenitude inicial, que não cessou de crescer depois do instante da Imaculada Conceição, e dispõe a plenitude consumada do céu, que é sempre proporcional nos eleitos ao grau de seus méritos no momento mesmo de sua morte.

Artigo II
A ASSUNÇÃO DA SANTÍSSIMA VIRGEM

O que se entende pela Assunção de Maria? Entende-se na Igreja católica, com esta expressão, que a Santíssima Virgem, pouco depois de sua morte e sua ressurreição gloriosa, foi elevada, em corpo e alma, ao céu, para sempre, acima dos santos e dos anjos. Diz-se Assunção e não Ascensão, como para Nosso Senhor, porque Jesus por seu poder divino pode elevar-se a si mesmo ao céu, enquanto que Maria ressuscitada foi elevada pelo poder divino até o grau de glória a que foi predestinada.

Este fato da Assunção foi acessível aos sentidos? E, se houve testemunhas, em particular dos Apóstolos, ou ao menos um deles, São João, puderam eles constatar com seus olhos este fato?

Houve certamente neste fato alguma coisa de sensível, e é a elevação do corpo de Maria ao céu. Mas o fim desta elevação, isto é, a entrada no céu e a exaltação de Maria acima de todos os santos e anjos, foi invisível e inacessível aos sentidos.

Sem dúvida, se as testemunhas encontraram vazio o túmulo da Mãe de Deus, e em seguida constataram sua ressurreição e sua elevação ao céu, puderam *presumir* que ela tinha entrado no céu, e que Nosso Senhor a havia associado à glória de sua Ascensão.

Mas uma presunção não é uma certeza. Absolutamente falando, o corpo glorioso de Maria poderia ter sido transportado a outro lugar invisível, como aquele, por exemplo, onde esteve momentaneamente o corpo de Jesus ressuscitado entre as aparições que seguiram sua ressureição.

Se uma presunção não é uma certeza, como a entrada no céu da Santíssima Virgem foi conhecida de um modo certo?

Para isso, é necessário que tenha sido revelado pelo próprio Deus. A Ascensão o foi explicitamente, aponta Santo Tomás,[4] por intermédio dos anjos que disseram: "Homens da Galiléia, por que permaneceis aí a olhar o céu? Esse Jesus, que do meio de vós foi levado céu, virá da mesma maneira como o vistes subir".[5]

Ademais, como o motivo de nossa fé é a autoridade de Deus revelador, a Assunção não é definível como dogma de fé a não ser que tenha sido revelada por Deus ao menos implicitamente.

Mas não é suficiente que tenha havido uma revelação privada, feita a uma pessoa privada, como a revelação feita a Joana d'Arc, ou a Bernadete de Lourdes, ou aos pastorinhos de la Salette. Essas revelações privadas podem, por seus resultados, tornar-se públicas, em um sentido, mas não fazem parte do depósito da Revelação comum, infalivelmente

---

[4] III^a. q. 55, a. 2, ad 2.

[5] At 1, 11.

proposto pela Igreja a todos os fiéis, elas apenas moldam uma crença piedosa, distinta da fé católica.

Não é suficiente uma revelação privada, como aquela feita a Santa Margarida Maria sobre o culto a se tributar ao Sagrado Coração, porque uma revelação desse tipo permanece privada, e somente chama a atenção sobre as consequências práticas *de uma verdade de fé já certa*, nesse caso sobre a verdade já conhecida de que o Sagrado Coração merece adoração ou culto de latria.

Para que a Assunção de Maria seja certa e possa ser proposta à Igreja universal, é necessária uma revelação pública feita aos Apóstolos ou ao menos a um deles, por exemplo, a São João; porque após a morte do último dos apóstolos, o depósito da Revelação comum foi fechado. Enfim, a ressurreição antecipada de Maria e sua entrada no céu, de corpo e alma, é um fato contingente que depende do livre-arbítrio de Deus; não pode, assim, se deduzir com certeza de outras verdades de fé que não teriam conexão necessária com esta.

É necessário, portanto, para que a Assunção de Maria seja certa e possa ser proposta universalmente à fé dos fiéis, que ela tenha sido revelada aos Apóstolos, ao menos a um deles, seja de um modo explícito, seja de modo implícito ou confuso, que tenha sido explicitado mais tarde. Vejamos o que manifestam, sobre este ponto, os documentos da Tradição, em seguida as razões teológicas que foram comumente alegadas, ao menos depois de século VII.

1º. Pelos documentos da Tradição, este privilégio aparece ao menos implicitamente revelado

Sem dúvida, não se pode provar diretamente nem pela Escritura, nem pelos documentos primitivos da Tradição, que este privilégio foi revelado *explicitamen*te a um dos Apóstolos, porque nenhum texto da Escritura contém esta afirmação explícita, e os documentos primitivos da Tradição sobre este ponto nos faltam.

Mas prova-se indiretamente, por documentos posteriores da Tradição, que houve uma revelação ao menos implícita, porque há certamente, a partir do século VII, fatos que não se explicariam sem ela.

Desde o século VII, pelo menos, a Igreja quase toda, no Oriente e no Ocidente, celebrava a festa da Assunção. Em Roma, o Papa Sérgio (687-707) ordenou uma procissão solene neste dia.[6] Muitos teólogos

---

[6] *Liber pontificalis*, P.L., t. CXXVIII, c. 898; éd. Duchesne, t. I, p. 376.

e liturgistas afirmam mesmo que ela existiu antes de São Gregório Magno (†604) e citam como apoio à sua opinião a Coleta da missa da Assunção, contida no sacramentário chamado gregoriano, mas provavelmente posterior, onde encontram-se estas palavras: "Nec tamen mortis nexibus deprimi potuit".[7]

Segundo os testemunhos de São Gregório de Tours, a festa da Assunção parece já ser celebrada na Gália no século VI.[8] Era celebrada certamente no século VII, como prova o *Missale gothicum* e o *Missale gallicanum vetus*, que remontam ao final deste século e que contêm orações para a Missa da Assunção.[9]

No Oriente, o historiador Nicéforo Calisto[10] nos diz que o imperador Maurício (582-602), contemporâneo e amigo de São Gregório Magno, ordenou celebrar solenemente esta festa a 15 de agosto.

A mais antiga comprovação da crença tradicional no Oriente parece ser a de São Modesto, patriarca de Jerusalém (†634), no seu *Encomium in dormitionem Deiparae*.[11] Segundo ele, os Apóstolos, vindos de longe para perto da Santíssima Virgem por inspiração divina, assistiram a Assunção. Vêm em seguida as homilias de Santo André de Creta (†720), que foi monge em Jerusalém e arcebispo de Creta, *In dormitionem Deiparae*,[12] de São Germano, patriarca de Constantinopla (†733), *In sanctam Dei Genitricis dormitionem*,[13] e, enfim, de São João Damasceno (†760), *In dormitionem beatae Mariae Virginis*.[14]

Os testemunhos posteriores ao século VII abundam: são comumente citados Notker de São Galo, Fulberto de Chartres, Pedro Damião, Santo Anselmo, Hildeberto, Abelardo, São Bernardo, Ricardo de São Vítor, Santo Alberto Magno, São Boaventura e Santo Tomás,

---

[7] P.L., t. LXXVIII, c. 133.

[8] "Dominos susceptum corpus (Virginis) sanctum in nube deferri jussit in paradisum ubi, nunc, resumpta anima, cum electis ejus exultans, aeternitatis bonis nullo occasuris fine perfruitur". – *De gloria martyr.*, Mirac., l. I, c. IV; P.L., t. LXXI, c.708.

[9] P.L., *t. LXXII*, cc. 245-246.

[10] H.E., l. XVII, c. XXVIII; P.G., t. CXLVII, c. 292.

[11] P.G., t.. LXXXVI, cc. 3288ss.

[12] P.G., t. XCVII, cc. 1053ss, 1081ss.

[13] P.G., t. XCVIII, cc. 345ss.

[14] P.G., t. XCVI, c. 716.

testemunhos que são reproduzidos por muitos autores depois do século XIII.[15]

Entre o século VII e o IX desenvolvem-se a liturgia, a teologia e a pregação da Assunção. O Papa Leão IV instituiu a oitava desta festa em 847.

Os autores desta época e das seguintes *consideram o fato comemorado por esta festa universal* não como objeto de uma crença piedosa, própria de tal ou qual país, mas *como parte integrante da tradição geral*, que remonta, na Igreja, aos tempos mais antigos.

Não são somente os autores dos séculos VII ao IX que falam assim, é a própria Igreja: do fato que ela celebra universalmente esta festa no Oriente e no Ocidente, geralmente a 15 de agosto, ela mostra que considera o privilégio da Assunção como *uma verdade certa ensinada pelo magistério ordinário*, isto é, por todos os bispos em união com o seu Pastor supremo. A oração universal da Igreja manifesta, com efeito, sua fé: *Lex orandi, lex credendi*. Se ainda não é uma verdade solenemente definida,[16] seria, como se diz comumente, ao menos temerário ou errôneo negá-la.[17]

Esta fé geral é, ao mesmo tempo, a dos pastores que representam a Igreja docente e a fé dos fies que constituem a Igreja discente; a segunda é infalível se em dependência da primeira, e manifesta-se, ela mesma, pelo senso cristão dos fiéis e pela repugnância que eles experimentariam se fosse negado ou colocado em dúvida o privilégio da Assunção.

---

[15] Cf. Merkelbach, *Mariologia*, pp. 277ss.

[16] Esta obra do Pe. Garrigou é anterior ao Dogma da Assunção, proclamado pelo Papa Pio XII (cf. Constituição *Apostólica Munificentissimus Deus*). Como se vê, o Pe. Garrigou foi um dos defensores desta definição dogmática – NE.

[17] Assim falam Santo Antonino, Suárez, Lugo, Baronius, Frassen, M. Cano, D. Solo, Billuart, Tanner, Gotti, Renaudin, Noyon, Hugon: Cf. Merkelbach, *Mariologia*, 1939, pp. 286ss. Se os teólogos não estão absolutamente de acordo sobre a nota da temeridade ou do erro com que convém qualificar a negação da Assunção, é que alguns pensam, sobretudo, nas razões teológicas deste privilégio, as quais podem ser consideradas seja *abstratamente*, como de simples razões de conveniência, seja *concretamente*, como expressão da doutrina tradicional, e, neste segundo ponto de vista, eles têm mais força. Ademais, se algum autor levantou dúvidas, deve-se considerar que, depois do século VII, sempre houve *grande maioria* entre os autores eclesiásticos que viram na festa da Assunção a expressão de um ensinamento do magistério ordinário da Igreja. [Cabe aqui lembrar que, após o autor escrever esta obra, em 1 de novembro de 1950 S.S. Pio XII definiu o *dogma da Assunção de Maria Santíssima*. Cf. Constituição Apostólica *Munificentissimus Deus*. – NC.]

É o que se produziu quando alguns raros autores propuseram mudar a festa de 15 de agosto. Bento XIV respondeu: *Ecclesiam hanc amplexam esse sententiam*.[18]

A Igreja, com efeito, não se contenta em tolerar esta doutrina; ela a propõe positivamente, e a inculca por sua liturgia e pregação, tanto no Oriente como no Ocidente. O consentimento universal de toda a Igreja em celebrar esta festa solene mostra, assim, que trata-se de um ensinamento de seu magistério ordinário.

Ora, para que isto tenha *fundamento*, demanda que esta verdade seja ao menos implicitamente revelada. De outro modo, como vimos acima, não teríamos certeza do fato da entrada no céu de Maria, em corpo e alma.

E é mesmo *provável* que tenha existido uma *revelação explícita* feita aos Apóstolos ou a um deles, porque é bem difícil explicar de outro modo a tradição universal que existe manifestamente no Oriente e no Ocidente, pelo menos depois do século VII, e que se exprime nesta festa.[19]

Se, com efeito, só tivesse havido na origem da Igreja uma revelação implícita ou confusa, como poderiam os diferentes bispos e teólogos das diversas partes da Igreja entrar em acordo, tanto no Oriente como no Ocidente, para reconhecer que este privilégio estava implicitamente revelado? Este acordo deveria ter sido preparado por trabalhos e concílios de que ninguém jamais ouviu falar. Não há nem mesmo traço de revelações privadas que tivessem provocado investigações no depósito da Revelação e de pesquisas em toda a Igreja.

Até o século VI, guardava-se silêncio sobre este privilégio, temendo que, como consequência da lembrança das deusas do paganismo, fosse mal compreendido. O que foi estabelecido no período precedente é o principal título de Maria, "Mãe de Deus", definido pelo Concílio de Éfeso e fundamento de todos os seus privilégios.

Portanto, tudo leva a pensar que o privilégio da Assunção foi revelado explicitamente aos Apóstolos, ou ao menos a um deles, e transmitido em seguida pela Tradição oral da liturgia, porque de outro

---

[18] *De Canoniz. Sanct.*; l. I, c. 42, n. 151.

[19] Tal é o sentimento de Dom P. Renaudin, na sua obra *La Doctrine de l'Assomption, sa définibilité*, Paris, 1913, pp. 119ss, n. 131, de J. Bellamy, *Dict. Théol.*, art. Assomption, cc. 2139ss, do Pe. Terrien, no seu livro *La Mère de Dieu*, t. II, pp. 343ss, e de muitos outros autores. Outros se contentam em afirmar a revelação implícita, mas não negam por isso a probabilidade de uma revelação explícita transmitida oralmente e pela liturgia.

modo não se explicaria a festa universal da Assunção, que mostra claramente que depois do século VII esta verdade foi ensinada pelo magistério ordinário da Igreja.[20]

2º. Pelas razões teológicas tradicionalmente alegadas, este privilégio aparece implicitamente revelado

Estas razões teológicas, assim como os textos escriturários que os fundam, podem se considerar de duas maneiras: *abstratamente*, e desse ponto de vista muitas razões são apenas de conveniência, não demonstrativas; ou *concretamente*, como que visando fatos concretos, cuja complexidade e riqueza são conservadas pela Tradição. Deve-se notar também que uma razão de conveniência pode ela mesma ser tomada de forma puramente teórica, ou, ao contrário, como ao menos implicitamente revelada e como tendo motivado, de fato, a escolha divina.

Nós sublinhamos aqui, sobretudo, duas razões teológicas que, tomadas como expressão da Tradição, demonstram que o privilégio da Assunção é implicitamente revelado.[21]

A eminente dignidade da Mãe de Deus é a razão radical de todos os privilégios de Maria, mas não é a razão próxima da Assunção; da mesma forma, não parece ser mais que um argumento de conveniência não demonstrativo.[22]

Não acontece o mesmo com as duas razões seguintes:

1ª. Maria recebeu *a plenitude de graça* e foi excepcionalmente *bendita por Deus entre todas as mulheres* (Lc 1, 28.42). Ora, esta excepcional bênção excluiu a maldição divina que compreende: "darás à luz com dores" e "ao pó tu hás de tornar" (Gn 3, 16-19). Portanto, Maria, pela bênção excepcional que ela recebeu, deveria ser preservada da corrupção cadavérica; seu corpo não deveria retornar ao pó, mas ressuscitar por uma ressurreição antecipada.

A premissa maior e a menor deste argumento são reveladas, e, portanto, segundo a maioria dos teólogos, a conclusão é definível,

---

[20] Ver, sobre este ponto, Dom Paul Renaudin, *La Doctrine de l'Assomption, sa définibilité*, 1913, pp. 69-133, e no *Dict. Théol. cath.*, art. *Assomption*, e *Dict. Apolog.*, art. *Marie*, cc. 275-285.

[21] Cf. Merkelbach, *op. cit.*, pp. 279ss, et G. Frietoff, *De doctrina Assumptionis corporalis B. Mariae Virginis rationibus theologicis illustrata*, in *Angelicum*, 1938, pp. 13ss.

[22] Cf. Frietoff, *loc. cit.*

porque o argumento não é mais do que a condição da relação das duas premissas de fé que são causas da conclusão.

Ademais, o raciocínio aqui não é precisamente conclusivo, mas somente explicativo, porque a maldição divina oposta à bênção de Deus a inclui, segundo o Gênesis 3, 16-19: "ao pó tu hás de tornar", como o todo contém as partes – isto é, factualmente –, e não como a causa contém o efeito – isto é, virtualmente –, porque a causa pode existir sem seu efeito, antes de produzi-lo, enquanto que o todo não pode existir sem as partes. A maldição divina expressa no Genesis compreende como parte: "ao pó tu hás de tornar". Maria, a bendita entre todas as mulheres, deveria ser isenta desta maldição, não deveria conhecer a corrupção do sepulcro; isto é, a hora da ressurreição deveria ser antecipada para ela, e a ressurreição gloriosa é seguida da assunção, ou elevação ao céu do corpo glorioso, que não fora feito para a terra, onde tudo passa, murcha e se corrompe.

Vê-se, portanto, que o privilégio da Assunção é implicitamente revelado na plenitude da graça unida à excepcional bênção recebida por Maria.

2ª. Uma segunda razão teológica não menos forte conduz ao mesmo resultado. Ela foi proposta por numerosos Padres do Concílio Vaticano I que pediram a definição solene de que estamos falando,[23] e também foi indicada por Pio IX, na bula *Ineffabilis Deus*.[24]

Pode-se formulá-la assim :

---

[23] Cf. Na obra de Dom P. Renaudin, *La Doctrine de l'Assomption, sa définibilité*, Paris, 1913, pp. 222-308: As *Postulata* dos Padres do Concílio Vaticano, em favor da definição dogmática da Assunção: "Quum juxta Apostolicam doctrinam, Rom., V, 8; ICor 15, 24, 26, 54. 57; Hb 2, 14.15, aliisque in locis traditam, *triplici victoria* de peccato et de peccatis fructibus, concupiscentia et morte, *veluti ex partibus integrantibus, constituatur ille triumphus, quem de Satana*, antiquo serpente, *Christus retulit*; quumque Gn 3, 15, Deipara exhibeatur singulariter associata Filio suo, in hoc triumpho: accedente unanimi sanctorum Patrum suffragio non dubitamus quin in praefato oraculo *eadem beata Virgo triplici illa victoria praesignificetur illustris*, adeoque non secus ac de peccato per immaculatam Conceptionem et de concupiscentia per virginalem Maternitatem, sic etiam *de inimica morte* singularem triumphum relatura, per acceleratam similitudinem Filii sui resurrectionis, ibidem praenunciata fuerit" – Item *Conc. Votic. documentorum collectio*, Paderborn, 1872.

[24] "(Sanctissima Virgo) arctissimo et indissolubili vinculo cum eo (Christo) conjuncta una cum illo et per illum, sempiternas contra venenosum serpentem inimicitias exercens, *ac de ipso plenissime triumphans* illius caput immaculato pede contrivit".
É dito, na mesma bula *Ineffabilis Deus* a respeito de Maria, "benedicta inter mulieres": "Nunquam fuit maledicto obnoxia, ergo concepta immaculate", e, portanto, também vitoriosa da morte.

A perfeita vitória de Cristo sobre o demônio compreende a vitória sobre o pecado e sobre a morte. Ora, Maria, Mãe de Deus, esteve muito intimamente associada ao Calvário, na perfeita vitória de Cristo sobre o demônio. Portanto, Maria esteve associada à sua plena vitória sobre a morte, pela ressureição antecipada e pela Assunção.

Aqui também a premissa maior e a menor do argumento são reveladas, e o argumento, ele mesmo, é mais explicativo que conclusivo: trata-se da questão de um *todo*, a vitória perfeita de Cristo sobre o demônio, que compreende, como partes, a vitória sobre o pecado e a vitória sobre a morte.

A premissa maior é revelada, como diz o *Postulatum* dos Padres do Concílio Vaticano I, em várias passagens das Epístolas de São Paulo (Rm 5, 8-11; 1Cor 15, 24-26, 54-57; Hb 2, 14-15; Rm 5, 12-17; 6, 23). O Cristo é o "Cordeiro de Deus, que tira os pecados do mundo" (Jo 1, 29). Ele disse: "Eu venci o mundo". (Jo 16, 33). Pouco antes de sua Paixão, disse novamente (Jo, 12, 31-32): "É agora o juízo deste mundo; é agora que o príncipe deste mundo será lançado fora. E eu, quando for elevado da terra, atrairei todos os homens a mim": o sacrifício da cruz, por amor, a aceitação das últimas humilhações e da morte dolorosíssima, é a vitória sobre o demônio e sobre o pecado; ora, a morte é a consequência do pecado; aquele que é vencedor do demônio e do pecado na cruz deve ser vencedor da morte por sua gloriosa ressurreição.

A premissa menor é também revelada: Maria, Mãe de Deus, foi associada o mais intimamente possível, no Calvário, à perfeita vitória de Cristo sobre o demônio. Isto é misteriosamente anunciado no Gênesis (Gn 3, 15), nas palavras divinas dirigidas ao demônio: "Porei uma inimizade entre ti e a mulher, entre a tua e a sua descendência. Esta te esmagará a cabeça". Este texto não bastaria por si mesmo, mas Maria na Anunciação disse: "Ecce ancilla Domini, fiat mihi secundum verbum tuum" consentindo em ser a Mãe do Redentor, e não podia ser a digna Mãe sem uma perfeita conformidade de vontade à de seu Filho, que devia se oferecer por nós. Ademais, o velho Simeão lhe anunciou todos os seus sofrimentos (Lc 2, 35): "Quanto a ti, uma espada transpassará tua alma". Enfim, diz-se em São João 19, 25: "Junto à cruz de Jesus estavam de pé sua mãe e a irmã de sua mãe".

Ela participou em seus sofrimentos, na medida de seu amor por ele; por isso, ela é chamada de co-redentora.[25]

Há uma relação muito íntima e profunda entre a compaixão e a maternidade, porque a compaixão mais profunda é a do coração de mãe, e Maria não seria digna Mãe do Redentor sem uma perfeita conformidade de vontade à sua oblação redentora.

Se, pois, Maria esteve associada muito intimamente à perfeita vitória de Cristo na cruz, ela foi associada também às partes deste triunfo, isto é, a sua vitória sobre o pecado e sobre a morte, consequência do pecado.

Pode-se objetar: seria suficiente que ela fosse associada à ressurreição final, como os outros eleitos. A isto, deve-se responder que Maria foi associada, mais que qualquer outra pessoa, à *perfeita* vitória de Cristo sobre o demônio, e que esta vitória não é perfeita senão pela isenção da corrupção do sepulcro, o que exige a ressurreição *antecipada* e a elevação ao céu. Não seria suficiente a ressurreição final, porque Maria, como seu Filho, foi isenta da corrupção cadavérica, e é por isso que dela se diz na oração da festa da Assunção: "Mortem subiit temporalem, *nec tamen mortis nexibus deprimi potuit*, quae Filium tuum Dominum nostrum de se genuit incarnatum". Ela não pôde ser aprisionada pelos laços da morte, o que não se pode dizer de nenhum outro santo; mesmo quando seu corpo é por milagre preservado da corrupção, ele é sempre aprisionado pelos laços da morte.

Estas duas grandes razões teológicas, uma tomada da plenitude de graça unida à bênção extraordinária, a outra tomada da associação de Maria à vitória perfeita de Cristo, demonstram que a Assunção é implicitamente revelada e definível como dogma de fé.

As outras razões teológicas que foram invocadas confirmam as precedentes ao menos como razões de conveniência. O amor especial

---

[25] Cf. *Denzinger*, n. 3034: Pio X diz na encíclica *Ad diem illum*, 2 de fevereiro de 1904, citando Eadmer, discípulo de Santo Anselmo: "Ex hac autem Mariam inter et Christum communione dolorum et voluntatis 'pro meruit illa ut reparatrix perditi orbis dignissime fieret'. Quoniam universis sanctitate praestat conjunctioneque cum Christo atque a Christo ascita in humanae salutis opus, *de congruo*, ut aiunt, promeret nobis, quae Christus *de condigno* promeruit".

Bento XV, Litt. Apost. *Inter sodalicia*, 22 de março de 1918, diz também: "Ita (B.M.V.) Filium immolavit, ut dici merito queat, ipsam cum Christo humanum genus redemisse".

Pio XI, Litt. Apost. *Explorata res*, 2 de fevereiro de 1923: "Virgo perdolens redemptionis opus cum Jesu Christo participavit". O Santo Ofício, a 26 de junho de 1913 e 22 de janeiro de 1914, aprovou a invocação a "Maria, co-redentora do gênero humano. Cf. *Denzinger*, n. 3036, in nota.

de Jesus por sua santa Mãe o levava a desejar para ela este privilégio. A excelência da virgindade de Maria parecia exigir que seu corpo, isento de todo pecado, não fosse aprisionado pelos laços da morte, consequência do pecado. A Imaculada Conceição o exige também, porque a morte é uma consequência do pecado original, de que foi preservada. Deve-se acrescentar que não se conserva nenhuma relíquia da Santíssima Virgem, o que é um sinal provável de sua elevação ao céu, em corpo e alma.

A Assunção, sendo portanto ao menos implicitamente revelada, é definível como dogma de fé.

A conveniência desta definição, como diz Dom Paul Renaudin[26] é manifesta. Do ponto de vista da doutrina, a Assunção de Maria, é com a Ascensão do Salvador, o coroamento da fé na *obra de redenção objetivamente terminada*, e um novo penhor da esperança cristã. Para os fiéis, uma definição solene lhes permitiria aderir não apenas à infalibilidade do magistério ordinário da Igreja, que instituiu esta festa universal, mas aderir imediatamente a esta verdade, *propter auctoritatem Dei revelantis*, por causa da autoridade de Deus que revela, contra todos os erros relativos à vida futura, venham do materialismo, do racionalismo ou do protestantismo liberal, que minimiza em tudo nossa fé, no lugar de reconhecer que os dons sobrenaturais de Deus ultrapassam nossas concepções.

Enfim, esta definição solene seria, para os heréticos e cismáticos, mais um socorro que um obstáculo, porque permitiria melhor conhecer o poder e a bondade de Maria, que nos ajuda na via da salvação, e os errantes não podem conhecer este poder e esta bondade se não são afirmadas pela Igreja, porque a fé vem da pregação ouvida, *fides ex auditu*. O justo deve, enfim, viver mais e mais de sua fé; a definição solene e infalível de um ponto de doutrina é um alimento espiritual dado a sua alma sob uma forma mais perfeita, que a aproxima de Deus, fazendo crescer sua esperança, sua caridade e, por consequência, todas as outras virtudes.

Não se poderia duvidar da oportunidade desta definição.[27]

---

[26] *Op. cit.*, pp. 204-217.

[27] No dia 1 de novembro de 1950, Sua Santidade o Papa Pio XII definiu como dogma de fé a Assunção da Santíssima Virgem Maria.

Artigo III
A PLENITUDE FINAL DE GRAÇA NO CÉU

Para se fazer uma justa idéia desta plenitude em seu florescimento último, é preciso considerar o que é em Maria a beatitude eterna: a visão beatífica, o amor de Deus e a alegria que dele resulta, em seguida sua elevação acima dos coros dos anjos, sua participação na realeza de Cristo e as consequências que dela derivam.

A beatitude essencial de Maria

A beatitude essencial da Mãe de Deus ultrapassa, por sua intensidade e sua extensão, a que é concedida a todos os outros bem-aventurados. Isso é uma doutrina certa. A razão é que a beatitude celeste ou a glória essencial é proporcional ao grau de graça e de caridade que precede a entrada no céu. Ora, a plenitude inicial de graça em Maria já ultrapassava, certamente, a graça final dos maiores santos e dos anjos mais elevados; é mesmo provável, senão certo, nós o vimos, que ela ultrapassa a graça final de todos os santos e anjos reunidos. Esta plenitude inicial foi-lhe concedida, com efeito, para que ela fosse a digna Mãe de Deus, e a maternidade divina é, por seu fim – não é demais repeti-lo –, de ordem hipostática. Segue-se, portanto, que a beatitude essencial de Maria ultrapassa a de todos os santos tomados em conjunto.

Em outros termos, como a visão da águia supera a de todos os homens colocados no mesmo ponto que ela, assim como o valor intelectual de um Santo Tomás prevalece sobre o de todos os seus comentadores reunidos; ou a autoridade de um rei sobre todos os seus ministros juntos, a visão beatífica em Maria penetra mais profundamente a essência de Deus visto face a face do que a visão de todos os outros bem-aventurados, excetuando-se a santa alma de Jesus.

Ainda que as inteligências angélicas sejam naturalmente mais fortes que a inteligência humana de Maria, e mesmo até do que a inteligência de Cristo, a inteligência humana da Santíssima Virgem penetra mais profundamente a essência divina intuitivamente conhecida, porque ela é elevada e fortificada por uma luz de glória muito mais intensa. Sendo o objeto aqui *essencialmente sobrenatural*, não serve para nada, para melhor alcance ou penetração, ter uma faculdade intelectual *naturalmente mais forte*. Do mesmo modo, mesmo uma humilde cristã iletrada, como Santa Genoveva ou Santa Joana d'Arc, pode ter uma maior fé infusa e uma maior caridade que um teólogo dotado de uma inteligência natural superior e muito instruído.

Daí se deduz que Maria, no céu, ao penetrar melhor a essência de Deus, sua sabedoria, seu amor, seu poder, vê melhor a irradiação, do ponto de vista da extensão, na ordem das realidades possíveis e na das realidades existentes.

Além disso, como os bem-aventurados vêem em Deus tanto mais coisas quanto mais é extensa sua missão, se, por exemplo, Santo Tomás de Aquino vê melhor que seus melhores intérpretes no que concerne à influência e o futuro de sua doutrina na Igreja, Maria, na sua qualidade de Mãe de Deus, de medianeira universal, de co-redentora, de rainha dos anjos, de todos os santos e de todo o universo, vê em Deus, *in Verbo*, muito mais coisas que todos os outros bem-aventurados.

Não há acima dela, na glória, senão Nosso Senhor, que por sua inteligência humana, esclarecida por uma luz de glória muito elevada, penetra a essência divina com uma profundidade maior ainda, e conhece assim certos segredos que escapam a Maria, porque não pertencem senão a ele, como Salvador, sumo Sacerdote e Rei universal. Maria vem imediatamente depois dele. É por isso que a liturgia afirma, na festa de 15 de agosto, que ela foi elevada acima dos coros dos anjos: "Elevata est super choros angelorum, ad caelestia regna"; que ela está à direita de seu Filho: "Adstitit regina a dextris suis" (Sl 44, 10). Ela constitui mesmo, na hierarquia dos bem-aventurados, uma ordem à parte, mais elevada, acima dos serafins, diz Alberto Magno,[28] e estes só estão acima dos querubins, porque a Rainha está mais elevada acima dos primeiros servos do que estes estão com relação aos outros.

Ela participa mais que qualquer outra pessoa, como Mãe de Deus, da glória de seu Filho. E como no céu a divindade de Jesus é absolutamente evidente, é então extremamente manifesto que Maria pertence, como Mãe do Verbo feito carne, à ordem hipostática, que ela tem uma afinidade especial com as Pessoas divinas, e que ela participa também mais que qualquer um da realeza universal de seu Filho sobre todas as criaturas.

---

[28] *Mariale*, q. ,51.

É o que bem dizem as orações litúrgicas: Ave Regina coelorum... Regina coeli... Salve Regina...; e na ladainha: Regina angelorum... Regina omnium sanctorum... Mater misericordiae, etc. É também o que afirma Pio IX na bula *Ineffabilis Deus,* em uma passagem já citada.[29]

Esta doutrina se encontra explicitamente em São Germano de Constantinopla,[30] São Modesto,[31] São João Damasceno,[32] Santo Anselmo,[33] São Bernardo,[34] Santo Alberto Magno,[35] São Boaventura, Santo Tomás,[36] e em todos os doutores.

A beatitude acidental de Maria

A sua beatitude acidental consiste, enfim, em um conhecimento mais íntimo da humanidade gloriosa de Cristo, o exercício de sua mediação universal, de sua materna misericórdia, e o culto de hiperdulia que ela recebe como Mãe de Deus. Atribui-se-lhe também, de modo eminente, a tríplice auréola dos mártires, dos confessores da fé e das virgens, porque ela sofreu mais que os mártires durante a Paixão de seu Filho, instruiu de um modo íntimo e privado os próprios apóstolos, e conservou em toda a sua perfeição a virgindade do espírito e do corpo. Nela, a glória do corpo, que é reflexo da glória da alma, é-lhe proporcional em grau, como a claridade, agilidade, sutileza e impassibilidade.

A todos estes títulos, Maria é elevada acima de todos os santos e de todos os anjos, e vê-se mais e mais que a razão para tal, raiz de todos seus privilégios, é sua eminente dignidade de Mãe de Deus.

---

[29] "(Deus) illam longe ante omnes angelicos spiritus, cunctosque sanctos caelestium omnium charismatum copia de thesauro divinitatis deprompta ita mirifice cumulavit, ut (...) sanctitatis plenitudinem prae se ferret, qua major sub Deo nullatenus intelligitur et quam praeter Deum nemo assequi cogitando potest".

[30] *Hom. II in Dorm.*

[31] *Enc. in Dorm.*

[32] *Hom. I, II, III; in Dorm.*; de *Fide orth.,* IV, 14.

[33] *Orat.* 1.

[34] Muito frequentemente São Bernardo chama Maria *Regina et Domina.*

[35] *Mariale,* q. 151.

[36] In *III Sent.,* dist. 22, q. 3, a. 3, qc. 3, ad. 3.

SEGUNDA PARTE
Maria, Mãe de todos os homens:
sua mediação universal e nossa vida interior

Depois de ter considerado na Santíssima Virgem seu maior título de glória, o de *Mãe de Deus*, e a plenitude de graça que lhe foi concedida, assim como todos seus privilégios, para que fosse digna Mãe de Deus, é necessário considerá-la em relação a nós.

Deste ponto de vista, a Tradição atribui os títulos de *Mãe do Redentor*, *Mãe de todos os homens*, *Medianeira*, com respeito a todos aqueles que estão em viagem para a eternidade, e de *Rainha universal*, com respeito, sobretudo, aos bem-aventurados.

A teologia[1] demonstrou que estes títulos correspondem àqueles de Cristo Redentor. Ele, com efeito, cumpriu sua obra redentora como *cabeça da humanidade* irredenta, como primeiro *mediador*, que tem o poder de sacrificar e santificar por seu sacerdócio e de ensinar por seu magistério, e como *rei universal*, que tem o poder de transmitir as leis para todos os homens, julgar os vivos e os mortos e governar todas as criaturas, incluídos os anjos.

Maria, enquanto Mãe do Deus-Redentor, está associada a ele sob este triplo ponto de vista. Está associada a Cristo, cabeça da igreja, como Mãe espiritual de todos os homens; a Cristo, primeiro mediador, como medianeira secundária e subordinada; a Cristo-Rei, como Rainha do universo. Tal é a tripla missão da Mãe de Deus com relação a nós, e que devemos considerar agora.

Falaremos, pois, primeiro de seus títulos de Mãe do Redentor como tal e de Mãe de todos os homens; a seguir, de sua mediação universal, primeiro sobre a terra, e em seguida no céu; finalmente, de sua realeza universal. Todos esses títulos, mas sobretudo o de Mãe

---

[1] Cf. MERKELBACH, *Mariologia*, p, 295.

de Deus, fundam o culto de hiperdulia, de que falaremos em último lugar.

Em tais questões, como nas precedentes, não buscaremos caminhos originais, particulares e cativantes de tal ou qual autor; mas *o ensinamento comum da Igreja*, transmitido pelos Padres e explicado pelos teólogos. É somente sobre esse fundamento certo que se pode edificar; não se começa uma catedral por suas torres ou por seus mastros, mas por seus primeiros fundamentos.

Lida superficialmente, esta exposição poderia então parecer banal ou muito elementar; mas é o caso de recordar que as verdades filosóficas mais elementares, como os princípios da causalidade e da finalidade, e também as verdades religiosas mais elementares, como aquelas expressas no *Pater noster*, aparecem – quando examinadas e postas em prática – como as mais profundas e as mais vitais. Aqui, como em tudo, devemos ir do mais seguro e mais conhecido ao menos conhecido, do fácil ao difícil; caso contrário, se se quer abordar muito rápido as coisas difíceis sob uma forma dramática e cativante por suas antinomias, terminar-se-ia talvez, como aconteceu neste ponto com muitos protestantes, negando as mais fáceis e as mais certas. A história da teologia, bem como a da filosofia, mostra que as coisas são frequentemente assim. É necessário apontar também que se, nas coisas humanas, onde o verdadeiro e falto, o bem e o mal estão misturados, a simplicidade fica superficial e exposta ao erro; nas coisas divinas, ao contrário, onde não há senão o verdadeiro e o bem, a simplicidade une-se perfeitamente à profundidade e a uma grande elevação; e, ainda mais, somente esta simplicidade é que pode conduzir a esta elevação.[2]

---

[2] Sobre as relações da Virgem Maria e nossa vida interior, ver o livro do Pe. M.-V. BERNARDOT, O.P., *Notre-Dame dans ma vie*, que expõe com grande simplicidade e unção tudo que toca a piedade mariana; o autor teve a constante preocupação de fornecer regras de conduta simples e eficazes. Ver também nas mesmas *éditions de la Vie Spirituelle*: *L'année mariale*, do Pe. MORINEAU; *Le Dieu de Marie dans le saint Rosaire*, pelo Pe. BOULENGER, O.P.; *L'union mystique à Marie*, por MARIA DE SANTA TERESA; *La doctrine mariale du P Chaminade*, pelo Pe. E. NEUBERT, marianista.

CAPÍTULO I
A Mãe do Redentor e de todos os homens

Estes dois títulos, evidentemente, estão intimamente unidos: o segundo deriva do primeiro. É importante considerá-los um após o outro.

Artigo I
A MÃE DO SALVADOR ASSOCIADA À SUA OBRA REDENTORA

A Igreja chama a Maria não somente de Mãe de Deus, mas também de Mãe do Salvador. Na Ladainha Lauretana, por exemplo, após as invocações *Sancta Dei Genitrix* e *Mater Creatoris*, lê-se *Mater Salvatoris, ora pro nobis*.

Não há aqui, como alguns poderiam pensar,[1] e como veremos melhor mais tarde, uma dualidade que diminuiria a unidade da Mariologia dominada por dois princípios distintos: "Mãe de Deus" e "Mãe do Salvador, associada à sua obra redentora". A unidade da Mariologia é mantida, porque Maria é "Mãe do Deus, Redentor ou Salvador". Do mesmo modo, os dois mistérios da Encarnação e da Redenção não constituem uma dualidade que diminuiria a unidade do tratado de Cristo ou da Cristologia, porque trata-se da "Encarnação redentora"; o motivo da Encarnação é suficientemente indicado no *Credo*, onde se diz do Filho de Deus que desceu do céu para a nossa salvação: "Qui propter nos homines, et propter nostram salutem, descendit de coelis" (Símbolo Niceno-Constantinopolitano).

---

[1] O professor BITTREMIEUX, em *De supremo principio Mariologiae* in Eph. Theol. Lovan., 1931, ainda que não negue que a Mariologia possa em um sentido reduzir-se a um só princípio, insiste, sobretudo, sobre esta dualidade. Ver, em sentido contrário, MERKELBACH, *Mariologia,* pp. 91.

Vejamos como Maria tornou-se a Mãe do Salvador por seu consentimento, e, em seguida, como, nesta qualidade de Mãe do Salvador, ela deveria ser associada à sua obra redentora.

Maria tornou-se Mãe do Salvador por seu consentimento

No dia da Anunciação, a Santíssima Virgem deu o seu consentimento à Encarnação redentora, quando o Arcanjo Gabriel (Lc 1, 31) lhe disse: "Eis que conceberás em teu seio e darás à luz um filho, e lhe darás o nome de Jesus", que quer dizer salvador.

Maria certamente não ignorava as profecias messiânicas, notadamente aquelas de Isaías, que anunciavam claramente os sofrimentos redentores do Salvador prometido. Ao dizer seu *fiat*, no dia Anunciação, ela generosamente aceitou antecipadamente todas as dores que a obra da redenção traria para seu Filho e para si.

Ela as conheceu mais explicitamente alguns dias depois, quando o velho santo Simeão disse-lhe (Lc 2, 29-31): "Agora, ó Senhor, deixai partir o vosso servo em paz, segundo vossa palavra, pois meus olhos viram *a vossa salvação, que vós preparastes diante de todos os povos.*" Ela compreendeu mais profundamente ainda qual parte deveria ter nos sofrimentos redentores, quando o santo ancião lhe disse: "Este menino é dado ao mundo para ser a queda e a ressurreição de um grande número de homens em Israel, e para ser um sinal exposto à contradição; quanto a ti, uma espada transpassará tua alma." É dito um pouco depois em São Lucas (Lc 2, 51) que "Maria guardava todas estas coisas no seu coração"; o plano divino se esclarecia mais e mais por sua fé contemplativa, que se tornava, pelas iluminações do dom da inteligência, cada vez mais penetrante.

Maria, portanto, se tornou voluntariamente a Mãe do Redentor como tal; e compreendia cada vez mais que o Filho de Deus se tinha feito homem *para a nossa salvação*, como dirá o Credo. Portanto, ela se uniu a ele como apenas uma mãe – e uma mãe santíssima – o poderia, em uma perfeita conformidade de vontade e de amor por Deus e pelas almas. É a forma especial que toma para ela o preceito supremo: "Tu amarás o Senhor teu Deus de todo o teu coração, de toda a tua alma, de todas as tuas forças e de todo o teu espírito; e a teu próximo como a ti mesmo" (Dt 6, 5; Lc 10, 27). Nada mais simples, e nada mais profundo e grandioso.

A Tradição o compreendeu bem, porque não cessou de dizer: como Eva esteve unida ao primeiro homem na obra da perdição, Maria deveria estar unida ao Redentor na obra da reparação.

Mãe do Salvador, ela compreendeu cada vez melhor como devia cumprir sua obra redentora. Era-lhe suficiente lembrar-se das profecias messiânicas bem conhecidas por todos. Isaías (53, 1-12) anunciou as humilhações e os sofrimentos do Messias, que ele suportaria para expiar nossas faltas, ele que seria a própria inocência, e que, por sua morte generosamente oferecida, alcançaria as multidões.[2]

Davi, no Salmo 22(21): "Meu Deus, meu Deus, por que me abandonastes?" descreveu a oração suprema do Justo por excelência, seu grito de angústia no abatimento e, ao mesmo tempo, sua confiança em Yaweh, seu apelo supremo, seu apostolado e seus efeitos em Israel e entre as nações.[3] Maria conhecia, evidentemente, este salmo e o meditou em seu coração.

Daniel (Dn 7, 14) descreveu também o reino do Filho do homem, o poder que lhe será dado: "A ele foi dado o domínio, a glória e a realeza, e todos os povos, nações e línguas o serviram. Seu domínio será um domínio eterno, que não cessará jamais, e seu reino jamais será destruído".

Toda a Tradição viu neste Filho do homem, como no homem das dores de Isaías, o Messias prometido como Redentor.

Maria, que não ignorava tais promessas, tornou-se, portanto, por seu consentimento no dia da Anunciação, a Mãe do Redentor como tal. Deste consentimento: "fiat mihi secundum verbum tuum" depende tudo o que segue na vida da Santíssima Virgem, como tudo na vida de Jesus depende do consentimento que deu "ao entrar no mundo"

---

[2] Is 43, 3-12: "Era desprezado, era a escória da humanidade, homem das dores, experimentado nos sofrimentos (...) Em verdade, ele tomou sobre si nossas enfermidades, e carregou os nossos sofrimentos (...) Mas ele foi castigado por nossos crimes, e esmagado por nossas iniquidades; o castigo que nos salva pesou sobre ele; fomos curados graças às suas chagas (...) o Senhor fazia recair sobre ele o castigo das faltas de todos nós (...) Mas aprouve ao Senhor esmagá-lo pelo sofrimento; se ele oferecer sua vida em sacrifício expiatório, terá uma posteridade duradoura, prolongará seus dias, e a vontade do Senhor será por ele realizada (...) justificará muitos homens (...) intercedendo pelos culpados."

[3] Sl 22(21), 17ss: "Sim, traspassaram minhas mãos e meus pés, poderia contar todos os meus ossos (...) repartem entre si as minhas vestes, e lançam sorte sobre a minha túnica (...) Porém, vós, Senhor, não vos afasteis de mim; ó meu auxílio, bem depressa me ajudai! (...) Então, anunciarei vosso nome a meus irmãos (...) De vós procede o meu louvor na grande assembléia (...) Hão de se lembrar do Senhor e a ele se converter todos os povos da terra; e diante dele se prostrarão todas as famílias das nações".

quando disse: "Vós não quisestes nem sacrifício nem oblação, mas me formastes um corpo (...) *Eis-me aqui, eu venho, ó Deus, para fazer a vossa vontade*" (Hb 10, 6-7).

Também os Padres afirmaram que nossa salvação dependia do consentimento de Maria, que concebeu seu Filho no espírito, antes de concebê-lo corporalmente.[4]

Alguns poderiam objetar que um decreto divino, como o da Encarnação, não poderia depender do livre consentimento de uma criatura, que poderia não dá-lo.

A teologia responde: segundo o dogma da Providência, Deus eficazmente quis e infalivelmente previu todo bem que aconteceria de fato na sucessão dos tempos. Ele, portanto, eficazmente quis e infalivelmente previu o consentimento de Maria, condição da realização do mistério da Encarnação. Desde toda a eternidade, Deus, que tudo opera "com força e suavidade", decidiu conceder a Maria uma graça eficaz que lhe faria dar este consentimento livre, salutar e meritório. Como ele faz florescer as árvores, Deus faz florescer também nossa livre vontade, fazendo-lhe produzir seus atos bons; longe de violentá-la nisto, atualiza-a e produz nela e com ela o mundo livre de nossos atos, que ainda está no devir. É o segredo de Deus onipotente. Como, por operação do Espírito Santo, Maria concebeu o Salvador sem perder a virgindade, assim também, por moção da graça eficaz, ela disse infalivelmente seu *fiat* sem que sua liberdade fosse em nada lesionada ou diminuída; bem ao contrário, pelo contato virginal da moção divina e da liberdade de Maria, esta floresceu muito espontaneamente neste livre consentimento dado em nome da humanidade.

Esse *fiat* era todo inteiro de Deus como causa primeira, e todo inteiro de Maria como causa segunda. Assim como uma flor ou um fruto são todo inteiros de Deus, como autor da natureza, e todo inteiros da árvore que os carrega, como causa segunda.

Neste consentimento de Maria, vemos um perfeito exemplo do que diz Santo Tomás (I\ua, q. 19, a. 8): "Como a vontade de Deus é soberanamente eficaz, não somente se segue que o que Deus quer (eficazmente) se realiza, mas que se realiza *como ele quer*, e ele quer que certas coisas aconteçam necessariamente e que outras aconteçam

---

[4] Cf, Santo Agostinho, *De Virg.*, c. 3, n. 31; São Gregório Magno, *Hom. 38 in Evang.*; Leão Magno, *serm. 20 in Nat. Dom.*, c. I; São Bernardo, *Hom. IV super Missus est*; São Lourenço Justiniano, *Serm. de Ann.*

livremente" (*Ibid.*, ad 2): "De que nada resiste à vontade eficaz de Deus, segue-se que não somente o que ele quer se realiza, mas que se realiza, seja necessariamente, seja livremente, como ele quer".

Maria, por seu *fiat* do dia da Anunciação tornou-se, portanto, voluntariamente a Mãe do Redentor como tal.

Toda a Tradição o reconhece ao chamá-la *a Nova Eva*. Ela não o pode ser efetivamente a não ser que se, por seu consentimento, tenha se tornado a Mãe do Salvador para a obra redentora, como Eva, ao consentir com a tentação, levou o primeiro homem ao pecado, que lhe fez perder, para si e para nós, a justiça original.

Os protestantes objetaram: os ascendentes da Santíssima Virgem podem, deste modo, ser chamados pai ou mãe do Redentor e serem ditos "associados à sua obra redentora". É fácil responder que somente Maria foi iluminada para consentir a tornar-se Mãe do Salvador e ser associada à sua obra de salvação; porque seus ascendentes não sabiam que o Messias nasceria de sua própria família. Sant'Ana não poderia prever que sua filha seria um dia a Mãe do Salvador prometido.

Como a Mãe do Redentor deve ser associada à sua obra?

Segundo o que os Padres da Igreja nos transmitiram sobre Maria, a nova Eva, que muitos vêem anunciada nas palavras divinas do Gênesis (Gn 3, 15): "A descendência da mulher esmagará a cabeça da serpente", é uma *doutrina comum e certa* na Igreja, e mesmo *próxima da fé*, que a Santíssima Virgem, Mãe do Redentor, foi associada à obra redentora como causa secundária e subordinada, assim como Eva foi associada a Adão na obra da perdição.[5]

Com efeito, já no século II, esta doutrina de Maria, nova Eva, é universalmente reconhecida, e os Padres que a expõem não a dão como especulação pessoal, mas como a doutrina tradicional da Igreja, que se apóia sobre as palavras de São Paulo, em que Cristo é chamado de Novo Adão, e, contraposto ao primeiro, como a causa da salvação oposta à da queda (1Cor 15, 45ss; Rm 5, 12ss; 1Cor 15, 20-23). Os Padres relacionam estas palavras de São Paulo ao relato da queda, à promessa da redenção, da vitória sobre o demônio (Gênesis 3, 15) e

---

[5] Muitos Padres e, em seguida, muitos teólogos notaram também que se só Eva tivesse pecado e não Adão, não haveria pecado original, e que do mesmo modo se somente Maria, sem Cristo, tivesse dado o consentimento de que falamos, não haveria redenção.

ao relato da Anunciação (Lc 1, 26-38), em que se fala do consentimento de Maria para a realização do mistério da Encarnação redentora. Pode-se, portanto, e mesmo deve-se ver nesta doutrina de Maria – nova Eva, associada, a obra redentora de seu Filho – uma *tradição divino-apostólica*.[6]

Os Padres que a expõem mais explicitamente são São Justino,[7] Santo Irineu,[8] Tertuliano,[9] São Cipriano,[10] Orígenes,[11] São Cirilo de Jerusalém,[12] Santo Efrém,[13] Santo Epifânio,[14] São João Crisóstomo,[15] São Proclo,[16] São Jerônimo,[17] Santo Ambrósio,[18] Santo Agostinho,[19] Basílio de Selêucia,[20] São Germano de Constantinopla,[21] São João Damasceno,[22] Santo Anselmo,[23] São Bernardo.[24] Em seguida, todos os doutores da Idade Média e os teólogos modernos falam o mesmo.[25]

Em que sentido, segundo a Tradição, Maria, Nova Eva, foi associada sobre a terra à obra redentora de seu Filho?

---

[6] Cf. MERKELBACH, *Mariologia*, pp. 74-89.

[7] *Dial. cum Tryphone* (em torno 160), c. 100.

[8] *Adv. haereses* (antes do fim do século II), l. III, c. 19, 21-23; l. IV, c. 33; l. V, c. 19.

[9] *Lib. de carne Christi*, c. 17 (em torno 210-212).

[10] *Lib. II ad Quir.*

[11] *Hom. 8 in Luc.*

[12] *Cat.*, XII, 5, 15.

[13] *Ed. Assemani*, t. II, syr lat., pp. 318-329; éd. Lamy, t. I, p. 593; t. II, p. 524.

[14] *Panarion, haer*, LXXXIII, 18.

[15] *Hom. in Pasch.*, n. 2; in Ps. XLIV.

[16] *Or. I in Laud. S. M.*

[17] *Ep. 22 ad Eustoch.*, n. 21.

[18] *Ep. 63 ad Eccl. Vercel.*, n. 33.

[19] *De agone christiano*, 22.

[20] *Or*, 3, n. 4.

[21] *Hom. II in Dorm.*

[22] *Hom. I in Dorm.*

[23] *Or.* 51 e 52 (al. 50 e 51).

[24] *Sermo in Dom. infra Oct. Ass.*; in *Nat. B. V. de Aquaeductu*; 12 Praer.

[25] Hugo de São Caro, *Postillae in Luc*, I, 26-28; Ricardo de São Lourenço, De Laud. B.M.V., l. I, c. 1; Santo Alberto Magno, *Mariale*, q. 29, S. 3; São Boaventura, *De donis Sp. Sti, coll.* 6, n. 16; *Sermo III de Ass. B.M.V.*; Santo Tomás, *Opusc. VI Exp. Salut. Ang.*

Não é somente por tê-lo *fisicamente concebido*, dado à luz e nutrido, mas *moralmente*, por seus atos livres, salutares e meritórios.

Como Eva cooperou moralmente para a queda, cedendo à tentação do demônio, por um ato de desobediência e seduzindo Adão ao pecado, por oposição, Maria, Nova Eva, segundo o plano divino, cooperou moralmente para a nossa redenção, crendo nas palavras do arcanjo Gabriel, consentindo livremente ao mistério da Encarnação redentora e a tudo que dele resultaria de sofrimentos para seu Filho e para si.

Maria não é certamente a causa principal e perfectiva da redenção; ela não podia nos resgatar *de condigno*, em justiça, porque era preciso para isso um ato teândrico de valor intrinsicamente infinito, que só poderia pertencer a uma pessoa divina encarnada. Mas Maria *é realmente a causa secundária, subordinada a Cristo e dispositiva* de nossa redenção. Diz-se "subordinada a Cristo" não somente no sentido que lhe é inferior, mas porque ela participou de nossa salvação *por uma graça que provém dos méritos de Cristo*, e, portanto, ela age nele, com ele e por ele, *in ipso, cum ipso et per ipsum*. Não se deve nunca perder de vista que Cristo é o mediador universal supremo, e que Maria foi resgatada por seus méritos segundo uma redenção, não libertadora, mas preservadora, porque ela foi, pelos méritos futuros do Salvador de todos os homens, preservada do pecado original e, logo, de toda falta. Do mesmo modo, ela não participa de nossa redenção senão por ele, e é neste sentido que ela é causa secundária, subordinada, e não perfectiva, mas dispositiva, porque ela nos dispõe a receber a influência de seu Filho, que, sendo o autor de nossa salvação, deve completar em nós a redenção.

Maria foi, pois, associada à obra de seu Filho, não como foram os Apóstolos, mas na sua qualidade de Mãe do Redentor como tal, após ter dado seu consentimento ao mistério da Encarnação redentora e a tudo que dele resultaria de sofrimentos; ela foi, portanto, associada de maneira a mais íntima, como somente uma Mãe santa o pode ser, na profundidade de seu coração e de sua alma sobrenaturalizada pela plenitude de graça. É o que afirma em termos exatíssimos Santo Alberto Magno em uma fórmula que nós já citamos: "Beata Virgo Maria non est assumpta in ministerium a Domino, sed *in consortium et in adjutorium*, secundum illud: *Faciamus ei adjutorium simile sibi*" (*Mariale*, q. 42).

Vê-se assim que a unidade da Mariologia não é diminuída, como se fosse dominada por dois princípios (Mãe de Deus e co-redentora) e não somente por um. O princípio que a domina é este: *Maria é a Mãe do Deus Redentor* e, por isso mesmo, associada à sua obra. Do mesmo modo, os dois mistérios da Encarnação e da Redenção não constituem uma dualidade que diminuiria a unidade da Cristologia, porque eles se unem na Encarnação redentora; sua união é expressa no próprio Credo, nestes termos: "Filius Dei, qui propter nos homines, et *propter nostram salutem*, descendit de caelis, et *incarnatus* est" (Símbolo Niceno-Constantinopolitano).

Ademais, como em Jesus Cristo, a filiação divina natural – ou a graça da união hipostática – é superior à plenitude de graça habitual e à nossa redenção, do mesmo modo, em Maria, a maternidade divina permanece superior à plenitude de graça que flui sobre nós, como foi demonstrado no primeiro capítulo desta obra. A unidade do saber teológico contribui a esta certeza; esse saber não pode ser dominado por primeiros princípios *coordenados*, mas por princípios *subordinados*. É assim com cada um dos tratados, que se subordinam eles mesmos, no conjunto, a uma verdade suprema.

Artigo II
A MÃE DE TODOS OS HOMENS

Maria recebeu, segundo a Tradição, não somente o título de Nova Eva, mas o de Mãe da divina graça, Mãe amável, Mãe admirável, como diz a ladainha, e mesmo Mãe de misericórdia; os Padres dizem muitas vezes Mãe de todos os cristãos e mesmo de todos os homens. Em que sentido deve-se entender esta maternidade? Quando Maria tornou-se nossa Mãe? Como sua maternidade se estende a todos os fiéis, mesmo se não estão em estado de graça, e como a todos os homens, mesmo se não têm fé? Estes são as questões que convém aqui examinar.

Em que sentido Maria é nossa Mãe?

Ela não o é, evidentemente, do ponto de vista natural, porque ela não nos deu a vida natural. Por este ponto de vista, é Eva que merece ser chamada mãe de todos os homens, que dela descendem por gerações sucessivas.

Mas Maria é nossa Mãe espiritual e adotiva, no sentido de que, por sua união a Cristo Redentor, ela nos comunicou a vida sobrenatural da graça. Deste ponto de vista, ela é muito mais do que nossa irmã, e devemos dizer, por analogia com a vida natural, que ela nos fez nascer para a vida divina. Se São Paulo pode dizer aos Coríntios, falando de sua paternidade espiritual: "Fui eu que vos gerei em Cristo Jesus pelo Evangelho". (1Cor 4, 15), e a Filêmon: "Eu te suplico pelo meu filho, que gerei na prisão, por Onésimo",[26] com mais forte razão podemos falar da maternidade espiritual de Maria, maternidade que transmite uma vida que deve durar não sessenta ou oitenta anos, mas para sempre, eternamente.

É uma maternidade adotiva, como a paternidade espiritual de Deus com respeito aos justos, mas esta adoção é muito mais íntima e fecunda que a adoção humana; por aquela, um rico sem descendência declara considerar um pobre órfão como seu filho e seu herdeiro. Esta declaração permanece de ordem jurídica e, ainda que seja um sinal de afeição daquele que adota, não produz nada na alma da criança adotada. Ao contrário, a paternidade adotiva de Deus, com respeito ao justo, produz em sua alma a graça santificante, participação da natureza divina, ou da vida íntima de Deus e gérmen da vida eterna, gérmen pelo qual o justo é agradável aos olhos de Deus como um filho chamado a vê-lo imediatamente e amá-lo eternamente. Neste sentido, diz-se no Prólogo de São João (Jo 1, 12) que aqueles que crêem no Filho de Deus feito homem "não nasceram da vontade da carne, nem da vontade do homem, mas de Deus". Isso nos mostra a fecundidade da paternidade espiritual; dessa fecundidade participa a maternidade espiritual e adotiva de Maria, porque, em união com Cristo Redentor, verdadeira e realmente nos comunicou a vida da graça, gérmen da vida eterna. Ela pode, portanto, e deve ser chamada *Mater gratiae*, *Mater misericordiae*. É isso que queriam dizer os Padres que a chamam de Nova Eva, e dizem que ela voluntariamente cooperou para a nossa salvação, como Eva para a nossa perdição.

Este ensinamento é o da pregação universal depois do século II e se encontra em São Justino, Santo Irineu, Tertuliano, São Cirilo de Jerusalém, Santo Epifânio, São João Crisóstomo, São Proclo, São Jerônimo, Santo Ambrósio, Santo Agostinho, lá onde falam da Nova

---

[26] Ele diz aos Gálatas, IV, 19: "Filhinhos meus, por quem de novo sinto dores de parto, até que Cristo seja formado em vós".

Eva nos textos citados no artigo precedente. Esta doutrina foi particularmente desenvolvida no século IV por Santo Efrém, que chama a Maria de "Mãe da vida e da salvação, a Mãe dos viventes e de todos os homens", porque ela nos deu o Salvador e seu uniu a ele no Calvário.[27] Falam do mesmo modo São Germano de Constantinopla,[28] São Pedro Crisólogo,[29] Eadmer,[30] São Bernardo,[31] Ricardo de São Lourenço,[32] Santo Alberto Magno, que chamam Maria: *Mater misericordiae, Mater regenerationis, totius humani generis mater spiritualis*,[33] e igualmente São Boaventura.[34]

A liturgia diz todos os dias: *Salve Regina, Mater misericordiae (...); Monstra te esse Matrem (...); Salve Mater misericordiae, Mater Dei et Mater veniae, Mater spei et Mater gratiae.*

Quando Maria tornou-se nossa Mãe?

Conforme os testemunhos que acabamos de citar, ela tornou-se ao consentir livremente a ser Mãe do Salvador, autor da graça, que nos regenera espiritualmente. Neste momento, ela nos concebeu espiritualmente, de modo que ela teria sido nossa Mãe adotiva por este fato, mesmo se tivesse morrido antes de seu Filho.

Quando, depois, Jesus consumiu sua obra redentora pelo sacrifício da cruz, Maria, ao se unir a este sacrifício, pelo maior ato de fé, de confiança e de amor a Deus e às almas, tornou-se mais perfeitamente nossa Mãe, por uma cooperação mais direta, mais íntima e mais profunda à nossa salvação.

Ademais, foi neste momento que ela foi proclamada nossa Mãe por Nosso Senhor, quando diz, ao falar de São João, que personificava todos aqueles que deveriam ser resgatados por seu sangue: "Mulher, eis o teu filho" e a João: "Eis a tua mãe" (Jo 19, 26, 27). É assim que

---

[27] *Opera S. Ephraem Syr.*, ed. Assemani, t. II, syr. lat., pp. 324, 327; III, 607.

[28] *Sermo in Dorm. Deip.*, 2 et 5.

[29] *Serm.* 140 et 142.

[30] *De Exc. V. M.*, c. 11, 5.

[31] *Serm. de Aquaed.*, n.4 sq.

[32] *De Laud. B. M. V.*, 1. VI. c. I, n. 12; l. IV, c. 14, n.1.

[33] *Mariale*, q. 29, n. 3; q. 42, 43.

[34] *Serm. VI in Ass. B.M.V.*, e I *Sent.*, d. 48,, a. 2, q..2, dub. 4.

a Tradição entendeu estas palavras, porque neste momento, diante de tantas testemunhas, o Salvador de todos os homens não concedia somente uma graça particular a São João, mas considerava nele todos aqueles que deveriam ser regenerados pelo sacrifício da cruz.[35]

Estas palavras de Jesus padecente, como as palavras sacramentais, produziram o que significavam: na alma de Maria, um grande aumento de caridade ou de amor maternal por nós; na alma de João, uma afeição filial profunda, cheia de respeito pela Mãe de Deus. É a origem da grande devoção a Maria.

Enfim, a Santíssima Virgem continua a exercer sua função de Mãe com respeito a nós, velando sobre nós, para que cresçamos na caridade e nela perseveremos, intercedendo por nós e distribuindo-nos todas as graças que recebemos.

Qual é a extensão de sua maternidade?

Ela é, em primeiro lugar, Mãe dos fiéis, de todos aqueles que crêem em seu Filho e recebem por ele a vida da graça. Mas ela é também Mãe de todos os homens, porquanto nos deu o Salvador de todos e se uniu à oblação de seu Filho que derramou seu sangue por todos. É o que afirmam Leão XIII, Bento XV e Pio XI.[36]

Ademais, ela não é somente Mãe dos homens em geral, como se pode dizer de Eva, do ponto de vista natural, mas ela é Mãe de cada um deles em particular, porque ela intercede por cada um, e obtém as graças que cada um de nós recebe no decorrer das gerações humanas. Jesus disse, a respeito de si mesmo, que é o Bom Pastor que "chama suas ovelhas cada uma por seu nome, *nominatim*" (Jo 10, 3); há nisso algo de semelhante em Maria, mãe espiritual de cada homem em particular.

---

[35] Esta explicação, sugerida por Orígenes no século III, *Praef. in Joan.*, I, 6, é explicitamente proposta por muitos autores, sobretudo depois do século XII. Cf. RUPERTO, in *Joan., lect. 13*; Santo Alberto Magno, *Mariale*, q. 29, 3; *Serm. de Sanctis*, 53; desde então tornou-se comum, e é reconhecida pelos Papas como crença geral da Igreja. Cf. Bento XIV, bula *Gloriosae Dominae*, 27 de setembro de 1748, Gregório XVI, bula *Praestantissimum;* Leão XIII, Enc. *Octobri mense*, 22 de setembro de 1891; *Adjutricem*, 5 de setembro de 1895; *Augustissimae Virginis*, 12 de setembro de 1897; Pio X, *Ad diem illum*, 2 de fevereiro de 1904; Bento XV, *Inter sodalicia*, 22 de março de 1918; Pio XI, *Explorata res*, 2 de fevereiro de 1923.

[36] Leão XIII chama Maria, Mãe, não somente dos cristãos, mas do gênero humano, Enc. *Octobri mense*, 22 de setembro de 1891; Ep. *Amantissimae voluntatis*, 14 de abril de 1895; Enc. *Adjutricem populi*, 25 de setembro de 1895. Bento XV chama-a Mãe de todos os homens, Litt. ap. *Inter sodalicia*, 22 de março de 1918; do mesmo modo Pio XI, Litt. ap. *Explorata res*, 2 de fevereiro de 1923; Enc. Rerum *Ecclesiae*, 21 de fevereiro de 1926.

Contudo, Maria não é, da mesma maneira, Mãe dos fiéis e dos infiéis, dos justos e dos pecadores. Deve-se fazer aqui a distinção admitida sobre Cristo, com relação aos diversos membros de seu corpo místico.[37] Com relação aos infiéis, ela é sua Mãe, enquanto está destinada a gerá-los para a vida da graça, e enquanto lhes obtém graças atuais que os dispõem à fé e à justificação. Com relação aos fiéis que estão em estado de pecado mortal, ela é sua Mãe enquanto vela efetivamente sobre eles, obtendo-lhes as graças necessárias para fazer atos de fé, de esperança e para disporem-se à conversão; com relação àqueles que morreram na impenitência final, ela não é mais sua Mãe, mas ela o foi. Com relação aos justos, ela é perfeitamente sua Mãe porquanto eles receberam, por sua cooperação voluntária e muito meritória, a graça santificante e a caridade; com uma terna solicitude, ela vela sobre eles para que permaneçam no estado de graça e cresçam na caridade. Enfim, ela é por excelência Mãe dos bem-aventurados que não podem mais perder a vida da graça.

Vê-se, portanto, todo o sentido das palavras que a Igreja canta todos os dias nas Completas: "Salve Regina, Mater misericordiae; vita, dulcedo et spes nostra, salve. Ad te clamamus, exsules filii Hevae. Ad te suspiramus gementes et flentes in hac lacrimarum valle..."

O Beato Grignion de Montfort exprimiu admiravelmente as consequências desta doutrina em seu belo livro *Tratado da verdadeira devoção à Santíssima Virgem*: ch. I, art. 1, 2º §: Deus deseja servir-se de Maria na santificação das almas. Isso se resume assim no *Segredo de Maria* (Iº p., B. Por que Maria nos é necessária): "Foi Maria quem deu a vida ao Autor de toda graça, e por isso ele chamada Mãe da graça. Deus Pai, de quem procede todo dom perfeito e toda graça como de sua fonte essencial, deu-lhe todas as suas graças, de sorte que, como diz São Bernardo, a vontade de Deus foi-lhe dada nele e com ele.

"Deus a escolheu para tesoureira, ecônoma e dispensadora de todas as suas graças, de sorte que todas as suas graças e todos os seus dons passam por suas mãos. (...) Uma vez que Maria formou a Cabeça dos predestinados, que é Jesus Cristo, a ela também compete formar os membros dessa Cabeça, que são os verdadeiros Cristãos. (...) Maria recebeu de Deus um domínio particular sobre as almas para nutri-las e fazê-las crescer em Deus. Santo Agostinho diz mesmo que neste mundo os predestinados são todos encerrados no seio de Maria, e que não nascem senão quando essa boa Mãe os gera para a vida

---

[37] Cf. *Santo Tomás*, IIIª, q. 8, a. 3.

eterna. (...) Enfim, foi a ela que o Espírito Santo disse: "In electis meis mitte radices" (Eclo 24, 13). Lançai raízes em meus eleitos, (...) raízes de profunda humildade, de ardente caridade e de todas as virtudes.

"Maria é chamada por Santo Agostinho, e é, com efeito, o molde vivo de Deus, *Forma Dei*, o que quer dizer que foi nela somente que Deus feito homem foi formado (...) é também somente nela que o homem pode ser formado em Deus (...): quem quer que nele *se deixe moldar*, nele recebe todos os traços de Jesus Cristo, verdadeiro Deus, de uma maneira suave, proporcionada à fraqueza humana, sem muito trabalho e agonia; de uma maneira segura, sem temor de ilusão, pois o demônio nunca teve e jamais terá acesso a Maria, santa e imaculada, sem sombra da menor mancha de pecado.

"Que diferença entre uma alma formada em Jesus Cristo pelos caminhos comuns dos que, como os escultores, se fiam na própria habilidade e se apóiam em seu engenho, e uma alma bem maleável, desatada, bem fundida, e a qual, *sem nenhum apoio em si mesma*, se lança em Maria, e aí se deixa manejar pela operação do Espírito Santo! Quantas manchas, quantos defeitos, quantas trevas, quantas ilusões, quanto da natureza, quanto de humano na primeira alma; e como a outra é *pura, divina e semelhante a Jesus Cristo* (...).

"Feliz, mil vezes feliz a alma, aqui na terra, à qual o Espírito Santo revela o segredo de Maria, para conhecê-lo; e à qual ele abre esse jardim fechado, para aí penetrar; esta fonte selada, para dela tirar e beber, a longos tragos, a água viva da graça! Esta alma achará *somente a Deus*, sem criatura, nesta admirável criatura; porém Deus ao mesmo tempo infinitamente santo e elevado, infinitamente condescendente e proporcionado à sua fraqueza (...) é somente Deus que vive nela (...) e basta que Ela prenda uma alma a si própria que, ao contrário, logo a lança em Deus e une-a a Ele".

Assim a doutrina cristã sobre Maria, com o Beato de Montfort, torna-se em objeto de uma fé penetrante e saborosa, de uma contemplação que leva, por si mesma, a uma verdadeira e forte caridade.

Maria, causa exemplar dos eleitos

Cristo é nosso modelo, e sua predestinação à filiação divina natural é a causa exemplar de nossa predestinação à filiação adotiva, porque "Deus nos predestinou para ser conformados à imagem de seu Filho, para que este seja o primeiro de um grande número de irmãos". (Rm 8, 29). Do mesmo modo, Maria, nossa Mãe, associada a seu Filho, é a causa exemplar da vida dos eleitos; é neste sentido que Santo Agostinho, e o Beato de Montfort depois dele, diz que ela é *o molde ou modelo* da imagem pelo qual Deus forma os eleitos. É necessário ser marcado com seu selo e reproduzir seus traços para ter lugar entre os bem-amados do Senhor; é por isso que os teólogos ensinam comumente que uma verdadeira devoção a Maria é um dos sinais de predestinação. O Beato Hugo de São Caro diz mesmo que ela é o *livro da vida*,[38] ou o reflexo deste livro eterno; porque Deus gravou nela o nome dos eleitos, como quis formar nela e por ela a Cristo, seu primeiro eleito.

O Beato Grignion de Montfort[39] escreve : "Deus Filho diz a sua Mãe: 'In Israel hereditare (...)' (Eclo 24, 8). Ter Israel por herança. É como se dissesse: Meu Pai deu-me por herança todas as nações da terra, todos os homens, bons e maus, predestinados e réprobos. Conduzirei uns com vara de ouro e outros com vara de ferro. Serei pai e advogado de uns, justo vingador de outros e juiz de todos. Mas vós, minha Mãe, não tereis por herança e posse senão os predestinados, de quem Israel é figura. Como sua boa mãe, vós os dareis à luz, alimentareis e educareis; como sua soberana os conduzireis, governareis e defendereis."

É neste sentido que se deve entender o que diz o mesmo autor, um pouco depois,[40] para mostrar que Maria, assim como Jesus, escolhe sempre de acordo com o beneplácito divino que inspira a sua escolha: "O Altíssimo a fez única tesoureira dos seus tesouros, e única dispensadora das suas graças, para que pudesse enobrecer, elevar e enriquecer a quem lhe aprouver , para fazer entrar no caminho estreito do céu quem lhe aprouver, para fazer passar, apesar de tudo, quem lhe aprouver pela porta estreita da vida, e para dar o trono, o cetro e a coroa de rei a quem lhe aprouver (...). Maria é a única a quem Deus confiou as chaves dos celeiros[41] do divino amor, e o poder de entrar nos caminhos mais sublimes e mais secretos da perfeição, bem como de neles fazer entrar os demais".

Vimos nisto toda a extensão da maternidade espiritual, pela qual ela forma os eleitos e os conduz ao termo de seu destino.

---

[38] *Comm. in Eccles.*, XXIV.

[39] *Tratado da Verdadeira Devoção à Santíssima Virgem*, cap. I, a. 1, §2.

[40] *Ibid.*, §II.

[41] Ct., I, 3.

CAPÍTULO II
A mediação universal de Maria durante sua vida terrestre

Veremos primeiro em que consiste esta mediação em geral, quais são suas principais características, em seguida como ela foi exercida durante a vida terrestre de Maria, de duas maneiras: pelo mérito e pela satisfação.

Artigo I
A MEDIAÇÃO UNIVERSAL DE MARIA EM GERAL

A Igreja aprovou, sob Bento XV, a 21 de janeiro de 1921,[1] o ofício e a missa própria de Maria Medianeira de todas as graças,[2] e muitos teólogos consideram esta doutrina suficientemente contida no depósito da Revelação para ser um dia solenemente proposta como objeto de fé pela Igreja infalível; ela é ensinada, de fato, pelo magistério ordinário que se manifesta pela liturgia, pelas encíclicas, pelas cartas dos bispos, pela pregação universal e pelas obras de teólogos aprovados pela Igreja.

Vejamos o que se deve entender por esta mediação, em seguida como ela foi afirmada pela Tradição e estabelecida pela razão teológica.

---

[1] Recomenda-se o estudo do Dr. Manfred Hauke sobre o Cardeal Mercier e a Igreja Belga, que muito trabalharam na propagação da Festa Litúrgica e também em favor do futuro Dogma (*Maria, „Mittlerin aller Gnaden" Die universale Gnadenmittlerschaft Mariens im theologischen und seelsorglichen Schaffen von Kardinal Mercier* – Mariologische Studien 17, Regensburg 2004.). Destaca-se também a influência do Pe. Edouard Hugon, O.P., além do papel do próprio Padre Garrigou-Lagrange, que apresentou um estudo sobre o tema da definição dogmática – NE.

[2] Ver o decreto de 21 de janeiro de 1921 da Sagrada Congregação dos Ritos: "De festo Beatae Mariae Virginis Mediatricis omnium gratiarum".

Que se deve entender por esta mediação?

Santo Tomás nos diz, falando da mediação do Salvador (III*ª*, q. 26, a. 1): "Ao ofício de mediador entre Deus e os homens pertence uni-los". Isto é, como nos explica no mesmo lugar (a. 2), o mediador deve oferecer a Deus as orações dos homens e, sobretudo, o sacrifício, ato principal da virtude da religião, e deve também distribuir aos homens os dons de Deus que os santificam: a luz divina e a graça.

Há assim uma dupla mediação, uma ascendente em forma de oração e sacrifício, outra descendente pela distribuição dos dons divinos aos homens.

Este ofício de mediador não é apropriado *perfeitamente* senão a Cristo, Homem-Deus, o único que pode nos reconciliar com Deus, oferecendo-lhe, por toda a humanidade, um sacrifício de valor infinito, aquele da cruz, que é perpetuado, em substância, naquele da Missa; só ele também, como Cabeça da humanidade, pôde merecer para nós, em justiça, as graças necessárias para a salvação e as distribuir a todos os homens que não se subtraem à sua ação santificadora. Ele é, pois, mediador como homem, ao passo que sua humanidade é pessoalmente unida ao Verbo, e recebeu a plenitude de graça, a graça capital, que deve fluir sobre nós. Assim diz São Paulo (1Tm 2, 5-6): "Há um só Deus e um só mediador entre Deus e os homens, o Cristo Jesus feito homem, que se entregou em resgate por todos".

"Mas nada impede, diz Santo Tomás (*loc. cit.*, a. 1), que existam entre Deus e os homens, abaixo de Cristo, mediadores secundários que cooperem, em união com ele, de um modo *dispositivo ou ministerial*", isto é, dispondo os homens a receber a influência do mediador principal ou transmitindo-a, sempre em dependência dos méritos de Cristo.

Assim, no Antigo Testamento, os profetas e os sacerdotes do culto levítico eram mediadores para o povo eleito, anunciando o Salvador e oferecendo sacrifícios, que eram a figura do grande sacrifício da cruz. Os sacerdotes do Novo Testamento podem também ser chamados de mediadores entre Deus e os homens, enquanto são os ministros do mediador supremo, porque, em seu nome, oferecem o Santo Sacrifício e administram os sacramentos.

Pergunta-se então se Maria, em forma subordinada e em dependência dos méritos de Cristo, é medianeira universal para todos os homens depois da vinda de Nosso Senhor, e para a obtenção e a distribuição de todas as graças em geral, e mesmo em particular. Ela não o é, não precisamente na qualidade de ministro, mas como *associada* à obra redentora de seu Filho, segundo a expressão de Santo Alberto Magno: "non in ministerium, sed in consortium et in adjutorium" (*Mariale*, q. 42).

Os protestantes o negam. Pelo contrário, colocada assim a questão, o senso cristão dos fiéis – formados, depois de muitos séculos pela liturgia católica, expressão do magistério ordinário da Igreja – é imediatamente levado a responder: Maria, em sua qualidade de Mãe de Deus, Redentor de todos os homens, é totalmente designada a ser medianeira universal, porque ela é verdadeiramente intermediária entre Deus e os homens, mais particularmente entre seu Filho e nós.

Ela permanece, com efeito – posto que é criatura – sempre inferior a Deus e a Cristo, mas é elevada muito acima de todos os homens pela graça da maternidade divina, que é por seu fim de ordem hipostática; pela plenitude de graça, recebida no instante de sua concepção imaculada e que depois não cessou de crescer; enfim pelo privilégio da preservação de toda falta.

Vê-se, portanto, o que se deve entender por esta mediação que a liturgia e o senso cristão dos fiéis atribuem a Maria. Trata-se de uma mediação, propriamente falando, *subordinada* e não coordenada à mediação do Salvador, de tal modo que depende inteiramente dos méritos de Cristo redentor universal; trata-se também uma mediação *não necessária* (porque a mediação de Jesus é já superabundante e não tem necessidade de complemento); mas foi desejada pela Providência, como irradiação daquela do Salvador, irradiação em tudo a mais excelente. A Igreja a considera como muito *útil* e *eficaz* para obter-nos de Deus tudo quanto nos pode conduzir, direta ou indiretamente, à perfeição e à salvação. Enfim, trata-se de uma mediação perpétua, que se estende a todos os homens e a todas as graças, sem excetuar-se nenhuma, como se verá pelo que segue.

É precisamente neste sentido que a mediação universal é atribuída a Maria pela liturgia, na festa de Maria Medianeira, e pelos teólogos que recentemente publicaram numerosos trabalhos sobre este ponto.

O testemunho da Tradição

Esta doutrina foi afirmada de um modo geral e implícito, desde os primeiros séculos, visto que Maria foi chamada desde o século II de *Nova Eva, a Mãe dos viventes*, como dissemos mais acima, especialmente porque este título sempre foi reconhecido; não somente porque ela fisicamente concebeu e deu à luz ao Salvador, mas também porque ela cooperou moralmente com a sua obra redentora, sobretudo unindo-se intimamente ao sacrifício da cruz.[3]

A partir do século IV, e sobretudo do V, os Padres afirmam claramente que Maria intercede por nós; que todos os benefícios e socorros úteis à salvação nos vêm por ela, por sua intervenção e sua proteção especial. Desde a mesma época, ela é chamada de *medianeira* entre Deus e os homens ou entre o Cristo e nós.

Estudos recentes trazem uma grande luz sobre este ponto.[4]

A antítese entre Eva, causa da morte, e Maria, causa da salvação para toda a humanidade, é reproduzida por São Cirilo de Jerusalém,[5] Santo Epifânio,[6] São Jerônimo,[7] São João Crisóstomo.[8] Deve-se citar esta oração de Santo Efrém: "Ave Dei et hominum Mediatrix optima. Ave totius orbis conciliatrix efficacissima" e "post mediatorem mediatrix totius mundi". Ave, medianeira do mundo inteiro, reconciliadora boníssima e poderosíssima, depois do Mediador supremo.[9] Em Santo Agostinho, Maria é chamada mãe de todos os membros de nossa cabeça, Jesus Cristo, e ele afirma que ela "cooperou por sua caridade com o nascimento espiritual dos fiéis, que são os membros de Cristo".[10] São Pedro Crisólogo diz que "Maria é a mãe dos viventes pela graça, enquanto que Eva é mãe dos moribundos pela natureza",[11] e se vê que, para ele, Maria foi associada ao plano divino de nossa redenção.

---

[3] Cf.. São Justino, *Dial.*, 100; Pe. G., l. VI, c. 711 . – Santo Irineu, *Contr. haer.*, III, XXII, 4; V, XIX, 1; Pe. G., t. VII, cc. 958ss, 1175. – Tertuliano, *De carne Christi*, 17; P.L., t. II, c. 782.

[4] Cf. J. BITTREMIEUX, *De mediatione universali B. Mariae Virginis*, 1926, Marialia, 1936. – E. DUBLANCHY, art. Marie, no *Dict. de Théol. cath.*, cc. 2389-2409. – Do mesmo autor, *Marie médiatrice*, na *La Vie Spirituelle*, 1921-1922. – BOVER, S. J., *La Mediación universal de la Segunda Eva en la Tradición patristica*, Madrid, 1923-1924. – FRIETHOFF, O.P., *Maria alma socia Christi mediatoris*, 1936. – B. H. MERKELBACH, *Mariologia*, 1939, pp. 309-323. – GÉNEVOIS, O.P., *La Maternité spirituelle de Marie en saint Irénée*, na *Revue Thomiste*, 1935. – GALTIER, S. J., *La Vierge qui nous régénère*, na *Rech. de sc. rel.*, 1914.

[5] *Cat.*, XII, 5, 15; P.G., t. XXXIII, c. 741.

[6] *Haer.*, LXXVIII, 18; P.G., t. XXII, c. 728.

[7] *Epist.*, XXII, 21; P.L., XXII, c. 408.

[8] *Homil. in sanctum Pascha*, 2; P.G., t. LV, c. 193, et in Gen., III, Hom. XVII, 1; P.G., t. LIII, c. 143.

[9] *Opera omnia*, édit. Assemani, Rome, 1740, t. III, graeco-lat., cc. 528ss, 531ss, 551 édit. Lamy, II, p. 547, et t. 1, proleg., p. XLIX.

[10] *De sancta virginitate*, VI, 6; P.L , 1. XL, c. 399.

[11] *Serm.* 140 et 142; P.L , t. L. II, cc. 576, 579.

No século VIII, São Beda fala o mesmo;[12] Santo André de Creta chama Maria de medianeira da graça, e de dispensadora e causa da vida,[13] São Germano de Constantinopla diz que ninguém foi resgatado sem a cooperação da Mãe de Deus.[14] São João Damasceno dá também a Maria o título de medianeira e afirma que nós lhe devemos todos os bens que nos são concedidos por Jesus Cristo.[15]

No século XI, São Pedro Damião ensina que nada se realiza na obra da nossa redenção sem ela.[16]

No século XII, Santo Anselmo[17], Eadmer[18] e São Bernardo se exprimem da mesma maneira. Esse último chama Maria de *gratiae inventrix, mediatrix salutis, restauratrix saeculorum*.[19]

Depois do meio do século XII e, sobretudo depois do XIV, é frequente a afirmação explícita da cooperação de Maria para a nossa redenção, consumada por seu próprio sacrifício, consentido no momento da Anunciação e realizado sobre o Calvário. É o que se encontra em Arnoldo de Chartres, Ricardo de São Vítor, Santo Alberto Magno,[20] Ricardo de São Lourenço. É o indicado por Santo Tomás,[21] e vai se afirmado cada vez mais claramente por São Bernardino de Sena, Santo Antonino,[22] Suárez,[23] Bossuet,[24] Santo Afonso. No século

---

[12] Homil. I in fest. Annunc. et hom. I in fest. *Visit.*, P.L., t. XCIV, cc. 9, 16.

[13] *In nativ B.M., hom. IV, et in dormit. S.M.*, III, P.G., t. XCVII, cc. 813, 1108.

[14] *In dormit B.M.*, P.G., t. XCVIII, c. 349.

[15] *In dormit B.M.*, hom. 1, 3, 8, 12; II 16; P.G., t. XCVI, cc. 705, 713, 717, 744.

[16] *Serm 45*, P.L., t. CXLIV, cc. 741, 743.

[17] *Orat.* 47, 52 P.L., t. CLVIII, cc. 945, 955, 964.

[18] *De excellentia B.M.*, IX, XI; P.L., t. CLIX, cc. 573, 578.

[19] *Ep.* 174, 2; P.L., t. CLXXXII c. 333; *Super Missus est. hom.* IV, 8, P.L., t. CLXXXIII, c. 83.

[20] *Mariale*, q. 42. Ele chama Maria *coadjutrix et socia Christi*.

[21] Ele diz que, no dia da Anunciação, Maria deu seu consentimento em nome da humanidade, *loco totius humanae naturae*. Ver também seu *Expos. Salut. angelicae*.

[22] Ele chama *Maria adjutrix nostrae redemptionis et Mater nostrae spiritualis generationis. Summa theol..* part. IV, tit. XV, c. XIV, 2.

[23] *In III^am S. Thomae*, t. II, disp. XXIII, sect. I, n. 4. Ele mostra pela Tradição que Maria mereceu *de congruo* nossa salvação, e que Jesus Cristo mereceu-nos *de condigno*. O mesmo ensinamento se encontra em João de Cartagena, Novato, Cristóvão de Vega, Théophile Raynaud, Jorge de Rhodes, etc.

[24] *IV sermon sur la fête de l'Annonciation*, e ver no índice das obras de Bossuet, na palavra *Marie*.

XVIII, o Beato Grignion de Montfort é um dos que mais propagaram esta doutrina, mostrando todas as suas consequências práticas.²⁵ Desde então, é um ensinamento comum dos teólogos católicos.

Pio X diz na encíclica *Ad diem illum*, de 2 de fevereiro de 1904, que Maria é a medianeira onipotente e reconciliadora de toda a terra diante de seu Filho único: "Totius terrarum orbis potentissima apud Unigenitum Filium suum *mediatrix et conciliatrix*". O título é, desde então, consagrado para a festa de Maria Medianeira, instituída em 21 de janeiro de 1921.

As razões teológicas desta doutrina

Estas razões, frequentemente invocadas pelos Padres e mais explicitamente pelos teólogos, são as seguintes:

Maria merece o nome de medianeira universal subordinada ao Salvador, se ela é intermediária entre ele e os homens, apresentando suas orações e obtendo-lhes os benefícios de seu Filho.

Ora, tal é precisamente, com respeito a nós, o papel de Mãe de Deus, que, permanecendo uma criatura, alcançou por sua divina maternidade as fronteiras da Deidade e recebeu a plenitude da graça que deve fluir sobre nós. Ela, de fato, cooperou para a nossa salvação, consentindo livremente em ser a Mãe do Salvador, e unindo-se o mais intimamente quanto possível ao seu sacrifício.

Veremos mais tarde que ela obteve o mérito e a satisfação, com ele, por nós. Enfim, segundo a doutrina da Igreja, ela continua a interceder por nós, para obter todas as graças úteis à salvação. Com isso, ela exerce sua maternidade espiritual, de que falamos mais acima.

Cristo permanece, assim, o mediador principal e perfeito, porque é somente em dependência de seus méritos que Maria exerce sua mediação subordinada, que não é absolutamente necessária, porque os méritos do Salvador são *superabundantes*;²⁶ mas que foi desejada pela Providência por causa de nossa fragilidade e para comunicar a Maria a dignidade de causalidade na ordem da santificação e da salvação.

---

²⁵ *Tratado da Verdadeira Devoção à Santíssima Virgem*, caps. I e II.

²⁶ Ele não tem necessidade de um *complemento* oferecido por Maria; é por isso que ela é comparada ao pescoço que reúne os membros do Corpo místico à cabeça, e é chamada de aqueduto das graças.

Assim, a obra redentora é toda de Deus como causa primeira da graça, é toda de Cristo como mediador principal e perfeito, e é toda de Maria como medianeira subordinada. Estas são as três causas, não parciais ou coordenadas, como três homens que puxam um navio, mas totais e subordinadas, de tal modo que a segunda não age senão que por influxo da primeira e a terceira por influxo das duas outras, como o fruto da árvore é, por diversos títulos, todo inteiro de Deus, autor da natureza, e todo inteiro da árvore e do ramo o que o carrega. Não há uma parte do fruto que seja da árvore e outro do ramo, igualmente no caso que nos ocupa.[27]

Acrescentemos a isso que convinha que Maria, resgatada pelo Salvador por uma redenção soberana e preservadora de toda falta original e atual, cooperasse assim em nossa salvação, isto é, em nossa libertação do pecado, em nossa justificação e em nossa perseverança final .

Sua mediação ultrapassa, assim, em muito, aquela dos santos, porque somente ela nos deu o Salvador; somente ela esteve também intimamente unida, com um coração de mãe, ao sacrifício da cruz; somente ela é medianeira universal para todos os homens e, como veremos mais tarde, de todas as graças, não somente em geral, mas em particular, até a mais particular de todas, que é, para cada um de nós, a do momento presente, que assegura nossa fidelidade de minuto em minuto.

Veremos melhor esta universalidade depois ter demonstrado que Maria nos mereceu, com um mérito de conveniência, *tudo* o que Jesus nos mereceu em estrita justiça; que ela tudo satisfez com ele, por nós, com uma satisfação de conveniência, e que em seguida, por aplicação dos frutos da redenção, continua a interceder por cada um de nós, mais especialmente por aqueles que a invocam, e que todas as graças particulares que são concedidas a cada um de nós, de fato, o são tão somente por sua intercessão.

---

[27] Nós não afirmamos aqui para Maria senão uma *causalidade moral*, que exerce, como veremos, pelo mérito, a satisfação, a intercessão; entretanto, é provável também, como diremos mais tarde, que ela exerça na ordem espiritual, como a humanidade de Jesus, uma *causalidade física instrumental* para a transmissão e produção de graças, que por ela recebemos; essa probabilidade permanece uma simples probabilidade, mas não pensamos que se possa negá-la, sem correr o risco de diminuir a influência de Maria, que deve ser mais real e mais íntima do que comumente imaginamos.

Artigo II
OS MÉRITOS DE MARIA PARA NÓS

Natureza e extensão destes méritos

Não é somente no céu que a Santíssima Virgem exerce suas funções de medianeira universal pela intercessão e distribuição das graças; ela já os tinha exercido sobre a terra, segundo a expressão recorrente, "pela aquisição destas graças", cooperando para nossa redenção, pelo mérito e pela satisfação. Nisso ela esteve associada à Nosso Senhor, que foi o primeiro mediador durante sua vida terrestre, sobretudo pelo sacrifício da cruz, e é mesmo o fundamento da mediação que exerce no céu por sua intercessão, para nos aplicar os frutos da redenção que nos transmite. Vejamos qual é o ensinamento comum dos teólogos sobre os méritos de Maria para conosco, partindo dos próprios princípios da teologia sobre os diferentes gêneros de mérito.

Os três gêneros de mérito propriamente dito

O mérito, em geral, é um direito a uma recompensa. Ele não produz, ele a obtém; o ato meritório lhe dá o direito. O mérito sobrenatural, que pressupõe o estado de graça e a caridade, é um direito a uma recompensa sobrenatural. Ele se distingue da satisfação, que tem por finalidade reparar, pela expiação, o ultraje feito pelo pecado à majestade infinita de Deus e torná-lo favorável a nós. O mérito, que pressupõe o estado de graça, se distingue também da oração, que, por uma graça atual, pode existir no pecador em estado de pecado mortal, e que se dirige não à justiça divina, mas à misericórdia. De resto, mesmo no justo, a força impetratória da oração se distingue do mérito, e é por isso que ela pode obter graças que não podem ser merecidas, como a da perseverança final, que é a continuação do estado de graça no momento da morte.

Mas é importante distinguir três gêneros de mérito propriamente dito. Há primeiro, no ápice, em Cristo, o *mérito* perfeitamente digno de sua recompensa, ou *de perfeita condignidade – perfecte de condigno –*, porque o valor da obra ou do ato de caridade teândrico, que na alma de Jesus procede da pessoa divina do Verbo, *iguala*, pelo menos, o valor da retribuição *em estrita justiça*. Os atos meritórios de Cristo que eram, em sua santa alma, atos de caridade ou inspirados por ela, têm um valor infinito e superabundante, em razão da pessoa do Verbo de que derivam. Ele pôde, em estrita justiça, merecer *para nós* as graças da salvação, porque foi constituído cabeça da humanidade, pela plenitude de graças que deveriam transbordar sobre nós para nossa salvação.

Em segundo lugar, é de fé[28] que todo justo ou toda pessoa em estado de graça que tem o uso da razão e do livre-arbítrio e que ainda está em estado de "viator" pode merecer o aumento da caridade e a vida eterna, por um mérito real, comumente chamado *de condignidade – de condigno* –, porque é digno de sua recompensa, não que seja igual a ela, como em Cristo, mas porque é realmente *proporcionado*, enquanto que procede da graça habitual, gérmen da vida eterna prometida por Deus àqueles que observam seus mandamentos. Este mérito de condignidade é ainda um *direito em justiça* distributiva à recompensa, ainda que não seja, segundo todo o rigor de justiça, como aquele de Cristo. É por isso que a vida eterna é chamada uma coroa da justiça,[29] uma retribuição que se deve pelas obras,[30] a recompensa de um labor que a justiça divina não pode esquecer.[31]

Mas o justo não pode merecer *de condigno*, de um mérito de condignidade fundado em justiça, a graça *para outro homem*: a conversão de um pecador ou o aumento da caridade em outra pessoa; a razão é que ele não foi constituído cabeça da humanidade para regenerá-la e conduzi-la à salvação; isso pertence somente a Cristo.[32] Em outros termos, o mérito de condignidade dos justos, mesmo o de Maria, por oposição ao de Cristo, é incomunicável.

No entanto, todo justo pode merecer a graça para os outros com *um mérito de conveniência – de congruo proprie –* que é fundado não sobre a justiça, mas sobre a caridade, ou a amizade que o une a Deus; os teólogos dizem que é fundado sobre os direitos de amizade, *in jure amicabili*. Santo Tomás explica-o, dizendo: "Porque o homem constituído em estado de graça faz a vontade de Deus, convém, segundo a proporção (ou os direitos) de amizade, que Deus realize a vontade

---

[28] *Concílio de Trento*. Sess. VI. can. 32 (*Denz.*, 842).

[29] "Reposita est mihi corona justitiae quam reddet mihi Dominus in illa die, justus judex", diz São Paulo (IITim 4, 8).

[30] "Reddet unicuique secundum opera sua, iis qui secundum patientiam boni operis gloriam quaerunt, vitam aeternam" (Rm 2, 6-7).

[31] "Non enim injustus est Deus ut obliviscatur operis vestri" (Hb 6, 19).

[32] Cf. At 4, 12: "Em nenhum outro há salvação, porque debaixo do céu nenhum outro nome foi dado aos homens, pelo qual devamos ser salvos". (cf. *Santo Tomás*, Iª IIae, q. 114, a. 6).

deste homem salvando outra pessoa, ainda que algumas vezes possa haver um obstáculo do lado desta última", a tal ponto que ela não se converterá de fato.[33] Em outros termos: se o justo realiza a vontade de Deus, seu amigo, convém, segundo os direitos de amizade, que Deus, seu amigo, realize o desejo deste seu bom servo. É assim que uma boa mãe cristã pode, por suas boas obras, por seu amor a Deus e ao próximo, merecer *de congruo proprie*, com um mérito de conveniência, a conversão de seu filho; assim Santa Mônica obteve a conversão de Agostinho, não somente por suas orações dirigidas à infinita Misericórdia, mas por este gênero de mérito. "O filho de tantas lágrimas – disse-o Santo Ambrósio – não poderá perecer".

Vemos aqui o que deve ser o mérito de Maria por nós; deve-se notar, a este respeito, que este terceiro gênero de mérito, dito *de congruo proprie* ou de conveniência, é ainda um mérito propriamente dito, fundado *in jure amicabili*, sobre os direitos de amizade divina, que supõe o estado de graça.

A razão é que a noção de *mérito* não é unívoca, ou passível de ser tomada em um só sentido, mas *análoga*, isto é, tem diversos sentidos, mas proporcionalmente *semelhantes*, que são ainda de sentido próprio, e não somente em sentido lato ou metafórico, assim como a sabedoria dos santos, excluindo a de Deus, é ainda em sentido próprio uma verdadeira sabedoria; do mesmo modo, a sensação, sem ser um conhecimento intelectual, é ainda em sentido próprio um verdadeiro conhecimento na sua ordem.

Assim, abaixo dos méritos infinitos de Cristo, que somente pôde em estrita justiça merecer-nos a salvação, e abaixo do mérito de condignidade do justo para si mesmo, que lhe dá o direito em justiça a um aumento de caridade e (se morre em estado de graça) a vida eterna, há o mérito de conveniência *de congruo proprie*, fundado sobre os direitos da amizade, e que é ainda um mérito propriamente dito, que pressupõe o estado de graça e a caridade.[34]

É um mérito impropriamente dito aquele que se encontra na oração do pecador em estado de pecado mortal, oração que tem um

---

[33] Iª IIae, q. 114, a. 6.

[34] Traduz-se, às vezes, o latim *meritum de condigno*, pelas palavras "mérito propriamente dito"; isto é inexato, porque dá a entender que o mérito dito *de congruo proprie* não é mais um mérito propriamente dito. Ele ainda o é, ainda que seja menos perfeito que o precedente, como este é menos perfeito que o mérito de Cristo.

valor impetratório, que se dirige não à justiça de Deus, mas à sua misericórdia, e que se funda não sobre os direitos de amizade divina da caridade, mas sobre a graça atual que o leva a rezar. Este último mérito é chamado de conveniência somente no sentido lato, *de congruo improprie*, não é um mérito propriamente dito.

Tais são, portanto, os três gêneros de méritos propriamente ditos: o de Cristo para nós, o do justo para si mesmo, e o do justo para os outros.

O mérito propriamente dito de conveniência de Maria para nós

Se tal é o ensinamento geral dos teólogos sobre os diferentes gêneros de mérito, se Santa Mônica pôde merecer, propriamente falando, com um mérito de conveniência, *de congruo proprie*, a conversão de Agostinho, pergunta-se: como a Santíssima Virgem, mãe de todos os homens, pode merecer por nós? Colocar assim esta questão, à luz dos princípios já enunciados, é já resolvê-los.

Assim, não se deve estranhar que, sobretudo a partir do século XVI, os teólogos ensinem comumente, de modo explícito, que aquilo que Cristo mereceu-nos *de condigno*, a Santíssima Virgem mereceu-nos com um mérito de conveniência, *de congruo proprie*.

Este ensinamento é muito explicitamente formulado por Suárez, que demonstra por múltiplos testemunhos da tradição que Maria, ainda que não tenha nada merecido *de condigno*, porque ela não foi constituída cabeça da Igreja, no entanto, cooperou com a nossa salvação, pelo mérito de conveniência, ou *de congru*.[35] João de Cartago,[36]

---

[35] In *Iam P. S. Thomae* t. II disp. XXIII sect 1 n. 4: "Quamvis B. Virgo nec nos redemerit, *nec aliquid de condigno nobis meruerit*, tamen impetrando, *merendo de congruo*, et ad incarnationem Christi suo modo cooperando, ad salutem nostram aliquo modo cooperata est. Et eisdem modis saepissime sancti Patres B. Virgini attribuunt, quod nostrae fuerit salutis causa". Suárez cita aqui Santo Irineu, Santo Agostinho, São Fulgêncio, Santo Anselmo, São Bernardo, São Germano, Santo Efrém, São Pedro Damião, Ricardo de São Vítor, Inocêncio III.

[36] *Opera*, t. II, pp. 30ss.

Novato,[37] Cristóvão de Vega,[38] Teófilo Raynaud[39] e Jorge de Rhodes[40] reproduzem esta doutrina. O mesmo ensinamento é comumente dado pelos teólogos posteriores, notadamente nos séculos XIX e XX, por Ventura, Scheeben, Terrien, Billot, Lépicier, Campana, Hugon, Bittremieux, Merkelbach, Friethoff, e todos os que escreveram nos últimos anos sobre a mediação universal da Santíssima Virgem.

Finalmente, Pio X, na encíclica *Ad diem illum* de 2 de fevereiro de 1904, diz: "Maria (...), porque ultrapassa todas as outras criaturas pela santidade e união a Cristo, e porque foi associada por ele à obra de nossa salvação, *nos mereceu com um mérito de conveniência, de congruo, ut aiunt, o que ele mesmo nos merece um mérito de condignidade*, e é a principal tesoureira de graças a serem distribuídas".[41]

Como se notou,[42] há uma dupla diferença entre este mérito de conveniência de Maria para os outros e o nosso: é que a Santíssima Virgem pôde assim merecer-nos não somente algumas graças, mas todas e cada uma, e não mereceu somente a aplicação, mas a aquisição, porque ela esteve unida a Cristo redentor no ato mesmo da redenção aqui na terra, antes de interceder por nós no céu.

Esta conclusão, tal como aprovada por Pio X, nada mais é que a aplicação a Maria da doutrina comumente recebida sobre as condições de mérito de conveniência, *de congruo proprie*, fundado *in jure amicabili*, sobre a amizade que une o justo a Deus. Também certos teólogos consideram esta conclusão como moralmente certa, outros como uma verdadeira conclusão teológica inteiramente certa, outros mesmo como uma verdade formalmente e implicitamente revelada e definível como dogma. É ao menos, pensamos, uma conclusão teológica certa. Nós retornaremos a isso, no cap. III, art. III.

---

[37] *De eminentia Deiparae virginis Mariae*, Roma, 1629, t. I, pp. 379ss.

[38] *Theologia mariana*, Nápoles, 1866, t, II, pp. 441ss.

[39] *Opera*, t. VI, pp. 224ss. Théophile Raynaud insiste, contudo, sobre este ponto de que a redenção realizada por Jesus Cristo é de um valor infinito e superabundante, não tendo necessidade de um complemento oferecido por Maria.

[40] *Disp. Theol. schol.*, tr. VIII, *De Deipara virgine Maria*, t. II, p. 265, Lyon, 1661. Jorge de Rhodes diz que Maria mereceu-nos *de congruo* tudo o que Cristo mereceu-nos *de condigno*.

[41] O texto latino traz: "Maria (...) quoniam universis sanctitate praesta conjunctioneque cum Christo, atque a Christo adscita in humanae salutis opus, *de congruo*, ut aiunt, *promeret nobis quae Christus de condigno promeruit* estque princeps largiendarum gratiarum ministra". (*Denzinger*, n. 3034). Sobre esse texto, cf. Merkelbach, *Mariologia*, p. 328.

[42] Cf. Merkelbach, *Mariologia*, p. 329.

Qual é a extensão deste mérito de conveniência de Maria para nós?

Como ela foi associada a toda a obra redentora de Cristo, e como os teólogos que citamos dizem geralmente que *tudo* o que Cristo mereceu-nos *de condigno*, Maria mereceu-nos *de congruo*, como, enfim, Pio X, sancionando esta doutrina, não lhe põe restrições, basta recordar o que Jesus mereceu-nos.[43]

Ora, Jesus mereceu-nos em justiça todas as graças suficientes, necessárias para que todos os homens *pudessem realmente* observar os preceitos, ainda que não os observem de fato;[44] mereceu-nos todas as graças eficazes, com seus efeitos, isto é, a realização efetiva da vontade divina; e, enfim, mereceu-nos todos os efeitos de sua predestinação: a vocação cristã, a justificação, a perseverança final e a glorificação ou a vida eterna.[45]

---

[43] No Antigo Testamento, as graças foram concedidas como em crédito, em virtude dos méritos futuros do Redentor, aos que estão sempre unidas, no plano divino, aos de sua santa Mãe. O mérito de conveniência de Maria se estendeu, portanto, também por antecipação aos justos da antiga lei.

[44] É o caso de recordar que, se o homem *resiste*, por sua própria defectibilidade, à graça suficiente, merece ser privado da graça eficaz, que lhe é oferecida na graça suficiente, como o fruto na flor. A resistência ou pecado é como o granizo que cai sobre uma árvore em flor, que prometia muitos frutos.

[45] Cf. *Santo Tomás*, III\ª, q. 24, a. 4 "Si consideretur praedestinatio (nostra) secundum terminum praedestinationis (scil. secundum effectus ejus), sic praedestinatio Christi est causa praedestinationis nostrae. *Sic enim Deus praeordinavit nostram salutem*, ab aeterno praedestinando, *ut per Jesum Christum compleretur*". Ver, sobre este artigo, os comentadores, por exemplo Gonet e Billuart que mostram bem, pelo que diz Santo Tomás aqui e em outros lugares, que Cristo, sob a inspiração divina, *mereceu-nos todos os efeitos de nossa predestinação*, do mesmo modo que ele, de modo especial e eficaz, *rezou* pelos eleitos.

Cf. *Santo Tomás*, III\ª, q. 19, a. 4: "Meritum Christi se extendit ad alios, in quantum sunt membra ejus, sicut etiam in uno homine actio capitis aliqualiter pertinet ad omnia membra ejus, quia non solum sibi sentit, sed omnibus membris".

Nós não podemos merecer por nós mesmos a graça da perseverança final, e nossa predestinação, segundo Santo Agostinho e Santo Tomás, não depende da previsão divina de nossos méritos, porque estes foram o *efeito* de nossa predestinação, não podendo ser a sua *causa*. Cf. *Santo Tomás*, I\ª, q. 23, a. 5; I\ª II\ᵃᵉ, q. 114, a. 9.

Mas se nós não podemos, propriamente falando, merecer nossa perseverança final (que não pode ser obtida a não ser pela oração, cujo valor é distinto do mérito), Nosso Senhor, ele, o mereceu em justiça, para aqueles que perseverarem, e a Santíssima Virgem mereceu-lhes também, com um mérito de conveniência. Os tomistas dizem comumente: "Praedestinatio nostra non est ex praevisis nostris meritis, sed effectus ejus sunt ex praevisis meritis Christi". Em outros termos, Cristo é a causa meritória de nossa salvação, e Maria lhe está sempre associada.

Daqui resulta que Maria mereceu-nos, com um mérito de conveniência, todas essas graças, e que no céu ela pede sua aplicação e as distribui.[46]

Tudo isso nos mostra em que sentido tão elevado, íntimo e extenso é Maria a nossa Mãe espiritual, a Mãe de todos os homens; por conseguinte, ela deve velar sobre aqueles que a invocam não somente vez ou outra, mas que se consagram a ela, para serem por ela conduzidos à intimidade com Cristo, como explica admiravelmente o Beato Grignion de Montfort (cf. *Tratado da verdadeira devoção à Santíssima Virgem*, cp. 1, a. 2): *Maria é necessária aos homens para conseguir a salvação*. A devoção a ela não é, portanto, de superrogação, como a este ou àquele santo; ela é necessária, e quando é verdadeira, fiel, perseverante, ela é um sinal de predestinação. "Esta devoção é ainda mais necessária àqueles que são chamados a uma particular perfeição de vida, e não creio mesmo – diz (*ibid.*) o Beato de Montfort – que alguém possa atingir uma íntima união com Deus e uma perfeita fidelidade ao Espírito Santo, sem uma união muito grande com a Santíssima Virgem e sem uma grande dependência do seu patrocínio (...). Disse – acrescenta ele – que isto acontecerá especialmente no fim do mundo (...) porque o Altíssimo e a sua Santa Mãe devem suscitar grandes santos (...). Essas grandes almas, cheias de graça e de zelo, serão escolhidas para se opor aos inimigos de Deus, que se agitarão de todos os lados. Serão singularmente devotas da Santíssima Virgem, esclarecidas pela sua luz, alimentadas com seu leite, conduzidas pelo seu espírito, sustentadas pelo seu braço, e guardadas sob a sua prote-

---

[46] Cristo, do que acabou de ser dito, mereceu ele mesmo para Maria todos os efeitos da predestinação dela, salvo a maternidade divina, porque ele teria merecido assim a Encarnação, isto é, teria merecido a si mesmo. (cf. *Santo Tomás*, III^a, q. 19, a. 3); neste lugar é demonstrado que "Cristo não pôde merecer-se nem a graça, nem a beatitude da alma, nem sua divindade (nem a personalidade divina), porque o mérito influencia sobre o que ainda não se tem, e teria sido necessário então que Cristo, no primeiro instante de sua concepção, *não tivesse* esses dons divinos, o que diminuiria sua dignidade, mais do que o mérito seria capaz de aumentá-lo. Mas ele mereceu a glória de seu corpo ou sua ressurreição, sua ascensão e a exaltação de seu nome". Os comentadores de Santo Tomás, in III^{am}, q. 2, a: 11: "utrum aliqua merita incarnationem praecesserint", mostram que *Cristo, que não pôde merecer-se a si mesmo, não pôde merecer nem a Encarnação, nem as circunstâncias que pertencem, por assim dizer, à substância e à individuação da Encarnação*; por exemplo, não mereceu ser concebido por operação do Espírito Santo, *nascer da Virgem Maria*; assim, ele não mereceu a maternidade divina da Santíssima Virgem (cf. SALMATICENSES, ibid.); mas mereceu as circunstâncias que não pertencem à substância da Encarnação: as predições dos profetas, a Anunciação do anjo, etc, ou aquelas que dela se seguem, como a adoração dos magos, os cuidados que lhe foram dados por Maria e José – ele mereceu muito certamente para Maria a plenitude inicial de graça, a preservação do pecado original, todas as graças atuais pelas quais a plenitude inicial cresceu nela, enfim, a perseverança final e a glória.

ção, de modo que hão de combater com uma das mãos e edificar com a outra (...); isto lhes atrairá o ódio de muitos, mas também lhes trará muitas vitórias e muita glória para Deus somente (...). "

Essa alta doutrina espiritual, cujos frutos nós veremos mais e mais, aparecem no domínio da contemplação e da união íntima com Deus como consequência normal desta verdade, reconhecida pelos teólogos e afirmada hoje em todas as suas obras: Maria mereceu-nos com um mérito de conveniência tudo o que Nosso Senhor mereceu-nos em estrita justiça, em particular, para os eleitos, todos os efeitos de sua predestinação.

Artigo III
OS SOFRIMENTOS DE MARIA CO-REDENTORA

Como ela obteve satisfação por nós?

A satisfação tem por objetivo reparar a ofensa feita a Deus pelo pecado e nos torná-lo favorável. Ora, a ofensa que provém do pecado mortal, pela qual a criatura racional se afasta de Deus e prefere um bem criado, tem uma gravidade infinita. A ofensa, com efeito, é tanto mais grave quanto a dignidade da pessoa ofendida é mais elevada, e o pecado mortal, afastando-nos de Deus, nosso fim último, na prática nega a Deus a dignidade infinita de soberano bem e destrói seu reino em nós.

Segue-se disso que somente o Verbo feito carne pôde oferecer a Deus uma satisfação perfeita ou adequada pela ofensa que provém do pecado mortal.[47] Para ser uma satisfação perfeita, é necessário que o amor e a oblação do Salvador agradem a Deus tanto mais quanto lhe desagradaram todos os pecados reunidos, como diz Santo Tomás.[48] Assim ocorria com todo ato de caridade de Cristo, porque ele tomava, na pessoa divina do Verbo, um valor infinito para oferecer tanto o mérito quanto a satisfação. A obra meritória torna-se satisfatória, ou

---

[47] É mais fácil destruir que reedificar. A ofensa que provém do pecado mortal tem uma gravidade infinita, porque nega praticamente a Deus uma perfeição infinita, enquanto que nosso amor de Deus não tem um valor infinito, fica limitado do lado da pessoa que é o princípio. Nossas negações relativas a Deus vão mais longe que nossas afirmações; ademais, uma ofensa grave feita a Deus destrói em nós a vida da graça e da caridade, e quando nós a perdemos não nos podemos restituí-la.

[48] III\ª, q. I a. 2 ad 2, et q. 48, a. 2.

reparadora e expiadora, quando tem algo de aflitivo ou de penoso, e Jesus, ao oferecer sua vida em meio aos maiores sofrimentos físicos e morais, ofereceu desde então a seu Pai uma satisfação de um valor infinito e superabundante. Somente ele podia assim obter plenamente uma satisfação em estrita justiça, porque o valor da satisfação, assim como o do mérito, provém da excelência da pessoa que, em Jesus, tem uma dignidade infinita.

Mas a satisfação perfeita do Salvador pôde unir-se uma satisfação de conveniência, como a seu mérito se junta um mérito de conveniência. É necessário insistir para melhor ver então qual foi a profundidade e a extensão dos sofrimentos da Santíssima Virgem.

Maria ofereceu por nós uma satisfação de conveniência do maior valor, depois daquela de seu Filho

O mérito é o fundamento da satisfação, quando a obra meritória toma um caráter aflitivo. Também a partir dos princípios expostos no artigo precedente, os teólogos ensinam comumente esta proposição: "Beata Maria Virgo satisfecit de congruo ubi Christus de condigno": Maria ofereceu por nós uma satisfação de conveniência enquanto Jesus Cristo a ofereceu por nós em estrita justiça.

Em sua qualidade de Mãe de Deus redentor, ela esteve, com efeito, unida a ele por uma perfeita conformidade de vontade, pela humildade, pobreza, sofrimentos e lágrimas, sobretudo no Calvário; neste sentido, ela ofereceu com ele a satisfação, e esta satisfação de conveniência tira seu enorme valor de sua eminente dignidade de Mãe de Deus, da perfeição de sua caridade, do fato de que ela não tinha nada para expiar por ela mesma, e da intensidade de seus sofrimentos.

É isso que expõem os Padres quando falam do "Maria aos pés da cruz", como afirma São João (Jo 19, 25); recordam-nos as palavras do velho Simeão: "Uma espada transpassará tua alma". (Lc 2, 35), e nos mostram que Maria sofreu na medida de seu amor por seu Filho crucificado, por causa de nossos pecados, na proporção também da crueldade dos algozes e da atrocidade do suplício infligido àquele que era a própria inocência.[49]

---

[49] Cf. Santo Efrém, *Oratio ad Virg.*, édit. Venise, t. III, p. 195; Santo Ambrósio, *De Instit. Virg.*, c. 7, *Epist. 25 ad Eccles. Vercell.*; São Bernardo, *Sermo de Passione, Sermo de duodecim stellis, Sermo Dom. infra Oct. Ass.*; Santo Alberto Magno, *Mariale*, q. 42; São Boaventura, *Sermo. I de B. V.*; São Lorenço Justiniano, *Sermo de nativ. Virg.*

A liturgia, desde longos tempos, diz também que Maria, pelo martírio do coração, o mais doloroso, mereceu o título de Rainha dos mártires; é o que recordam as festas da Compaixão da Santíssima Virgem , de Nossa Senhora das Sete Dores e o *Stabat.*

Leão XIII resume esta doutrina dizendo que ela esteve associada a Cristo na obra dolorosa da redenção do gênero humano.[50]

Pio X chama-a "a reparadora do mundo decaído"[51] e mostra como ela esteve unida ao sacerdócio de seu Filho: "Não somente porque consentiu em se tornar a Mãe do Filho único de Deus para tornar possível um sacrifício destinado à salvação dos homens; mas a glória de Maria consiste também em ter aceitado a missão de proteger e nutrir o Cordeiro do sacrifício, e quando chegou o momento, conduzi-lo ao altar da imolação. De tal modo, a comunhão de vida e de sofrimentos de Maria e de seu Filho jamais foi interrompida. A ela, tanto como a ele, se aplicam paralelamente as palavras do profeta : 'Minha vida se consome em amargura, e meus anos em gemidos '."

Bento XV ensina, enfim: "Unindo-se a Paixão e a morte de seu Filho, ela sofreu como se morresse (...) para aplacar a justiça divina; tanto quanto podia, ela imolou seu Filho, de tal modo que se pode dizer *que com ele resgatou o gênero humano*".[52] É o equivalente do título de *co-redentora*.[53]

---

[50] Enc. *Jucunda semper*, 8 de setembro de 1894: "Consors cum Christo existit laboriosae pro humano genere *expiationis*".

[51] Enc. *Ad diem illum*, 2 de fevereiro de 1904: "Reparatrix perditi orbis".

[52] Lit. *Inter Sodalicia*: "Ita cum Filio patiente et moriente passa est et poene commortua, sic materna in Filium jura pro hominum salute abdicavit, placandaeque Dei justitiae, quantum ad se pertinebat, Filium immolavit; ut dici merito queat, *ipsam cum Christo humanum genus redemisse*".

[53] Cf. *Denzinger*, n. 3034, 4, onde está citado o texto de Bento XV. No mesmo lugar, está indicado que Pio XI (Litt. Apost., 2 de fevereiro de 1923) escreveu também: "Virgo perdolens redemptionis opus Jesu Christo participavit", e que um decreto do Santo Ofício de 26 de junho de 1913 louvou "o hábito de juntar ao nome de Jesus os de sua santa Mãe, nossa co-redentora, a Bem-Aventurada Virgem Maria", "nomen Matris suae, *coredemptricis nostrae, Beatae Mariae*." A mesma Congregação indulgenciou, enfim, a oração em que Maria é chamada "corredentrice del genere humano" (22 de janeiro de 1914).

Cf. *Dict. Théol. cath.*, art. *Marie*, c. 2396: "Tendo significado a palavra 'co-redentora', por si mesma, uma simples cooperação à redenção de Jesus Cristo, e tendo recebido, depois de muitos séculos, na linguagem teológica, o sentido muito determinado de uma cooperação secundária e dependente, segundo os testemunhos supracitados, não há ponto de dificuldade sério em usá-la, com a condição de que se faça acompanhar de algumas expressões indicando que o papel de Maria, nesta cooperação, é um papel secundário e dependente".

A profundidade e a fecundidade dos sofrimentos de Maria co-redentora

O caráter de satisfação ou de expiação dos sofrimentos da Santíssima Virgem provém de que, como Nosso Senhor e com ele, ela sofreu pelo pecado ou pela ofensa feita a Deus. Ora, ela sofreu na medida de seu amor por Deus ofendido, de seu amor por seu Filho crucificado por causa de nossas faltas, e de seu amor por nossas almas que o pecado destrói e faz morrer. Esta medida foi, pois, a da plenitude de graça e de caridade, que desde o instante de sua concepção imaculada ultrapassa a graça final de todos os santos reunidos, e desde então não tinha cessado de crescer. Já pelos atos mais fáceis, Maria merecia mais que os mártires nos seus tormentos, porque colocava mais amor; qual não foi, portanto, o preço de seus sofrimentos aos pés da cruz, dado o conhecimento que recebeu do mistério da Redenção!

Na luz sobrenatural que iluminava sua inteligência, Maria via que todas as almas são chamadas a cantar a glória de Deus, de modo incomparavelmente superior às estrelas do céu. Cada alma deveria ser como um raio da divindade, raio espiritual cheio de conhecimento e de amor, porque nossa inteligência foi feita para conhecer a Deus e nosso coração para amá-lo. Ora, enquanto os astros seguem regularmente seu caminho fixado pela Providência e narram a glória do Criador, milhares de almas, cada uma do valor de um mundo, se afastam de Deus. No lugar dessa irradiação divina, desta glória exterior do Altíssimo ou de seu reino, encontram-se em inumeráveis corações as três chagas chamadas por São João de *a concupiscência da carne*, como se não houvesse outro amor desejável senão o amor carnal; *a concupiscência dos olhos*, como se não houvesse outra glória senão aquela da fortuna e das honras; *o orgulho da vida*, como se Deus não existisse, como se não fosse nosso Criador e mestre, nem nosso fim; como se não tivéssemos outro fim além de nós mesmos.

Este mal, Maria via nas almas do modo como nós vemos chagas purulentas em um corpo enfermo. Ora, a plenitude de graça, que não tinha cessado de crescer nela, tinha consideravelmente aumentado em Maria a sua *capacidade de sofrer* o maior dos males, que é o pecado, porque sofre-se muito mais quanto mais se ama a Deus, que o pecado ofende, e qunto mais se ama as almas que o pecado mortal aparta de seu fim e torna dignas de uma morte eterna.

Sobretudo Maria via, sem ilusão possível, preparar-se e consumar-se o maior dos crimes, o deicídio; ela via o paroxismo do ódio contra aquele que é a própria Luz e o Autor da salvação.

Para entrar um pouco neste sofrimento que foi o de Maria, é necessário pensar em seu amor maternal e sobrenatural – teologal – por seu Filho único não somente amado, mas legitimamente adorado, que ela amava muito mais que sua própria vida, porque era seu Deus. Ela o tinha miraculosamente concebido, ela o amava com um coração de Virgem, o mais puro, o mais terno, o mais rico de caridade que jamais houve.

Com isso, ela nada ignorava das causas da crucifixão, nada das causas humanas: a fúria dos judeus, o povo eleito, seu povo; nada das causas superiores: a redenção das almas pecadoras. Pode-se entrever, portanto, de longe a profundidade e a extensão dos sofrimentos de Maria co-redentora.

Se Abraão heroicamente sofreu preparando-se para imolar seu filho, isto não durou senão por algumas horas, e um anjo desceu do céu para impedir a imolação de Issac. Ao contrário, depois do momento em que o velho Simeão predisse a Maria a paixão de seu Filho, já claramente anunciada por Isaías, e sua própria paixão, ela não cessou de oferecer aquele que devia ser sacerdote e vítima, e de oferecer-se com ele. Esta oblação dolorosa durou não somente algumas horas, mas anos, e se um anjo desceu do céu para impedir a imolação de Isaac, nenhum desceu para impedir a de Jesus.

Bossuet, em seu sermão sobre a Compaixão da Santíssima Virgem, diz excelentemente: "É a vontade do Pai eterno que Maria fosse não somente imolada com esta vítima inocente e cravada à cruz do Salvador pelos mesmos cravos que lhe pertencem, mas também que fosse associada a todo mistério que se cumpre por sua morte (...).

"Três coisas concorrem juntas no sacrifício de nosso Salvador, e fazem sua perfeição. Há, primeiramente, os sofrimentos pelos quais sua humanidade é toda triturada; há, em segundo lugar, a resignação pela qual ele se submete humildemente à vontade de seu Pai (oferecendo-se a ele); há, em terceiro lugar, a fecundidade pela qual ele nos gera para a graça e nos dá a vida ao morrer. Ele sofre como vítima que deve ser destruída e golpeada; ele se submete como o sacerdote que se deve sacrificar voluntariamente: *voluntarie sacrificabo tibi* (Sl. 53, 8); enfim, ele nos gera por seus sofrimentos, como Pai de um novo povo que ele dá à luz por suas feridas, e eis aqui as três grandes coisas que o Filho de Deus alcançou na cruz (...).

"Maria fica junto à cruz; com que olhos ela olha seu Filho todo ensanguentado, todo coberto de chagas, sem mais aparência de homem. Esta visão lhe dá a morte; se ela se aproxima deste altar, é porque ela quer ser imolada. E é lá, com efeito, que ela sente o golpe da espada afiada, que segundo a profecia do bom Simeão deveria (...) abrir seu coração maternal com tão cruéis feridas (...).

"Mas esta dor a abateu e a fez cair por terra e desfalecer? Ao contrário, *Stabat juxta crucem*, estava de pé aos pés da cruz. Não, a espada que transpassou seu coração não pôde diminuir suas forças: a constância e a aflição vão em igualdade, e ela testemunha por sua firmeza que não está menos submissa do que angustiada.

"Que fica, portanto, cristãos, senão que seu Filho bem-amado que a vê sentir seus sofrimentos e imitar sua resignação, comunica-lhe também sua fecundidade? É também com este pensamento que lhe dá São João por seu Filho: 'Mulier, ecce filius tuus' (Jo 19, 26): 'Mulher – ele disse –, eis o teu filho'. Ó, mulher, que sofres comigo, sê também fecunda comigo, sê a mãe de meus filhos, que eu te dou a todos sem reserva na pessoa deste único discípulo; eu lhes dei à luz por minhas dores; e como experimentas a amargura, também terás a eficácia, e tua aflição te tornará fecunda".[54]

Neste mesmo sermão, Bossuet desenvolve estes três grandes pensamentos, mostrando que o amor de Maria por seu Filho crucificado era suficiente para o seu martírio: "Não foi preciso mais que uma mesma cruz para seu Filho bem-amado e para ela"; ela é cravada por seu amor a ele, que a faz sentir todos seus sofrimentos físicos e morais, mais que os estigmatizados o sentiram. Sem um socorro excepcional, ela teria morrido verdadeiramente.

Uma grande dor é como um mar em fúria; as pessoas ficam loucas pela dor. Mas Jesus acalmou as águas, e assim como ele guarda a paz na cruz no meio da tempestade, concede à sua Mãe também guardá-la.

Enfim, Maria, que deu à luz o seu Filho livre das dores, deu à luz os cristãos em meio aos maiores sofrimentos. "A que preço ela os adquiriu – continua Bossuet. Foi necessário que lhe custasse o seu Filho único; ela não pode ser Mãe dos cristãos, se não dá seu bem-amado à

---

[54] Tal é o preâmbulo deste sermão, e são estes os três pontos que são desenvolvidos.

morte. Ó fecundidade dolorosa! (...) Foi a vontade do Pai eterno fazer nascer filhos adotivos pela morte do Filho verdadeiro (...). Ele dá seu próprio Filho à morte para fazer nascer os adotivos. Quem desejaria uma adoção a este preço, entregar um filho por estrangeiros? É, no entanto, o que fez o Pai eterno (...). É Jesus quem nos diz: "Deus tanto amou o mundo que nos deu seu Filho único" (Jo 3, 16).

"(Do mesmo modo, Maria) é a Eva da nova aliança, é a Mãe comum de todos os fiéis; mas é necessário que lhe custe a morte de seu primogênito, é necessário que ela se una ao Pai eterno, e que entreguem seu Filho em comum, por um acordo em comum, ao suplício. É por isso que a Providência a chamou aos pés da cruz: *ela veio imolar seu Filho verdadeiro, a fim de que os homens vivam* (...). Ela se torna Mãe dos cristãos às custas de uma aflição sem medida". O cristão deve lembrar-se sempre disto, e encontrará motivo de um verdadeiro arrependimento de suas faltas. A regeneração de nossas almas custou a Nosso Senhor e à sua santa Mãe muito mais que nós poderíamos pensar.

Deve-se dizer, para concluir, que *Maria co-redentora nos deu à luz aos pés da cruz pelo maior ato de fé, de esperança e de amor que ela podia fazer em tal momento.*

Pode-se mesmo dizer que é o maior ato de fé que jamais existiu, porque Jesus não tinha fé, mas sim a visão beatífica que conservava no Calvário. Nesta hora de obscuridade, que foi chamada hora das trevas, quando a fé dos próprios Apóstolos parece cambalear, quando Jesus parece totalmente vencido e sua obra para sempre aniquilada, quando o céu parece não mais responder a suas súplicas, Maria não cessou por um instante de crer que seu Filho é o Salvador da humanidade, e que no terceiro dia ressuscitaria como anunciou. Quando ele pronuncia suas últimas palavras: "Tudo está consumado", na plenitude de sua fé, a Virgem compreendeu que a obra de salvação foi realizada pela mais dolorosa imolação, que todas as missas recordarão até o fim do mundo. Jesus, na véspera, tinha instituído este sacrifício eucarístico e o sacerdócio cristão; ela vislumbrava o resplendor infinito do sacrifício da cruz. Ela compreende que seu Filho agonizante é verdadeiramente *o Cordeiro que tira os pecados do mundo*, que ele é o vencedor do pecado e do demônio e que, no terceiro dia, seria o vencedor da morte, consequência do pecado. Ela via a intervenção suprema de Deus lá onde aqueles com maior fé não viam senão trevas e desolação. É o maior ato de fé, certamente, que existiu em uma criatura, uma fé bem superior à dos anjos, quando estiveram em estado de "viator".

Este foi também para ela o ato supremo de esperança, no momento onde tudo parecia desesperador. Ela entendeu todo o sentido das palavras ditas ao bom ladrão: "Ainda esta noite estarás comigo no paraíso"; o céu se abriria para os eleitos.

Foi, enfim, para ela o maior ato de caridade: amar a Deus até oferece-lhe seu filho único e inocente, ao meio às piores torturas; amar a Deus acima de tudo no momento em que, por causa de nossas faltas, ela era ferida por ele em sua afeição mais profunda e mais alta, no próprio objeto de sua legítima adoração; amar as almas até dar por elas seu próprio Filho.

Sem dúvida, as virtudes teologais continuaram crescendo em Maria até sua morte, porque seus atos de fé, de esperança e de caridade, longe de serem interrompidos, continuaram nela como um *estado*. Tomaram mesmo, na calma, uma maior amplitude, como quando um grande rio, após a ebulição das passagens mais de difíceis de seu curso, se torna mais e mais poderoso e majestoso, até que se lança no oceano.

O que aqui a teologia sublinha é que em Maria, aos pés da cruz, o sacrifício iguala o mérito; um e outro são de um valor inestimável, e *sua fecundidade ultrapassa nesta linha* – sem alcançar o sacrifício de Cristo – *tudo que dele se poderia dizer.*[55] É o que os teólogos exprimem ao dizer: Maria ofereceu satisfação por nós, com uma satisfação de conveniência, fundada sobre sua imensa caridade, assim como Jesus ofereceu satisfação em estrita justiça para a nossa salvação.

Os santos que foram os mais associados aos sofrimentos do Salvador não penetraram tanto quanto Maria nas últimas profundezas da Paixão. Santa Catarina de Ricci teve todas as sextas-feiras, durante

---

[55] Tal como uma assíntota ou linha direta que, indefinidamente prolongada, se aproxima continuamente de uma curva, sem poder jamais alcançá-la. Do mesmo modo, os lados de um polígono inscrito em uma circunferência podem sempre ser multiplicados sem se tornarem um ponto, e sem que o polígono atinja a circunferência ou se identifique com ela. Do mesmo modo ainda, as forças desconhecidas da natureza produzem efeitos que a ciência descobre incessantemente, como descobriu recentemente o rádio; mas nunca as forças naturais poderão produzir os efeitos próprios de Deus, como a criação propriamente dita *ex nihilo*, ou a ressurreição de um morto.

doze anos, um êxtase de dor que durava vinte e oito horas, e durante o qual ela revivia todos os sofrimentos da Via Sacra. Ora, os sofrimentos de Santa Catarina de Ricci e de outros estigmatizados não se aproximam daqueles de Maria. Todos os tormentos do Coração de Jesus ressoaram no coração de Maria, que teria morrido de semelhante tortura se não tivesse sido sustentada sobrenaturalmente por um socorro excepcional. Ela assim se tornou consoladora dos aflitos – porque ela sofreu mais que eles –, a padroeira da boa morte; e certamente nem podemos supor como seus sofrimentos, depois de vinte séculos, foram fecundos.

A participação de Maria co-redentora ao sacerdócio de Cristo

Se Maria pode ser chamada de co-redentora no sentido que acabamos de explicar, não poderíamos dizer que ela é *sacerdotisa*, no sentido próprio do termo, porque ela não recebeu o caráter sacerdotal, e não poderia consagrar a Eucaristia nem dar a absolvição sacramental. Mas, como vimos ao falar da maternidade divina, esta é superior ao sacerdócio dos ministros de Cristo, no sentido de que *ela é mais perfeita ao dar a Nosso Senhor sua natureza humana do que ao tornar presente seu corpo na Eucaristia*. Maria nos deu o Sacerdote do sacrifício da cruz, o sacerdote principal do sacrifício da missa e a vítima oferecida sobre nossos altares.

É mais perfeito também oferecer seu Filho único e seu Deus sobre a cruz – oferecendo-se com ele na maior dor – do que tornar o corpo de Nosso Senhor presente e oferecê-lo sobre o altar, como faz o sacerdote durante o sacrifício da missa.

Também deve-se dizer como afirma recentemente um bom teólogo que estudou por anos estas questões:[56] "É esta uma conclusão teológica certa, de que Maria cooperou, de certa maneira, no ato principal do sacerdócio de Jesus Cristo, dando, como exige o plano divino, seu consentimento ao sacrifício da cruz, como foi realizado por Jesus Cristo". – "Não considerando senão certos efeitos imediatos da ação do sacerdote, como a consagração eucarística ou a remissão dos pecados pelo sacramento da penitência, é verdade que o sacerdote pode realizar atos que Maria, não possuindo o poder sacerdotal, nunca pôde realizar. Mas, nisto, não se trata mais de com-

---

[56] E. DUBLANCHY, *Dict. de Théol. cath.*, art. *Marie*, cc. 2396ss.

paração de dignidade, mas somente de efeitos particulares, precedentes de um poder que Maria não possuía, mas que não comporta uma dignidade superior".[57]

Se ela não pode ser chamada "sacerdotisa", no sentido próprio do termo, do fato de que ela não recebeu o caráter sacerdotal e não pode realizar seus atos, permanece, como diz M. Olier, "que ela recebeu a plenitude do *espírito do sacerdócio*, que é o espírito de Cristo redentor". É por isso que lhe é dado o título de co-redentora, que, como o de Mãe de Deus, ultrapassa a dignidade conferida pelo sacerdócio cristão.[58]

A participação de Maria na imolação e na oblação de Jesus, sacerdote e vítima, não poderia ser melhor expressado do que pelo *Stabat* do franciscano Jacopone de Todi (1228-1306).

Esta sequência manifesta, de um modo singularmente impressionante, como a contemplação sobrenatural do mistério de Cristo crucificado se dá na via normal da santidade. Ela tem formas precisas, ardentes e esplêndidas para exprimir a ferida do Coração do Salvador e nos mostrar a influência tão íntima e tão penetrante de Maria para nos conduzir a ele. E não somente a Santíssima Virgem nos conduz a esta divina intimidade, mas, em um sentido, ela a faz em nós; é o que nos diz, nestas estrofes, a repetição admirável do *Fac*, que é expressão da ardente oração:

> *Eia, Mater, fons amoris,* Eia, Mãe, fonte de amores,
> *Me sentire vim doloris* Fazei que estas fortes dores
> *Fac ut tecum lugeam.* Eu sinta convosco, e chore.
>
> *Fac ut ardeat cor meum,* Fazei que alma se me inflame
> *In amando Christum Deum,* Porque a Cristo-Deus só ame,
> *Ut sibi complaceam.* E só busque seu agrado.
>
> *Fac ut portem Christi mortem,* Fazei que eu seja consorte.
> *Passionis fac consortem* Das chagas, Paixão e morte
> *Et plagas recolere.* De Cristo, que em mim se vejam.
>
> *Fac me plagis vulnerari,* Faz-me delas chagado
> *Fac me cruce inebriari,* Desta Cruz embriagado,

---

[57] *Ibidem*, c. 2366.

[58] *Ibidem*, c. 2365.

Et cruore Filii. Por amor do doce Filho.

É a oração da alma que, sob uma inspiração especial, quer também ela conhecer espiritualmente a ferida de amor e ser associada a estes dolorosos mistérios de adoração reparadora, como foram, junto de Maria, São João e as santas mulheres sobre o Calvário, e também São Pedro quando derramou abundantes lágrimas.

Estas são as lágrimas de adoração e de contrição que se pede ao final do *Stabat*.

Fac me tecum pie flere Fazei-me convosco chorar piedoso
Crucifixi condolere, E do Crucificado compadecer
Donec ego vixero. Enquanto eu viver

Juxta crucem tecum stare, Junto à cruz convosco estar
Et me tibi sociare E a vós me associar
In planctu desidero. Às vossas lágrimas.

Maria exerceu, portanto, sobre a terra sua mediação universal, merecendo por nós com um mérito de conveniência, tudo o que Jesus Cristo mereceu-nos em estrita justiça, e também oferecendo por nós uma satisfação de conveniência, fundada sobre sua imensa caridade, enquanto que Nosso Senhor satisfez em justiça por todas nossas faltas e nos reconciliou com Deus. Para Jesus e para sua Santa Mãe, esta mediação universal exercida durante sua vida terrestre é o fundamento daquela que exerce do alto do céu, e de que devemos falar agora.

CAPÍTULO III
A mediação universal de Maria no Céu

Essa mediação que exerce a Santíssima Virgem depois da Assunção tem por finalidade obter-nos, no tempo oportuno, a aplicação dos méritos passados, adquiridos por Jesus e por ela, durante sua vida terrestre e, sobretudo, no Calvário. Nós falaremos sobre a poderosa intercessão de Maria, da maneira com que ela distribui todas as graças, ou da forma de sua influência sobre nós, e, enfim, da universalidade de sua mediação e de sua definibilidade.

Artigo I
A PODEROSA INTERCESSÃO DE MARIA

Desde sua vida terrestre, a Santíssima Virgem aparece no Evangelho como a distribuidora das graças. Por ela, Jesus santifica o precursor, quando visita sua prima Isabel e canta o *Magnificat*. Por ela, ele confirma a fé dos discípulos em Caná, concedendo o milagre que ela lhe pedia. Por ela, ele fortalece a fé de João no Calvário, dizendo: "Meu filho, eis a tua mãe." Por ela, enfim, o Espírito Santo desceu sobre os Apóstolos, porque se diz nos Atos (At 1, 14) que ela rezava com eles no Cenáculo, enquanto se preparavam para o apostolado, quando foram iluminados e fortificados pela graça de Pentecostes.

Com mais forte razão, após a Assunção, depois que ela entrou no céu e foi elevada acima dos coros dos anjos, Maria é poderosa por sua intercessão.

O senso cristão de todos os fiéis estima que uma mãe beatificada conheça no céu as necessidades espirituais dos filhos que deixou sobre a terra, e reze pela sua salvação. Universalmente na Igreja, os cristãos se encomendam às orações dos santos que alcançaram o final da sua viagem. Como diz Santo Tomás,[1] quando estiveram sobre a terra, sua caridade lhes levava a rezar pelo próximo, com mais forte razão o farão no céu, porque sua caridade, iluminada não somente pela fé, mas pela a visão beatífica, é maior, porque seu ato é ininterrupto e porque conhecem muito melhor nossas necessidades e o preço da vida eterna, a única necessária.

O próprio Concílio de Trento, sess. XXV (Denz., 984), definiu que os santos no céu rezam por nós e que é útil invocá-los. No céu, o mérito e a expiação cessaram, mas não a oração; não é mais, é verdade, a oração de súplica com lágrimas, mas a oração de intercessão. "Jesus Cristo, sempre vivo, não cessa de interceder por nós", diz São Paulo.[2] Ele é, sem dúvida, o intercessor necessário e principal. Mas a Providência, e ele mesmo, quiseram que nós recorrêssemos a Maria, porque nossas orações apresentadas por ela têm mais valor.

Na sua qualidade de Mãe de todos os homens, ela *conhece* todas as suas necessidades espirituais e tudo o que é relacionado com sua salvação; por razão de sua imensa caridade, ela *reza* por eles; e, *como é onipotente sobre o coração de seu Filho*, por causa do amor mútuo que os uniu, ela *obtém* todas as graças que nós recebemos, todas aquelas que recebem os que não querem se obstinar no mal.

O senso cristão, formado pelas grandes orações da Igreja, expressão da Tradição, o afirma recorrendo quotidianamente à intercessão da Santíssima Virgem pela *Ave Maria*.

A teologia explica esta crença universal dos féis considerando as três razões fundamentais do poder de intercessão de Maria.

Primeiramente, como Mãe de todos os homens, *ela conhece todas as suas necessidades espirituais*.

É um princípio admitido por todos os teólogos que a beatitude dos santos no céu não seria completa, como deve ser, se eles não pudessem conhecer tudo que possa lhes interessar aqui na terra por razão de seu ofício, de seu papel, de suas relações conosco. Esse conhecimento é objeto de um desejo legítimo, que deve ser satisfeito pela beatitude perfeita, tanto mais que, se se trata do conhecimento de nossas necessidades espirituais, este desejo procede da caridade dos santos com

---

[1] II^a II^{ae}, q. 83, a. 11: "Utrum sancti, qui sunt in patria, orenti pro nobis".

[2] Rm 8, 34; Hb 7, 25.

relação a nós; é ela que os leva a desejar nossa salvação, para que glorifiquemos a Deus com eles e tenhamos parte na sua beatitude.

Por isso, um pai e uma mãe que alcançam o céu conhecem as necessidades de seus filhos, sobretudo aquelas da ordem da salvação e que os tocam direta ou indiretamente. Do mesmo modo, um fundador de uma ordem, entrado na glória, conhece os interesses de sua família espiritual e de cada um de seus membros. Com mais forte razão, Maria, mãe de todos os homens, que tem o mais alto grau de glória depois de Nosso Senhor, deve conhecer tudo o que tem relação, direta ou indireta, com a vida sobrenatural, de que é encarregada a nos dar e conservar em nós: os atos bons e meritórios que a fazem crescer; as faltas que a diminuem ou a destroem; por consequência, todos os nossos pensamentos, desejos, perigos que nos ameaçam; as graças de que temos necessidade; e mesmo os interesses temporais que têm qualquer relação com nossa salvação, como o pão quotidiano.

Este conhecimento universal, certo e preciso de tudo o que concerne ao nosso destino é uma prerrogativa que pertence a Maria, por sua maternidade divina e sua maternidade espiritual com respeito a todos os homens.[3]

Conhecendo todas as nossas necessidades espirituais, e mesmo as de ordem temporal que têm relação com a nossa salvação, Maria é evidentemente levada, por sua imensa caridade, a interceder por nós. Basta a uma mãe suspeitar das necessidades de seu filho, para que ela o tente aliviar. Para nossa Mãe do céu, como para Nosso Senhor, não se trata mais de adquirir novos méritos, mas de lograr que os méritos passados de seu Filho e os seus próprios nos sejam aplicados no momento oportuno.

Essa oração da Santíssima Virgem é onipotente? A Tradição tem chamado Maria de *omnipotentia supplex*, a onipotência suplicante.[4]

---

[3] Cf. E. DUBLANCHY, *Dict. Théol. Cath.*, art. *Marie*, c. 2412: "Pode-se dizer que Maria, na sua vida terrestre, conheceu em detalhe tudo o que concerne à santificação e à salvação de cada um dos membros da humanidade. Não nos parece que se possa dar uma prova convincente, sobretudo se se trata de um conhecimento universal, estendendo-se a todos os detalhes concernentes a cada indivíduo. No céu, onde depois da Assunção gloriosa, ela exerce seu papel universal de intercessão e de mediação para todas as graças provenientes da redenção, Maria possui, relativamente a cada um dos membros de toda humanidade, este conhecimento perfeito".

[4] É o que afirmam, em termos equivalentes, Santo Efrém, *Opera* t. III, gr. lat., pp. 511, 537, 540; Santo André de Creta, *Triod.*; São Germano de Constantinopla, *Hom. in Dorm.* II; Teodoro Estudita., P.G., CXXIX, 1779; São Nicéforo de Constantinopla., P.G.; C, 341; Jorge de Nicomédia, *ibid.*, 1438; Santo Anselmo, *Orat.*, XLVI, P.L., CLVIII, 944; Eadmer, *De excellentia*

É, com efeito, um princípio certo que o poder de intercessão dos santos é proporcional ao seu grau de glória no céu, ou de união com Deus.[5] Também, segundo o testemunho constante da Tradição, Maria, cuja glória ultrapassa incomparavelmente a de todos os outros santos, possui a onipotência de intercessão. Antes do século VIII, esta doutrina se encontra de modo explícito em Santo Efrém; no século VIII, as afirmações mais claras são as de Santo André de Creta, São Germano de Constantinopla e São João Damasceno. No fim do século XI, Santo Anselmo e seu discípulo Eadmer afirmam formalmente esta onipotência de intercessão, que São Bernardo explicou e transmitiu aos teólogos que o seguiram.

Bossuet, no seu Sermão sobre a Compaixão da Santíssima Virgem,[6] mostra admiravelmente os fundamentos desta doutrina, lembrando esta verdade de fé: de tal modo Deus amou o mundo, que lhe deu seu Filho único,[7] e por todos nós o entregou; como não nos dará também com ele todas as coisas?[8] Como não dará as graças necessárias à salvação àqueles que lhas pedem com humildade, confiança e perseverança? *Ora, Maria amou a Deus e a nossas almas até dar, ela também, seu próprio Filho no Calvário.* Ela é, pois, onipotente sobre o coração de Deus Pai e o de seu Filho para obter os bens necessários à salvação daqueles que não se obstinam na resistência à graça, mas que, ao contrário, pedem-na como convém.

Neste Sermão, Bossuet se exprime assim: "Intercedeis por nós, ó Bem-aventurada Maria: vós tendes em vossas mãos, se eu ouso dizer, a chave das bênçãos divinas. É vosso Filho esta misteriosa chave pela

---

B.M., XII, P.L., CLIX, 579; São Bernardo, serm. *De aquaeductu*, 7, P.L., CLXXXIII, 441, ibid., 415, 432, 436; Adão de Perseigne, *Mariale, serm. I*, P.L., CCXI, 703; Hugo de São Caro, *Postilla in Eccli.*, XXIV, 15. – E. Dublanchy, *Dict. de Théol. cath.*, art. Marie, c. 2436, traz também os testemunhos de Santo Alberto Magno, Jacopo de Varazze, Raimundo Jordão, Gerson, São Bernardino de Sena, São Lourenço Justiniano, Gabriel Biel, Viguier, Santo Tomás de Vilanova, Luís Blósio, Santo Afonso de Ligório. – Muitos destes testemunhos são citados de modo mais ou menos longo pelo Pe. E. Hugon no seu livro *Marie pleine de grâce*, 5ᵉ éd., 1926, pp. 160-166, e ele acrescenta os de Suárez, *De Mysteriis Vitae Christi*, d. 23, sect. 3, §5; Vega. *Theol. Mariana, palaestra XXIX*, cert. IV; de Contenson, *Theol. mentis et cordis*, l. X, diss. IV, c. I; do Beato Grignion de Montfort, Tratado, 1. Parte, c. 1; de Bossuet, *Sermon sur la Compassion de la Sainte Vierge*; e muitos teólogos contemporâneos: Petitalot, Sauvé, de la Broise, Lépicier, Terrien, Bover. – Ver também Merkelbach, *Mariologia*, pp. 345-371.

[5] Cf. *Santo Tomás*, IIª IIᵃᵉ, q. 83, a. 11.

[6] No final do primeiro ponto.

[7] Jo. III, 16.

[8] Rm 8, 32.

qual são abertos os cofres do Pai eterno: ela fecha, e ninguém o abre; ele abre e ninguém o fecha; é seu sangue inocente que faz inundar sobre nós os tesouros das graças celestes. E a qual outra criatura terá mais direito sobre este sangue, que aquela que lhe deu todo o seu sangue? (...) De resto, vós viveis com ele em uma amizade tão perfeita, que é impossível que não sejais atendida". Basta, como diz São Bernardo, que Maria fale ao coração de seu Filho.

Este ensinamento da Tradição, assim formulado por Bossuet, foi proclamado por Leão XIII na primeira encíclica sobre o Rosário, em 1º De setembro de 1883, em que Maria é chamada dispensadora das graças celestes, *coelestium administra gratiarum*. Na encíclica *Jucunda semper*, de 8 de setembro de 1894, o mesmo Papa fez suas estas duas frases de São Bernardo: que Deus, na sua benévola misericórdia, estabeleceu Maria como nossa medianeira, e quis que todas as graças nos venham por ela. O mesmo ensinamento se encontra no início da carta *Diuturni temporis* de 5 de setembro de 1898. Pio X fala, da mesma forma, na encíclica *Ad diem illum*, de 2 de fevereiro de 1904: Maria é chamada "a dispensadora de todas as graças que nos foram adquiridas pelo sangue de Jesus". Nosso Senhor é a fonte de todas essas graças; Maria, como o aqueduto, ou, segundo outra imagem, como o pescoço, no corpo místico, une a cabeça aos membros, transmitindo-lhes o influxo vital: "Ipsa est collum capitis nostri, per quod omnia spiritualia dona corpori ejus mystico communicantur" (*Ibid.*). Bento XV consagra este ensinamento aprovando, para a Igreja universal, a missa e o ofício litúrgico de Maria medianeira de todas as graças.

Como mostra o Pe. Merkelbach,[9] há que se notar aqui três coisas. Primeiro, é *de fé* que a Santíssima Virgem reza por nós, e mesmo por cada um de particular, na sua qualidade de Mãe do Redentor e de todos os homens, e que sua intercessão nos é utilíssima, segundo o dogma geral da intercessão dos santos (Concílio de Trento, sess. 25). Também a Igreja a canta: *Sancta Maria, ora pro nobis*. "Lex orandi statuit legem credendi", o dogma e a oração têm a mesma lei (Denz., 139).

Em segundo lugar, *é certo*, conforme a Tradição, que esta poderosa intercessão de Maria pode obter àqueles que bem a invocam todas as

---

[9] *Mariologia*, pp. 345-349.

graças de salvação,[10] e que ninguém se salva sem ela. Também a Igreja diz dela: *Sentiant omnes tuum juvamen*.

Em terceiro lugar, enfim, é uma *doutrina comum e segura*, ensinada pelos Papas, pela pregação universal e pela liturgia, que nenhuma graça nos é concedida sem a intervenção de Maria; é o que exprime o ofício e a missa de "Maria medianeira de todas as graças" (31 de maio) e seria ao menos temerário negá-lo.

Esta doutrina, aprovada pela Igreja, está implicitamente contida até o século VIII, na afirmação geral da mediação universal de Maria. Em seguida, do século VIII ao XV, ela é mais explicitamente afirmada, ao dizer que todos os dons de Deus nos vêm por intermédio da Santíssima Virgem. Depois do século XVI até nossos dias, esta verdade foi teologicamente exposta sob seus diversos aspectos, e se faz ressaltar que se trata de todas as graças sobrenaturais provenientes da redenção de Jesus Cristo, mesmo as graças sacramentais, no sentido de que as disposições que devem levar à recepção dos sacramentos são obtidas pela intercessão de Maria.[11] Se, de resto, a Santíssima Virgem nos mereceu *de congruo* tudo o que Cristo nos mereceu *de condigno*, como nós vimos mais acima, ela nos merece com um mérito de conveniência as próprias graças sacramentais.

Vê-se por isso, que a intercessão de Maria é muito mais poderosa e mais eficaz que a de todos os outros santos, mesmo reunidos, porque os outros santos nada obtêm sem ela. Sua mediação permanece restrita sob a dela, que é universal, ainda que sempre subordinada à de Nosso Senhor. Ademais, as graças que Maria pede por nós, ela já no-las mereceu; e não é o mesmo com os santos; eles pedem frequentemente para nós socorros que eles não mereceram. Sua oração não tem, portanto, a mesma eficácia que a de Maria.

Finalmente, acerca da *eficácia das orações de Maria*, deve-se recordar um princípio que se aplica mesmo à oração de Jesus Cristo. Este

---

[10] Dissemos "àqueles que a invocam bem", para indicar que um obstáculo à obtenção da graça pode vir do fato de que não se reza a Maria com as disposições requeridas, ou de que se reza por alguém que se recusa a converter-se e obstina-se no mal. Mas, por outra parte, para o exercício mesmo desta mediação de intercessão, não é necessário que se reze explicitamente a Maria, nem mesmo que se reze efetivamente. Com efeito, pelo fato que se reza a Deus ou aos santos, reza-se implicitamente a Maria, segundo a economia geral do plano divino e, ademais, muitas graças nos são concedidas sem que as peçamos, por exemplo, a graça atual necessária para começar a rezar. Mas a oração feita a Maria com as disposições requeridas dá um maior segurança de obter a graça divina.

[11] Cf. *Dict. Théol. cath.*, art. *Marie*, c. 2403.

é *sempre atendido* naquilo que pede, não de um modo condicional, como quando rezou no jardim das oliveiras, mas de um modo *absoluto* e conforme as intenções divinas bem conhecidas por ele.[12] Deve-se dizer o mesmo: Maria, por sua intercessão, obtém *infalivelmente* de seu Filho tudo o que ela lhe pede, de modo não condicional, mas absoluto, em conformidade com as intenções divinas, que ela não ignora.

Pode haver, para a realização de certas orações, um obstáculo que a divina Providência poderia impedir, mas de fato não impede sempre. Este obstáculo poderia vir do fato de que não se reza à Santíssima Virgem com as disposições requeridas, com humildade, confiança e perseverança, ou que se pede uma coisa que não é julgada útil ao bem espiritual, ou que a vontade daquele por quem se reza recusa obstinadamente à conversão pedida.[13] Isto é mesmo permitido para um bem superior que aparecerá claramente no céu: a manifestação das perfeições divinas, o esplendor da Misericórdia ou da Justiça.

Vê-se por essas explicações que a onipotência de intercessão de Maria repousa sobre os méritos do Salvador e sobre seu amor por sua Mãe; longe de ir contra sua mediação universal, é um brilho esplêndido, e manifesta a redenção soberana realizada pelo perfeito Redentor naquela que lhe esteve mais intimamente associada na obra da salvação da humanidade.

Artigo II
A DISPENSADORA DE TODAS AS GRAÇAS, SEU MODO DE INFLUÊNCIA

Pergunta-se se a Santíssima Virgem é a distribuidora de todas as graças somente porque *intercede* por cada um de nós, a fim de que os méritos passados do Salvador e os seus próprios méritos nos sejam aplicados no momento oportuno, ou, de outra sorte, ela nos *transmite* também as graças que nós recebemos, à maneira que faz a humanidade de Jesus, que é segundo Santo Tomás e muitos dos teólogos "causa instrumental física destas graças", ou instrumento sempre unido à divindade, superior aos sacramentos que são instrumentos separados?

---

[12] Cf. *Santo Tomás*, III^a, q. 21, a. 4.

[13] Cf. *Santo Tomás*, II^a II^{ae}, q. 83, a. 15, ad 2.

Com relação ao próprio Cristo Jesus, cabeça da Igreja, esta doutrina foi muitas vezes exposta por Santo Tomás;[14] pergunta-se, portanto, se se deve admiti-lo também para Maria, por ser, segundo a Tradição, no Corpo místico de Cristo como o pescoço que une a cabeça aos membros e lhes transmite o influxo vital.

A causalidade moral de Maria – pela satisfação, pelos méritos passados e pela intercessão sempre atual – é comumente admitida. Mas muitos teólogos se detêm aqui e recusam admitir que Maria transmita as graças por uma *causalidade física instrumental*, análoga na ordem espiritual àquela que é na ordem sensível a ação da harpa, que, tocada pela artista, produz sons harmoniosos.[15]

Outros teólogos lhe atribuem também esta segunda influência de um modo subordinado à humanidade de Cristo, insistindo que, segundo a Tradição, Maria é no corpo místico verdadeiramente como o pescoço, que, unindo a cabeça aos membros, transmite-lhes o influxo vital.[16]

É certo que Santo Tomás ensinou explicitamente que a humanidade do Salvador e os sacramentos da nova lei são causa física instrumental da graça, da qual só Deus pode ser a causa principal, pois ela é uma participação de sua vida íntima.

Mas não vemos que o santo doutor tenha positivamente afirmado algo de semelhante para Maria. No dizer de certos autores, ele mesmo o excluiria em um texto, em que pensamos que não haveria esta exclusão.[17]

Na sua Explicação da *Ave Maria*, ele atribui à Santíssima Virgem uma plenitude de graça que transborda sobre os homens para santificá-los, mas não diz explicitamente se esta influência contém alguma

---

[14] Cf. *Santo Tomás*, III³, q. 8, a. 1, ad 1; q. 13, a. 2; q. 48, a. 6; q. 49, a. 1; q. 50, a. 6; q. 62, a, 1, et de Potentia, q. 6, a. 4.

[15] Esta resposta negativa se encontra em Suárez, III, disp. 23, sect. 1, n. 2; e, entre os contemporâneos, em Scheeben, Terrien, Godts, Bainvel, Campana, de la Taille, Bittremieux, Friethoff, Grabmann, Van der Meersch, Merkelbach.

[16] É a maneira de ver do Pe. E. Hugon, O.P., *La causalité physique instrumentale*, 1907, pp. 194.205, de Commer, *De munere Matris Dei in Ecclesia gerendo*, de Lépicier, Girerd, Fernandez, Lavaud e Bernard.

[17] Cf. III³, q. 60, a. 8. Ele diz somente que não se pode batizar em nome de Maria, como em nome do Pai, do Filho e do Espírito Santo, porque ela não opera no batismo, ainda que sua intercessão aproveite ao batizado para conservar a graça batismal. Este texto mostra que Maria não é a causa principal da graça, mas não nega que seja a causa instrumental.

coisa além da causalidade moral do mérito, da satisfação passada e da intercessão atual.[18]

Não sendo a causalidade instrumental física para a produção da graça – no julgamento de Santo Tomás e de seus comentadores – impossível na humanidade de Cristo nem nos sacramentos, por exemplo, nas palavras do sacerdote na consagração e na absolvição sacramental, ela também não será impossível em Maria.[19] O santo doutor admite mesmo que o taumaturgo é também algumas vezes causa instrumental do milagre, que se opera, por exemplo, por sua bênção[20]. Não somente ele o *obtém* por sua oração, mas às vezes ele o *realiza* como instrumento de Deus.

Não se pode, portanto, ter a certeza de que a Santíssima Virgem não exerça esta influência. Deve-se, além do mais, dizer que as obras-primas de Deus contêm mais riquezas, belezas e vitalidade do que poderíamos dizer. Não pensamos, entretanto, que se possa provar de um modo certo a existência desta causalidade em Maria. Este é um destes pontos em que a teologia, ao que parece, não conseguiria passar da séria probabilidade. Por quê? Porque é bem difícil aqui ver, nos textos tradicionais invocados, onde acaba o sentido próprio e onde começa a metáfora. Aqueles que se exprimem mesmo habitualmente de um modo metafórico lá onde poderiam e deveriam empregar termos próprios, dão pouca

---

[18] Cf. *Expositionem Salutationis angelicae*.

[19] Para o próprio Cristo, esta doutrina se apóia sobre isto: diz-se em São Lucas 6, 19: "Todo o povo procurava tocá-lo, pois *saía dele uma força que os curava a todos*." E ele mesmo diz (Lc 8, 46): "Alguém me tocou, porque *percebi sair de mim uma força*", o que não pode entender-se como uma força moral como a da oração, que, sendo espiritual, não sai do corpo.

Do mesmo modo, Jesus não se contentava em rezar para obter os milagres, mas ele o fazia tocando os enfermos e dizendo (João 10, 25): "As obras que *faço* em nome de meu Pai, estas dão testemunho de mim."

O Primeiro Concílio de Éfeso (Denz., 123) diz também que "a carne de Cristo, por causa de sua união ao Verbo, é vivificante, *vivificatrix*"; ora, a *carne de Cristo* não produz a vida da graça pela causalidade moral do mérito ou da oração, mas por uma causalidade física instrumental. É assim que nos levam a entender as palavras de São Cirilo, São João Crisóstomo, Santo Agostinho, citados pelos tomismas, notadamente pelo Pe. Hugon, *op. cit.*, pp. 87ss.

Ademais, a razão teológica nos diz: operar não somente moralmente, mas fisicamente, é mais perfeito que operar somente por causalidade moral. Ora, deve-se conceder à humanidade de Cristo o que há de mais perfeito, sempre que isso não repugne ao fim da Encarnação redentora (as objeções feitas contra essa causalidade instrumental foram bem resolvidas pelos tomistas em III[am], q 13, a. 2). O mesmo argumento de conveniência serve, guardadas todas as proporções, para Maria, a título de argumento de conveniência, que fornece uma probabilidade.

[20] Cf. II[a] II[ae], q. 178, *de gratia miraculorum*, a. 1, ad 1: "Potest contingere quod mens miracula facientis moveatur ad faciendum aliquid, ad quod sequitur effectus miraculi, quod Deus sua virtute facit". Cf. *ibid*.

atenção à dificuldade que apontamos aqui. Mas quanto mais atentamos para a propriedade dos termos, mais compreendemos a verdade desta observação. Quando a Tradição nos diz que Maria, no corpo místico, é comparável ao pescoço que une a cabeça aos membros e transmite-lhes o influxo vital, é certamente ao menos uma metáfora muito expressiva, mas não podemos afirmar com certeza que há algo para além.

Entretanto, estas palavras não parecem ter sua significação completa, como diz o Pe. Hugon, a não ser que se admita a causalidade física instrumental de que falamos.[21]

O Pe. R. Bernard, O.P. se exprime do mesmo modo nesta página de seu livro *O Mistério de Maria*, 1933, p. 462: "Deus e seu Cristo se servem dela (Maria), no sentido de que fazem passar por ela todas as graças que nos têm destinadas (...). Sua ação, por este intermédio, se tempera de mais humanidade, sem nada perder – subentende-se – de sua força divina. Eles fazem viver em nossa Mãe a vida que eles pretendem que nós mesmos vivamos. Ela primeiro é cheia e transbordante. A graça é pré-formada nela e se imprime de uma beleza especial. Toda a graça e todas as graças, socorros e disposições, virtudes e dons, nos chegam assim canalizados e distribuídos por ela, impregnados desta particular suavidade que ela dá a tudo o que toca e que deixa em tudo o que faz.

"Maria é, portanto, por sua ação, mesclada em tudo na nossa vida; é a portadora de todo o divino em nós. Em todo o curso de nossa existência, do berço ou mesmo antes, até o sepulcro e mesmo além, de graça habitual a graças atuais, da graça à glória, não se vê o que poderia ser retirado de seu domínio. Ela dá forma e figura a todo o nosso ser em Cristo (...). Ela imprime sua forma a tudo, e dá como que um acréscimo de perfeição a tudo o que passa por suas mãos. Eu digo que estamos todo inteiros em sua oração: estamos igualmente em sua ação e, pode-se dizer, em suas mãos. Todo cristão é um filho de Maria; ora, um filho não é digno deste nome se não é realmente moldado por sua mãe".

Se se admite que a Santíssima Virgem, não somente nos obtém por sua oração, mas nos transmite todas as graças que recebemos, dá-se um sentido mais completo aos títulos de tesoureira e dispensadora de todas as graças que lhe são geralmente atribuídos.

---

[21] *La causalité instrumentale en théologie*, p. 201.

É também o que parece indicar certas palavras belíssimas e fortíssimas da liturgia, sobretudo no *Stabat,* onde a admirável repetição do *Fac* mostra que Maria não somente nos obtém, por sua oração, a graça de chegar à intimidade de Cristo, mas que ela *faz,* de certo modo, em nós esta divina intimidade:

> *Eia, Mater, fons amoris,* Eia, Mãe, fonte de amores,
> *Me sentire vim doloris* Fazei que estas fortes dores
> *Fac ut tecum lugeam.* Eu sinta convosco, e chore.
>
> *Fac ut ardeat cor meum,* Fazei que alma se me inflame
> *In amando Christum Deum,* Porque a Cristo-Deus só ame,
> *Ut sibi complaceam.* E só busque seu agrado.
>
> *Fac ut portem Christi mortem,* Fazei que eu seja consorte.
> *Passionis fac consortem* Das chagas, Paixão e morte
> *Et plagas recolere.* De Cristo, que em mim se vejam.
>
> *Fac me plagis vulnerari,* Faz-me delas chagado
> *Fac me cruce inebriari,* Desta Cruz embriagado,
> *Et cruore Filii.* Por amor do doce Filho.

Esta influência de Maria sobre nossas almas permanece sem dúvida misteriosa, mas bem parece que ela não é somente moral, mas que intervém na própria produção da graça, a título de instrumento consciente e livre, como quando o taumaturgo cura por seu contato e sua bênção. Mesmo na ordem natural, o sorriso, o olhar, a inflexão da voz, o tom transmite alguma coisa da vida da alma.

A esta interpretação dos termos tradicionais comumente admitidos se acrescentam razões teológicas que não são sem valor. Como diz o Pe. Hugon:[22] "Uma vez estabelecido que os anjos e os santos sejam muito frequentemente as causas físicas secundárias dos milagres, parece de todo natural que nós reivindiquemos esta eficácia à Mãe de Deus, e em um grau superior". E se ela é a causa instrumental física dos milagres que só Deus produz como causa principal, por que não admitir que ela é, do mesmo modo, a causa da graça? Como nota (*ibid.*) o teólogo que já citamos: "Toda prerrogativa que é possível e

---

[22] *La causalité instrumentale en théologie,* 1907, pp. 195ss.

que convém à função, ao ofício ou à dignidade de uma Mãe de Deus deve encontrar-se na Santíssima Virgem (...). Ela recebe, a título secundário, tudo o que Cristo possui a título pleno e principal: méritos, satisfações, intercessão; por que a relação deveria cessar na ordem da causalidade física? O que torna necessária esta exceção?[23] *Não parece, ao contrário, que o paralelismo sobrenatural seve seguir-se até o fim*, e que a Mãe deva ser instrumento secundário em tudo o que o Filho é instrumento primeiro e conjunto? (...) Parece tão natural que os atos (de Maria) de que Deus se quer servir a cada instante na ordem da intercessão sejam elevados, transformados pela fecundidade infinita e encarregados de comunicar instrumentalmente a vida celeste às almas".

Ademais, se o sacerdote, pela absolvição sacramental, é causa instrumental da graça, por razão de sua união a Cristo redentor, Maria não lhe está menos unida em sua qualidade de Mãe de Deus e de co-redentora, porque é mais perfeito ter dado ao Verbo sua natureza humana e ter-lhe oferecido na cruz do que torná-lo presente sobre o altar e oferecê-lo.

A influência muito certa de Cristo, cabeça do corpo místico, permanece também muito misteriosa, porque ela é essencialmente sobrenatural. A influência que Maria parece exercer fora de sua intercessão não é menos secreta, naturalmente, mas é seriamente provável, pensamos, sem que se possa afirmar mais. Assim, quando se trata das últimas ondulações do som ou da luz no ar, é difícil dizer com certeza onde elas ainda existem e onde elas verdadeiramente terminam.

Notemos, enfim, que a influência própria de Maria parece se exercer sobretudo sobre nossa sensibilidade, muitas vezes extraviada, distraída, para acalmá-la, subordiná-la a nossas faculdades superiores e facilitar nelas a docilidade para seguir o impulso de Cristo, cabeça da Igreja, que nos transmite o influxo da graça divina.[24]

Ainda que o *modo* da influência de Maria permaneça oculto, *o fato mesmo* de sua influência não é duvidoso.

O que é certo é que a Santíssima Virgem é dispensadora de todas as graças, ao menos por sua intercessão. Deve-se apontar com

---

[23] Necessitar-se-ia, aparentemente, uma razão positiva para admitir esta exceção.

[24] Assim se aplica a Maria o que diz Santo Tomás do instrumento que dispõe a receber o efeito do agente principal: *dispositive operatur ad effectum principalis agentis*.

o Pe. Merkelbach[25] que é não da maneira dos outros santos que ela intercede – não é um pedido que poderia não ser atendido –; é antes como o de Cristo, constituído Mediador e Salvador, cuja intercessão é sempre atendida não somente de fato, mas de direito. A intercessão do Cristo, diz Santo Tomás,[26] é a expressão de seu desejo de nossa salvação adquirida a preço de seu sangue. Como Maria medianeira foi associada muito intimamente à obra redentora de seu Filho, ela está associada igualmente à sua intercessão; ela exprime seu desejo, que Deus decidiu considerar como sempre unido ao de Cristo. Nesse sentido, a Santíssima Virgem dispõe das graças que ela pede; sua oração é a causa eficaz de sua obtenção, e ela parece estar associada também à influência de Cristo para a transmissão das graças.

Também a Igreja canta no hino das matinas do ofício de Maria medianeira de todas as graças:

> *Cuncta, quae nobis meruit Redemptor,*
> *Dona partitur genitrix Maria,*
> *Cujus ad votum sua fundit ultro*
> *Munere Natus.*

Maria nos distribui todos os dons que seu Filho nos tem dado.

Se, como parece, Maria, por uma causalidade física instrumental, nos transmite todas as graças que recebemos, todas as graças atuais que nos são dadas para a respiração da alma, como o ar que chega incessantemente nos pulmões para a respiração do corpo, nós *estamos, do mesmo modo, constantemente sob sua influência*, subordinada à de Cristo, cabeça da Igreja; ela nos transmite continuamente o influxo vital que dele procede.

Mas, mesmo se ela não age sobre nós mais do que pela causalidade moral de intercessão, ela está presente nas almas em estado de graça que oram segundo uma *presença afetiva*, assim como o objeto amado, mesmo se fisicamente distante, está presente naquele que o ama. Maria está presente de corpo e alma no céu; ela é, portanto, fisicamente distante de nós, mas está presente com uma presença

---

[25] *Mariologia*, p. 370.

[26] *Commentarium in Ep. ad Hebr.* 7, 25, e *ad Rom.* 8, 34.

afetiva nas almas interiores que a amam, como o objeto amado que atrai para si nossa afeição está presente em nós.[27]

Esta influência de Maria se torna sempre mais íntima nas almas interiores que lhe são mais fiéis.

O Beato Grignion de Montfort o nota com frequência. Diz: [28] "O Espírito Santo tornou-se fecundo por Maria, a quem desposou. Foi com ela, nela e dela que ele formou a sua obra-prima: um Deus feito homem, e que forma todos os dias, até o fim dos séculos, os predestinados e os membros do corpo que tem por cabeça aquele que é adorável. É por isso que, quanto mais numa alma ele encontra Maria, sua amada e inseparável esposa, tanto mais operante e poderoso se torna para produzir Jesus Cristo nessa alma e essa alma em Jesus Cristo".

"Não se quer dizer com isso que a Santíssima Virgem dê ao Espírito Santo a fecundidade (...). O que se quer dizer é que o Espírito Santo reduz a ato a sua fecundidade, por intermédio da Santíssima Virgem. Mas o Espírito Santo quer servir-se dela, embora disso não tenha uma necessidade absoluta, para produzir nela e por ela Jesus Cristo e os seus membros. Mistério de graça, escondido mesmo aos cristãos mais sábios e mais espirituais!"

Como aponta o Pe. Hugon[29] com respeito a estas palavras do Beato de Montfort: "A fecundidade exterior do divino Paráclito é uma produção de graça, não na ordem da causalidade moral, porque o Espírito Santo não é uma causa meritória nem impetratória, mas na ordem da causalidade física. Reduzir a ato esta fecundidade é produzir fisicamente a graça e as obras de santidade que são próprias da terceira Pessoa. Se é verdade que o Espírito Santo reduz a ato sua fecundidade por intermédio de Maria, se ele se torna operante por ela, é por ela que ele produz fisicamente a graça nas almas: Maria é, portanto, o instrumento físico secundário do Espírito Santo. Tal nos parece o alcance destas fortes palavras do santo autor; tal seria esta grande doutrina que ele chama "mistério de graça, escondido mesmo aos cristãos mais sábios e mais espirituais".

---

[27] Cf. Santo Tomás, Iª IIªᵉ, q. 28, a. 1: "Duplex est unio amantis ad amatum. Uns quidem *secundum rem*: puta cum amatum praesentialiter adest amanti. Alia vero *secundum affectum* (...) Primam ergo unionem amor facit effective, quia movet ad desiderandum et quaerendum praesentiam (realem) amati (...). Secundam autem unionem facit formaliter; quia ipse amor est talis unio, vel nexus".

[28] *Tratado da Verdadeira Devoção à Santíssima Virgem*, cap. I, a. 1.

[29] *Op. cit.*, p. 203.

Assim, como a Encarnação se prolonga, de certo modo, indefinidamente pela influência vivificadora de Cristo, cabeça da Igreja, sobre seus membros, também a maternidade virginal de Maria se completaria ao nos transmitir todas as graças que sua oração nos obtém.

O Beato de Montfort sempre o afirma.[30] Deve-se citar também neste assunto o *L'union mystique à Marie*, escrito por uma reclusa flamenca que o experimentou pessoalmente, Maria de Santa Teresa (1623-1677). Estes escritos mostram que ela teve uma influência profundíssima, toques secretos de Maria, medianeira de todas as graças, para conduzir as almas interiores mais fiéis a uma intimidade sempre maior com Nosso Senhor.[31] A alma que segue esta via entra cada vez mais no *mistério da comunhão dos santos* e participa dos sentimentos mais elevados que a Mãe de Deus tinha aos pés da Cruz e após a morte de Nosso Senhor, em Pentecostes, ou mais tarde, quando rezava pelos Apóstolos e lhes concedia as grandes graças de luz, de amor e de fortaleza de que tinham necessidade para trazer o nome de Jesus até os confins do mundo conhecido pelos antigos. Ora, a influência de Maria, medianeira universal, é maior ainda, mais universal e mais luminosa depois que ela subiu ao céu.

NOTA – O MODO DE PRESENÇA DA SANTÍSSIMA VIRGEM NAS ALMAS QUE LHE SÃO UNIDAS

Para precisar esta doutrina, é necessário dizer brevemente o que os teólogos entendem por contato virtual, de uma parte, e por presença afetiva, de outra.

O contato virtual e dinâmico

A propósito da presença de Deus em todas as coisas, ou da presença dos anjos nos corpos sobre os quais eles agem, distingue-se geralmente o *contato virtual* (*contactus virtutis*) do *contato quantitativo*.

---

[30] *Tratado da Verdadeira Devoção à Santíssima Virgem*, cap. V, a. 5: "Caminho fácil, curto, perfeito e seguro"; cap. VI, a. 1: "Como Maria forma os predestinados"; a. 2: "Ela os guia e os defende"; cap. VII, a. 5: "Comunicação da Alma e do Espírito de Maria"; a. 6: "Transformação das almas em Maria à imagem de Jesus Cristo" – Ver também *La Vie Spirituelle*, janeiro de 1937, o artigo do Pe. E. NEUBERT, marianista, *L'union mystique à la Sainte Vierge*, pp. 15-20.

[31] *Les Cahiers de la Vierge*, maio de 1936, publicaram a tradução francesa do texto flamengo, feita por L. van den Bossche.

Dois corpos estão presentes um no outro pelo contato quantitativo, isto é, por sua própria quantidade ou extensão. Um espírito puro, não tendo corpo, e por consequência nem quantidade ou extensão, está presente onde ele opera pelo contato virtual, por sua *virtude*, princípio de sua ação. É o *contato dinâmico* de uma força espiritual que possui sobre o qual ele opera.

A virtude divina não é distinta do próprio ser de Deus, portanto Deus está real e substancialmente presente, por contato virtual, em tudo o que ele mesmo produz imediatamente – ou sem intermédio de um instrumento –, isto é, naquilo que é criado por criação propriamente dita *ex nihilo* e conservado imediatamente na existência; ele está assim presente na matéria, nas almas espirituais e nos anjos, que somente podem ser produzidos por criação *ex nihilo*, a qual não se pode fazer por intermédio de um instrumento (cf. Iª, q. 8, a. 1, 2, 3, 4; q. 45, a. 5; q. 104, a. 2).

Pela mesma razão, os teólogos admitem geralmente que um anjo, que por si não está num lugar, porque é puro espírito, está realmente presente, ele mesmo, lá onde ele age, porque ele toca por um contato virtual (*contactus virtutis*) o corpo que ele move localmente (cf. Iª, q. 52). Um anjo pode também iluminar uma inteligência humana e agir sobre ela pela imaginação, como um mestre que ensina.

A presença da alma de Jesus e da alma da Santíssima Virgem nas pessoas que lhe estão unidas se assemelha àquela dos anjos, mas difere, contudo, em um aspecto. A diferença provém de que uma alma humana unida a seu corpo, como a alma de Jesus e de sua santa Mãe, está realmente presente (*definitive*) onde está seu corpo, e não em outro lugar; ora, o corpo de Jesus depois da Ascensão não está senão no céu, segundo o seu lugar natural, assim como o corpo de Maria depois da Assunção. E a alma, estando por sua natureza unida ao seu próprio corpo, não age sobre os outros senão por ele. Nisto, ela difere do anjo, que não tem corpo.

Mas, assim como Deus pode se servir dos anjos para produzir instrumentalmente um efeito propriamente divino, como o milagre, ele também pode se servir da alma de Jesus, de seus atos, e mesmo do seu corpo; ou, igualmente, da alma de Maria, de seus atos e de seu corpo.

Quando Deus usa a humanidade do Salvador como uma causa física instrumental para produzir a graça em nós – assim o admite Santo Tomás (IIIª, q. 43, a. 2; q. 48, a. 6; q. 62, a. 4) –, nós estamos sob a *influência física da humanidade de Cristo*. Entretanto, ele não nos toca, pois está no céu. Do mesmo modo, se alguém de longe nos fala por um megafone, não nos toca imediatamente; neste caso, há somente um *contato virtual* e não um *contato quantitativo* do instrumento e do sujeito sobre o qual ele opera, contato virtual este semelhante àquele do sol que, de longe, nos ilumina e nos aquece.

Se a Santíssima Virgem é causa física instrumental da graça, de um modo subordinado à humanidade de Cristo, nós estamos também *sob sua influência física*, sem que ela, contudo, nos toque senão por contato virtual.

É necessário notar, entretanto, que a alma humana, por ser espiritual e dominar seu corpo, não está como que em um lugar. Deste ponto de vista, *todas as almas*, na medida em que vivem mais da vida espiritual e são mais desapegadas dos sentidos, ao *se aproximarem espiritualmente de Deus*, aproximam-se espiritualmente umas das outras. Assim se explica a *presença espiritual* da santa alma de Cristo e da alma de Maria, sobretudo se se admite que uma e outra sejam causas físicas instrumentais das graças que recebemos.

A este título, pode-se dizer que nós estamos constantemente sob sua influência na ordem espiritual, como na ordem corporal o nosso corpo está constantemente sob a influência do sol que nos ilumina e nos aquece, e sob influência permanente do ar que nós respiramos sem cessar.[32]

Na presença espiritual, que acabamos de tratar, podem se unir a influência da causalidade instrumental dita *física* – que aqui é espiritual – e a *presença* dita *afetiva*, sobre a qual vamos insistir, e que não é somente provável, mas certa.

---

[32] A virtude instrumental que produz a graça é de ordem espiritual e sobrenatural, mas pode, contudo, estar presente de modo transitório, assim como uma vibração, *no gesto corporal*, por exemplo, de adoração exterior ou de bênção, e passar pelas cicatrizes gloriosas do Corpo de Cristo. Ela pode estar também nas palavras sensíveis, como aquelas da absolvição sacramental transmitidas por um meio sonoro que se encontra entre o padre e o penitente. Esta virtude instrumental produtora de graça pode ser transmitida também por um meio (ar ou éter) que se encontra entre nós e o corpo de Cristo ou o de sua Santa Mãe presentes no céu.

Mas, como diz Santo Tomás, II^a II^{ae}, q. 178, a. 1, ad 1, e *de Potentia*, q. 6, a. 4, Deus pode também se servir como instrumento de graça de um ato *puramente espiritual*, de uma oração interior do Salvador ou de sua santa Mãe; então a virtude instrumental de graça é transmitida *sem meio corporal*. Como? Deus, que está presente em todo lugar, tanto nos espíritos como nos corpos, aos que conserva uns e outros na existência, *pode se tornar presente lá onde ele deve operar* esta virtude instrumental de ordem espiritual, que de si não está em nenhum lugar, mas que é como que o espírito em uma zona supra-espacial do real. Os tomistas dizem que Deus a leva ali onde ele quer operar, mas não pode fazer ele mesmo o papel de um meio, porque o meio, como o ar ou o éter, é uma causa material colocada em movimento, e Deus pode apenas ser a causa eficiente e final.

A presença afetiva

Mesmo se a Santíssima Virgem não fosse causa física instrumental das graças que recebemos, ela estaria presente em nós por uma "presença afetiva", como o objeto conhecido e amado naqueles que o amam, e isto tem graus muito diversos de intimidade segundo a profundidade e a força deste amor.

Mesmo uma alma muito imperfeita está sob a influência dita *física* da Santíssima Virgem, se ela é causa física instrumental das graças recebidas por esta alma. Mas, quanto mais nosso amor por Maria se aprofunda, mais sua presença afetiva em nós se torna íntima. Convém insistir nisto, porque este modo de presença é certo, e Santo Tomás o explicou admiravelmente ($I^a II^{ae}$, q. 28, a. 1 et 2), quando ele se pergunta se a união é efeito do amor, e se uma mútua adesão ou inerência é efeito do amor.

Ele responde (a. 1): "O amor, como disse Dionísio, é uma força unitiva. Existem duas uniões possíveis entre os que se amam: 1^a. *Uma união real*, quando eles estão realmente presentes um ao outro (como duas pessoas que estão no mesmo lugar e que se vêem imediatamente); 2^a. *Uma união afetiva* (como aquela que existe entre duas pessoas fisicamente muito distantes uma da outra); esta procede do conhecimento (da lembrança atual da pessoa amada) e do amor desta pessoa. (...) O amor basta para constituir formalmente a união afetiva e leva a desejar a união real".

Existe, portanto, uma união afetiva que resulta do amor, apesar da distância das pessoas. Se Mônica e Agostinho, mesmo tão distantes um do outro, estavam espiritualmente muito unidos, e assim afetivamente presentes um ao outro, de uma maneira mais ou menos profunda, segundo o grau ou intensidade de sua afeição, quanto mais uma alma que vive cada dia mais na intimidade de nossa Mãe do céu lhe estará afetivamente unida?

Santo Tomás vai mais longe (*ibid*, a. 2, corp. et ad. 1), e demonstra que uma mútua adesão ou inerência espiritual pode ser um efeito do amor, apesar da distância das pessoas. E ele distingue muito bem dois aspectos desta união afetiva: 1°. *Amatum est in amante* – a pessoa amada está naquele que ama, como impressa no afeto deste pela complacência que lhe inspira; 2°. Ao contrário, *amans est in amato* – aquele que ama está na pessoa amada, enquanto que se regozija forte e intimamente com tudo que lhe dá felicidade.

O primeiro modo é frequentemente mais sentido, e, em relação a Deus, arrisca-se aqui de se simular, precipitadamente, tal união; ademais, mesmo quando seja verdadeiramente o fruto de uma graça, ela pode ter uma grande repercussão sobre a sensibilidade propriamente dita, e assim expor a gula espiritual.

Quanto mais o amor é desinteressado, e ao mesmo tempo forte e íntimo, tanto mais o segundo aspecto tende a prevalecer. Neste caso, a alma *está mais em Deus* que Deus está nela; e acontece algo de semelhante com relação à humanidade de Jesus e da Santíssima Virgem.

Finalmente, este amor desinteressado e forte produz – diz Santo Tomás (*ibid.*, a. 3) – o êxtase de amor (com ou sem suspensão do uso dos sentidos); o êxtase espiritual, pelo qual aquele que ama, por assim dizer, sai de si, pois quer o bem de seu amigo como o seu próprio, e se esquece de si mesmo.[33]

Daí vemos qual pode ser a intimidade desta *união de amor* e desta *presença* não corporal, mas *afetiva*. É verdade, contudo, que esta união afetiva tende à *união real* que gozaremos no céu ao contemplar imediatamente a humanidade do Salvador e da Santíssima Virgem. Desde aqui na terra, há como que um prelúdio da influência física da humanidade de Jesus, e provavelmente da Santíssima Virgem, que nos transmite uma graça sempre mais elevada e uma caridade que se enraíza sempre mais intimamente em nossa vontade. Veja-se, no fim desta obra, o penúltimo capítulo sobre *a união mística com Maria*.

Artigo III
A UNIVERSALIDADE DA MEDIAÇÃO DE MARIA E SUA DEFINIBILIDADE

Após ter falado das características gerais da mediação da Santíssima Virgem, de seu mérito e de sua satisfação por nós durante sua vida mortal, de sua intercessão no céu, de maneira que ela nos transmite as graças que recebemos, é necessário considerar a universalidade de sua mediação, sua certeza e o sentido exato em que deve ser entendida.

---

[33] Iª IIae, q. 28, a. 3: "Extasim secundum vim appetitivam facit amor directe, simpliciter amor amicitiae; amor autem concupiscentiae secundum quid (...) In amore amicitiae affectus alicujus simpliciter exit extra se, quia vult amico bonum, et operatur bonum, quasi gerens curam et providentiam ipsius propter amicum".

Certeza desta universalidade

A partir do que vimos, esta universalidade deriva de todos os princípios admitidos, a tal ponto que ela não pede uma prova especial; antes, seus adversários é que deveriam provar sua posição.[34]

Vimos, com efeito, que em sua qualidade de Mãe de Deus redentor e de Mãe de todos os homens, Maria co-redentora mereceu por nós, com um mérito de conveniência, tudo o que Nosso Senhor mereceu por nós em justiça; e que ela satisfez por nós, do mesmo modo, em união com ele. Segue-se disso que ela pode, no céu, por razão de sua intercessão, obter-nos a aplicação destes méritos passados, e que de fato nos obtém não somente todas as graças em geral, mas todas as graças particulares que cada um de nós recebe, sem excluir evidentemente a intervenção subordinada dos santos aos quais nós também recorremos.

Esta afirmação não é somente uma piedosa opinião, seriamente provável, mas uma certeza teológica, em virtude dos princípios expostos mais acima, já afirmados pelos Padres, comumente admitidos pelos teólogos, expressos na pregação geral, e confirmados pelas encíclicas dos Papas. Leão XIII, na encíclica *Octobri mense*, sobre o Rosário, a 22 de setembro de 1891 (Denz., 3033), diz em particular: "Nihil nobis nisi per Mariam, Deo sic volente, impertiri". Nenhuma graça nos é concedida sem a intervenção de Maria, porque Deus quis assim.

A universalidade dessa mediação é afirmada também pelas orações da Igreja, que são expressão de sua fé. Ela nos leva a pedir a Maria graças de todos os tipos, temporais e espirituais, e, entre estas últimas, todas aquelas que nos conduzem a Deus, desde as primeiras que conduzem à conversão até a graça da perseverança final, sem omitir aquelas necessárias em particular aos apóstolos para seu apostolado, aos mártires para permanecerem firmes na perseguição, aos confessores da fé para conformarem toda sua vida, às virgens para guardarem intacta a virgindade, etc. Maria, com efeito, na ladainha lauretana, universalmente recitada na Igreja, é chamada *Saúde dos enfermos, Refúgio dos pecadores, Consoladora dos aflitos, Auxílio dos cristãos, Rainha dos apóstolos, Rainha dos mártires, Rainha dos confessores, Rainha das virgens, Rainha de todos os santos*.

Assim, por ela nos são concedidas todas as categorias de graças necessárias a uns e outros: a cada um segundo sua condição. Em outros termos, todas as graças que Nosso Senhor mereceu-nos em justiça e

---

[34] Ela foi negada pelos jansenistas, que queriam modificar no *Ave maris stella* o verso *Bona cuncta posce*, pelo qual nós rezamos para Maria pedir para nós todas as graças que devem nos conduzir a Deus.

que ela mesma mereceu-nos com um mérito de uma conveniência, Maria no-las distribuiu incessantemente no curso das gerações humanas desde vinte séculos, e assim o será até o fim do mundo, para nos ajudar na nossa viagem para a eternidade.

Além disso, em cada uma destas categorias de graças, necessárias aos apóstolos, aos mártires, aos confessores, às virgens, a mais particular de todas as graças para cada um de nós, isto é, *a graça do momento presente*, não é concedida a nós sem a intervenção de Maria. Todos os dias, com efeito, e muitas vezes por dia, nós pedimos esta graça, ao dizer na Ave Maria: "Santa Maria, Mãe de Deus, rogai por nós pecadores, *agora* e na hora da nossa morte. Amém". Por este advérbio "agora", nós pedimos a graça que nos é necessária para o dever do minuto presente, para bem rezar ou praticar tal outra virtude, e, se nós não somos atentos a esta palavra, a Santíssima Virgem, que conhece no céu as necessidades atuais de cada uma de nossas almas, está atenta; quando em seguida nos obtém esta graça do momento presente (por exemplo, a graça necessária para continuar a bem rezar), é por sua intercessão que nós a obtemos, e é um sinal que, nela, fomos atendidos. Essa graça do momento presente é, evidentemente, a mais particular de todas e, para cada um de nós, ela varia de minuto a minuto, como as ondulações do ar que chega incessantemente aos nossos pulmões, para que a respiração contínua renove nosso sangue.

A mediação de Maria é, portanto, segundo a Tradição, verdadeiramente *universal*, porque se estende a toda a obra de salvação, tanto na aquisição das graças pelo mérito e a satisfação passada, quanto na sua aplicação pela oração sempre atual e sua distribuição. Esta mediação não é limitada a certos tipos de graças, mas se estende a todas elas. Há mesmo sobre este ponto a unanimidade moral dos Padres, dos Doutores e da crença dos fiéis expressa pela liturgia.

Definibilidade desta verdade

Esta doutrina parece mesmo não somente teologicamente certa, mas definível como dogma de fé, porque ela é, primeiro, implicitamente revelada nos títulos gerais que a Tradição dá a Maria: de Mãe de Deus, onipotente por sua intercessão junto a seu Filho; de nova Eva, intimamente associada a Cristo redentor; de Mãe de todos os homens. Ademais, é uma verdade explícita e formalmente afirmada por um consentimento moral unânime entre os Padres, os Doutores, a pregação universal e a liturgia.

Leão XIII, *loc. cit.*, depois de ter afirmado que "nada nos é concedido senão por Maria", acrescenta que "como ninguém pode ir ao Pai senão por seu Filho, do mesmo modo, por assim dizer, ninguém pode ir a Cristo senão por Maria",[35] porque ela é "a Medianeira junto ao Mediador".[36]

Pio X a chama de "dispensadora de todas as graças que Jesus nos adquiriu por seu sangue".[37]

É esta doutrina que Bento XV sancionou, a 21 de janeiro de 1921, pela instituição desta festa universal de Maria medianeira de todas as graças. Ela parece, portanto, definível como dogma de fé, porque ela é, ao menos implicitamente, revelada e já universalmente proposta pelo magistério ordinário da Igreja.[38]

Qual é o sentido exato desta universalidade?

É necessário fazer, sobre este tema, várias observações, para bem determinar o sentido da expressão "mediação universal".

Primeiramente, as graças já recebidas pelos homens, depois da queda até a Encarnação do Verbo, foram concedidas por Deus por causa dos méritos futuros do Salvador, aos quais deveriam se unir os de Maria, mas nem Nosso Senhor nem sua Santa Mãe as distribuíram ou transmitiram, porque se trata de graças passadas.

Não é assim quando se trata de graças recebidas pelos homens *depois* da vinda do Cristo. Deve-se mesmo dizer que é, sobretudo, *depois da Assunção* que Maria, conhecendo as necessidades espirituais de cada um de nós, intercede por cada um e nos distribui as graças que recebemos.

Mesmo as graças sacramentais nos são obtidas por ela, no sentido que ela nos obtém tudo o que nos mereceu, e nós vimos que ela mereceu-nos com um mérito de conveniência tudo o que Jesus mereceu-nos em justiça, e, portanto, também as graças sacramentais. Ademais,

---

[35] Enc. *Octobri mense*, 22 de setembro de 1891, (*Denz.*, 3033): "Nihil nobis nisi per Mariam, Deo sic volente impertiri; ut, quo modo ad summum Patrem nisi per Filium nemo potest accedere, ita fere nisi per Mariam accedere nemo possit ad Christum".

[36] Enc., 20 de setembro de 1896 (*Denz.*, 3033).

[37] Cf. *Denzinger*, 3034: "Universorum munerum dispensatrix, quae nobis Jesus nece et sanguine comparavit". Enc. *Ad diem*, 2 de fevereiro de 1904.

[38] Cf. Papa Leão XIII, Encíclica *Adiutricem populi*, 5 de setembro de 1895; São Pio X, Encíclica *Ad diem illum*, 2 de fevereiro de 1904; : Acta, 1, p. 154; Denz. 1978 a (3370). - Piq XI, Encíclica *Miserentissimus Redemptor*, 8 de maio de 1928; Papa Pio XII, *Radiomensagem de 13 de maio de 1946*; Concílio Vaticano II: Constituição Dogmática *Lumen Gentium*, 62.

ela no-las distribui e no-las transmite ao menos enquanto nos concede as graças que nos dispõem a aproximarmo-nos dos sacramentos, para bem recebê-los, e às vezes ela envia o sacerdote, sem o qual este socorro sacramental não seria dado.[39]

Não se deve entender a universalidade dessa mediação no sentido de que nenhuma graça não nos seria conhecida sem que a tivéssemos explicitamente pedido a Maria; isso seria confundir nossa oração que se dirige a ela com a oração que ela dirige a Deus. Maria pode, com efeito, rezar por nós sem que nós a invoquemos explicitamente. É certo que muitas graças são concedidas não somente às crianças, mas também aos adultos, antes mesmo que tenham rezado, em particular a graça necessária para começar a rezar. Pode-se também dizer o *Pai Nosso* sem invocar explicitamente a Santíssima Virgem, mas ela é invocada então implicitamente, se se reza segundo a ordem estabelecida pela Providência.

Não se deve crer, tampouco, que Maria foi medianeira para si mesma. Mas, pelo contrário, não bastaria dizer que ela nos obtém por sua mediação quase todas as graças, ou, moralmente falando, todas as graças. Essa expressão vaga poderia significar 9/10 ou 8/10, o que não tem nenhum fundamento. É necessário dizer que, por uma lei geral estabelecida pela Providência, todas as graças, e cada uma, nos vem por mediação de Maria, e não se vê manifestamente indício de que há exceções.[40]

Deve-se apontar, ademais, que a mediação de Maria difere da mediação dos santos, não somente por sua universalidade, mas porque, como Mãe de todos os homens, ela é de *direito* e não somente *de fato* medianeira, por cooperar na obra de nossa salvação, o que torna sua intercessão onipotente; e não somente ela tem o direito de obter, mas ela obtém de fato todas as graças que recebemos. Suas orações são mais eficazes que as orações de todos os santos reunidos, porque, segundo esta doutrina da mediação universal, os santos nada podem obter sem sua intercessão.[41]

---

[39] Cf. *Dict. de Théol. cath.*, art. Marie (E. Dublanchy), c. 2403: Esta doutrina da mediação universal de todas as graças "é verdade para *todas* as graças sobrenaturais provenientes da redenção de Jesus Cristo. A conclusão, sem qualquer restrição, deve-se aplicar às graças conferidas pelos sacramentos, no sentido de que as disposições que se devem levar para a sua recepção, e das quais depende a produção sacramental da graça, são obtidas por intercessão de Maria".

[40] Cf. Merkelbach, *Mariologia*, p. 375.

[41] É o que afirma Santo Anselmo, *or.* 46, dizendo:
Te tacente, nullus (sanctus) orabit, nullus invocabit.

Enfim, é preciso notar que essa mediação universal se estende às almas do purgatório. Como explica o Pe. E. Hugon:[42] "É certo que a Mãe de Misericórdia conhece todas as necessidades destas almas (...). Ela pode apoiar suas orações sobre as satisfações de outrora (...); ela não teve jamais necessidade para si mesma; ela as abandona ao domínio da Igreja, que as distribui às almas pelas indulgências (...). Quando, pois, as satisfações de Maria são aplicadas aos pobres devedores do purgatório, ela tem certo direito à sua libertação, porque ela paga sua dívida com seus próprios tesouros (...). Ela obtém, por suas maternas indústrias, que seus filhos da terra rezem por seus clientes do purgatório, ofereçam nesta intenção as suas boas obras, e façam celebrar o augusto sacrifício de libertação (...) Ela pode conseguir, ademais, que os sufrágios destinados às almas que não têm mais necessidade, ou que são incapazes de os receber, aproveitem a seus filhos de predileção".

Por isso, um Doutor da Igreja, São Pedro Damião,[43] assegura que a cada ano, no dia da Assunção, Maria liberta vários milhares destes cativos. Santo Afonso de Ligório[44] acrescenta, citando Dionísio o Cartuxo, que estas libertações têm lugar particularmente nas festas do Natal do Senhor e de sua Ressurreição. Esses últimos testemunhos, sem exigir nossa crença, traduzem e explicam, à sua maneira, uma conclusão que é teologicamente certa.

Assim se pode fixar o sentido dos termos "mediação universal".

Dificuldades

Alguns objetaram: a mãe de um rei não tem, pelo fato de sua maternidade, o direito de dispor dos bens dele, e portanto a Mãe de Cristo Rei não têm positivamente o direito de dispor de suas graças.

Com justeza responde-se:[45] não há aqui paridade; a mãe de um rei é somente a mãe de um filho que, em seguida, tornou-se rei, e muito frequentemente não cooperou intimamente no seu governo. Ao contrário, Maria é, por sua maternidade divina, ela mesma, a Mãe de Deus redentor, Rei universal de todas as criaturas; ela lhe deu sua

---

Te orante, omnes orabunt, onmes invocabunt.

[42] *Marie, pleine de grâce*, 5ᵉ éd., 1926, p. 201.

[43] *Epist.* 52 e *Opusc. XXIV: Disput. de variis apparit et miraculis*.

[44] *As glórias de Maria*, 1ª parte, c. VIII.

[45] Cf. Merkelbach, *Mariologia*, p. 377.

natureza humana e esteve intimamente associada a seus méritos, a seus sofrimentos reparadores; ela participa, por consequência, da sua realeza espiritual, com o direito, subordinado ao dele, de dispor das graças adquiridas por ele e por ela.

Objeta-se também que essa mediação não é senão uma pura conveniência e, portanto, não é certa.

É fácil de responder: trata-se de uma conveniência, de uma conaturalidade, que deriva da maternidade divina de Maria, de sua maternidade espiritual com respeito aos homens, de sua união a Cristo redentor, e que deriva de tal maneira que o oposto não seria conveniente, como convém para Nosso Senhor que ele tivesse, desde o primeiro instante de sua concepção, a visão beatífica. É conatural à Mãe espiritual de todos os homens velar espiritualmente sobre eles e distribuir-lhes os frutos da redenção.

Ademais, segundo a Tradição, esta é uma conveniência que moveu de fato a escolha divina, e na qual ela se cumpriu. Por isso mesmo, ela foi tida em consideração pelos Padres e pelos Doutores da Idade Média, notadamente por Santo Alberto Magno (*Mariale*, q. 29, 33, 147, 150, 164), por São Boaventura (*Sermo I in Nat. Dom.*), por Santo Tomás na sua Explicação da *Ave Maria*, e por teólogos posteriores, que colocaram cada vez mais em relevo a universalidade desta mediação.

Conclusão

Nenhuma dificuldade séria se opõe, portanto, à definição da mediação universal de Maria, entendida tal como acabamos de dizer: mediação subordinada àquela do Salvador e dependente de seus méritos; mediação que não acrescenta um complemento necessário a estes méritos de Jesus, cujo valor é infinito e superabundante, mas que mostra o resplendor e todo o fruto em uma alma inteiramente perfeita, plenamente configurada a ele.

As dificuldades que foram levantadas contra esta mediação universal são certamente menores que aquelas que foram formuladas no século XIII contra a Imaculada Conceição, que, contudo, foi definida como dogma de fé.

Admite-se também geralmente, nos dias de hoje, a definibilidade da Assunção, cuja festa, que remonta ao menos ao século VIII, é um testemunho da Tradição. Ora, a mediação universal de Maria parece mais certa ainda pelos princípios que a fundam: a maternidade divina e a maternidade espiritual com relação aos homens, e mais certa também pelos documentos da mais antiga tradição sobre a oposição entre Eva e Maria.

A mediação universal da Santíssima Virgem foi muito menos atacada que a Imaculada Conceição e que a Assunção; ela já é muito certa pelo magistério ordinário da Igreja e não se pode senão desejar sua definição, para melhor promover a devoção de todos para com aquela que é verdadeiramente a Mãe espiritual de todos os homens e que vela incessantemente sobre eles.

Esta mediação, longe de obscurecer a de Nosso Senhor, manifesta o seu resplendor, porque os maiores méritos suscitados por Jesus Cristo são os de sua Santa Mãe, e é ele quem comunica a dignidade da causalidade na ordem da santificação e da salvação. Quanto ao mais, a história mostra que são precisamente as nações que perderam a fé na divindade de Jesus Cristo que abandonaram a devoção à sua Mãe, enquanto que aquelas que sempre foram as primeiras em honrar a Mãe de Deus guardaram a fé do dogma da Encarnação redentora. O anglicano Pusey condenava esta palavra de Faber: "Jesus fica obscurecido porque Maria é mantida em segundo plano". Newman respondia: "Atestada pela história, esta verdade se torna muito manifesta pela vida e pelos escritos dos santos que viveram no período moderno".[46] E cita como exemplo Santo Afonso de Ligório e São Paulo da Cruz, cujo amor ardente por Jesus Redentor foi inseparável de sua grande devoção por Maria.

Estes fatos mostram, uma vez mais, que o verdadeiro culto tributado à Mãe de Deus, como a ação que ela mesma exerce sobre nós, conduz certamente à intimidade de Cristo. Bem longe de diminui-la, fortalece-a; torna-a mais profunda e mais frutuosa, como a influência da santa alma do Salvador aumenta em nós a união com a Santíssima Trindade.

A universalidade dessa mediação nos aparecerá gradativamente, considerando como ela é a Mãe de misericórdia, e qual é a extensão de sua realeza universal.

---

[46] *Certain difliculties felt by anglicans in catholic teaching considered*, Londres, 1910, t. II, pp. 91ss.

CAPÍTULO IV
Mãe de Misericórdia

Consideraremos primeiro este título por si mesmo, depois nas suas principais manifestações, que são como que a irradiação da doutrina revelada sobre Maria e que a tornam acessível a todos.

Artigo I
GRANDEZA E FORÇA DESSA MATERNIDADE

Este título de Mãe de Misericórdia é um dos maiores de Maria. Dá-se conta se consideramos a diferença da misericórdia, que é uma virtude da vontade, e da piedade sensível, que é tão somente uma inclinação da sensibilidade. Essa piedade sensível, que não existe em Deus, porque ele é puro espírito, nos leva a compartilhar os sofrimentos do próximo como se os sentíssemos nós mesmos e como se, de fato, eles nos pudessem tocar. É uma louvável inclinação, mas ela é geralmente tímida, acompanhada de um temor que também nos ameaça, e frequentemente incapaz de trazer efetivo auxílio.

Ao contrário, a misericórdia é uma virtude, que se encontra não na sensibilidade, mas na vontade espiritual; e, como nota Santo Tomás,[1] se a piedade sensível se encontra, sobretudo, entre os seres fracos e tímidos, que se sentem prontamente ameaçados pelo mal que vêem no próximo, a virtude da misericórdia é própria dos seres fortes e bons, capazes de realmente trazer auxílio. É por isso que ela se encontra sobretudo em Deus, e, como diz uma oração do Missal, ela é uma das maiores manifestações de seu poder e de sua bondade.[2] Santo

---

[1] Iª, q. 21, a. 3; IIª IIae, q. 30, a. 4.

[2] "Deus qui maxime parcendo et miserando, potentiam tuam manifestas".

Agostinho aponta que é mais glorioso para Deus tirar o bem do mal do que criar alguma coisa do nada; é mais grandioso converter um pecador, dando-lhe a vida da graça, que criar do nada todo o universo físico, céu e terra.[3]

Maria participa eminentemente desta perfeição divina, e nela a misericórdia se une à piedade sensível, que lhe é perfeitamente subordinada e que no-la torna mais acessível, porque nós não atingimos as coisas espirituais senão pelas coisas sensíveis.

A Santíssima Virgem é Mãe de Misericórdia, porque ela é Mãe da divina graça, *Mater divinae gratiae*, e este título lhe convém, porque ela é Mãe de Deus, autor da graça, Mãe do Redentor, e esteve mais intimamente associada do que qualquer outra pessoa, no Calvário, à obra da Redenção.

Como Mãe de misericórdia, ela nos recorda que, se Deus é o ser, a verdade e a sabedoria, ele é também a bondade e o amor, e que sua misericórdia infinita, que é a difusão de sua bondade, deriva de seu amor mais do que da justiça vingadora, que proclama os direitos imprescritíveis do Soberano Bem a ser amado acima de tudo. É que o faz dizer o apóstolo São Tiago (Tg 2, 13): "A misericórdia se eleva acima da justiça".

Maria nos faz compreender que a misericórdia, longe de ser contrária à justiça, como a injustiça, une-se a ela e a ultrapassa, sobretudo no perdão, porque perdoar é dar acima do que é devido, desculpando uma ofensa.[4]

Compreendemos, então, que toda obra de justiça divina supõe uma obra de misericórdia ou de bondade totalmente gratuita.[5] Se, com efeito, Deus deve qualquer coisa à sua criatura, é em virtude de um dom anterior, puramente gratuito; se deve recompensar os nossos méritos, é porque primeiro nos deu a graça para merecê-los, e se pune, é depois de nos ter dado um auxílio que torna realmente possível o cumprimento de seus preceitos, porque ele não ordena nunca o impossível.

A Santíssima Virgem nos faz compreender que Deus, por pura misericórdia, nos dá frequentemente mais do que o necessário, do que

---

[3] É o que mostra também Santo Tomás, I[a] II[ae], q. 113, a. 9.

[4] Cf. *Santo Tomás*, I[a], q. 21, a. 3, ad 2.

[5] Cf. Santo Tomás, *ibid.*, a. 4: "Opus divinae justitiae semper praesupponit opus misericordiae, et in eo fundatur".

aquilo que ele deve em justiça nos conceder; mostra-nos que ele frequentemente também nos dá aquilo que está acima de nossos méritos, como por exemplo a graça da comunhão, que não nos é merecida.

Ela nos faz compreender que a misericórdia se une à justiça nas penas desta vida, que são como que um remédio para nos curar, corrigir e fazer retornar ao bem.

Enfim, ela nos faz entender que frequentemente a misericórdia compensa a desigualdade de condições naturais pelas graças concedidas – como dizem as bem-aventuranças evangélicas – aos pobres, aos mansos, aos que choram, aos que têm fome e sede de justiça, aos misericordiosos, aos que têm o coração puro, aos pacíficos e aos que sofrem perseguição pela justiça.

Artigo II
PRINCIPAIS MANIFESTAÇÕES DE SUA MISERICÓRDIA

Maria aparece como Mãe de Misericórdia, na medida em que é "saúde dos enfermos, refúgio dos pecadores, consoladora dos aflitos, auxílio dos cristãos". Esta gradação expressa na ladainha é belíssima; demonstra que Maria exerce sua misericórdia com relação àqueles que sofrem em seu corpo para curar sua alma; e que em seguida os consola nas suas aflições e os fortifica no meio de todas as dificuldades a superar. Ninguém entre as criaturas é, ao mesmo tempo, tão elevado e tão acessível a todos, tão eficaz e tão doce para nos levantar.[6]

Saúde dos enfermos

Ela é a saúde dos enfermos, pelas inumeráveis curas providenciais, ou mesmo verdadeiramente milagrosas, obtidas por sua intercessão em tantos santuários da cristandade no curso dos séculos e em nossos dias. O número incalculável dessas curas é tal que se pode dizer que Maria é um mar insondável de curas milagrosas. Mas ela não cura os corpos senão para trazer remédio às enfermidades da alma.

---

[6] Esta doutrina é bem desenvolvida pelo dominicano polonês Justino de Miechow, na sua obra *Collationes in Litanias B. Mariae Virginis*, traduzida para o francês pelo Padre A. Ricard com o título *Conférences sur les litanies de la Très Sainte Vierge*, 3ᵉ éd., Paris, 1870. Inspiramo-nos nele para algumas páginas que seguem.

Ela cura, sobretudo, as quatro feridas espirituais que são as consequências do pecado original e dos nossos pecados pessoais: as feridas da concupiscência, da enfermidade, da ignorância e da malícia.[7]

Ela cura da *concupiscência* ou da cobiça, que está na sensibilidade; mitigando o ardor das paixões, rompendo os hábitos criminosos; faz com que o homem comece a querer fortemente o bem, para repelir os maus desejos e também permanecer insensível à embriaguez das honras e à atração das riquezas. Ela cura, assim, da "concupiscência da carne" e da "concupiscência dos olhos".

Ela traz remédio também à ferida da enfermidade que é a *fraqueza* para o bem, a preguiça espiritual; ela dá constância à vontade, para se aplicar à virtude e desprezar os atrativos do mundo, lançando-se nos braços de Deus. Ela fortalece aqueles que vacilam e levanta aqueles que caíram.

Ela dissipa as trevas da *ignorância*, fornece os meios para abandonar o erro; recorda as verdades religiosas, ao mesmo tempo tão simples e tão profundas, expressas no *Pai Nosso*. Ela ilumina, com isso, a inteligência e a eleva para Deus. Santo Alberto Magno, que tinha recebido dela a luz para perseverar na sua vocação e superar os enganos do demônio, diz muitas vezes que ela nos preserva dos desvios que tiram a retidão e a firmeza de julgamento, cura-nos da exaustão na busca da verdade, e nos faz alcançar um conhecimento saboroso das coisas divinas. Ele mesmo, no seu *Mariale*, fala de Maria com uma espontaneidade, uma admiração, uma franqueza e uma abundância que raramente se encontram em um homem de estudo.

Enfim, ela cura a ferida espiritual da *malícia*, dirigindo para Deus as vontades rebeldes, seja por ternas advertências, seja por severas repreensões. Por sua doçura, detém as explosões de cólera; por sua humildade, sufoca o orgulho e afasta as tentações do demônio. Ela inspira a renunciar à vingança e se reconciliar com seus irmãos; faz entrever a paz que se encontra na casa de Deus. Em uma palavra, ela cura o homem das feridas do pecado original, agravadas por nossos pecados pessoais.

Algumas vezes, esta cura espiritual é milagrosa por sua instantaneidade, como aconteceu na conversão do jovem Alphonse Ratisbonne, israelita muito distante da fé católica, que visitava por curiosidade

---

[7] Cf. *Santo Tomás*, I^a II^{ae}, q. 85, a. 3.

a igreja de *Sant'Andrea delle Frate* em Roma, e a quem a Santíssima Virgem apareceu como está representada na medalha milagrosa, com os raios de luz saindo de suas mãos. Com bondade, ela fez-lhe o sinal para se ajoelhar. Ele se ajoelhou, perdeu o uso dos sentidos, e, quando os recuperou, exprimiu o forte desejo que experimentava de receber o batismo o quanto antes. Ele fundou mais tarde, com seu irmão convertido antes dele, os Padres de Sião e as Religiosas de Sião, para orar, sofrer e trabalhar pela conversão dos judeus, dizendo todos os dias na Missa: "Pai, perdoai-lhes, pois não sabem o que fazem".

Nisso, Maria é esplendidamente apresentada como saúde dos enfermos.

Refúgio dos pecadores

Ela é refúgio dos pecadores, precisamente porque é sua mãe e porque é santíssima. Justamente porque ela detesta o pecado que devasta as almas, longe de abominar os próprios pecadores, ela os acolhe e os convida a arrepender-se; livra-os das correntes dos maus hábitos pelo poder de sua intercessão; ela lhes obtém a reconciliação com Deus, pelos méritos de seu Filho, cuja memória recorda-lhes.

Em seguida, ela protege os pecadores convertidos contra do demônio, contra tudo aquilo que conduziria a recaídas. Ela os exorta à penitência e lhes faz encontrar a doçura.

É a ela, depois de Nosso Senhor, que todos os pecadores redimidos devem a sua salvação. Ela converteu inumeráveis, em particular em lugares de peregrinação, como em Lourdes, onde disse: "Orai e fazei penitência"; ou mais recentemente em Fátima, em Portugal, onde o número de conversões, desde 1917, é incalculável.

Muitos criminosos, no momento do último suplício, devem-lhe a sua conversão *in extremis*.

Ela suscitou ordens religiosas dedicadas à oração, à penitência e ao apostolado pela conversão dos pecadores: a Ordem de São Domingos, São Francisco, os Redentoristas, Passionistas, e muitas outras.

Quais são os pecadores que ela não protege? Somente aqueles que desprezam a misericórdia de Deus e que atraem sobre si sua maldição. Ela não é refúgio daqueles que se obstinam em perseverar no mal, na blasfêmia, no perjúrio, na magia, na luxúria, na inveja, na ingratidão, na avareza, no orgulho de espírito. Mas, entretanto, como Mãe de misericórdia, ela lhes envia, de tempos em tempos, graças de luz e de atração, e, se eles não resistem a elas, serão conduzidos de graça em graça, até a graça da conversão. Ela sugere a alguns deles, como mãe compadecida, a dizer ao menos cada dia uma *Ave Maria*; muitos, sem mudar de vida, recitaram esta oração, que não exprimia neles senão uma fragilíssima disposição de conversão, e, chegado o último momento, são recolhidos em um hospital onde lhes foi perguntado se querem ver um sacerdote e receber a absolvição; eles receberam a recompensa como os operários do último momento da última hora, chamados e salvos por Maria.[8] Depois de quase dois mil anos, Maria é, assim, o refúgio dos pecadores.

Consoladora dos aflitos

Consoladora dos aflitos, ela foi já durante sua vida terrestre com respeito a Jesus, sobretudo no Calvário; depois da Ascensão, com respeito aos Apóstolos, em meio às imensas dificuldades que encontraram para a conversão do mundo pagão. Ela lhes obtinha de Deus o espírito de fortaleza e uma santa alegria nos sofrimentos. Durante a lapidação de Santo Estêvão, primeiro mártir, ela deve tê-lo assistido espiritualmente com suas orações. Ela animava os infelizes no seu abatimento, obtendo-lhes a paciência para sofrer a perseguição. Vendo tudo o que ameaçava a Igreja nascente, ela permanecia firme, conservando um olhar sempre sereno, expressão da tranquilidade de sua alma, de sua confiança em Deus; a tristeza jamais tomou posse de seu coração. O que conhecemos da força de seu amor por Deus leva a pensar, dizem os autores piedosos, que ela permanecia alegre em suas aflições, que não se queixava da indigência e da penúria, que as injúrias não podiam obscurecer as graças de sua doçura. Apenas pelo seu exemplo, ela animava a muitos infelizes oprimidos pela tristeza.

Ela suscitou frequentemente santas que foram como ela, consoladoras dos aflitos, tais como Santa Genoveva, Santa Isabel, Santa Catarina de Sena, Santa Germana de Pibrac.

O Espírito Santo é chamado *consolador*, sobretudo porque faz derramar lágrimas de contrição, que lavam nossos pecados e nos trazem a alegria da reconciliação com Deus. Pela mesma razão, a Santíssima

---

[8] Este foi o caso, na França, de um infeliz escritor licencioso chamado Armand Silvestre.

Virgem é a consoladora dos aflitos, levando-os a chorar santamente suas faltas.

Não somente ela consola os pobres pelo exemplo de sua pobreza e pelo seu socorro, mas é particularmente atenta à nossa pobreza oculta; compreende a penúria secreta de nosso coração e assiste-nos. Ela conhece todas nossas necessidades e dá o alimento do corpo e da alma aos indigentes que lhe imploram.

Ela consolou muitos cristãos nas perseguições, livrou muitos possuídos ou almas tentadas, salvou da angústia muitos náufragos; assistiu e fortaleceu muitos moribundos, lembrando-lhes dos méritos infinitos de seu Filho.

Vem também ao encontro das almas depois da morte. São João Damasceno diz, no seu sermão sobre a Assunção: "Não é a morte, ó Maria, que te fez bem-aventurada; foste tu que a embelezaste e tornaste toda graciosa, despojando-a do que tinha de lúgubre".

Ela suaviza os rigores do purgatório, obtendo para os que sofrem as orações dos fiéis, e a estes ela inspira a fazerem celebrar missas pelos defuntos.

Enfim, como consoladora dos aflitos, Maria, soberana sem restrição, faz sentir, de certo modo, a sua misericórdia até no inferno. Santo Tomás diz que os condenados são punidos menos do que merecem, *puniuntur citra condignum*,[9] porque a misericórdia divina se une sempre à justiça mesmo em seus rigores. E este abrandamento provém dos méritos do Salvador e daqueles de sua santa Mãe. Segundo Santo Odilão de Cluny,[10] o dia da Assunção no inferno é menos penoso que os demais.

Ela tem sido a Consoladora dos aflitos no curso dos séculos, nas formas mais variadas, segundo a extensão do conhecimento que ela tem da aflição das almas humanas em seus diversos estados de vida.

Auxílio dos cristãos

Ela é, enfim, auxílio dos cristãos, porque o socorro é efeito do amor, e Maria tem a plenitude consumada da caridade, que ultrapassa a de todos os santos e anjos reunidos.

---

[9] Iª, q. 21, a. 4, ad 1.

[10] *Sermon sur l'Assomption*.

Ela ama as almas resgatadas pelo sangue de seu Filho mais do que poderíamos dizer, assiste-as em suas penas e as auxilia à prática de todas as virtudes.

Daí a exortação de São Bernardo, em sua segunda homilia sobre o *Missus est*: "Se o vento da tentação se levantar contra ti, se a torrente das tribulações busca levar-te, olha a estrela, invoca Maria. Se as ondas do orgulho e da ambição, da maledicência e da inveja te fazem balançar para engolir-te em seus turbilhões, olha a estrela, invoca a Mãe de Deus. Se a cólera, a avareza ou os furores da concupiscência jogam a frágil nave de teu espírito e ameaçam destruí-la, volta teus olhares para Maria. Que sua recordação não se distancie jamais do teu coração, e que seu nome se encontre sempre em tua boca (...). Mas, para aproveitar o benefício de sua oração, não esqueças que tu deves caminhar sobre seus passos".

Ela foi frequentemente o auxílio não somente das almas individuais, mas dos povos cristãos. Segundo o testemunho de Barônio, Narses, o chefe dos exércitos do imperador Justiniano, com a ajuda da Mãe de Deus, livrou a Itália, em 553, da escravidão do godos de Totila. Segundo o mesmo testemunho, em 718, a cidade de Constantinopla foi libertada, do mesmo modo, dos Sarracenos, que em muitas ocasiões semelhantes foram derrotados pelo socorro de Maria.

Do mesmo modo, no século XIII, Simão, conde de Montfort, derrotou, perto de Tolosa, um exército considerável dos Albigenses, enquanto São Domingos rezava à Mãe de Deus.

A cidade de Dijon, em 1513, foi igualmente libertada de forma milagrosa. Em 1571, em 7 de outubro, em Lepanto, na entrada do golfo de Corinto, pelo auxílio de Maria obtido pelo rosário, uma frota turca bem mais numerosa e poderosa que a dos cristãos foi completamente destruída.

O título de Nossa Senhora da Vitória recorda-nos que frequentemente a sua intervenção foi decisiva nos campos de batalha, para livrar os povos cristãos oprimidos.

Na Ladainha lauretana, estas quatro invocações: Saúde dos enfermos, Refúgio dos pecadores, Consoladora dos aflitos e Auxílio dos cristãos recordam incessantemente aos fiéis como Maria é a Mãe da divina graça e, por consequência, a Mãe de misericórdia.

Também a Igreja canta que ela é igualmente nossa esperança: "Salve, Regina, Mater misericordiae; vita, dulcedo et spes nostra, salve."

Ela é nossa esperança, porquanto mereceu-nos com seu Filho, e por ele, o auxílio de Deus, que ela nos obtém e nos transmite por sua intercessão sempre atual. Ela é, assim, a expressão viva e o instrumento da Misericórdia auxiliadora, que é o motivo formal de nossa esperança: a esperança ou confiança, apoiada a uma *certeza de tendência para a salvação*[11] que não cessa de aumentar, e que deriva de nossa fé na bondade de Deus onipotente, que sempre ajuda, na fidelidade de suas promessas; daí, nos santos, o sentimento como que sempre atual de sua paternidade, que incessantemente vela sobre nós. A influência de Maria, sem ruído de palavras, nos inicia progressivamente nesta confiança perfeita, e nos manifesta cada vez melhor o motivo.

A Santíssima Virgem é mesmo chamada "Mater sanctae laetitiae" e "Causa nostrae laetitiae". Ela obtém, com efeito, às almas mais generosas este tesouro escondido que é a alegria espiritual no meio do sofrimento. Ela lhes proporciona, por vezes, carregar sua cruz com alegria ao seguir o Senhor Jesus; ela as inicia no amor da cruz, e, ainda que nem sempre as faz sentir essa alegria, concede-lhes de comunicá-la aos outros.

---

[11] Cf. *Santo Tomás*, II^a II^{ae}, q. 18, a. 4: "Spes *certitudinaliter tendit* ad suum finem, quasi participans certitudinem a fide".

CAPÍTULO V
A realeza universal de Maria

Segundo a linguagem da Igreja, na sua liturgia e pregação universal, a Santíssima Virgem não é somente Mãe e Medianeira, mas Rainha de todos os homens, e mesmo dos anjos, e de todo o universo.

Em que sentido esta realeza universal lhe é atribuída? É no sentido próprio ou no sentido metafórico? Deve-se primeiro recordar que só Deus, como autor de todas as coisas, tem por sua própria essência a realeza universal sobre todas as criaturas, que ele governa para conduzi-las a seu fim. Mas Cristo e Maria participam desta realeza universal. E como?

Cristo, mesmo como homem, participa por três razões: por sua personalidade divina,[1] pela plenitude de graça que transborda sobre nós e sobre os anjos, e por sua vitória sobre o pecado, o demônio e a morte.[2] Ele é rei de todos os homens e de todas as criaturas, incluídos os anjos, que são "seus". Assim ele diz (Mc 13, 26-27) falando de sua segunda vinda: "Então se verá o Filho do homem vir sobre as nuvens, com um grande poder e uma grande glória. E então ele enviará *seus* anjos para reunir os seus eleitos aos quatro ventos, da extremidade da

---

[1] Cf. Pio XI, Enc. *Quas primas*, 11 de dezembro de 1925 (*Denz.* 2194): "Ejus principatus illa nititur unione admirabili, quam hypostaticam appellant. Unde consequitur, non modo ut Christus ab angelis et hominibus Deus sit adorandus, sed etiam ut ejus imperio Hominis angeli et homines pareant et subjecti sint: nempe ut vel solo hypostaticae unionis nomine Christus potestatem in universas creaturas obtineat". A humanidade de Cristo, por sua união pessoal com o Verbo, merece a mesma adoração, participa na realeza universal de Deus sobre todas as criaturas. Cristo, como homem, foi predestinado a ser Filho de Deus, não por adoção, mas por natureza, enquanto que os anjos e os homens não podem senão ser filhos adotivos.

[2] Porque ele aceitou por amor as humilhações da Paixão (Fl 2, 9): "obediente até a morte, e morte de cruz. Por isso Deus o elevou de modo soberano, e lhe deu um nome que está acima de todo nome, a fim de que ao nome de Jesus todo joelho se dobre no céu, sobre a terra e nos infernos, e que toda língua confesse, para a glória de Deus Pai, que Jesus Cristo é Senhor".

terra até a extremidade do céu". Cristo é, com efeito, o Filho de Deus, não por adoção, mas por natureza, enquanto que os anjos são apenas servos e filhos adotivos de Deus.

Jesus diz também (Mt 28, 18): "Todo o poder me foi dado no céu e na terra"; ele é chamado (Ap 19, 16): "Rei dos reis, Senhor dos senhores".

Perguntamo-nos, como Maria – abaixo de Cristo e por meio dele – participa de sua realeza universal? É no sentido próprio do termo?

Artigo I
SUA REALEZA EM GERAL

Poder-se-ia dizer que a Santíssima Virgem, sobretudo depois da Assunção e da sua coroação no céu, participa da realeza universal de Deus, no sentido que, de um modo subordinado a Cristo, ela é *propriamente* falando rainha de todas as criaturas?[3]

Desde logo, poder-se-ia chamá-la assim no sentido impróprio do termo, do fato de que ela é, por suas qualidades espirituais, e por sua plenitude de graça, de glória e de caridade, superior a todas as outras criaturas. Diz-se, no sentido impróprio do termo, que o leão é o rei dos animais, que não são dotados de razão, somente para significar sua superioridade sobre eles.

Pode-se dizer também, ao menos no sentido lato, que Maria é rainha do universo porque ela é Mãe de Cristo Rei.

Mas este título convém, no sentido próprio, enquanto que ela recebeu *a autoridade e o poder real*? Ela tem, abaixo de Cristo e por meio dele, não somente um primado de honra sobre os santos e os anjos, mas um verdadeiro poder de comandar os homens e os anjos?

Se examinarmos os diversos testemunhos da Tradição, expressos na pregação universal, nos Padres, nos papas, na liturgia, e se considerarmos as razões teológicas invocadas pelos doutores, deve-se responder afirmativamente.

Os Padres do Oriente e do Ocidente muito frequentemente chamaram Maria "Domina", "Regina", "Regina nostrae salutis"; em par-

---

[3] Cf. DE GRUYTER , *De B. Maria Regina*, Buscoduci. 1934; GARÉNAUX, *La Royauté de Marie*, Paris, 1935; M. J. NICOLAS, *La Vierge Reine*, na *Revue Thomiste*, 1939; B: H. MERKELBACH, *Mariologie*, 1939, p. 382.

ticular no Oriente, Santo Efrém,[4] São Germano de Constantinopla,[5] Santo André de Creta[6] e São João Damasceno;[7] no Ocidente, São Pedro Crisólogo,[8] São Beda o Venerável,[9] Santo Anselmo,[10] São Pedro Damião[11] e São Bernardo.[12]

Em seguida, estes títulos retornam frequentemente entre todos os teólogos, em Santo Alberto Magno,[13] São Boaventura, Santo Tomás,[14] Gerson, São Bernardino de Sena, Dionísio o Cartuxo, São Pedro Canísio, Suárez, o Beato Grignion de Montfort e Santo Afonso.

Os soberanos pontífices sempre utilizaram as mesmas expressões.[15]

A liturgia romana e as liturgias orientais proclamam também Maria como "Rainha dos céus", "Rainha dos anjos", "Rainha do mundo", "Rainha de todos os santos". Entre os mistérios do rosário, comumente recitados na Igreja depois do século XIII, o último de todos é o da coroação de Maria no céu, que foi representado por um dos mais belos afrescos do Beato Fra Angelico de Fiesole.

Enfim, as razões teológicas invocadas pelos teólogos para mostrar que a realeza universal lhe convêm, no sentido próprio do termo, são verdadeiramente patentes.

---

[4] *Opera*, III, gr. 534, 536, 545, 548; syr., p. 415.

[5] *Hom. I et II in Praes., I et II in Dorm.*

[6] *Hom. I et II in Dorm.*

[7] *Hom. I et III in Dorm.*

[8] *Serm. 142.*

[9] *In Lc, I.*

[10] *Or. 52.*

[11] *In Ann. B.M.V.; Serm. 44.*

[12] *Serm. in Ass.* e *Dom. infra Oct. Ass.*

[13] *Mariale*, q. 43, §2: "Virgo assumpta est in salutis auxilium et in regni consortium (...) habet coronam regni triumphantis et militantis Ecclesiae, unde (...) est regina et domina angelorum (...), imperatrix totius mundi (...); in ipsa est plenitudo potestatis coelestis perpetuo ex auctoritate ordinaria (...), legitima dominandi potestas ad ligandum et solvendum per imperium (...); totem habet B. Virgo potestatem in coelo, in purgatorio et in inferno (...) Ad eodem dominio et regno a quo Filius accepit nomen regis, et ipsa regina (...) *B. Virgo vere et jure et proprie est domina omnium quae sunt in misericordia Dei, ergo proprie est regina misericordiae* (...) *ipsa enim ejusdem regni regina est cujus ipse est rex*". Cf. ibid., q 158, 162, 165.

[14] *In exposit. Salutationis angelicae.*

[15] Gregório II, em sua carta a São Germano de Constantinopla, lida no segundo Concílio de Nicéia (787), chama Maria de *Domina omnium*; e o Concílio aprovou as estátuas feitas em honra de Nossa Senhora. Leão XIII, em suas encíclicas, emprega frequentemente os termos de *regina et domina universorum* (Enc. *Jucunda semper*, Enc. *Fidentem*, Enc. *Magnae Dei Matris*, Enc. *Adjutricem populi*). Do mesmo modo, Pio X, Enc. *Ad diem illum*: "Maria adstat regina a dextris ejus".

Eles se reduzem aos três seguintes. Jesus Cristo homem – enquanto que sua personalidade é divina – é, pela união hipostática, rei do universo. Ora, Maria, como Mãe de Deus feito homem, pertence à ordem da união hipostática e participa da dignidade de seu Filho, porque a pessoa dele é o fim mesmo da maternidade divina. Ela participa, pois, conaturalmente, em sua qualidade de Mãe de Deus, de sua realeza universal.[16] E, por gratidão, o Cristo devia ele mesmo reconhecer esta prerrogativa àquela que lhe tinha dado sua natureza humana.

Ademais, Jesus Cristo é rei do universo por sua plenitude de graça e por sua vitória no Calvário sobre o demônio e o pecado, vitória de sua humildade e de sua obediência até à morte de cruz, pela qual "Deus o elevou de modo soberano, e lhe deu um nome que está acima de todo nome, a fim de que ao nome de Jesus todo joelho se dobre no céu, sobre a terra e nos infernos, e que toda língua confesse, para a glória de Deus Pai, que Jesus Cristo é Senhor".[17]

Ora, Maria, no Calvário sobretudo, unido-se aos sofrimentos e às humilhações do Verbo feito carne, esteve associada o mais intimamente possível à sua vitória sobre o demônio e sobre o pecado, e depois sobre a morte. Ela esteve, pois, associada também verdadeiramente à sua realeza universal.

Chega-se à mesma conclusão se se considera a estreitíssima relação que une a Santíssima Virgem a Deus Pai, de quem ela é a primeira filha adotiva, a mais elevada em graça, e com o Espírito Santo, porque é por sua operação que ela concebeu o Verbo feito carne.

Objeta-se: a mãe de um rei, chamada frequentemente de rainha mãe, não é de fato rainha no sentido próprio; não tem, por este fato, a autoridade real. Do mesmo modo, a Mãe de Cristo Rei não participa, somente por isto, propriamente falando, de sua realeza.

Vimos mais acima à reposta que foi dada a esta objeção: não há paridade, porque a mãe de um rei é somente a mãe de um filho que em seguida tornou-se rei, enquanto que Maria é Mãe de Deus feito homem, que é, desde o instante de sua concepção, pela união hipostática e pela plenitude de graça, rei do universo. Ademais, Maria esteve associada o mais intimamente possível à sua vitória sobre o demônio e o pecado, razão pela qual ela tem esta realeza universal por direito

---

[16] Cf. MERKELBACH, op. cit., p. 385.

[17] Fl 2, 9. Diz também aos Colossenses, 2, 15: "Espoliou os principados e potestades, e os expôs ao ridículo, triunfando deles pela cruz".

de conquista, ainda que ele já o tivesse por direito de herança, como Filho de Deus. Ela é, portanto, associada também à sua realeza no sentido próprio, ainda que de modo subordinado a ele.

Numerosas consequências derivam desta verdade. Do mesmo modo que Jesus é rei universal, não somente porque ele tem o poder de estabelecer e de promulgar a nova lei, de propor a doutrina revelada, de julgar os vivos e os mortos, mas também porque tem o poder de dar a graça santificante que mereceu por nós, a fé, a esperança, a caridade e as outras virtudes, para observar a lei divina.[18] Maria participa de sua realeza universal na medida em que, sobretudo de um modo interior e oculto, ela nos dispensa todas as graças que recebemos, e que ela mereceu-nos em união com seu Filho; participa também exteriormente, na medida em que outrora deu exemplo de todas as virtudes, contribuiu para iluminar por suas palavras os Apóstolos e continua a nos iluminar quando, por exemplo, ela se manifesta exteriormente nos santuários, como em Lourdes, la Sallete, Fátima e outros lugares. Mas os teólogos notam que ela não parece participar de modo especial do poder judicial que inflige à pena devida ao pecado, porque a Tradição não chama Maria de Rainha de justiça, mas "Rainha de misericórdia", o que lhe convém na qualidade de medianeira de todas as graças.[19] Jesus parece ter-se reservado o reino de justiça,[20] que lhe convém como "juiz dos vivos e dos mortos" (At 10, 42).[21]

Maria tem um direito radical a esta realeza universal depois de se ter tornado Mãe de Deus; mas, segundo as disposições da Providência, ela devia também merecê-lo unindo-se ao sacrifício de seu Filho, e ela não o exerce plenamente senão depois que foi elevada e coroada no céu como rainha de toda a criação.

É um reino mais espiritual e sobrenatural do que temporal e natural, ainda que se estenda secundariamente às coisas temporais, consideradas na sua relação com a santificação e a salvação.

---

[18] Pio XI, na encíclica *Quas primas*, de 11 de dezembro de 1925 (*Denz.*, 2194), diz que, por isso, Jesus é rei das inteligências, dos corações, das vontades, na medida em que a nova lei não é primeiramente uma lei escrita, mas uma lei impressa nas almas pela própria graça. Cf. Santo Tomás, I^a II^{ae}, q. 106, a. 1.

[19] Cf. Santo Alberto Magno, *Mariale*, q. 43; §2.

[20] João 5, 22.27: "O Pai entregou todo o julgamento ao Filho (...) e lhe conferiu o poder de julgar".

[21] Cf. *Santo Tomás*, III^a, q. 59, a. 1.

Essa realeza se exerce sobre a terra, pela distribuição de todas as graças que recebemos, pelas intervenções de Maria nos santuários onde ela multiplica seus benefícios. Exerce-se no céu com respeito aos bem-aventurados, cuja glória essencial depende dos méritos do Salvador e dos méritos de sua Mãe. Sua glória acidental, e a dos anjos, aumenta também pelas luzes que ela lhes comunica, pela alegria que eles têm com a sua presença, por tudo o que ela faz para a salvação das almas. Aos anjos e aos santos, ela manifesta as vontades de Cristo para a extensão de seu reino.

Essa realeza de Maria se exerce, como dissemos, sobre o purgatório, no sentido de que ela leva os fiéis na terra a rezar pelas almas detidas neste lugar de sofrimento; ela nos inspira a fazer celebrar missas por eles; apresenta também a Deus nossos sufrágios, o que aumenta o seu valor. Ela aplica ainda, em nome do Senhor, a estas almas que sofrem o fruto dos méritos e das satisfações de Cristo, e o de seus próprios méritos e satisfações.

Enfim, essa realeza da Santíssima Virgem se exerce com respeito aos demônios, que são obrigados a reconhecer, estremecidos, seu poder; porque ela pode afastar as tentações que eles provocam, fazer evitar suas armadilhas, repelir seus ataques; "eles sofrem mais – diz o Beato Grignion de Montfort – em serem vencidos pela humildade de Maria do que serem imediatamente esmagados pela onipotência divina". Seu reino de misericórdia se estende também – nós o vimos mais acima – ao inferno, no sentido de que os condenados são menos punidos do que o merecem,[22] e que em certos dias, como talvez no da Assunção, seus sofrimentos são mitigados ou menos penosos para suportar.

Esse último ponto mostra que a realeza de Maria é verdadeiramente universal, porque não há lugar onde não se exerça de alguma maneira.

Artigo II
OS ASPECTOS PARTICULARES DA REALEZA DE MARIA

Esta doutrina da realeza universal da Mãe de Deus se concretiza mais se considerarmos seus diversos aspectos expressos na Ladainha

---

[22] Cf. *Santo Tomás*, Iª, q. 21, a. 4, ad 1: "In damnatione reproborum apparet misericordia, non quidem totaliter relaxans, sed aliqualiter allavians, dum (Deus) *punit citra condignum*". E esta intervenção da misericórdia divina não é independente dos méritos de Cristo e daqueles de Maria, que suscitou outrora.

lauretana: "Rainha dos anjos", "Rainha dos patriarcas", "Rainha dos profetas", "Rainha dos apóstolos", "Rainha dos mártires", "Rainha dos confessores", "Rainha das virgens", "Rainha de todos os santos", "Rainha da paz".

Rainha dos anjos

Ela o é, porque sua missão é superior à deles; ela é a Mãe de Deus, de quem os anjos não são mais do que servos. Ela está elevada tão acima deles quanto há de diferença entre o nome da mãe e o de servo. Somente ela, junto com Deus Pai, pode dizer a Jesus Cristo: "Vós sois meu Filho, eu vos gerei".

Ela é, além disso, superior aos anjos por sua plenitude de graça e de glória, que ultrapassa a de todos os anjos reunidos. Ela os supera em pureza, porque ela a recebeu não somente para si, mas para comunicá-la aos outros. Ela foi mais perfeita e mais pronta na obediência aos mandamentos de Deus, e em seguir seus conselhos. Cooperando na redenção da humanidade, em união com Nosso Senhor, ela merece, com um mérito de conveniência, aos próprios anjos as graças acidentais pelas quais eles nos ajudam na via da salvação, e a alegria que experimentam por tomar parte nisso. Isto é certo, se recordamos que Maria mereceu *de congruo* tudo o que Cristo mereceu *de condigno*.

Como diz Justino de Miéchow,[23] se os anjos serviram a Nosso Senhor, quanto mais a Maria, que o concebeu, deu-o à luz, alimentou-o em seus braços, conduziu-o ao Egito para preservá-lo do furor de Herodes.

Ademais, os anjos não têm senão a guarda de um homem ou de uma comunidade, enquanto que Maria é a celeste guardiã de todo o gênero humano, e da cada um de nós em particular.

Se os *anjos* são mensageiros de Deus, este privilégio pertence a Maria de uma maneira bem superior, porque ela nos trouxe não somente uma palavra criada, expressão do pensamento divino, mas a palavra incriada, que é o Verbo feito carne.

Os *arcanjos* são destinados à guarda de tal ou qual cidade; a Santíssima Virgem protege todas as cidades e todas as igrejas que existem. Muitas cidades se colocaram sob seu patrocínio.

---

[23] *Collationes in litanias B. Mariae Virginis, circa invocationem : Regina angelorum, ora pro nobis.*

Os *principados* estão à cabeça das províncias; Maria toma sob sua proteção a Igreja universal.

As *potestades* repelem os demônios; Maria esmagou a cabeça da serpente infernal. Ela é terrível aos demônios pela profundidade de sua humildade e pelo ardor de sua caridade.

As *virtudes* operam milagres, como instrumentos do Altíssimo, mas o maior milagre foi aquele de conceber o Verbo de Deus encarnado, para a nossa salvação.

As *dominações* comandam os anjos inferiores; Maria comanda todos os coros celestes.

Os *tronos* são espíritos em que Deus habita de uma maneira mais íntima; Maria, que deu o nascimento a Nosso Senhor, é a sede da sabedoria, e a Santíssima Trindade nela habita de um modo bem mais íntimo do que nos anjos mais elevados, isto é, segundo o grau de graça consumada que ela recebeu.

Os *querubins* brilham pelo resplendor de sua ciência; mas a Santíssima Virgem penetrou mais ainda nos mistérios divinos. Ela possui a luz da glória e a visão beatífica em um grau bem superior ao mais perfeito dos querubins. Ademais, ela levou em seu seio "aquele no qual estão escondidos todos os tesouros da sabedoria e da ciência de Deus". Conversou familiarmente com ele, durante mais de trinta anos aqui na terra, e, no céu, está mais próxima dele do que qualquer outra pessoa.

Os *serafins* ardem no fogo do santo amor; mas a chama viva da caridade é muito mais ardente no coração de Maria. Ela ama a Deus mais do que todas as criaturas juntas, porque ela o ama não somente como seu Criador e Pai, mas também como como seu Filho querido e legitimamente adorado.

Ela é, portanto, verdadeiramente Rainha dos anjos; eles a servem com fidelidade, cercando-a com veneração, admirando sua terna solicitude em guardar cada um de nós, em velar sobre os reinos, sobre a Igreja universal; os serafins admiram o ardor de seu amor, seu zelo pela glória de Deus e pela salvação das almas. Assim fala Justino de Miéchow, a que nós resumimos aqui.

Rainha dos patriarcas

Após todo o precedente, não se poderia evidentemente duvidar da superioridade de Maria sobre Adão inocente; ela recebeu a graça em um grau bem mais elevado, e teve mesmo os principais efeitos da justiça original: a perfeita subordinação da sensibilidade às faculdades superiores, inteligência e vontade, assim como a subordinação constante destas a Deus, amado acima de tudo. A caridade de Maria, desde o primeiro instante de sua concepção, ultrapassa em muito a de Adão inocente; ela recebeu, além disso, ainda que numa carne passível e mortal, o privilégio de evitar todo pecado, por leve que fosse.

Sua intimidade com Deus excedia também em muito a que tiveram Abel, Noé, Abraão, Isaac, Jacó, José. O ato mais heróico de Abraão foi aquele pelo qual preparava-se para imolar seu filho Isaac, que era o filho da promessa. Com um mérito muito maior, Maria ofereceu seu Filho, que lhe era incomparavelmente mais caro que sua própria vida, não vindo, desta vez, um anjo do céu, como para Isaac, impedir a imolação cruenta de Jesus sobre a cruz.

Maria, no meio dos patriarcas, brilha, portanto, como um astro sem igual por seu título de Mãe de Deus, pela elevação de sua caridade e heroicidade de todas as suas virtudes.

Rainha dos profetas

A profecia, em sentido próprio, é o dom de conhecer e prever seguramente o futuro por inspiração divina. Este dom foi concedido a Abraão, Moisés, Davi, Elias, Eliseu, aos profetas maiores: Isaías, Jeremias, Ezequiel e Daniel, e aos doze profetas menores.

No Novo Testamento, São João e São Paulo foram, ao mesmo tempo, profetas e apóstolos. Este dom de prever o futuro não é somente partilhado por homens; a Escritura o reconhece em Maria, irmã de Moisés, em Débora, em Ana, mãe de Samuel, em Isabel, Mãe de São João Batista.

Maria é Rainha dos profetas, não somente porque ela mesma predisse o futuro ao cantar no *Magnificat*: "Todas as gerações me chamarão bem-aventurada", mas porque os profetas que anunciaram o mistério da Encarnação falaram dela: aquele que os profetas anunciaram, ela teve a honra de conceber, levar no seu seio, alimentar, apertar no seu coração, habitar por longo tempo com ele, escutar suas palavras sobre os mistérios do reino de Deus, palavras das quais ela recebeu mais inteligência que os discípulos de Emaús, e os próprios apóstolos.

Ela teve o dom da profecia em seu grau mais elevado depois de Jesus, e ao mesmo tempo a inteligência perfeita da plenitude da revelação que Nosso Senhor veio trazer ao mundo.

Rainha dos apóstolos

Trata-se dos doze apóstolos escolhidos pelo Salvador para pregar o Evangelho e fundar a Igreja nascente. Como Maria é chamada sua rainha?

A dignidade de Mãe de Deus, sendo por seu fim de ordem hipostática, ultrapassa a dos apóstolos. O apostolado é um ministério.[24] Ora, segundo a observação de Santo Alberto Magno, a Santíssima Virgem não é somente ministra de Deus, mas, na sua qualidade de Mãe do Salvador, esteve-lhe mais intimamente associada.[25]

Ademais, após a Ascensão, os apóstolos tinham ainda necessidade de direção, de conselhos, de socorro, e ninguém poderia ser melhor que Maria para, prodigamente, lhes dar. Ela os consolou na tristeza imensa que eles experimentaram depois da partida de Nosso Senhor para o céu, quando se sentiram sozinhos e impotentes para trabalhar na evangelização do mundo pagão, no meio de dificuldades insuperáveis, com a perspectiva das perseguições anunciadas. Jesus lhes havia deixado sua Mãe para fortalecê-los. Ela foi para eles, como se disse, como um segundo Paráclito, um Paráclito visível, uma medianeira fiel; ela foi sua estrela no meio da tempestade. Cumpriu os deveres de uma mãe com respeito a eles. Nenhum deles deve ter-se afastado dela sem ter sido iluminado, consolado, sem ter-se tornado melhor e mais forte.

Por seu exemplo em suportar as calúnias, por sua experiência nas coisas divinas, ela teve de sustentá-los contra as injúrias, escárnios, perseguições, e obter-lhes, por suas orações, a graça da perseverança até o martírio.

Ninguém era mais misericordiosa do que ela, mais forte nas provações, mais humilde, mais piedosa, mas caridosa.

---

[24] ICor 4, 1: "Que os homens nos considerem, pois, como simples operários de Cristo e administradores dos mistérios de Deus" – IICor 3, 6: "Ele é que nos fez aptos para ser ministros da Nova Aliança, não a da letra, e sim a do Espírito. Porque a letra mata, mas o Espírito vivifica".

[25] *Mariale*, q. 42: "Beata Virgo Maria non est assumpta in ministerium a Domino, sed in consortium et in adjutorium, secundum illud: Faciamus ei adjutorium simile sibi".

Enfim, ninguém melhor do que ela poderia falar-lhes da concepção virginal de Cristo, de seu nascimento, de sua infância, de sua vida oculta em Nazaré, e do que se passou na santa alma do Salvador na cruz. É o que leva Santo Ambrósio[26] a dizer: "Não é extraordinário que São João tenha falado do mistério da Encarnação melhor que os outros; ele se encontrava na própria fonte dos segredos celestes".[27] É na intimidade da Mãe de Deus que ele viveu daquilo que ele narra no quarto evangelho.

Rainha dos mártires

Este título foi dado a Maria por Santo Efrém, São Jerônimo, Santo Idelfonso, Santo Anselmo, São Bernardo. Trata-se do martírio do coração, predito pelo velho Simeão: "Uma espada transpassará tua alma" (Lc 2, 35).

Sua dor foi proporcional ao amor por seu Filho, quando ele foi chamado de sedutor do povo, violador da lei, possesso do demônio; quando viu Barrabás sendo preferido a ele, e ele sendo pregado na cruz, torturado pela coroa de espinhos, pela sede, por todas as angústias de sua alma de sacerdote e vítima.

Todos os golpes que seu Filho flagelado e crucificado recebeu, ela mesma os recebia, porque não era senão uma só com ele pela profundidade de seu amor. Como diz Bossuet, "uma só cruz bastava para que fossem mártires ele e ela". Eles não ofereciam senão um único e mesmo sacrifício, e como ela amava seu Filho mais do que a si mesma, ela sofria mais do que se tivesse sido atormentada, ela mesma, pelos algozes.

Ela suportou este martírio por confessar a fé no mistério da Encarnação redentora, e a fé da Igreja, neste momento, nela permaneceu firme, viva, ardente e penetrante, mais do que em todos os mártires.

Deve-se acrescentar que a causa de seus sofrimentos foi a mesma da Paixão de seu Filho: a acumulação dos crimes da humanidade e a ingratidão dos homens, que tornaria estes sofrimentos, em parte, inúteis.

Não se deve esquecer, tampouco, que ela sofreu após a concepção do Salvador, mais ainda após a profecia do velho Simeão, e depois, de

---

[26] *Livre de l'institution des vierges*, cap. IX.

[27] Estas observações são ainda o resumo do que diz Justino de Miéchow nas suas *Collationes in litanias B.M.V.*

um modo mais vivo, vendo, durante a vida pública de Jesus, a oposição crescente de fariseus, até o paroxismo durante a Paixão e aos pés da Cruz.

E então, quando ela foi repleta de uma imensa dor, seu zelo da glória de Deus e da salvação das almas lhe dá uma santa alegria de ver seu Filho consumir sua obra redentora, com o mais perfeito dos holocaustos.

Enfim, ela assistiu os mártires no seu suplício: se é chamada Nossa Senhora da Boa Morte, porque ela vela junto aos moribundos que a invocam, com mais forte razão ela assiste aqueles que morrem por confessar sua fé em Cristo redentor.

Rainha dos confessores – Maria e os sacerdotes

Ela é rainha de todos aqueles que confessam a fé em Cristo, porque ela mesma a confessou, mais que qualquer outra pessoa, desde a Anunciação até a morte de Jesus, e em seguida até a Assunção.

Mas convém falar aqui, sobretudo, daquilo que ela é com respeito aos sacerdotes de Cristo. O sacerdote, por representar verdadeiramente Nosso Senhor que ele deve tornar presente sobre o altar e oferecer sacramentalmente na Missa, se deve unir cada vez mais aos seus sentimentos, à oblação sempre viva do Coração de Jesus, que "não cessa de interceder por nós". Ademais, o sacerdote deve, pelos diversos sacramentos, distribuir a graça que é o fruto dos méritos de Cristo e de sua santa Mãe.

Maria tem também um zelo particular pela santificação dos sacerdotes. Ela via neles a participação do sacerdócio de seu Filho e vela muito especialmente sobre suas almas, para que façam frutificar a graça de sua ordenação, e tornem-se uma imagem viva do Salvador.

Ela os guarda contra os perigos que os cercam; ela os levanta, com uma grande bondade, quando eles vêm a desfalecer. Ela os ama como os filhos de predileção, como amava a São João, que lhe foi confiado no Calvário. Ela atrai seus corações para elevá-los e conduzi-los mais e mais à intimidade de Cristo, para que um dia eles possam dizer, com toda a verdade: "Eu vivo, mas já não sou eu que vive, mas Jesus Cristo que vive em mim".

Ela os assiste sobretudo no altar, para que eles tomem cada vez mais consciência daquilo que deve ser a sua união com o Sacerdote principal do sacrifício da Missa. Ela está espiritualmente presente nesta oblação sacramental, que perpetua em substância o sacrifício da cruz, e distribui as graças atuais que os dispõem a fazer com que ele – com o recolhimento devido e o dom generoso de si – não participe somente do sacerdócio do Salvador, mas também de sua vida como vítima, na medida estabelecida pela Providência.

Por isso, ela forma o coração dos sacerdotes à imagem do Coração de Jesus.[28] Ademais, com ele, ela suscita as vocações sacerdotais e as cultiva, porque onde não há sacerdotes, não há batismo, nem absolvição, nem missa, nem matrimônio cristão, nem extrema-unção, nem vida cristã; é o retorno ao paganismo.

Cristo, que quis precisar de Maria para ajudá-lo na obra da redenção, quis precisar também de seus sacerdotes, e Maria os forma na santidade. Vê-se particularmente pela vida de certos santos como São João Evangelista, Santo Efrém, São João Damasceno, São Bernardo, São Domingos, o apóstolo do Rosário, São Bernardino de Sena, Santo Afonso, o Beato de Montfort e muitos outros.

Rainha das virgens – Maria e as almas consagradas

Ela é Rainha das virgens, pois teve a virgindade no grau mais eminente, porque a conservou na concepção, no parto do Salvador, e daí em diante para sempre. Assim, ela ensina às almas o preço da virgindade, que não é somente, como o pudor, uma louvável inclinação da sensibilidade, mas uma virtude, isto é, uma força espiritual.[29] Ela lhes mostra que a virgindade consagrada a Deus é superior à simples castidade, porque promete a Deus a integridade do corpo e a pureza do coração por toda a vida; é o que faz Santo Tomás afirmar que a virgindade é para a castidade como a munificência para a simples liberalidade, porque ela é um dom excelente de si, que manifesta uma perfeita generosidade.

Maria preserva as virgens em meio aos perigos, sustenta-as em suas lutas e as conduz, se elas são fiéis, a uma grande intimidade com seu Filho.

---

[28] O Beato Grignon de Montfort o mostra bem, no seu *Tratado da verdadeira devoção à Santíssima Virgem*, cap. I, a. 1, fim, e a. 2, início.

[29] Santo Tomás nota que as virtudes da castidade e da virgindade são superiores ao pudor, do mesmo modo como a virtude da misericórdia é superior à piedade sensível.

Qual o seu papel com respeito às almas consagradas? Essas almas são chamadas pela Igreja de "esposas de Cristo". Seu perfeito modelo é, evidentemente, a Santíssima Virgem. A seu exemplo, elas devem ter, em união com Nosso Senhor, uma *vida de oração e de reparação, ou imolação*, pelo mundo e pelos pecadores. Elas devem também *consolar os aflitos*, recordando o que diz o Evangelho, que a consolação que elas trazem sobrenaturalmente aos membros sofredores de Cristo, é a ele que elas trazem, para fazer-lhe esquecer tantas ingratidões, indiferenças e mesmo profanações.

Portanto, a vida destas almas deve concentrar-se em reproduzir as virtudes de Maria e a continuar seu papel, em sua medida, face a face com Nosso Senhor e com os fiéis.

Se as almas consagradas sabem e querem seguir esta direção, elas seguirão os passos de Maria, e encontrarão nela tudo quanto será uma compensação magnífica a todas as renúncias e privações, aceitas primeiro em conjunto, e que parecem às vezes muito duras quando se apresentam dia a dia.

A Santíssima Virgem, enfim, faz as virgens consagradas a Deus entender que podem humildemente aspirar a uma maternidade espiritual, que é um reflexo da sua, com relação às crianças abandonadas, aos pobres, aos pecadores, que precisam encontrar a assistência de uma grande bondade sobrenatural. A esta maternidade espiritual, Jesus faz alusão quando diz (Mt 25, 35): "Eu estava faminto, e vós me destes de comer; estava com sede, e me destes de beber; era estrangeiro, e me recebestes; nu, e me vestistes; enfermo, e me visitastes; estava na prisão, e viestes a mim".

Essa maternidade espiritual se exerce, também, na vida contemplativa e reparadora, pelo apostolado da oração e do sofrimento, que fecunda aquele da pregação para a conversão dos pecadores e a extensão do reino de Cristo. Essa maternidade escondida tem seus grandes sofrimentos, mas a Santíssima Virgem inspira como se lhes devem oferecer, e faz entrever a sua fecundidade.

Enfim, Maria assiste as mães cristãs, para que, depois de ter dado à luz os seus filhos, formem sua alma para a vida da fé, da confiança e do amor de Deus, para trazê-los de volta se estiverem desviados, como fez Mônica com relação a Agostinho.

Vemos, assim, qual é a realeza universal da Mãe de Deus: ela é *Rainha de todos os santos*, por sua missão única no plano da Providência, pela perfeição da graça e da glória e, pela perfeição das suas virtudes.

Ela é Rainha de todos os santos conhecidos e desconhecidos, de todos aqueles que estão no céu, canonizados, beatificados ou não, e de todos aqueles que se santificam sobre a terra e de quem ela conhece a predestinação, as provas, as alegrias, a perseverança e os frutos, que serão a sua coroa por toda a eternidade.[30]

---

[30] O Padre Duperray, diretor espiritual do Seminário Menor de Saint Gildas (Charlieu, Loire) escreveu uma excelente comunicação para o XI Congresso nacional de recrutamento sacerdotal, que teve lugar em Lourdes, de 1 a 4 de agosto de 1935 (*Imprimerie de la Grotte*, Lourdes): *La dévotion à Marie et la culture des vocations*.

Diz, p. 5: "O sacerdote e o futuro sacerdote são mais que simples cristãos; são os continuadores de Cristo, outros iguais a São João, chamados a amar Maria com uma grande ternura e seguros de serem amados pela Santíssima Virgem como discípulos amados. *Nossos seminaristas*, de uma parte, têm, portanto, por sua vocação, *graças de eleição para amar a Santíssima Virgem*, a fim de que Maria encontre em seus corações os sentimentos mesmos de Jesus; por outra parte, nossos seminaristas podem estar seguros *de uma predileção especial* da Santíssima Virgem, que neles quer formar outros Cristos." O autor deste excelente opúsculo mostra qual é a influência de Maria na crise de crescimento do seminarista. Ele cita as reflexões de um aluno do terceiro ano, seminarista de quinze anos, que faz ver como esta crise foi felizmente atravessada com o socorro de nossa Mãe do céu. A cada dia, a intimidade com Maria traz graças para chegar ao ápice do sacerdócio. Sob a sombra de seu manto, o zelo apostólico do dia de amanhã se desenvolve. O mesmo autor nota, na p. 10, o benefício de um diálogo mariano, à noite, antes de dormir. "Em lugar do exame de consciência, tipo de monólogo à maneira dos filósofos pagãos, austero relato pelas faltas do dia, é uma encantadora revisão com nossa Mãezinha do Céu, sobre o que sucedeu mal e, sobretudo, o que sucedeu bem durante o dia, verdadeiro descanso espiritual".

Outra observação, não menos acertada, na p. 12 : "Quando um dos meus dirigidos, sentindo no seu coração a necessidade da ternura e da afeição feminina, hesita entre a vocação ao matrimônio e a vocação ao sacerdócio, tento fazer-lhe descobrir a resposta às necessidades de seu coração em uma verdadeira devoção mariana. Tenho convicção de ter, por este meio, ganhado vocações"; e, na p. 14: "Aqui, como em outros lugares, não se suprime bem senão aquilo que se substitui; *o remédio negativo é insuficiente*. O verdadeiro problema é bem ordenar o coração (afeições sobrenaturais, familiares, boas amizades...)".

"Não percebeste nisto também o socorro precioso do ideal mariano para dar a nosso seminarista *este selo de* discrição tão extraordinário quando se o encontra?"

"A verdadeira pureza, diz o Pe. de Foucauld, não consiste neste estado neutro, onde não se pertence a ninguém, mas neste estado onde se adere totalmente a Deus".

CAPÍTULO VI
A verdadeira devoção à Santíssima Virgem

Neste capítulo, falaremos: 1º. do culto de hiperdulia devida à Mãe de Deus; 2º. das formas habituais de devoção mariana, especialmente do rosário, como escola de contemplação; 3º. da consagração a Maria, tal como a explica o Beato Grignion de Montfort; 4º. da união íntima e mística com a Santíssima Virgem.

Artigo I
O CULTO DE HIPERDULIA E SEUS BENEFÍCIOS[1]

O culto, em geral, é uma honra tributada com submissão e dependência a uma pessoa que nos é superior, por causa de sua excelência.[2] Seja ele somente interior ou ao mesmo tempo exterior, o culto se difere, portanto, conforme a excelência mesma da pessoa a que ele é devido. A Deus, por causa de sua excelência infinita – de primeiro princípio e soberano mestre de todas as coisas –, é devido o culto supremo de *latria* ou de *adoração*, ato da virtude da religião. Ele é devido também à humanidade do Salvador, enquanto pertence à pessoa incriada do Verbo, e, de modo relativo, ao crucifixo e às outras imagens do Salvador, enquanto o representam.

Às pessoas criadas que têm certa excelência é devido um culto de *dulia* ou de respeito, que é o ato da virtude da dulia, subordinada à da

---

[1] MERKELBACH, *Mariologia*, pp. 392-413. – E. DUBLANCHY, *Dict. Théol. cath.*, art. Marie, cc. 2439-2474.

[2] Cf. *Santo Tomás*, IIª IIae, q. 81, a. 1, ad 4, et a. 4; q. 92, a. 2. O culto, assim, é mais que uma honra; é uma honra tributada com submissão por um inferior a alguém que lhe é superior. Deus honra os santos, mas não tem um culto por eles, do mesmo modo o mestre com relação a seus discípulos.

religião. Assim, já na ordem natural, o respeito é devido aos pais, aos reis, a um chefe do exército, a um professor, a um sábio; e, na ordem sobrenatural, a veneração é devida aos santos, por causa da excelência de suas virtudes, cuja heroicidade é reconhecida, e este culto tributado aos servos de Deus honra o próprio Deus que se manifesta neles eles e que, por eles, atrai-nos a ele.[3] O Concílio de Trento o afirma contra os protestantes, que quiseram ver superstição nesta veneração aos santos (cf. Denzinger, n°s 941, 952, 984).

Ademais, ensina-se comumente na Igreja que à Santíssima Virgem é devido um culto de *hiperdulia* ou de dulia extrema, por causa de sua eminente dignidade de Mãe de Deus (Denzinger, n°s 1255 sq., 1316, 1570).[4]

Natureza e fundamento deste culto

Houve, com respeito a este culto devido à Maria, duas derivações absolutamente contrárias uma à outra. Segundo o testemunho de Santo Epifânio (*Haer*., 78-79), os coliridianos quiseram render à Santíssima Virgem um culto propriamente divino e oferecer-lhe sacrifícios. Este erro merece o nome de mariolatria, e pouco durou.

Por oposição, os protestantes declararam que o culto de hiperdulia, tributado pelos católicos à Santíssima Virgem, é uma superstição.

É fácil responder que o culto de latria, ou de adoração, somente pode ser tributado a Deus; se é adorada a humanidade de Jesus, é porque ela está unida pessoalmente ao Verbo, e se é tributado um culto de adoração relativa ao crucifixo, é porque ele representa Nosso Senhor (cf. Santo Tomás, III[a], q. 25, a. 3 et 5). É claro, com efeito, que o crucifixo ou as imagens do Salvador não têm outra excelência senão a de representá-lo. Se este culto de adoração relativa fosse rendido à Santíssima Virgem, por causa de sua relação com Verbo feito carne,

---

[3] Cf. *Santo Tomás*, II[a] II[ae], q. 103, a. 4.

[4] Segundo J.-B. de Rossi, *Roma sotterranea cristiana*, Rome, 1911, t. III, pp. 65ss, 252, e Marucchi, *Eléments d'archéologie chrétienne*, 2e édit., 1911, pp. 211ss, As primeiras representações da Santíssima Virgem trazendo o Menino Jesus se encontram nas catacumbas de Roma, e remontam aos séculos II, III e IV. A instituição das festas especiais em honra de Maria parece remontar ao século IV. A partir desta época, Santo Epifânio (*Haer*., 79) fala deste culto, reprovando os erros dos Coliridianos, que o transformaram em adoração. São Gregório de Nazianzo faz menção, *Orat. XXIV*, XI, P.G., t. XXXV, c. 1181, Santo Ambrósio também, *De institutione virgin*., XIII, 83. P.L., t. XVI, c. 825. Há onze orações a Maria atribuídas a Santo Efrém († 378) na edição Assémani. E, em seguida, este culto aparece como geral no Oriente e no Ocidente.

tomar-se-ia facilmente mais como uma adoração que se dirige a Maria por causa de sua própria excelência, e seria, assim, ocasião de erro grave e de idolatria, como aponta Santo Tomás (ibid., a. 3, ad 3).

O culto que é devido à Santíssima Virgem é, portanto, um *culto de dulia*. Este ponto de doutrina é mesmo de fé, segundo o magistério universal da Igreja; daí a condenação das três proposições contrárias de Molinos (Denz., 1255 sq., 1316).

Ademais, é doutrina comum e certa que a Maria é devido um *culto eminente de dulia*, ou de *hiperdulia*, que *lhe é próprio*, enquanto que é Mãe de Deus. Este é o ensinamento tradicional, que aparece cada vez mais explicitamente nos escritos de São Modesto[5] no século VII, de São João Damasceno[6] no VIII, e depois em Santo Tomás,[7] São Boaventura,[8] Scoto,[9] Suárez[10] e quase todos os teólogos católicos.[11] A Sagrada Congregação dos Ritos o afirmou em um decreto de 1 de junho de 1884,[12] bem como a liturgia no ofício da Santíssima Virgem.[13]

Vê-se que o culto de hiperdulia é devido *formalmente* a Maria pela razão de que ela é a Mãe de Deus, porque a maternidade divina é, por seu fim, de ordem hipostática, muito superior à ordem da graça e da glória. Se, portanto, a Santíssima Virgem tivesse recebido somente a plenitude de graça e de glória, sem ser a Mãe de Deus, em outros termos, se

---

[5] *Encomium in B.V.*; P.G., t. LXXXVI, c. 3303.

[6] *De fide orth.*, IV, 15; P.G., XCIV, cc. 1164, 1168; *De imaginibus, orat.* I, 14; P.G., ibid., c. 1214; *In dorm. B.M.V.*, hom. II; P.G., XCVI, c. 741.

[7] II^a II^{ae}, q. 103, a. 4, ad 2: "Hyperdulia est potissima species duliae communiter sumptae maxima enim reverentia debetur homini ex afinitate quam habet ad Deum". - Item III^a, q. 25, a. 5: "Cum beata Virgo sit pura creatura rationalis, non debetur ei adoratio latriae, sed solum veneralio duliae; eminentius tamen, quam coeteris creaturis, *in quantum est Mater Dei*. Et ideo dicitur quod debetur et non qualiscumque dulia, sed hyperdulia".

[8] In *III Sent.*, d. 9, a. 1, q. 3: "Ex hoc quod Mater Dei est, praelata est coeteris creaturis, et eam prae coeteris decens est honorari et venerari. Hic autem honor consuevit a magistris hyperdulia vocari".

[9] In *III Sent.*, dist. 9, q. unic.

[10] In III^{am}, disp. XXII, sect. II, n. 4.

[11] Cf. *Dict. Théol.*, art. *Marie*, cc. 2449-2453.

[12] "*Eminentiori veneratione*, supra ceteras sanctos colit Ecclesia Reginam et Dominam angelorum, cui *in quantum ipsa est Mater Dei* (...) *debetur*, non qualiscumque dulia, sed *hyperdulia*".

[13] "Felix namque es, sacra Virgo Maria, et omni laude dignissima, quia ex te ortus est sol Justitiae, Christus Deus noster".

ela tivesse sido somente superior aos santos pelo grau de glória consumada, este culto especial de hiperdulia não lhe seria devido.[14]

Enfim, é uma doutrina mais provável e mais comum que este culto de hiperdulia não é somente um grau superior do culto de dulia devido aos santos, mais que é *especificamente distinto*, como a maternidade divina é, por seu fim, de ordem hipostática, especificamente distinto da ordem de graça e de glória.[15]

Este culto de hiperdulia é tributado a Maria formalmente porque ela é a Mãe de Deus, Mãe do Salvador; mas é por este título supremo que ela tem também o título de Mãe de todos os homens, de medianeira universal e de co-redentora.

Quais são os frutos deste culto?

Ele atrai sobre aqueles que o tributam à Mãe de Deus uma maior benevolência de sua parte, e os leva a imitar suas virtudes; conduz-lhes, assim, eficazmente à salvação, porque Maria pode obter àqueles que lhe imploram fielmente a graça de perseverança final. É por isso que a verdadeira devoção à Santíssima Virgem é comumente contada entre os sinais de predestinação. Ainda que ela não dê uma certeza absoluta e infalível de ser salvo (o que o Concílio de Trento reprova, Denz., n° 805), ela nos dá a firme esperança de obter a salvação. Esta firme esperança repousa sobre o grande poder de intercessão de Maria e sua grande benevolência para os que a invocam.[16] Nesse sentido, Santo Afonso afirma (*Glórias de Maria*, Ire p., c. VIII), que é moralmente impossível que estes se percam, se, com o desejo de emendar-se, são fiéis em honrar a Mãe de Deus e em recomendar-se à sua proteção. Se tivessem somente uma vaga inclinação a romper com o pecado, não haveria então um sinal provável de predestinação. Mas se os pecadores se esforçam em sair do pecado, onde ainda estão, e se eles procuram

---

[14] Nisso, a grande maioria dos teólogos se separa de Vasquez, que sustentou, em III[am], t. I, disp. C, c. II, que Maria é honrada com o culto de hiperdulia principalmente por causa de sua eminente santidade. É uma consequência de sua opinião, atribuindo à graça santificante uma dignidade superior à maternidade divina. Ele não considerou bastante que esta é, por seu fim, de ordem hipostática. Cf. *Dict Théol cath.*, art *Marie*, cc. 2452ss.

[15] É a opinião do Pe. MERKELBACH, op cit., pp. 402, 405. Muitos teólogos interpretam no memso sentido as palavras de Santo Tomás, II[a] II[ae], q. 103, a. 4, ad 2: "Hyperdulia est *potissima species duliae communiter sumptae* maxima enim reverentia debetur homini ex affinitate, quam habet ad Deum".

[16] *Dict. Théol. Cath.*, art. *Marie*, c. 2458.

para isso a ajuda de Maria, ela não deixará de socorrê-los e trazê-los de volta para a graça de Deus. Assim falam, com Santo Afonso (*ibid.*, Ire p., c. I, 4), a generalidade dos teólogos mais recentes.[17]

De uma maneira geral, na Igreja, este culto tributado a Maria confirma os fundamentos da fé, porque deriva da fé na Encarnação redentora; afasta, portanto, as heresias; também se diz de Maria: "Cunctas haereses interemisti in mundo"; tal devoção conduz à santidade pela imitação das virtudes da Santíssima Virgem, e glorifica a Nosso Senhor ao honrar sua Mãe.

Objeções

Racionalistas objetaram que a primeira origem do culto religioso dirigido a Maria parece ser atribuído à influência das concepções semi-pagãs, trazidas à Igreja pelas conversões em massa ocorridas no século IV.

Esta teoria já foi mencionada e combatida por São Pedro Canísio, *De Maria Deipara virgine* (l. V, c. XV, Lyon, 1584, pp. 519 sq.). Ela foi examinada recentemente em *Dict. Apologétique* (art. *Mariolâtrie*, cc. 319ss; *Dict. théol. cath.*, art. *Marie*, cc. 2445ss.); pelo Pe. Merkelbach (*op. cit.*, pp. 408ss), e pelos autores por eles citados.

É certíssimo, do ponto de vista da dogmática, que o culto à Santíssima Virgem não veio do paganismo, no século IV, mas é fundado sobre a excelência mesma de Cristo. Ao menos desde o século II no Ocidente as palavras *natus ex Maria* estão inseridas no símbolo que é explicado ao catecúmeno. Desde a época de São Justino, Santo Irineu e Tertuliano, Maria Mãe do Salvador é chamada de Nova Eva, a Mãe espiritual dos cristãos. Este culto nasceu espontaneamente nos fiéis por razão de sua fé no mistério da Encarnação redentora.[18]

Do ponto de vista histórico, deve-se acrescentar que a primeira representação da Virgem tendo o Menino Jesus no seu colo, que se encontra em Roma nas catacumbas de Priscila, assim como uma pintura

---

[17] Cf. TEPRIEN, *op. cit.* t. IV, pp. 291ss.

[18] Deve-se mesmo dizer, com o Pe. Hugon, *Tract. dogmatici*, 1926, t. II, p. 791, que este culto de Maria foi preparado pela saudação do anjo no dia da Anunciação: *Ave, gratia plena*; pela saudação de Isabel, que diz sob inspiração do Espírito Santo: "Bendita és tu entre as mulheres". (Lc 1, 42), palavras que se encontram na saudação angélica recitada por todos os fiéis. Ademais, ele diz (Lc 2, 51) do menino Jesus que ele lhe era "submisso", isto é, que o próprio Nosso Senhor nos deu o exemplo de obediência e de respeito em relação à sua Mãe.

da Anunciação no mesmo lugar, segundo os juízes mais competentes, remonta ao século II; outras são do III, antes das conversões em massa dos pagãos ocorridas no IV.[19]

Ademais, o culto de Maria é todo diferente daquele de Ísis no Egito, de Artemísia em Éfeso, de Ishtar na Babilônia; estas deusas representam, com efeito, a vida e a fecundidade natural da terra, e o seu culto se misturava a ritos e práticas imorais, não ao amor à castidade e à virgindade.

Além disso, os pagãos consideravam o objeto destes cultos como deuses, enquanto que Maria sempre foi considerada como uma pura criatura, que deu ao Verbo feito carne sua natureza humana.

Se há certas analogias, elas são puramente exteriores, pelo fato de que todo culto verdadeiro ou falso tem alguma conformidade a certas aspirações do coração e se exprime por imagens; mas não existe, por isso, imitação. Enfim, toda a Igreja, sendo oposta à religião pagã, não poderia ter feito tal adaptação.

A objeção dos protestantes, segundo a qual o culto a Maria obscurece o culto divino, não tem fundamento. A Igreja católica sustenta, com efeito, que o culto de latria, ou de adoração, não pode ser tributado senão somente a Deus, e que a devoção à Santíssima Virgem, longe de opor-se ao culto divino, favorece-lhe, porque reconhece que Deus é o autor de todos os dons que veneramos em Maria; a honra tributada a Maria remonta a seu Filho, e a Medianeira universal nos faz melhor reconhecer que Deus é o autor de todas as graças.

A experiência mostra, de resto, que a fé na divindade de Cristo se conserva entre os católicos que possuem o culto a Maria, ao passo que se desvanece entre os protestantes. Todos os santos, enfim, uniram o culto de Nosso Senhor ao de sua Mãe.

A devoção a Maria, sendo mais sensível, é em certas pessoas mais intensa que aquele para com Deus, mas o culto divino lhe é superior, porque Deus é amado acima de tudo por amor de estima, que tende a tornar-se mais intenso, e que de fato progressivamente se torna, à medida que a alma vai adquirindo uma vida espiritual mais desapegada aos sentidos.

A confiança em Maria, Mãe de Misericórdia, e no poder de sua intercessão, longe de diminuir a confiança em Deus, aumenta-a. Se a

---

[19] Cf. MARUCCHI, *Éléments d'archéologie chrétienne*, 2ᵉ éd., Rome, 1906, pp. 323ss, 329.

confiança que os peregrinos de Ars tinham no Cura d'Ars, em lugar de diminuir sua confiança em Deus, a aumentava, com mais forte razão aquela que os fiéis têm em Maria. Estas objeções não têm, pois, absolutamente nenhum fundamento.

O culto de hiperdulia, ao contrário, se assenta sobre a fé na divindade de Cristo, o qual se exprime no título mais glorioso de Maria, o de Mãe de Deus.

Seria uma falta de humildade, como diz o Beato de Montfort, negligenciar os mediadores que Deus nos deu por causa de nossa fragilidade. Bem longe de prejudicar nossa intimidade com Deus, eles no-la dispõem. Como Jesus não faz nada nas almas que não seja para conduzi-las ao Pai, Maria não exerce sua influência sobre as inteligências e os corações senão para conduzi-los à intimidade com seu Filho. Deus quis servir-se dela constantemente para a santificação das almas.

Artigo II
O ROSÁRIO

Escola de contemplação

Entre as formas habituais da devoção mariana, como são o Angelus, o Ofício da Santíssima Virgem e o Rosário, falaremos especialmente deste último, enquanto nos dispõe e nos conduz à contemplação dos grandes mistérios da salvação.

Este é, depois do sacrifício da missa, uma das mais belas orações e das mais eficazes, na condição de bem entendê-la e vivê-la verdadeiramente.

Acontece frequentemente que o terço, que é uma das partes do rosário, se torna uma oração maquinal, durante a qual o espírito, não estando suficiente ocupado das coisas divinas, é preso nas distrações; oração, às vezes, precipitada e sem alma, na qual se pedem os bens temporais sem contemplar suficientemente sua relação com os bens espirituais, a santificação e a salvação.

Então, ao se ouvir recitar assim de um modo mecânico e negligente o terço, pergunta-se: o que nesta oração, assim feita, permanece do ensinamento contido nas grandes e numerosas encíclicas de Leão XIII sobre o rosário, encíclicas que Pio XI recordava em uma de suas últimas cartas apostólicas antes de morrer?

Pode-se fazer, sem dúvida, a princípio, uma boa oração, pensando-se indistintamente na bondade de Deus e na graça requisitada, mas, a fim de conferir ao terço sua alma e sua vida, deve-se recordar que ele não é senão uma das três partes do rosário, e que deve ser acompanhado da meditação – fácil por sinal – dos mistérios gozosos, dolorosos e gloriosos, que nos recordam toda a vida de Nosso Senhor, de sua Santa Mãe e de sua elevação ao céu.

Os três grandes mistérios da salvação

Os quinze mistérios do rosário, assim divididos em três grupos, não são outra coisa senão os diversos aspectos dos três grandes mistérios da salvação: a Encarnação, a Redenção e a vida eterna.

O mistério da Encarnação nos é recordado pelas alegrias da Anunciação, da Visitação, da Natividade de Jesus, por sua apresentação no templo, e pelo seu encontro entre os doutores da sinagoga.

O mistério da Redenção nos é relatado pelos diversos momentos da Paixão: a agonia no Jardim das Oliveiras, a flagelação, a coroação de espinhos, o carregamento da cruz, a crucifixão.

O mistério da vida eterna nos é recordado pela ressurreição, ascensão, Pentecostes, assunção de Maria e sua coroação no céu.

É todo o *Credo* que passa diante de nossos olhos, não de um modo abstrato, por meio de fórmulas dogmáticas, mas de um modo concreto pela vida de Cristo, que desce até nós e sobe a seu Pai para nos conduzir a ele. É todo o dogma cristão em sua elevação e seu esplendor, para que possamos assim todos os dias penetrá-lo, saboreá-lo e com ele alimentar a nossa alma.

Por isso, o rosário é uma escola de contemplação, porque nos eleva pouco a pouco acima da oração vocal e da meditação racional ou discursiva. Os antigos teólogos comparam este movimento de contemplação ao movimento em espiral,[20] em que descrevem certas aves,

---

[20] *Motus obliquus* (*aut in forma spirae*), distinto do movimento direto e do movimento circular. Cf. *Santo Tomás*, II^a II^{ae}, q. 180, a. 6.

O movimento direito se eleva diretamente por um fato sensível, contado, por exemplo, na sua parábola como a do filho pródigo, à contemplação da misericórdia divina.

O movimento em espiral se eleva progressivamente pelos diversos mistérios de salvação até Deus, a que eles nos conduzem.

O movimento circular é semelhante ao da águia, que chega ao alto dos céus e que faz muitas vezes o mesmo círculo, ou plana, contemplando o sol e todo o horizonte que seu olhar pode alcançar.

como a andorinha, elevando-se muito alto. Esse movimento em espiral é também como um caminho que se serpenteia para se fazer, sem fadiga, a subida de uma montanha. Os mistérios gozosos da infância do Salvador conduzem à sua Paixão, e sua Paixão, ao céu.

É, portanto, uma oração elevadíssima, se bem entendida, porque coloca todo o dogma diante de nossos olhos, de modo acessível a todos.

É também muito prática, porque nos recorda toda a moral e a espiritualidade cristã vistas do alto, pela imitação de Jesus redentor e de Maria medianeira, que são nossos grandes modelos. Esses mistérios devem, com efeito, reproduzir-se em nossa vida, na medida desejada para cada um de nós pela divina Providência. Cada um deles nos recorda uma virtude, sobretudo a humildade, a confiança, a paciência e a caridade.

Pode-se mesmo dizer que há *três momentos em nossa viagem para Deus: contempla-se primeiro o fim último*, e daí o desejo da salvação e a alegria que acompanha esse desejo; é isso que nos recordam os mistérios gozosos, a boa nova da Encarnação do Filho de Deus que nos abre o caminho da salvação.

Devem-se tomar, em seguida, os meios frequentemente dolorosos para a libertação do pecado e a conquista do céu. É o que nos inspiram os mistérios dolorosos.

Repousa-se, enfim, no fim último conquistado, na vida eterna, da qual a vida presente deve ser o prelúdio. É o que nos fazem antever os mistérios gloriosos.

O rosário é, assim, muito prático, porque nos toma em meio a nossas alegrias demasiado humanas, às vezes perigosas, para nos fazer pensar naquelas muito mais altas da vinda do Salvador. Toma-nos também em meio aos sofrimentos, frequentemente irracionais, às vezes esmagadores, quase sempre mal suportados, para nos recordar que Jesus sofreu muito mais do que nós, por amor a nós, e para nos ensinar a segui-lo, carregando a cruz que a Providência escolheu para nos purificar. O rosário, enfim, nos toma em meio a nossas esperanças, demasiado terrenas, para nos fazer pensar no verdadeiro objeto da esperança cristã, na vida eterna e nas graças necessárias para alcançar a realização dos grandes preceitos do amor de Deus e do próximo.

O rosário, bem compreendido, é assim não somente uma *oração de súplica*, mas uma oração de *adoração*, diante do pensamento do mistério da Encarnação; *de reparação*, ao nos lembrar da Paixão do Salvador; e de *ação de graças*, recordando oss mistérios gloriosos que continuam a reproduzir-se incessantemente pela entrada dos eleitos no céu.

O rosário e a oração contemplativa

De uma maneira mais simples ainda, e mais elevada, convém recitar o rosário contemplando, com os olhos da fé, "Jesus sempre vivo, que não cessa de interceder por nós", e que influi sempre em nós, seja sob a forma de sua vida na infância, sua vida dolorosa ou sua vida gloriosa. Ele vem presentemente a nós para nos assimilar a ele. Detenhamos o olhar de nosso espírito sobre o olhar de Nosso Senhor que se fixa em nós. Seu olhar não é somente cheio de inteligência e de bondade, mas é o próprio olhar de Deus, que purifica, pacifica, santifica. É o olhar de nosso juiz, mas, mais ainda, de nosso Salvador, de nosso melhor amigo, do verdadeiro esposo de nossa alma. O rosário, assim recitado na solidão e no silêncio, transforma-se em uma conversa das mais frutuosas com Jesus, sempre vivo para nos vivificar e nos atrair a ele. É também uma conversação com Maria, que nos conduz à intimidade de seu Filho.

Vê-se frequentemente, na vida dos santos, que Jesus vem a eles, primeiro, para neles reproduzir sua vida de infância, depois sua vida oculta, em seguida sua vida apostólica, e enfim sua vida dolorosa, antes de fazê-los participar de sua vida gloriosa. Pelo rosário, ele vem a nós de maneira similar, de modo que esta oração, se bem feita, transforma-se pouco a pouco em uma conversa íntima com Jesus e Maria.

Explica-se, pois, que os santos vissem nele uma escola de contemplação.[21]

---

[21] Na *La Vie spirituelle*, de abril de 1941, o Pe. M.-J. Nicolas, O.P., escreveu sobre um santo religioso falecido, provincial dos dominicanos de Tolosa, Pe. Vayssière: "A graça de intimidade mariana que ele tinha recebido devia-se primeiro ao estado de pequenez a que fora reduzido e ao qual tinha consentido; mas era devido também a seu rosário. Nas longas jornadas de solidão em Sainte-Baume, tinha tomado o hábito de recitar muitos rosários por dia; às vezes, até seis. Ele o recitava frequentemente de joelhos. E não era uma recitação maquinal e superficial: toda a sua alma estava presente, ele o saboreava, devorava, estava persuadido que ele encontrava aí tudo que se pode procurar na oração. 'Recitai cada dezena, dizia ele, *menos refletindo e mais comungando, pelo coração, a graça do mistério, o espírito de Jesus e de Maria tal qual o mistério nos apresenta* (...). O Rosário é a comunhão da noite – em outra parte, diz 'é a comunhão ao longo de todo o dia' – e que traduz em luz e em resolução fecunda a comunhão da manhã. Não é somente uma série de *Ave Marias* piedosamente recitadas, *é Jesus revivendo na alma pela ação*

Algumas pessoas objetam que não se pode ao mesmo tempo refletir as palavras e contemplar os mistérios. A isto se responde frequentemente: não é necessário refletir as palavras da *Ave Maria*, quando se medita ou se contempla espiritualmente tal ou qual mistério. Estas palavras são como que uma cantilena, que embala o ouvido e nos isola dos ruídos do mundo, enquanto os dedos estão ocupados em debulhar o rosário e nos indicam materialmente em que dezena estamos. Assim, a imaginação está ocupada, enquanto a inteligência e a vontade estão unidas a Deus.

Objeta-se também que a forma monótona do terço gera rotina. Esta objeção, que se apresenta contra o terço mal rezado, não se apresenta contra o rosário que nos familiariza com os diversos mistérios da salvação, recordando-nos, em nossas alegrias, nossas tristezas e nossas esperanças, como estes mistérios devem se reproduzir em nós.

Toda oração pode degenerar em rotina, mesmo o ordinário da Missa, mesmo o Prólogo do Evangelho de São João, lido quase todos os dias ao final do Santo Sacrifício. Mas isto não provém, certamente, de que essas grandes orações são imperfeitas, mas de que nós não as rezamos como se deve, com fé, confiança e amor.

O espírito do rosário tal como foi concebido

Para melhor vislumbrar o que deve ser o rosário, deve-se recordar como São Domingos o concebeu, sob inspiração da Santíssima Virgem, no momento em que o sul da França era devastado pela heresia dos Albigenses, imbuídos dos erros maniqueístas, que negavam a bondade infinita e a onipotência de Deus, pela afirmação de um princípio do mal frequentemente vitorioso.

Não é somente a moral cristã que era atacada, mas o dogma, os grandes mistérios da criação, da Encarnação redentora, da vinda do Espírito Santo, da vida eterna a qual nós todos somos chamados.

Foi então que a Santíssima Virgem deu a conhecer a São Domingos um modo de pregação desconhecido até então, que ela afirmou ser

---

maternal de Maria'. Assim vivia neste ciclo sempre em ação com seu Rosário, como que 'cercado' por Cristo, por Maria, segundo sua expressão, comungando a cada um de seus estados, a cada um dos aspectos de sua graça, penetrando por aí e habitando nos abismos do Coração de Deus: 'O Rosário é um encadeamento de amor de Maria à Trindade'. Compreende-se o que a contemplação tornara-se para ele como que o caminho para a união pura em Deus, como necessidade, semelhante à comunhão".

para o futuro uma das armas mais poderosas contra o erro e a adversidade. Arma humilíssima, que faz sorrir o incrédulo, porque ele não compreende os mistérios de Deus.

Conforme a inspiração que tinha recebido, São Domingos se dirigia às cidades heréticas, reunia o povo e pregava-lhes sobre os mistérios da salvação, da Encarnação, da Redenção, da vida eterna. Como Maria lhe havia inspirado, ele distinguia os diversos mistérios gozosos, dolorosos e gloriosos. Pregava por alguns instantes sobre cada um dos quinze mistérios, e, depois da pregação de cada um, fazia recitar uma dezena de *Ave Marias*, um pouco como se prega hoje a Hora Santa, em muitas partes, intercalando orações e cantos religiosos.

E então, o que a palavra do pregador não conseguia fazê-los admitir, a doce oração da *Ave Maria* inculcava no fundo dos corações. Este tipo de pregação foi dos mais frutuosos.[22]

Na França, esta forma de oração foi pregada com um grande zelo pelo Beato Alano de la Roche, na Bretanha, e em seguida pelo Beato Grignion de Montfort, sobretudo na Vendéia e em Poitou.

Se vivemos desta oração, nossas alegrias, nossas tristezas e nossas esperanças serão purificadas, elevadas, sobrenaturalizadas; e veremos cada vez mais, comtemplando estes mistérios, que Jesus, nosso Salvador e nosso modelo, quer nos assimilar a ele, nos comunicar, primeiro, algo de sua vida da infância e de sua vida oculta, depois alguma semelhança com sua vida dolorosa, para nos fazer participar em seguida de sua vida gloriosa na eternidade.

Artigo III
A CONSAGRAÇÃO A MARIA

Em seu *Tratado da verdadeira devoção à Santíssima Virgem*, o Beato Grignion de Montfort distingue precisamente vários graus da verdadeira devoção à Mãe de Deus. Ele não fala senão rapidamente, no capítulo III, das formas da falsa devoção, que é toda exterior, presunçosa, inconstante, hipócrita ou interesseira; quase não considera senão a verdadeira.

---

[22] O primeiro fruto do rosário foi a vitória dos cruzados em Muret contra os Albigenses. Enquanto que Simão de Montfort combatia à frente dos cruzados, São Domingos, retirado em uma igreja, implorava o auxílio de Maria e o obtinha. Os heréticos foram vencidos. Este foi o triunfo completo da fé sobre o erro.

Assim como as outras virtudes cristãs, ela cresce em nós com a caridade, que é primeiro aquela dos principiantes, depois dos proficientes e dos perfeitos.

O primeiro grau da verdadeira devoção a Maria consiste em rezar de tempos em tempos com recolhimento, por exemplo, rezando bem o Angelus, quando soa a hora. No segundo grau, torna-se princípio de sentimentos mais perfeitos de estima, veneração, confiança e amor, que levam, por exemplo, a bem rezar o terço ou mesmo o rosário todos os dias. No terceiro grau, leva a doar-se todo inteiro à Santíssima Virgem, consagrando-se a ela, para ser todo inteiro, por ela, de Nosso Senhor.[23]

Em que consiste esta consagração?

Ela consiste em prometer a Maria recorrer filial e constantemente a ela, e viver em uma habitual dependência em relação a ela, para chegar a uma mais íntima união com Nosso Senhor e, por ele, com a Santíssima Trindade presente em nós.

A razão é, diz o Beato (*ibid.*, ch. I, a. 1, n° 44), que Deus quer servir-se de Maria na santificação das almas, depois de ter se servido dela na Encarnação, e acrescenta: "*Não creio mesmo que alguém possa atingir uma íntima união com Deus e uma perfeita fidelidade ao Espírito Santo, sem uma união muito grande com a Santíssima Virgem e sem uma grande dependência do seu patrocínio (...)*. Ela estava cheia de graça ao ser saudada pelo arcanjo São Gabriel e recebeu uma pleni-

---

[23] É por isso que o Beato de Montfort diz, na sua própria fórmula da consagração: "Consagração de si mesmo a Jesus Cristo pelas mãos de Maria", mas no curso de seu livro diz frequentemente mais brevemente: "Consagração a Maria" o que se entende: a Jesus por Maria. Ele o fez desde o início (op. cit., cap. I, art. 2, n. 64) esta observação, que se explica em uma época onde o jansenismo, adversário da devoção a Maria, contava com adeptos de diversos lados: "Encontram-se mesmo doutores, entre os católicos, que não Vos conhecem, nem à Vossa Santa Mãe, senão duma maneira especulativa, seca, estéril e indiferente, embora façam profissão de ensinar a verdade aos outros. Estes senhores só raramente falam da Vossa Mãe e da devoção que se lhe deve ter, porque dizem temer que se abuse dela e que se faça a vós injúria, honrando demasiadamente vossa santa Mãe (...). Falam da devoção à Vossa Santa Mãe, não para a estabelecê-la e propagá-la, mas para destruir os abusos que dela se fazem. Eles parecem crer que Maria é um impedimento para chegar à união divina", enquanto que toda a sua influência tem por finalidade conduzir-nos a ela. Ver também, *ibid.*, cap. III, a. 1, §1 – "Os devotos críticos".
– O Beato não exagerou na nota: foi a época onde estes "devotos críticos" buscavam difundir entre os fiéis o panfleto de Windenfelt intitulado: *Avisos salutares da B.V. a seus devotos indiscretos*. Ver Terrien, op. cit., IV vol., p. 478.
Ao contrário, M. Boudon, arquidiácono de Évreux, morto em odor de santidade, escrevia *A Santa Escravidão da admirável Mãe de Deus*, e o Cardeal de Bérulle divulgava também esta devoção por seus escritos.

tude superabundante de graça quando o Espírito Santo a cobriu com a sua sombra inefável. De tal modo essa dupla plenitude foi aumentando dia a dia, momento a momento, que sua alma atingiu um grau imenso e inconcebível de graça. Por isso, o Altíssimo a fez única tesoureira dos seus tesouros e única dispensadora das suas graças, para Ela enobrecer, elevar e enriquecer a quem lhe aprouver, e possa fazer entrar no caminho estreito do Céu (...). Jesus é, em toda a parte e sempre, o fruto e o filho de Maria; e Maria é, por toda a parte, a verdadeira árvore que dá o fruto da vida, e a verdadeira mãe que o produz".

No mesmo capítulo, um pouco mais acima, n° 33, o Beato diz também: "Com mais verdade ainda do que São Paulo as aplicava a si próprio, a ela aplicam-se estas palavras: 'Quos iterum parturio, donec formetur Christus in vobis' (Gl 4, 19): 'Todos os dias dou à luz os filhos de Deus, até que meu Filho Jesus Cristo seja neles formado em toda a plenitude da sua idade'. Santo Agostinho afirma que os predestinados, para se tornarem conformes à imagem do Filho de Deus, vivem neste mundo escondidos no seio da Santíssima Virgem. Lá são guardados, alimentados, sustentados e criados por esta boa Mãe, até que ela os gere para a glória depois da morte. Este é propriamente o dia do seu nascimento, pois é assim que a Igreja chama a morte dos justos. Ó mistério de graça, escondido aos réprobos e tão pouco conhecido dos predestinados!"

Maria é, com efeito, sua Mãe espiritual, e os dá à luz, portanto, espiritualmente, e seu nascimento espiritual definitivo, é, depois de sua morte, sua entrada na glória.

Nota-se, então, que seria uma falta de humildade não recorrer frequentemente à Medianeira universal, que a Providência nos deu como uma verdadeira Mãe espiritual para formar o Cristo em nós, ou para nos formar espiritualmente à imagem do Filho de Deus.

A teologia, portanto, não pode senão reconhecer a perfeita legitimidade desta consagração,[24] legitimidade que repousa sobre dois títulos de Maria, os de Mãe de todos os homens e de Soberana.

Esta forma elevada de devoção à Santíssima Virgem, que é um reconhecimento prático de sua mediação universal, é uma garantia

---

[24] Cf. *Dictionnaire de Theol. cath.*, art. Marie, cc. 2470ss. – A doutrina do *Tratado* do Beato de Montfort, e algumas vezes até mesmo suas expressões foram repetidas por Pio X na sua Encíclica *Ad diem illum*, a 2 de fevereiro de 1904, sobre Maria, medianeira universal. É a Encíclica em que se diz que "Maria, associada por ele à obra de nossa salvação, mereceu-nos, com um *mérito de conveniência*, aquilo que ele mesmo nos merece com um *mérito de condigno*, e é a dispensadora de todas as graças".

de sua particular proteção. *Dispõe-nos a um perpétuo e filial recorrer a ela*, à contemplação e à imitação de suas virtudes e de sua perfeita união a Nosso Senhor.

Na prática desta dependência total em relação a Maria, pode-se incluir, como indica o Beato de Montfort, o abandono feito à Santíssima Virgem de tudo o que há de comunicável às outras almas em nossas boas obras, para que delas disponha, segundo a vontade de seu divino Filho, e para a sua maior glória. Ele aconselha, com efeito, esta fórmula de consagração (*ibid.*, fim: apêndice):

"Escolho-vos hoje, ó Maria, na presença de toda a corte celeste, por minha Mãe e Senhora. Entrego-vos e consagro-vos, na qualidade de escravo, o meu corpo e a minha alma, os meus bens interiores e exteriores, e o próprio valor das minhas boas obras passadas, presentes e futuras, deixando a vós o pleno e inteiro direito de dispor de mim e de tudo o que me pertence, sem exceção alguma, segundo o vosso agrado, e para maior glória de Deus, no tempo e na eternidade."

Esse abandono é, na realidade, a prática do que se chamou de ato heróico, sem que exista aqui um voto, mas somente uma promessa à Santíssima Virgem.[25]

Ele nos aconselha, assim, a dar a Maria os nossos bens exteriores, se nós os tivermos, para que ela nos preserve de todo apego às coisas terrestres e nos inspire a fazer melhor uso deles. Convém consagrar-lhe o nosso corpo, os nossos sentidos, para que os conserve em perfeita pureza, e entregar-lhe também nossa alma, nossas faculdades, nossos bens espirituais, virtudes e méritos; todas as nossas boas obras passadas, presentes e futuras.

Como dar nossos méritos à Santíssima Virgem, para que façam beneficiar outras almas na terra e no purgatório? A teologia o explica facilmente, distinguindo nas nossas boas obras o que há nelas de incomunicável aos outros e o que há de comunicável.

O que há de comunicável em nossas boas obras?

Em primeiro lugar, o que há neles de incomunicável é o mérito de condignidade, *de condigno*, que constitui um direito, em justiça, a um aumento de graça e à vida eterna. Este mérito, estritamente pessoal,

---

[25] Mesmo os religiosos que já tenham feito os votos solenes de pobreza, castidade e obediência podem, evidentemente, fazer este ato, que os introduzirá mais profundamente no mistério da Comunhão dos santos.

é incomunicável; nisso difere dos méritos de Nosso Senhor, que, em justiça, nos comunicou seus méritos porque ele foi constituído cabeça da humanidade.[26]

Se, pois, oferecemos a Maria nossos méritos de condignidade, não é para que ela os comunique a outras almas, mas para que ela no-los conserve; para que nos ajude a fazê-los frutificar, e, se tivermos a tristeza de perdê-los pelo pecado mortal, que ela nos obtenha a graça de uma contrição verdadeiramente fervorosa, que nos faça recuperar não somente o estado de graça, mas o grau de graça perdida.[27]

Mas em nossas boas obras há algo de comunicável às outras almas da terra ou do purgatório.[28] Primeiro, há o mérito de conveniência, *de congruo proprio*, que é também – nós vimos mais acima[29] – um mérito propriamente dito, fundado *in jure amicabili*, nos direitos de amizade que une a Deus a alma em estado de graça. Assim, uma mãe cristã, por sua vida virtuosa, pode merecer, de um mérito de conveniência, como Santa Mônica, a conversão de seu filho. Deus levou em conta as intenções puras e as boas obras de tão excelente mãe, que lhe está unida pela caridade, e concedeu ao seu filho, por causa dela, a graça da conversão.[30]

Do mesmo modo, podemos e devemos *rezar* pelo próximo, por sua conversão, seu progresso, pelos agonizantes, pelas almas do purgatório. Aqui, o valor impetratório da oração se une ao mérito de que acabamos de falar.

Enfim, podemos *satisfazer*, com uma satisfação de conveniência, *de congruo*, pelos outros, aceitar as contrariedades quotidianas, para ajudá-los a expiar suas faltas; podemos mesmo – se recebemos inspiração para isto – aceitar voluntariamente a pena devida por seus

---

[26] Cf. *Santo Tomás*, I^a II^{ae}, q. 114, a. 2: "*Merito condigni* nullus potest mereri alteri primam gratiam, nisi solus Christus".

[27] Santo Tomás, com os antigos teólogos, ensina, com efeito (III^a, q. 89, a. 2): "Conforme o penitente tenha uma contrição mais ou menos intensa, ele recebe uma maior ou menor graça. Ora, deduz-se que sua contrição é proporcionada a um mais alto grau de graça do que aquele que ele tinha perdido, ou a um grau igual, ou a um grau menor. É por isso que o penitente volta, algumas vezes, a uma maior graça que aquela que tinha perdido, ou a uma graça igual, ou a uma graça menor; e o mesmo se dá com as virtudes que derivam da graça habitual".

[28] Cf. Beato Grignion de Montfort, *Tratado da verdadeira devoção à Santíssima Virgem*, cap. IV, a. 1.

[29] II^a parte, cap. II, a. 2.

[30] Cf. *Santo Tomás*, I^a II^{ae}, q. 114, a. 6: "*Merito congrui* potest aliquis alteri mereri primam gratiam".

pecados, como Maria fez por nós aos pés da cruz, e atrair assim sobre eles a misericórdia divina.[31]

Os santos o fizeram frequentemente; Santa Catarina de Sena disse, por exemplo, a um jovem senense que tinha o coração cheio de ódio contra seus adversários políticos: "Pedro, eu tomo sobre mim teus pecados; eu farei penitência em teu lugar, mas concede-me uma graça: confessa-te". "Acabo de me confessar", disse o senense. "Isso não é verdade – responde à santa –, faz sete anos que tu não te confessas"; e ela lhe enumerou todas as faltas da sua vida. Atônito, ele se arrependeu e perdoou seus inimigos. Sem ter uma generosidade tão grande como uma Santa Catarina de Sena, nós podemos aceitar os sofrimentos quotidianos que se apresentam, para ajudar outras almas a pagar suas dívidas à justiça divina.

Nós podemos também ganhar *indulgências* para as almas do purgatório, abrir-lhes os tesouros dos méritos e das satisfações de Cristo e dos santos, e acelerar, assim, sua libertação.

Há, portanto, em nossas boas obras, três coisas que são comunicáveis às outras almas: o mérito de conveniência, a oração e a satisfação. Pode-se ter, quanto ao mais, que um só e o mesmo ato, como uma oração unida à austeridade (tais como a adoração noturna ou as matinas à noite, ou uma Via Sacra) tenha um tríplice valor: meritório, impetratório, satisfatório, sem falar das indulgências.

Se oferecemos, assim, a Maria tudo que há de comunicável em nossas boas obras, não nos deve surpreender que ela nos envie cruzes proporcionadas às nossas forças, acompanhadas pela graça, para nos fazer trabalhar, assim, para a salvação das almas.

A quem conviria aconselhar esta consagração e este abandono? Não deveria ser aconselhado àquele que o faria por sentimentalismo ou orgulho espiritual, não compreendendo seu alcance. Mas convém sugerir às almas verdadeiramente piedosas e fervorosas de fazê-lo, primeiro por alguns dias, depois por uma duração mais longa, e, quando elas tiverem entrado neste espírito, por toda a vida.

Objeta-se por vezes: fazer este abandono é despojarmo-nos e não pagarmos nossa própria dívida, o que aumentará nosso purgatório. É a objeção que o demônio fez a Santa Brígida quando ela se dispôs a fazer este ato. Nosso Senhor a fez compreender que é a objeção do amor-próprio,

---

[31] Cf. Santo Tomás, III^a, q. 14, a. 1; q. 48, a. 2; *Suppl.*, q. 13, a. 2: "Unus pro alio satisfacere potest, in quantum duo homines sunt unum in caritate".

que esquece a bondade de Maria; ela não se deixará vencer em generosidade, e nos ajudará ainda mais. Despojando-nos assim, nós receberemos dela cem por um. E mesmo o amor que testemunha este ato generoso nos obtém já a remissão de uma parte de nosso purgatório.

Outras pessoas objetam também: como rezar depois por nossos pais, nossos irmãos e irmãs, nossos amigos, se nós demos, uma vez por todas, nossas orações a Maria?

Isto é esquecer que a Santíssima Virgem conhece melhor que nós os nossos deveres de caridade, e que ela será a primeira a no-los recordar. Mas, entre nossos pais e amigos na terra ou no purgatório, existem almas que têm necessidade urgente de oração e de satisfação, e nós não sabemos quais são estas almas, enquanto que a Santíssima Virgem as conhece; ela poderá, assim, beneficiá-las do que há de comunicável nas nossas boas obras, se nós as tivermos abandonado a ela.[32]

Assim concebida, esta consagração e este abandono nos fazem entrar mais e mais, sob a direção de Maria, no mistério da comunhão dos santos. É uma perfeita renovação das promessas do batismo.[33]

Frutos desta consagração

"Esta devoção – diz o Beato de Montfort[34] – nos consagra inteiramente ao serviço de Deus, nos faz imitar o exemplo dado por Jesus, que quis ser 'submisso' à sua santa Mãe (Lc 2, 51). Ela nos oferece a assistência materna de Maria, que purifica as nossas boas obras, embeleza-as ao apresentá-las para o seu Filho. Ela conduz à união com Nosso Senhor; ela é caminho fácil, curto, perfeito e seguro. Ela dá uma grande liberdade interior, causa grandes vantagens para o próximo e é um meio admirável de perseverança". Cada um destes pontos é desenvolvido, na mesma obra, de modo mais prático.

Diz-se em particular no capítulo V, a, 5: "É um *caminho fácil* que Jesus Cristo abriu ao vir até nós, e onde não se encontra obstáculo algum para chegar até ele. Pode-se, na verdade, chegar à união divina por outros caminhos, mas será por muito mais cruzes e mortes misteriosas, com muito mais dificuldades, que só a custo serão vencidas. Será preciso passar por noites escuras, combates e agonias misterio-

---

[32] Cf. Beato de Montfort, *op. cit*, cap. IV: "Respondendo a algumas objeções".

[33] Cf. *ibid*., cap. IV, a. 2.

[34] Cf. *ibid*., cap. V inteiro.

sas, por cima de montanhas escarpadas, por cima de espinhos muito agudos e por desertos horríveis. Mas, pelo caminho de Maria, passa-se mais suave e tranquilamente.

"Também aqui se encontram, é certo, rudes combates a travar e grandes dificuldades a vencer. Mas esta boa Mãe e Senhora torna-se tão presente e tão próxima dos seus fiéis servos para iluminá-los nas suas trevas, esclarecê-los nas suas dúvidas, fortalecê-los no meio dos seus temores, sustentá-los nas lutas e dificuldades, que este caminho virginal para encontrar Jesus Cristo é realmente um caminho de rosas e mel à vista dos outros caminhos". Vê-se, acrescenta o Beato, pelos santos que seguiram particularmente por este caminho: Santo Efrém, São João Damasceno, São Bernardo, São Bernardino, São Boaventura, São Francisco de Sales etc.

O Beato reconhece, um pouco depois, que os servos de Maria "recebem dela as maiores graças e favores do céu, a saber, as cruzes. Mas sustento – diz ele – que são também os servos de Maria que levam essas cruzes com mais facilidade, com maior mérito e glória. Aquilo que deteria a outros, a eles fará avançar", porque são mais ajudados pela Mãe de Deus, que lhes obtém nas suas provações a unção do puro amor. Coisa surpreendente: a Santíssima Virgem torna a cruz *mais fácil* de carregar e *mais meritória*; mais fácil, porque nos sustenta com sua mansidão; mais meritória, porque ela nos obtém um maior aumento de caridade, que é o princípio do mérito.

Pode-se dizer também que é um caminho que, pela humildade que exige, é contrário daquele do "arrivismo", e inclui mesmo um *fracasso aparente*, como aquele que se nota na vida de Nosso Senhor. Mas ele possui imensas vantagens espirituais.

"É um *caminho curto* (...). Avança-se mais, em pouco tempo de submissão e dependência para com Maria, que durante anos inteiros de vontade própria e de apoio em si mesmo (...); avançará a passos de gigante para Jesus Cristo, pelo mesmo caminho por onde Jesus veio até nós (...); atingem em poucos anos a plenitude da idade perfeita"[35] (*ibid.*).

"É um *caminho perfeito*, escolhido pelo próprio Deus (...). O Altíssimo desceu perfeita e divinamente até nós por meio da humildade de

---

[35] São Francisco de Assis compreendeu, um dia, por uma visão, que seus filhos se esforçavam, em vão, para chegar até Nosso Senhor por uma escada íngreme que subia diretamente até ele; Jesus lhe mostrou então outra escada, com uma inclinação mais suave; no topo aparecia Maria, e ele lhe disse: "*Aconselha a teus filhos tomarem a escada de minha Mãe*".

Maria, sem nada perder da sua divindade e santidade. É igualmente por Maria que os pequeninos devem subir, perfeita e divinamente, ao Altíssimo, sem nada temer" (*ibid*.).

É, enfim, um *caminho seguro*, porque a Santíssima Virgem nos preserva das ilusões do demônio, das fantasias, do sentimentalismo; ela acalma e regula nossa sensibilidade, dá-lhe um objeto puríssimo e santo, e o subordina plenamente à vontade vivificada pela caridade, visando à união com Deus.

Encontra uma *grande liberdade interior*, que é a recompensa da dependência completa em que se coloca. Os escrúpulos são eliminados, o coração é dilatado pela confiança, por um amor terno e filial. O Beato o confirma, pelo que leu na vida da Madre Inês de Langeac, dominicana, "que sofria de grandes penas do espírito. Foi então que ouviu uma voz dizer-lhe que, se desejava ser livre de todas as suas penas e protegida contra todos os seus inimigos, deveria tornar-se o mais depressa possível escrava de Jesus e de sua Santa Mãe (...). Depois desta ação, cessaram todas as suas penas e escrúpulos. Ficou em tanta paz e liberdade de coração que ensinou esta prática a várias pessoas (...), entre outros ao Pe. M. Olier, fundador do Seminário de São Sulpício, e a outros sacerdotes e eclesiásticos do mesmo seminário" (*ibid.*, a. 6, fin). Foi nesta casa que o Beato foi formado.

"Enfim – ele diz (*ibid.*, ch. V, art. 8) – esta devoção, que causa grandes vantagens para o próximo, é um meio admirável para perseverarmos (...). Porque confiamos à Santíssima Virgem, que é fiel, tudo o que possuímos (...): confiamo-nos à sua fidelidade (...) a fim de que conserve e aumente as nossas virtudes e méritos, apesar dos esforços daqueles que poderiam nos fazer perder (...). Reconhece-se que se é demasiado fraco e miserável para conservá-los (...). Embora me compreendais, almas predestinadas, quero falar mais claramente. Não confieis o ouro da vossa caridade, a prata da vossa pureza, as águas das graças celestiais e o vinho dos vossos méritos e virtudes a um saco roto, a um cofre velho e arrombado, a uma vasilha estragada e contaminada como sois vós. Do contrário, sereis roubados pelos ladrões, isto é, pelos demônios, que espraiam e buscam, noite e dia, pelo tempo propício para o fazer. Do contrário, estragareis, pelo mau odor do vosso amor-próprio, da confiança em vós mesmos e da vossa própria vontade, tudo o que de mais puro Deus vos dá. Colocai, lançai no seio e no Coração de Maria todos os vossos tesouros, todas as vossas graças e virtudes. Ela é vaso espiritual, vaso honorífico, vaso insigne de devoção, *Vas spiritualle, vas honorabile, vas insigne devotionis*.

"As almas que não nasceram do sangue, nem da vontade da carne, nem da vontade do homem, mas de Deus e de Maria, essas me compreendem e me apreciam, e é para elas que eu escrevo (...). Se uma alma entrega-se a Maria sem reservas, Maria se dá a esta alma sem reserva também, e a faz encontrar o caminho que conduz os predestinados à perseverança final" (*ibid.*, ch. V, art. 8).

Tais são os frutos dessa consagração; Maria ama aqueles que a ela se confiam totalmente; ela os sustenta, conduz, guia, defende, protege e intercede por eles (*ibid.*, ch. VI, a. 2). Convém oferecermo-nos a ela, para que ela mesma nos ofereça a seu Filho, segundo a plenitude de sua prudência e de seu zelo.

Ela produz em seus protegidos os frutos mais elevados, que são propriamente de ordem mística, como vamos indicar a seguir (ibid., ch. VII).[36]

Artigo IV
A UNIÃO MÍSTICA A MARIA

A alma que, fiel à devoção de que acabamos de falar, realiza todas as suas ações por Maria – com ela, nela e por ela –, chega, assim, a uma grande intimidade com Nosso Senhor.[37]

---

[36] Segundo o Beato, *ibid.*, cap. I, a. 2, §3, a devoção à Santíssima Virgem será especialmente mais necessária nos últimos tempos, onde haverá uma um maior esforço de Satanás "a ponto de seduzir, se isto fosse possível, até mesmo os escolhidos" (Mt 24, 24). "Se os predestinados – diz ele – entrarem, com a graça e a luz do Espírito Santo, na prática interior e perfeita que seguidamente lhes descobrirei, eles verão, então, com tanta claridade quanto a fé lhes permitir, a formosa Estrela do mar; e, se obedecerem às suas diretivas, chegarão a bom porto, apesar das tempestades e dos piratas. Conhecerão as grandezas desta soberana e devotar-se-ão inteiramente ao seu serviço, como seus súditos e seus escravos de amor", para combater o que São Paulo chamou de "escravidão do pecado" (Rm 6, 20). Experimentarão as suas doçuras e bondades maternais, e amar-lhe-ão ternamente, como seus filhos muito queridos (*ibid.*; cap. I, a. 2). Algumas vezes se criticou a expressão "da santa escravidão" de que se serve o Beato, mas não há de se esquecer que é uma "escravidão de amor" que, longe de diminuir o caráter filial de nosso amor por Maria, acentua-o.

Como o notou, Mons. Carnier, Bispo de Luçon, em uma carta pastoral de 11 de março de 1922, há no mundo muitos escravos do respeito humano, da ambição, do dinheiro, e de outras paixões mais vergonhosas, e há ainda, felizmente, escravos da palavra dada, escravos da consciência e do dever. A santa escravidão pertence a este último grupo. Existe aí uma viva metáfora, que se opõe à escravidão do pecado.

[37] Cf. o Beato de Montfort, *op. cit.*, cap. VIII, a. 2.

Os frutos superiores dessa consagração, quando vivida plenamente, são os seguintes: com relação à humildade, as três virtudes teologais e os dons do Espírito Santo que lhes acompanham. Recebe-se, pouco a pouco, uma participação na humildade e na fé de Maria, uma grande confiança em Deus por meio dela, a graça do puro amor e da transformação da alma à imagem de Jesus Cristo.[38]

Participação na humildade e na fé de Maria

Pela luz do Espírito Santo, a alma conhecerá seu mau fundo, e verá por experiência que é naturalmente incapaz de todo o bem salutar e sobrenatural, e quais são os obstáculos que ela intruduz muitas vezes, sem quase o perceber, ao trabalho da graça, como consequência do seu amor-próprio. Ela chegará, assim, ao desprezo de si, de que fala Santo Agostinho na *Cidade de Deus* (l. XIV, c. 28), quando diz: "Dois amores fizeram duas cidades: o amor de si levado até o desprezo de Deus fez a cidade de Babilônia, enquanto que o amor de Deus, levado até o desprezo de si, fez a cidade de Deus".

"A humilde Maria – diz o Beato de Montfort[39] – te fará participar de sua profunda humildade e fará com que te desprezes a ti mesmo, mas não aos outros, e gostes de ser desprezado."

"Ela te fará participar da sua fé, que foi a maior que já houve na terra, maior até que a dos patriarcas, profetas, apóstolos e todos os santos. No tempo presente (...) ela não mais tem essa fé, pois vê claramente todas as coisas em Deus, pela luz da glória (...), mas guarda-a (...) na Igreja militante para os seus mais fiéis servos e servas. Quanto mais granjeares sua benevolência (...), mais terás *uma fé pura*, que fará com que não mais te preocupes com o que é sensível e extraordinário; *uma fé viva* e animada de caridade, que te levará a fazer tudo unicamente movido por puro amor; *uma fé firme e inquebrantável* como um rochedo, que te fará permanecer constante e firme no meio das tempestades e tormentas; *uma fé ativa e penetrante*,[40] que, como uma misteriosa chave mestra, te dará entrada em todos os mistérios de Jesus Cristo, nos novíssimos do homem, e no coração do próprio

---

[38] *Ibid.*, cap. VII.

[39] *Ibid.*, cap. VII, a. I.

[40] Diz-se mais frequentemente: uma fé tornada penetrante pelo dom da inteligência, que dá, precisamente, como explica Santo Tomás, esta penetração.

Deus; *uma fé corajosa*, que te fará empreender e levar a cabo grandes coisas pela causa de Deus e pela salvação das almas, sem hesitar; enfim, uma fé que será a tua lâmpada incendida, a tua vida divina, *o teu tesouro escondido da divina sabedoria*, a tua arma onipotente, de que te servirás para iluminar os que estão nas trevas e nas sombras da morte, para abrasar os que são tíbios e precisam do ouro ardente da caridade, para dar vida aos que morreram pelo pecado, para tocar e prostrar, com as tuas palavras doces e poderosas, os corações de mármore e os cedros do Líbano e, finalmente, para resistir ao demônio e a todos os inimigos da salvação" (*ibid.*, ch. VII, a. 2).

Página admirável, que mostra o pleno desenvolvimento da fé infusa, iluminada pelos dons da inteligência e da sabedoria, "fides donis illustrata", como dizem os teólogos.

Grande confiança em Deus por Maria

A confiança em Deus é a esperança consolidada, que é uma "certeza de tendência", que tende precisamente à salvação. Ora, a Santíssima Virgem – se diz no mesmo lugar (a. 4) – te encherá de uma grande confiança em Deus e nela própria: 1º. Porque já não te aproximarás de Jesus por ti mesmo, mas sempre por esta boa Mãe; 2º. Porque, tendo-lhe dado todos os teus méritos, graças e satisfações, para que deles disponha à sua vontade, ela te comunicará as suas virtudes e te revestirá de seus méritos; 3º. Porque te deste inteiramente a ela, ela retribuirá, entregando-se a ti de maneira maravilhosa; poderás dizer-lhe: "Eu sou vosso, ó Virgem Santíssima, salvai-me"; poderás dizer a Deus, com o salmista (Sl. 130, 1): "Senhor, meu coração não se enche de orgulho, meu olhar não se levanta arrogante. Não procuro grandezas, nem coisas superiores a mim. Não, mas mantenho minha alma em calma e silêncio, como uma criança apartada (dos prazeres da terra e apoiada) no seio de sua mãe (e confiante nela)".

Após haver-lhe dado tudo o que tenhas de bom, para guardar ou para ou comunicar às outras almas, "terás menos confiança em ti e muito mais nela, que é o teu tesouro" (*ibid.*). Receberás mais e mais as inspirações do dom da ciência, que mostra a vaidade das coisas terrestres, nossa fragilidade, e, por oposição, o preço da vida eterna e do auxílio divino, que é o motivo formal de nossa esperança.

Veja-se mais adiante, *uma fórmula de oblação de nós mesmos a Maria, pela qual ela nos oferece plenamente a seu Filho*.

Graça do puro amor e de transformação da alma

Nesta via, a caridade florescerá mais e mais, sob a influência daquela que é chamada *Mater pulchrae dilectionis* (Eclo 24, 24). "Ela tirará do teu coração todo escrúpulo e temor servil; ela o abrirá e dilatará, para que corra pelo caminho dos mandamentos de seu Filho (Sl 118, 32), com a santa liberdade dos filhos de Deus, e para infundir nele o puro amor, do qual ela é a tesoureira. E assim, no teu comportamento para com Deus, que é a caridade, já não procederás com receio e temor, como até agora tens feito, mas sim por puro amor. Tu o olharás como teu Pai bondoso, a quem procurarás agradar incessantemente, e a quem falarás confiadamente como um filho fala a seu bom pai. Se, por infelicidade, vieres a ofendê-lo (...), pedir-lhe-ás humildemente perdão, e lhe estenderás a mão com toda a simplicidade (...) e continuarás a caminhar para ele sem desânimo".

A alma de Maria se comunicará a ti para glorificar o Senhor e se regozijar no Senhor, para viver o *Magnificat*. O cristão fiel "respirará então espiritualmente Maria, como os corpos respiram o ar" (*ibid.*, a. 5). Seu espírito de sabedoria se comunicará tão bem que o servo e filho plenamente dócil se tornará uma cópia viva de sua Mãe espiritual. Ela os tranquilizará sobre o mistério da predestinação.

Esta comunicação produzirá, enfim, uma transformação da alma à imagem de Jesus Cristo, como ele explica no mesmo lugar (ch. VII, a. 6): "Santo Agostinho chama a Santíssima Virgem *forma Dei*, fôrma de Deus[41] (...). Aquele que é lançado nesta fôrma divina depressa é formado e moldado em Jesus Cristo (...) Certos diretores são comparáveis a escultores, que, confiando no seu engenho, diligência e arte, dão uma infinidade de golpes de martelo e cinzel na pedra dura ou num pedaço de madeira mal polida, para dela fazerem uma imagem de Jesus Cristo. E por vezes não obtém sucesso (...), pois qualquer golpe mal dado pode estragar a obra. Mas, quanto aos que abraçam este segredo da graça que lhes apresento, comparo-os, com razão, a fundidores e moldadores, que acharam a fôrma tão bela de Maria, na qual Jesus Cristo foi natural e divinamente formado. Não confiando na sua própria habilidade, mas unicamente na excelência da fôrma, lançam-se e perdem-se em Maria, para se tornarem o retrato vivo de

---

[41] *Sermo* 208 (atribuído a Santo Agostinho): "Si formam Dei te appellem, digna existis – Vós sois digna de ser chamada a fôrma de Deus".

Jesus Cristo (...). Mas lembra-te que só se lança na fôrma o que está fundido e líquido. Isto quer dizer que deves destruir e fundir em ti o velho Adão, para que em Maria te transformes no novo".

Não nos cansaríamos de citar estas palavras simples e profundas, cheias de sabor sobrenatural, e que verdadeiramente manam como que de uma fonte.

A pureza de intenção, enfim, cresce muito por esta via, porque a alma renuncia às suas próprias intenções, por boas que sejam, para perder-se nas da Santíssima Virgem, sejam conhecidas ou desconhecidas. "Deste modo, entras na participação da sublimidade das suas intenções, que foram tão puras que ela deu mais glória a Deus pela menor das suas obras – por exemplo: fiar na sua roca ou dar alguns pontos de costura com agulha – do que São Lourenço pelo cruel martírio que sofreu na grelha, e mesmo do que todos os santos pelas suas mais heróicas ações (...), do que todos os anjos (...); seria mais fácil contar as estrelas do céu do que os seus méritos (...). Porque digna-se a receber a oferta das nossas ações em suas mãos virginais, e dá-lhes, assim, uma beleza e um brilho admiráveis (...) que Nosso Senhor é assim mais glorificado do que se lhas oferecêssemos nós mesmos (...). Finalmente, porque nunca pensas em Maria sem que Maria, em teu lugar, pense em Deus (...) Ela só a Deus se refere, e bem lhe poderíamos chamar de vínculo de Deus (...), ou eco de Deus, porque ela só diz e repete: 'Deus' (...). Quando a louvamos, é a Deus que louvamos e amamos; é a Deus que nos damos, por Maria e em Maria" (ch. VII, a. 7).

Graça da intimidade mariana

Certas almas recebem uma vida de união a Maria por uma graça especial, tema do qual o Pe. E. Neubert, marianista, reuniu muitos testemunhos muito significativos.[42] Deve-se citar também, sobre este ponto, *L'union mystique à Marie*, escrito por uma reclusa flamenca que o experimentou pessoalmente, Maria de Santa Teresa (1623-1677).[43]

---

[42] Cf. *La Vie Spirituelle*, janeiro de 1937: *L'union mystique à la Sainte Vierge*, pp. 15-29.

[43] *Les Cahiers de la Vierge*, do mês de maio de 1936, publicou-os com o título *L'Union mystique à Marie*, por Maria de Santa Teresa; o texto foi traduzido do flamengo por L. Van den Bossche (Introdução à vida mariana. – A vida mariana. – O fim da vida mariana). Cf. p. 55: "Nesta

O beato Chaminade, que exerceu o ministério com grande zelo em Bordeaux durante a Revolução Francesa, e que fundou os marianistas, teve também esta experiência. Ele escreve: "É um dom da presença habitual da Santíssima Virgem, como é um dom da presença habitual de Deus, raríssimo, é verdade, mas acessível, contudo, por uma grande fidelidade". Como explica o Pe. Neubert, que traz este texto (*loc. cit.*, p. 15), trata-se da união mística normal e habitual com Maria.

O beato Luís Eduardo Cestac teve também este dom e dizia: "Eu não a vejo, mas sinto, como o cavalo sente a mão do cavaleiro que o guia". (cit. *ibidem*, p. 19).

Foi dado a estes servos de Deus tomar consciência, assim, da influência que Maria exerce constantemente sobre nós, transmitindo-nos as graças atuais que asseguram uma constante fidelidade.

Maria de Santa Teresa diz também: "Esta doce Mãe (...) tomou-me sob sua materna conduta e direção, semelhante a uma professora de escola que conduz pela mão a criança para ensiná-la a escrever (...). Ela habita, quase que sem interrupção, em face de minha alma, e me atrai de um modo tão amável e materno, sorrindo para mim, estimulando-me, conduzindo-me e instruindo-me no caminho do espírito e na prática da perfeição das virtudes. E, deste modo, eu não perco mais um só instante o gosto de sua presença, junto da presença de Deus" (*op. cit.*, pp. 55-66; cf. pp. 67, 65).

"Ela produz a vida divina por um influxo perceptível de graças operantes, diligentes, fortificantes, estimulantes e convidativas". (*ibid.*, p. 64). "A natureza do amor é unir ao objeto amado (...). Nesse sentido, o amor terno, violento, abrasador e unificador conduz a alma que ama Maria a viver nela, a fundir-se a ela, a estar-lhe unida, e a outros efeitos e transformações" (*ibid.*, p. 56). "Então, Deus se mostra em Maria e por Maria, como em um espelho" (*ibid.*, p. 63).

E assim ocorreu durante boa parte da vida desta serva de Deus.

Certas almas que têm uma grande intimidade mariana dizem: "Eu jamais experimentei a presença de Maria em mim, mas sua presença mui próxima, tão próxima quanto possível; e uma grande alegria em saber que ela está feliz". Conhecemos um santo cartuxo que dizia: "Eu sofro, mas ela está feliz".

---

vida, a alma é transformada em Maria por fusão de amor" e conduzida, assim, à intimidade de Cristo (*item*, pp. 62-68ss).

Em um belíssimo artigo já citado da *La Vie Spirituelle* (abril de 1941, pp. 278ss), o Pe. M.-L. Nicolas, O.P., diz o mesmo a respeito de um santo religioso, o Pe. Vayssière, provincial dos dominicanos de Tolosa, morto em 1940: "Maria era seu ambiente espiritual, a atmosfera mesma de sua vida espiritual. Tal estado de despojamento e de toda pura união com Deus somente em que ele se encontrava, foi ela que o estabeleceu nele e o manteve, e que o havia querido. 'Foi a Santíssima Virgem que tudo fez. Eu devo-lhe tudo, tudo', dizia frequentemente. Ela tinha sido a Mãe que exigia o sentimento de pequenez, a doçura suprema no mais profundo de sua renúncia, a fecundidade de sua solidão e a inspiração de sua oração. Ele não tomava consciência de nenhuma das graças de Deus sem tomar, ao mesmo tempo, consciência do caminho pelo qual elas vieram. Nem todos os santos se colocavam assim no coração da Santíssima Virgem, como no centro de sua vida espiritual. É necessário, para chegar a isto, haver uma luz, uma revelação da Santíssima Virgem, que pressupõe uma escolha de sua parte (...). 'É ela – dizia ele – que nos forma. O caminho da fidelidade filial à Maria *é reviver a mesma vida de Jesus em Nazaré*'. O Pe. Vayssière dizia também: 'Quanto mais se é pequeno, mais se permite a ela ser sua mãe. A criança está muito mais com sua mãe quando é mais frágil e menor (...). A perfeição do caminho da infância, no plano divino, é a vida em Maria'". (*art citado*, p. 281).

Enfim, muitas almas santas aqui na terra têm, na via dolorosa, uma intimidade mariana profunda e muito fortificante, de que não têm ocasião de falar. Para muitas destas almas, existe uma disposição muito particular, um impulso para Maria, um olhar seguido de sua presença sensível, às vezes de um instante, como a passagem de uma mãe que se aproxima para ver, na sala onde estão seus filhos, se fazem bem o seu dever. Ela comunica então uma piedade inefável, inspira sacrifícios mais generosos, despojamentos mais enriquecedores e faz entrar nas profundezas do *Magnificat* e também do *Stabat Mater*.

O autor desta sequência deveria ter esta intimidade mariana, e sentir de algum modo a influência da Mãe do Salvador, que não somente nos conduz à união com Nosso Senhor, mas que, de certo modo, pela transmissão da graça, faz em nós esta união. É o que se expressa, já o notamos, no *Stabat*, pela repetição do *fac*: "Fac ut tecum lugeam. Fac ut ardeat cor meum. Fac ut portem Christi mortem. Fac me plagis vulnerari. Fac me cruce inebriari et cruore Filii. Fac me tecum pie flere (...) crucifixi condolere, donec ego vixero."

É aqui que compreendemos as relações profundas da Mariologia e da vida interior; verdade elementar para todo cristão, mas as verdades elementares, quando se as examina e as põe em prática, aparecem como as mais vitais e as mais altas, tais como aquelas que são expressas no *Pai Nosso*.

Artigo V
A CONSAGRAÇÃO DO GÊNERO HUMANO A MARIA, PARA A PACIFICAÇÃO DO MUNDO

A gravidade dos eventos destes últimos anos, depois da revolução russa, da revolução espanhola e da guerra mundial, demonstra que as almas fiéis devem sempre mais recorrer a Deus por meio dos grandes mediadores, que nos foram dados por causa de nossa fraqueza.

Estes eventos e sua atrocidade demonstram, de um modo singularmente impressionante, a que podem chegar os homens quando querem *prescindir absolutamente de Deus*, quando querem organizar sua vida sem ele, longe dele. Quando, ao invés de crer em Deus, esperar nele, amá-lo acima de tudo e amar o próximo nele, querem crer na humanidade, esperar nela, amá-la de um modo exclusivamente terrestre; ela não tarda em mostrar, com seus defeitos profundos, com suas chagas sempre abertas, o orgulho da vida, a concupiscência da carne, a concupiscência dos olhos, e todas as brutalidades que daí seguem.

Quando, no lugar de colocar seu fim último em Deus, que *pode ser simultaneamente possuído por todos* – como nós podemos todos possuir, sem prejuízo, a mesma verdade e a mesma virtude –, coloca-se seu fim último nos bem terrestres, não se tarda em perceber-se que eles *nos dividem profundamente*, porque a mesma casa, o mesmo campo, o mesmo território não podem pertencer ao mesmo tempo e integralmente a vários. Tanto mais a vida se materializa, mais os apetites inferiores são excitados, sem subordinação alguma a seu amor superior; mais os conflitos entre indivíduos, as classes e os povos se exacerbam; finalmente, a terra torna-se um verdadeiro inferno.

O Senhor mostra, assim, aos homens o que podem fazer sem ele. É um singular comentário a estas palavras do Senhor: "Sem mim, nada podeis fazer". (Jo 15, 5); "Quem não está comigo, está contra mim; e quem não ajunta comigo, dispersa". (Mt 12, 30); "Buscai em primeiro lugar o Reino de Deus e sua justiça, e o resto vos será dado em acréscimo". (Mt 6 , 33). O salmista diz, igualmente: "Se o Senhor não construir a casa, em vão trabalharão aqueles que a constroem. Se o Deus não guardar a cidade, em vão a sentinela vigiará às suas portas". (Sl 126, 1).

Os dois grandes males do tempo presente, como diz Pio XI, são, de uma parte, o comunismo materialista e ateu, segundo o programa dos "sem Deus", e, de outra parte, o nacionalismo sem freio que quer estabelecer a supremacia dos povos fortes sobre os fracos, sem respeito pela lei divina e natural. Daí o enorme conflito em que o mundo inteiro se encontra.

Para remediar tais males, os melhores e os mais zelosos entre os católicos nos povos atualmente divididos sentem a necessidade de uma *oração comum*, que reúna diante de Deus as almas profundamente cristãs de diversos países, para obter que o *reino de Deus e de Cristo* se estabeleça cada vez mais no lugar do reino do orgulho e da cobiça.

Com essa finalidade, oferecem todos os dias a missa e a adoração ao Santíssimo Sacramento; esta estabelecida em diversos países de um modo tão pronto e tão extenso que devemos ver nisso o fruto de uma grande graça de Deus.

Não se obterá a pacificação exterior do mundo senão pela *pacificação interior das almas*, trazendo-as a Deus, trabalhando para estabelecer nelas o reino de Cristo, no seu mais íntimo: em sua inteligência, seu coração, sua vontade diligente.

Para este retorno das almas perdidas àquele que só pode salvá-las, é preciso recorrer à intercessão de Maria, medianeira universal e Mãe de todos os homens. Diz-se dos pecadores que parecem perdidos para sempre que se deve confiá-los a Maria, e o mesmo se diz dos povos cristãos extraviados.

Toda influência da bem-aventurada Virgem tem por finalidade conduzir as almas a seu Filho, assim como toda influência de Cristo, mediador universal, tem por finalidade conduzi-las a seu Pai.

A oração de Maria, sobretudo depois da Assunção ao céu, *é universal, no maior sentido da palavra*. Ela reza não somente pelas almas individuais da terra e do purgatório, mas também pelas famílias e por todos os povos que devem viver sob o influxo da luz do Evangelho, sob a influência da Igreja. Ademais, sua oração é especialmente *mais poderosa*, é mais iluminada e procede de um amor de Deus e das almas que nada pode atenuar e interromper. O amor misericordioso de Maria por todos os homens ultrapassa o de todos os santos e anjos reunidos, bem como seu o poder de sua intercessão sobre o coração de seu Filho.

Por isso, de diversos lugares, muitas almas interiores, diante das desordens inauditas e sofrimentos trágicos do tempo presente, sentem a necessidade de recorrer, pela intercessão de Maria medianeira, ao amor redentor de Cristo.

Em diversos países, em particular em conventos de vida contemplativa fervorosos, recorda-se que muitos bispos franceses reunidos em Lourdes, no segundo Congresso Mariano Nacional, em 27 de julho de 1929, levaram ao Soberano Pontífice o desejo de *uma consagração do gênero humano ao Coração Imaculado*. Recorda-se também que o Pe. Deschamps, S.J., em 1900, o Cardeal Richard, arcebispo de Paris, em 1906, o Pe. Le Doré, superior-geral dos Eudistas, em 1908 e 1912, o Pe. Lintelo, S.J., em 1914, tomaram a iniciativa de reunir petições ao Soberano Pontífice para obter a consagração universal do gênero humano ao Coração Imaculado de Maria.

Por um ato coletivo, os bispos da França, no início da guerra de 1914, em dezembro deste mesmo ano, consagraram a França a Maria. O Cardeal Mercier, 1915, em sua carta pastoral sobre Maria medianeira, saudou a Santíssima Virgem, Mãe do gênero humano, como Soberana do Mundo. O Rvmo. Pe. Lucas, novo superior-geral dos Eudistas, obteve, enfim, em alguns meses, mais trezentas mil assinaturas, para acelerar, por esta consagração, a paz de Cristo no reino de Cristo.

A força de que temos necessidade, na convulsão em que se encontra o mundo nos tempos atuais, é a oração de Maria, Mãe de todos os homens, que nos obterá o favor do Salvador.

Sua intercessão é poderosíssima contra o espírito do mal que levanta uns contra os outros, indivíduos, classes e povos.

Se um pacto formal e plenamente consentido com o demônio pode ter consequências tremendas na vida de uma alma e perdê-la para sempre, qual efeito espiritual não produzirá uma consagração a Maria feita com um grande espírito de fé e frequentemente renovada com uma fidelidade maior?

Recorda-se que em dezembro de 1836, o venerável cura de Nossa Senhora das Vitórias, em Paris, celebrando a Missa no altar da Santíssima Virgem, com o coração partido pelo pensamento da inutilidade de seu ministério, ouviu estas palavras: "Consagra tua paróquia ao santíssimo e imaculado Coração de Maria"; e, feita a consagração, a paróquia foi transformada.

A súplica de Maria por nós é a de uma *Mãe iluminadíssima, enamoradíssima, fortíssima*, que vela incessantemente sobre todos os seus filhos, sobre *todos os homens* chamados a receber os frutos da Redenção.

Aquele que faz a experiência de consagrar diariamente a Maria todos os seus trabalhos, suas obras espirituais e tudo o que empreende encontra fé e confiança, quando tudo parece perdido.

Ora, se a consagração individual de uma alma a Maria lhe obtém diariamente grandes graças de luz, atração, amor e força, quais não serão os frutos de uma *consagração do gênero humano feita ao Salvador por Maria, ela mesma, a pedido do Pai comum dos fiéis, do Pastor supremo*? Qual não será o efeito desta consagração assim feita, sobretudo se os fiéis de diferentes povos se unirem, para vivê-lo em uma fervorosa oração, frequentemente renovada no momento da Missa?[44]

Para obter este ato do Soberano Pontífice, é necessário que um número bastante grande de fiéis tenha compreendido as lições recentes da Providência; em outros termos, é necessário que um grande número tenha compreendido o sentido e o alcance da consagração demandada. De outro modo, ela não produzirá os efeitos atendidos. No plano divino, as provações acabarão quando produzirem o efeito que devem produzir, quando as almas tomarem proveito delas, assim como o purgatório cessa quando as almas são purificadas.

Como dizia uma santa religiosa :[45] "Não vivemos para nós mesmas; é preciso em tudo ver os desígnios de Deus; nossas dores atuais – chegariam ao auge e seríamos sacrificadas nós mesmas no desastre – compram e preparam os triunfos futuros e seguros da Igreja (...). A Igreja vai assim, de luto em luto, e de vitória em vitória, sucedendo uns aos outros, até a eternidade que será o triunfo definitivo. 'Era necessário que Jesus sofresse, e assim entrasse na sua glória' (Lc 24, 26); é necessário que a Igreja e as almas passem pelo mesmo caminho; a Igreja não vive somente um dia; quando os mártires caíam como

---

[44] Essa consagração foi instituída na Carta Encíclica *Ad Caeli Reginam*, do Papa Pio XII, no dia 11 de outubro de 1954, junto com a Festa de Maria Rainha.

[45] Beata Madre Maria de Jesus Deluil-Martiny, fundadora da Sociedade das Filhas do Coração de Jesus: *Pensées de la servante de Dieu, Mère Marie de Jésus*. (1841-1884), Rome, 1918, pp. 43ss, 50.

caem no inverno os flocos de neve, não se poderia acreditar que tudo estava perdido? Não, seu sangue preparava os triunfos do futuro".

No período difícil que atravessamos, tem a Igreja necessidade de almas muito generosas, verdadeiramente santas? É Maria, Mãe da divina graça, Mãe puríssima, Virgem prudentíssima, que deve formá-las.

De diversos modos, o Senhor sugere às almas interiores uma oração cuja forma varia, mas cuja substância é a mesma: "Neste tempo em que *o espírito de orgulho levado até o ateísmo* busca se estender por todos os povos, Senhor, sejais como a alma de minha alma, a vida da minha vida: dai-me *uma inteligência mais profunda do mistério da Redenção e de vossos santos rebaixamentos,* remédio de todo orgulho. Dai-me o desejo sincero de participar, na medida desejada para mim pela Providência, nestes rebaixamentos salutares, e fazei-me encontrar neste desejo a força, a paz e, quando quiserdes, a alegria, para elevar minha coragem e a confiança em torno a mim".

Para entrar assim, em prática, nas profundezas do mistério da Redenção, é necessário que Maria, que nele entrou mais que qualquer outra criatura, aos pés da cruz, nos instrua sem ruído de palavras, e nos descubra na letra do Evangelho o espírito que ela mesma viveu tão profundamente.

Digne-se a Mãe do Salvador, por sua oração, colocar as almas fiéis de diferentes povos sob o resplendor destas palavras de Cristo: "A luz que vós me destes, ó meu Pai, eu dei a eles, para que sejam um, como nós somos um" (Jo 17, 22).

Pode-se esperar que um dia, quando a hora providencial tiver chegado, quando as almas estiveram prontas, o Pastor supremo, tendo em conta os votos dos bispos e dos fiéis, desejará consagrar o gênero humano ao coração imaculado e misericordioso de Maria, para que ela mesma nos apresente mais urgentemente a seu Filho e nos obtenha a pacificação do mundo. Isso seria uma nova afirmação da mediação universal da Santíssima Virgem.

Dirijamo-nos a ela com a maior confiança; ela foi chamada "a esperança dos desesperados" e, acudindo a ela como a melhor das Mães e a mais iluminada, chegaremos a Jesus, como a nosso único e misericordioso Salvador.[1]

---

[1] Um ano após a publicação deste livro, o Papa Pio XII fez essa Consagração ao Imaculado Coração de Maria. O seu texto pode ser encontrado no site oficial do Vaticano (vatican.va): *Radiomensagem do Papa Pio XII aos fiéis portugueses por ocasião da Consagração da Igreja e do gênero humano ao Coração Imaculado de Maria,* 31 de outubro de 1942.

CAPÍTULO VII
A predestinação de São José e sua eminente santidade

Qui minor est inter vos, hic major est.
(Lc 9, 48)

Não se poderia escrever um livro sobre a Santíssima Virgem sem falar da predestinação de São José, de sua eminente perfeição, do caráter próprio de sua missão excepcional, de suas virtudes e de seu papel atual pela santificação das almas.

Sua proeminência sobre todos os outros santos afirmada cada vez mais pela Igreja.

A doutrina segundo a qual São José é o maior dos santos, depois de Maria, tende a se tornar uma doutrina comumente recebida na Igreja. Ela não teme declarar o humilde carpinteiro superior em graça e em beatitude aos patriarcas, a Moisés, aos maiores profetas, a São João Batista, e também aos apóstolos, a São Pedro, a São João, a São Paulo; e, com mais forte razão, superior em santidade aos maiores mártires e maiores doutores da Igreja. O menor, pela profundidade de sua humildade, em razão da conexão das virtudes, é o maior pela elevação de sua caridade: "Qui minor est inter vos, hic major est" (Lc 9, 48).

Esta doutrina foi ensinada por Gerson,[2] por São Bernardino de Sena.[3] Ela se tornou mais e mais corrente a partir do século XVI; é admitida por Santa Teresa, pelo dominicano Isidoro de Isolanis, que parece ter escrito o primeiro tratado sobre São José,[4] por São Francisco de

---

[2] *Sermo in Nativitatem Virginis Mariae*, IV consideratio.

[3] *Sermo. I de S. Joseph*, c. III. Opera, Lyon, 1650, t. IV, p. 254.

[4] *Summa de donis S. Joseph*, ann. 1522, nov. ed. do Pe. Berthier, Roma, 1897.

Sales, por Suárez,[5] mais tarde por Santo Afonso de Ligório,[6] mais recentemente pelo C. Sauvé,[7] pelo Cardeal Lépicier, [8] por Mons. Sinibaldi,[9] e está bem exposta no *Dictionnaire de Théologie catholique*, no artigo *Joseph (saint)* por M.-A. Michel.

Ademais, esta doutrina recebeu a aprovação de Leão XIII na Encíclica *Quanquam pluries* , de 17 de agosto de 1899, escrita para proclamar o Patrocínio de São José sobre a Igreja universal. Diz-se nela: "Sabemos que a dignidade da Mãe de Deus é altíssima e que não pode haver uma maior. Mas, dado que entre a beatíssima Mãe de Deus e São José existe um verdadeiro vínculo matrimonial, é também certo que São José, *mais que qualquer outro*, se aproximou daquela altíssima dignidade que faz da Mãe de Deus a criatura mais excelsa. De fato, o matrimônio constitui, por si mesmo, a forma mais nobre de sociedade e de amizade, e traz consigo a comunhão dos bens. Portanto, se Deus deu José como *esposo* a Maria, deu-o não só como *companheiro de sua vida, testemunha de sua virgindade e tutor de sua pureza, mas também como participante* – por força do vínculo conjugal – *da excelsa dignidade da qual ela foi adornada*".[10]

De que Leão XIII tenha afirmado que São José se aproxima, mais do que qualquer outro, da dignidade supereminente da Mãe de Deus, segue-se que está, na glória, acima de todos os anjos? Não se pode afirmá-lo com certeza; contentemo-nos em exprimir a doutrina cada vez mais recebida na Igreja, dizendo: de todos os santos, José é o mais elevado no céu, depois de Jesus e Maria; está entre os anjos e os arcanjos.

A Igreja, na oração *A cunctis*, nomeia-o imediatamente depois de Maria e antes dos apóstolos. Se ele não é mencionado no cânon da

---

[5] *In Summam S. Thomae*, III^a, q. 29, disp. 8, sect. I.

[6] *Sermone di S. Giuseppe*. Discorsi morali, Nápoles, 1841.

[7] *Saint Jospeh intime*, Paris, 1920.

[8] São José, esposo da Santíssima Virgem Maria, Ecclesiae, Campinas, 2014

[9] *La Grandezza di. San Giuseppe*, Rome, 1927, pp. 36ss.

[10] Encíclica *Quanquam pluries*, 15 de agosto de 1899: "Certe Matris Dei tam in excelso dignitas est, ut nihil fieri majus queat. Sed tamen quia intercessit Josepho cum Virgine beatissima maritale vinculum, *ad illam praestantissimam dignitatem*, qua naturis creatis omnibus longissime Deipara antecellit, *non est dubium quin accesserit ipse, ut nemo magis*. Est enim conjugium societas necessitudoque omnium maxima, quae satura sua adjunctam habet bonorum unius cum altero communicationem. Quocirca *si sponsum Virgini* Deus Josephum dedit, dedit protecto non modo *vitae socium, virginitatis testem*, tutorem honestatis, sed etiam *excelsae dignitatis ejus ipso* conjugali *foedere participem*".

missa, não somente há para ele um prefácio especial, mas o mês de março lhe é consagrado, como protetor e defensor da Igreja universal.

A ele, em um sentido muito real, ainda que escondido, é particularmente confiada a multidão dos cristãos em todas as gerações que se sucedem. É o que se exprime na bela ladainha, aprovada pela Igreja, que resume suas prerrogativas: "São José, ilustre descendente de Davi, Luz dos patriarcas, Esposo da Mãe de Deus, Guarda de sua virgindade, Pai nutrício do Filho de Deus, Insigne defensor de Cristo, Chefe da Sagrada Família; José justíssimo, José castíssimo, José prudentíssimo, José fortíssimo, José obedientíssimo, José fidelíssimo, Espelho de paciência, Amante da pobreza, Modelo dos operários, Honra da vida doméstica, Guarda das virgens, Amparo das famílias, Consolação dos infelizes, Esperança dos enfermos, Padroeiro dos moribundos, Terror dos demônios, Protetor da Santa Igreja". Ninguém é assim tão grande depois de Maria.

A razão desta proeminência

Qual é o princípio desta doutrina, cada vez mais admitida, depois de cinco séculos?

O princípio, invocado de modo cada vez mais explícito por São Bernardo, São Bernardino de Sena, Isidoro de Isolanis, Suárez e os autores mais recentes, é um princípio tão simples quanto elevado; ele foi formulado por Santo Tomás a propósito da plenitude de graça em Jesus e da santidade de Maria. Ele se exprime brevemente assim: *Uma missão divina excepcional requer uma santidade proporcionada.*

Este princípio explica por que a santa alma de Jesus, estando unida pessoalmente ao Verbo, fonte de toda graça, recebeu a plenitude absoluta da graça, que devia transbordar sobre nós, segundo as palavras de São João (Jo 1, 16) "De plenitudine ejus omnes accepimus".[11]

É também a razão pela qual Maria, chamada a ser Mãe de Deus, recebeu desde o instante de sua concepção uma plenitude inicial de graça, que ultrapassa já a graça final de todos os santos reunidos. Sendo a mais próxima da fonte de toda graça, ela devia beneficiar-se mais que qualquer outra criatura.[12]

---

[11] Cf. *Santo Tomás*, IIIª q. 7, a. 9.

[12] Cf. *ibidem*, q. 27, a. 6.

É, ainda, a razão pela qual os apóstolos, mais próximos de Nosso Senhor que os santos que os sucederam, conheceram mais perfeitamente os mistérios da fé. Para pregar infalivelmente o Evangelho ao mundo, receberam em Pentecostes uma fé eminentíssima, iluminadíssima, inquebrantável, princípio de seu apostolado.[13]

Este mesmo princípio explica também a proeminência de São José sobre todos os outros santos. Para bem entendê-lo, deve-se notar que *as obras de Deus que provêm imediatamente dele são perfeitas*. Não se encontraria nelas nem desordem nem qualquer imperfeição.

Assim foi a obra divina no dia da criação, desde as mais altas hierarquias angélicas até as criaturas mais ínfimas.[14]

É ainda assim com *os grandes servos de Deus que ele mesmo escolheu excepcionalmente e imediatamente, sem intermediário de nenhuma escolha humana*, e que são suscitados por ele para restaurar a obra divina, perturbada pelo pecado. No princípio enunciado acima, todas as palavras devem ser ponderadas: "Uma missão divina excepcional requer uma santidade proporcionada".

Não se trata de missão humana, por alta que ela seja, nem de missão angélica, mas de missão propriamente divina, e não de uma missão divina ordinária, mas tão excepcional que, no caso de José, ela é única no mundo em todo o curso dos tempos.

Compreende-se ainda melhor a verdade deste princípio, tão simples quanto elevado, ao ser considerado por contraste, como frequentemente se fazem a escolhas humanas. Os homens escolhem frequentemente, para as mais altas funções de um governo difícil, homens incapazes, medíocres e imprudentes. Isto leva um país à sua ruína, se não há uma reação salutar.

Não se pode encontrar nada de semelhante naqueles que são *imediatamente escolhidos pelo próprio Deus* e preparados por ele para ser seus ministros excepcionais na obra de redenção. O Senhor lhes dá uma santidade proporcionada, porque ele realiza tudo com medida, força e suavidade.

Como a santa alma de Jesus recebeu, desde o instante de sua concepção, a plenitude absoluta da graça, que não cresceu em seguida; como Maria recebeu, desde o instante de sua concepção imaculada,

---

[13] Cf. *ibidem*, II^a II^{ae}, q. I, a. 7, ad 4.

[14] Cf. *Santo Tomás*, I^a, q. 94, a.3.

uma plenitude inicial de graça que já era superior à graça final de todos os santos e que não cessou de crescer até sua morte; assim, guardadas todas as proporções, São José deveria ter recebido uma plenitude relativa de graça proporcionada à sua missão, quando foi direta e imediatamente escolhido, não pelos homens, nem por qualquer criatura, mas pelo próprio Deus e por ele somente, para esta missão única no mundo. Não se poderia precisar em que momento teve lugar a santificação de José, mas o que em direito se há de afirmar é que, em razão de sua missão, ele foi confirmado em graça desde seu casamento com a Santíssima Virgem.[15]

A que ordem pertence a missão toda excepcional de José?

É evidente que ela ultrapassa a ordem natural, não somente da natureza humana, mas da angélica. Pergunta-se, então, se ela é somente da ordem da graça, como aquela de São João Batista, que prepara os caminhos da salvação, como a missão universal dos apóstolos na Igreja para a santificação das almas, ou a missão particular dos fundadores de ordens?

Se vista com atenção, vê-se que a missão de São José ultrapassa mesmo a ordem da graça, e que toca , por seu termo, *a ordem hipostática*, constituída pelo próprio mistério da Encarnação. Mas deve-se bem entendê-lo, evitando todo exagero, bem como toda diminuição.

Na ordem hipostática, termina a missão única de Maria, a maternidade divina, e também, em certo sentido, a missão oculta de José. Este ponto de doutrina é afirmado sempre mais explicitamente por São Bernardo, São Bernardino de Sena, pelo dominicano Isidoro de Isolanis, Suárez e muitos autores recentes.

São Bernardo diz de José: "Ele é o servo fiel e prudente, que o Senhor constitui como sustento de sua Mãe, o pai nutrício de sua carne, e *o único cooperador* fidelíssimo sobre a terra do grande desígnio da Encarnação".[16]

São Bernardino de Sena escreve: "Quando Deus escolhe, pela graça, alguém para uma missão tão elevada, concede-lhe todos os dons

---

[15] Cf. Dict. Théol. cath., art. *Joseph* (Saint), c. 1518.

[16] *Homil. II super Missus est*, prope finem: "Fidelis, inquam, servus et prudens, quem constituit Dominus suae Matris solatium, suae carnis nutritium, solum denique *in terris magni consilii coadjutorem fidelissimum*".

necessários para esta missão. É o que se verificou eminentemente em São José, pai nutrício de Nosso Senhor Jesus Cristo, e esposo de Maria (...)."[17]

Isidoro de Isolanis coloca igualmente a vocação de São José acima da vocação dos apóstolos; ele aponta que esta tem por finalidade pregar o Evangelho, iluminar as almas, reconciliá-las; mas a vocação de José é mais imediatamente relativa ao próprio Cristo, porque ele é esposo da Mãe de Deus, o pai nutrício e o defensor do Salvador.[18]

Suárez diz também: "Certos ofícios requerem a ordem mesma da graça santificante e, neste gênero, os apóstolos têm o grau mais elevado: também têm necessidade de mais auxílios gratuitos que os outros, sobretudo no que concerne aos dons gratuitamente dados e à sabedoria. Mas há outros ofícios que se relaconam com a ordem da união hipostática, em si mais perfeita, como se vê claramente na maternidade divina da Bem-aventurada Virgem Maria, e é a esta ordem de ofícios que pertence o ministério de São José".[19]

Faz alguns anos, Mons. Sinibladi, bispo titular de Tiberíades, e secretário da Sagrada Congregação de Estudos, precisou este ponto de doutrina. Ele apontou que o ministério de José pertence, de certo modo, por seu fim, à ordem hipostática: não que José tenha intrinsicamente cooperado, como instrumento físico do Espírito Santo, para a realização do mistério da Encarnação; deste ponto de vista seu papel é muito inferior ao de Maria, Mãe de Deus; mas, enfim, ele foi predestinado a ser, na ordem das causas morais, o guardião da virgindade e da honra de Maria, ao mesmo tempo que o pai nutrício

---

[17] Sermo I de S. Joseph: "Omnium singularium gratiarum alicui rationali creaturae communicatarum, generalis regula est: quod quandocumque divina gratia eligit aliquem ad aliquam gratiam singularem, seu ad aliquem sublimem statum, omnia charismata donet, quae illi personae sic electae et ejus officio necessariae sunt atque illam copiose decorant. Quod maxime verificatum est in sancto Joseph, putativo Patre Domini nostri Jesu Christi, et vero Sponso Reginae mundi et Dominae angelorum, *qui ab aeterno electus est fidelis nutritius atque custos pincipalium thesaurorum suorum, scilicet Filii ejus et Sponsae suae*: quod officium fidelissime prosecutus est (...) Si compares eum ad totam Ecclesiam Christi, nonne iste est homo electus et specialis, per quem et sub quo Christus est ordinale et honeste introductus in mundum? Si ergo Virgini Matri tota Ecclesia sancta debitrix est, quia per eam Christum suscipere digna facta est; sic profecto, post eam, huic debet gratiam et reverentiam singularem (...) Omnibus electis Panera de coelo, qui coelestam vitam tribuit, cum multa solertia enutrivit".

[18] *Summa de donis sancti Joseph* (obra muito louvada por Bento XIV), Pars III[a]. c. XVIII; todo este capítulo expõe a superioridade da missão de São José sobre a dos Apóstolos. Ver também, *ibid.*, c. XVII: "de dono plenitudinis gratiae (in S. Joseph)".

[19] *In Summum S. Thomae*, III[a]. q. 29, disp. 8; sect. I.

e protetor do Verbo feito carne. "Sua missão pertence, por seu fim, à ordem hipostática, não por uma cooperação intrínseca e imediata, mas por uma cooperação *extrínseca, moral e mediata* (por Maria), que é, portanto, uma verdadeira cooperação".[20]

A predestinação de José foi feita no decreto mesmo da Encarnação

O que acabamos de dizer aparece mais claramente ainda se se considera que o decreto eterno da Encarnação não recai somente sobre a Encarnação em geral, abstração feita das circunstâncias de tempo e lugar, mas sobre a Encarnação *hic et nunc*, isto é, sobre a Encarnação do Filho de Deus, que, em virtude da operação do Espírito Santo, deveria ser concebido em tal instante pela Virgem Maria, unida a um homem da casa de Davi chamado José: "Missus est angelus Gabriel a Deo in civitate Galilaeae, cui nomen Nazareth, ad virginem desponsatam viro, cui nomen erat Joseph, de domo David" (Lc 1, 26-27).

Tudo leva, portanto, a pensar que *José foi predestinado a ser pai nutrício do Verbo feito carne antes de ter sido predestinado à glória*. A razão é que a predestinação de Cristo como homem à filiação divina natural é *anterior* à predestinação de todo homem eleito, porque Cristo é o primeiro dos predestinados.[21] Ora, a predestinação de Cristo à filiação divina natural não é outra senão o decreto mesmo da Encarnação, que recai sobre a Encarnação a se realizar *hic et nunc*. Este decreto implica, por si mesmo, a predestinação de Maria à maternidade divina, e de José a ser pai nutrício e protetor do Filho de Deus feito homem.

Como a predestinação de Cristo à filiação divina natural é superior à sua predestinação à glória e a precede, como o admitem os tomistas (in IIIam, q. 24, a. 1 et 2); e como a predestinação de Maria à maternidade divina precede (*in signo priori*) a sua predestinação

---

[20] Cf. Mgr G. SINIBALDI, *La Grandezza di San Giuseppe*, Roma, 1927, pp. 36ss: "Il ministero di San Giuseppe e l'ordine della Unione ipostatica (...) Maria e nata per essere la Madre di Dio (...) Ma lo sposalizio verginale di Maria dipende da Giuseppe (...) Laonde il ministero di Giuseppe ha uno stretto rapporto con la costituzione dell'ordine della Unione ipostatica (...) Celebrando il suo connubio verginale con Maria, Giuseppe prepara la Madre di Dio, come Dio la vuole; e in ciò consiste la sua cooperazione nell'attuazione del grande Mistero. – Da ciò appare che la cooperazione di Giuseppe non uguaglia quella di Maria. Mentre la cooperazione di Maria è intrinseca, fisica, immediata, quella di Giuseppe è estrinseca, morale, mediala (per Maria); ma e vera cooperazione".

[21] Cf. Santo Tomás, IIIª, q. 24, a. 1, 2, 3, 4.

à glória – nós o vimos no início desta obra –, igualmente a predestinação de José a ser o pai nutrício do Verbo feito carne é anterior à predestinação da glória e da graça. Em outros termos, ele foi predestinado ao mais alto grau de glória depois de Maria, e em seguida ao mais alto grau de graça e de caridade, porque ele foi chamado a ser digno pai nutrício e protetor do Homem-Deus.

Vê-se, por isso mesmo, a elevação de sua missão única ao mundo, porque sua predestinação primeira não forma mais que uma mesma coisa com o decreto mesmo da Encarnação. É o que se diz ordinariamente quando se afirma que José foi criado, e colocado no mundo, para ser pai nutrício de Verbo feito carne, e, para que fosse este digno pai, Deus quis para ele um altíssimo grau de glória e de graça.

O caráter próprio da missão de José

Este ponto é admiravelmente exposto por Bossuet em seu primeiro panegírico deste grande santo (3º. Ponto), quando nos diz: "Entre todas as vocações, aponto duas, nas Escrituras, que parecem diretamente opostas: a primeira, dos apóstolos; a segunda, de José. Jesus se revela aos apóstolos, para que o anunciem a todos os povos; e se revela a José para que *silenciasse e o ocultasse*. Os apóstolos são luzes, para fazer Jesus Cristo ser visto pelo mundo; José é um véu para cobrir, e sob este véu misterioso oculta-nos a virgindade de Maria e a grandeza do Salvador das almas (...). Aquele que glorifica os apóstolos pela honra da pregação, glorifica José pela humildade do silêncio". A hora da manifestação do mistério da Encarnação não tinha ainda chegado; esta hora devia ser preparada por trinta anos de vida oculta.

A perfeição consiste em fazer o que Deus quer, cada qual segundo a sua vocação; mas, no silêncio e na obscuridade, a vocação de José ultrapassa a dos apóstolos, porque toca mais de perto o mistério da Encarnação redentora. José, depois de Maria, foi mais próximo que qualquer outra pessoa do autor da graça, e, no silêncio de Belém, durante a permanência no Egito e na pequena casa de Nazaré, ele recebeu mais graças que jamais o receberá qualquer outro santo. Sua missão foi dupla.

Com respeito à Maria, ele preservou sua virgindade, contraindo com ela um verdadeiro matrimônio, mas absolutamente santo. O anjo do Senhor lhe disse: "José, filho de Davi, não receies em tomar Maria por esposa, pois o que nela se formou é obra do Espírito Santo" (Mt 1, 20; *item* Lc 2, 5). Maria é certamente sua esposa, e sua união com José era um verdadeiro casamento, como explica Santo Tomás (IIIa, q. 29, a. 2), mostrando as conveniências pelas quais nenhuma dúvida deveria tocar, por leve que fosse, a honra do Filho e a da Mãe; se alguma vez esta honra estivesse em causa, José, a testemunha mais autorizada e menos suspeita, estaria lá para atestar sua integridade. Ademais, Maria encontrou em José ajuda e proteção. Ele a amava com o amor mais puro, mais devoto, com um amor teologal, porque ele a amava em Deus e por Deus. Foi uma união sem mancha, a mais respeitosa com a criatura mais perfeita que jamais existiu, no contexto mais simples, de um pobre artesão de vila. José, assim, aproximou-se mais intimamente que qualquer outro santo daquela que é a Mãe de Deus e a Mãe espiritual de todos os homens – e do próprio José – e a distribuidora de todas as graças. A beleza do universo todo não era nada ao lado da sublime união destas duas almas, união criada pelo Altíssimo, que encantava os anjos e alegrava o próprio Senhor.

Com respeito ao Verbo feito carne, José velou sobre ele, protegeu-o, contribuiu para sua educação humana. É chamado seu pai nutrício, ou ainda pai adotivo, mas estes nomes não podem exprimir plenamente esta relação misteriosa e cheia de graça. É acidentalmente que um homem se torna pai adotivo ou pai nutrício de uma criança, enquanto que não foi acidentalmente que José tornou-se o pai nutrício do Verbo feito carne: ele foi criado e colocado nesse mundo para isso; é o objeto primeiro de sua predestinação e razão de todas as graças que recebeu. Bossuet o exprime admiravelmente:[22] "Quando a natureza não lhe dá, aonde se vai para buscar um coração paternal? Em uma palavra, São José não era pai; como terá ele *um coração de pai para Jesus*? Aqui é que devemos entender o poder divino agindo nesta obra. É por efeito deste poder que José tinha um coração de pai, e, se a natureza não lhe deu, *Deus lhe fez um com suas próprias mãos*. Porque é dele que está escrito que torce as inclinações para onde quer (...); Faz um coração de carne em alguns, quando os amolece pela caridade (...) Ele não molda em todos os fiéis, não um coração de escravo, mas um coração de filho, quando envia sobre eles o Espírito de seu Filho? Os apóstolos tremiam pelo menor perigo, mas Deus lhes deu um coração totalmente novo, e sua coragem se tornou invisível

---

[22] *Premier panégyrique de saint Joseph*, 2ᵉ point, éd. Lebarcq, t. II, pp. 135ss.

(...). Foi, portanto, esta mesma mão que fez um coração de pai em José e um coração de filho em Jesus. É por isso que Jesus lhe obedece a José, e este não teme ordenar-lhe. E de onde lhe vêm a ousadia de ordenar a seu Criador? É que o verdadeiro Pai de Jesus Cristo, este Deus que o gera desde toda eternidade, havia escolhido o divino José para servir de pai, em meio ao tempo, a seu Filho único; fez, de alguma maneira, fluir em seu seio algum raio ou alguma centelha deste amor infinito que tem por seu Filho; é o que trocou-lhe o coração, é o que lhe deu um amor de pai; tanto que o justo José sente nele mesmo um coração paternal, formado subitamente pela mão de Deus; sente também que Deus lhe ordena usar de uma autoridade paternal, e ele ousa bem ordenar àquele que ele reconhecia por seu mestre." Isto equivale a dizer que José foi predestinado primeiro a *"servir de pai ao Salvador, que não poderia ter um pai aqui na terra"*, e, em seguida, a receber todos os dons que lhe foram concedidos, para que fosse digno protetor do Verbo feito carne.[23]

Depois disso, é preciso dizer com que fidelidade José guardou o triplo depósito que lhe foi confiado: a virgindade de Maria, a pessoa de Jesus Cristo e o segredo do Pai eterno, aquele da Encarnação de seu Filho, segredo que deveria ser guardado até que chegasse a hora da manifestação deste mistério.[24]

Sua Santidade Pio XI, em um discurso pronunciado na sala do consistório no dia da festa de São José, 19 de março de 1928, depois de ter falado da missão de João Batista e de São Pedro, afirmou: "Entre estas duas missões, aparece a de São José: missão recolhida, tácita, quase inadvertida, desconhecida, que não se deveria iluminar senão alguns séculos mais tarde; um silêncio ao qual deveria suceder, sem dúvida, mais muito tempo depois, um retumbante canto de glória. E de fato, lá onde é mais profundo o mistério, mais espessa a noite que o recobre, maior o silêncio, é justamente lá que há a *mais alta missão*, mais brilhante o cortejo de virtudes requeridas e de méritos chamados, por uma feliz necessidade, a fazer-lhe eco. Missão única, altíssima, de guardar o Filho de Deus, o Rei do mundo; a missão de guardar a virgindade, a santidade de Maria; *a missão única de entrar*

---

[23] Como se diz do Menino Jesus, em Lucas 2, 51, que era "submisso" a Maria e a José. No entanto, em sua humildade, José, como se disse, deveria experimentar certa confusão – ele, o menos perfeito dos três – em ser o chefe da Sagrada Família.

[24] Cf. Bossuet, *ibidem*, exórdio.

na participação do grande mistério oculto aos olhos dos séculos e de cooperar assim na Encarnação e na Redenção!". Isto equivale a dizer que, em vista desta missão única, a Providência concedeu a José todas as graças recebidas por ele; em outros termos, José foi predestinado primeiro a servir de pai ao Salvador, depois à glória e à graça que convinha a tão excepcional vocação.

As virtudes e os dons de São José

São, sobretudo, as virtudes da vida oculta, a um grau proporcionado ao da graça santificante: a virgindade, a humildade, a pobreza, a paciência, a prudência, a fidelidade – que não pôde ser abalada por nenhum perigo –, a simplicidade, a fé iluminada pelos dons do Espírito Santo, a confiança em Deus e a perfeita caridade. Ele guardou o depósito que lhe fora confiado com uma fidelidade proporcionada ao preço deste tesouro inestimável. Ele cumpriu este preceito: "Depositum custodi – guarda aquilo que te foi confiado".

Sobre as *virtudes de sua vida oculta*, Bossuet faz esta observação geral:[25] "É um vício ordinário nos homens dar-se inteiramente ao exterior e negligenciar o interior; trabalhar para o aparente e o belo, e desprezar o efetivo e o sólido; pensam frequentemente no que parecem ser, e não pensam no que devem ser. É por isso que as virtudes mais estimadas são aquelas que se mesclam com os negócios, e que entram no comércio dos homens; ao contrário, as virtudes ocultas e interiores, onde o público não entra, onde tudo se passa entre Deus e o homem, não apenas não são praticadas, mas nem mesmo são compreendidas. Entretanto, é no segredo que consiste todo o mistério da virtude verdadeira (...). Deve-se formar um homem, propriamente dito, antes de se ponderar qual posto lhe será dado entre os outros; e se não se trabalha sobre este fundo, todas as outras virtudes, por brilhantes que possam ser, não serão senão virtudes de desfile (...);não formam o homem segundo o coração de Deus. Ao contrário, José, homem simples, buscou a Deus; José, homem desapegado, encontrou a Deus; José, homem retirado, gozou de Deus".

A humildade de José deveria ser confirmada pelo pensamento da gratuidade de sua vocação excepcional. Ele deveria se perguntar: por que o Altíssimo me deu seu Filho único para guardar, a mim, José, ao

---

[25] *Deuxième panégyrique de saint Joseph*, exórdio.

invés de a este ou aquele outro homem da Judéia, da Galiléia, ou de outra região, ou de outro século? Foi unicamente o beneplácito de Deus, beneplácito de que ele mesmo é a razão, e pelo qual José foi livremente preferido, escolhido, predestinado desde toda a eternidade, ao invés deste ou daquele outro, ao qual o Senhor teria podido conceder os mesmos dons e uma mesma fidelidade para prepará-lo para esta excepcional missão. Vemos nesta predestinação um reflexo da gratuidade da predestinação de Cristo e da predestinação de Maria.

O conhecimento do preço desta graça, e da sua absoluta gratuidade, longe de prejudicar a humildade de José, confirmava-a. Ele pensava em seu coração: "O que tendes que não tenhas recebido?"

José aparece como o mais humilde de todos os santos após Maria, mais humilde que todos dos anjos; e, se ele é o mais humilde, é pelo mesmo motivo o maior de todos, porque as virtudes estão unidas, a profundidade da humildade é proporcional à elevação da caridade, como a raiz das árvores é tanto mais profunda quando mais alta: "Aquele dentre vós que é o menor, diz Jesus, é este que será o maior." (Lc 9, 48).

Como faz notar ainda Bossuet:" Possuindo o maior tesouro por uma graça extraordinária do Pai eterno, José, bem longe de se vangloriar de seus dons ou de fazer conhecer suas vantagens, esconde-se o quanto pode aos olhos dos mortais, gozando pacificamente com Deus do mistério que lhe é revelado, e das riquezas infinitas colocadas sob sua proteção".[26] "José tem na sua casa motivos para atrair os olhos de toda a terra, e o mundo não o conhece; ele possui o Deus-homem, e não diz uma palavra; ele é testemunha de um tão grande mistério, e o saboreia em segredo sem o divulgar".[27]

Sua fé é inquebrantável, apesar da obscuridade do mistério inesperado. A palavra de Deus, transmitida pelo anjo, ilumina-o sobre a concepção virginal do Salvador: José teria podido hesitar em crer em coisa tão extraordinária, mas crê firmemente, na simplicidade de seu coração. Por sua simplicidade e sua humildade, ele entra nas alturas de Deus.

A obscuridade não tarda a reaparecer: José era pobre antes de ter recebido o segredo do Altíssimo; mas torna-se mais ainda pobre,

---

[26] *Premier panégyrique de saint Joseph*, exórdio.

[27] *Deuxième panégyrique de saint Joseph*, 3º ponto.

observa Bossuet, quando Jesus vem ao mundo, porque vem com sua indigência e despreendimento de tudo para unir-se a Deus. Não há lugar para o Salvador na última das hospedarias de Belém. José deveria sofrer de não ter *nada* para dar a Maria e a seu Filho.

Sua confiança em Deus se manifesta na provação, porque a perseguição começa pouco depois do nascimento de Jesus. Herodes busca matá-lo. O chefe da Sagrada Família deve esconder Nosso Senhor, partir para um país distante, onde ninguém o conhece e onde não sabe como poderá ganhar a vida. Ele parte, colocando sua confiança na Providência.

Seu amor a Deus e às almas não cessa de crescer na vida oculta de Nazaré, sob a influência constante do Verbo feito carne, fonte de graças sempre novas e mais elevadas para as almas dóceis que não colocam obstáculo àquilo que ele lhes quer dar. Dissemos mais acima, a propósito do progresso espiritual de Maria, que a ascensão destas almas é uniformemente acelerada, isto é, que elas se dirigem sempre mais rápido para Deus à medida que se aproximam dele e que são mais atraídas por ele. Esta lei da gravitação espiritual das almas justas se realizou em José; a caridade não cessou de aumentar nele, sempre mais prontamente, até a morte; o progresso de seus últimos anos foi muito mais rápido do que o dos primeiros, porque, encontrando-se mais próximo de Deus, era atraído mais fortemente para ele.

Com as virtudes teologais, cresceu também incessantemente nele os sete dons do Espírito Santo, que estão unidos à caridade. Os dons do entendimento e da sabedoria tornavam sua fé viva cada vez mais penetrante e saborosa. Em formas extremamente simples, mas elevadíssimas, sua contemplação se dirigia à infinita bondade do Altíssimo. Essa foi, na sua simplicidade, a contemplação sobrenatural mais alta depois daquela de Maria.

Essa contemplação amorosa era-lhe muito doce, mas lhe demandava a mais perfeita abnegação e o mais doloroso sacrifício, quando recordava as palavras do velho Simeão: "Este menino será um sinal exposto à contradição" e aquelas ditas a Maria: "E uma espada transpassará tua alma". A aceitação do mistério da Redenção, pelo sofrimento, aparecia a José como a consumação dolorosa do mistério da Encarnação, e tinha necessidade de toda a generosidade de seu amor para oferecer a Deus, em sacrifício supremo, o Menino Jesus e sua Santa Mãe, que amava incomparavelmente mais que sua própria vida.

A morte de São José foi uma morte privilegiada; como aquela da Santíssima Virgem, ela foi, diz São Francisco de Sales, uma morte de amor.[28] Ele admite também, com Suárez, que José estivesse entre os santos que, segundo São Mateus (Mt 27, 52ss), ressuscitaram depois da ressurreição do Senhor e se manifestaram na cidade de Jerusalém; ele sustenta que essas ressurreições foram definitivas, e que José entrou no céu de corpo e alma. Santo Tomás é muito mais reservado sobre este ponto: após ter admitido que as ressurreições que seguiram a de Jesus foram definitivas (*in* Matth., XXVII, 52, et IV *Sent.*, l. IV, dist. 42, q. l, a. 3), mais tarde, examinando as razões contrárias dadas por Santo Agostinho, descobre-as muito mais sólidas (cf. III[a], q. 53, a. 3, ad 2).

O papel atual de José na santificação das almas

Tanto o humilde carpinteiro teve uma vida oculta sobre a terra, tanto foi glorificado no céu. Aquele a quem o Verbo feito carne foi "submisso" aqui na terra, conserva no céu um poder de intercessão incomparável.

Leão XIII, na Encíclica *Quamquam pluries*, encontra na missão de São José, com respeito à Sagrada Família: "As razões pelas quais São José deve ser tido como Patrono da Igreja (...) enquanto a Mãe de Jesus é também mãe de todos os cristãos (...), assim também São José cuida, como que confiada a ele próprio, a multidão dos cristãos (...); deve ser tido como o defensor da Igreja, que efetivamente é a Casa do Senhor e o reino de Deus na terra".

O que é impressionante neste papel atual de José, até o fim dos tempos, é que ele une admiravelmente as prerrogativas mais opostas em aparência.

Sua influência é universal sobre toda a Igreja que ele protege, e, entretanto, a exemplo da Providência, ela se estende aos menores detalhes; "modelo dos operários", ele se interessa por cada um daqueles que lhe imploram. Ele é o mais universal dos santos, por sua influência, e faz com que o pobre encontre o par de sapatos de que necessita.

Sua ação é, evidentemente, sobretudo de ordem espiritual, mas se estende também às coisas temporais: ele é "Amparo das famílias,

---

[28] *Tratado do amor de Deus*, l. VII, cap. XIII.

Amparo das comunidades, Consolação dos infelizes, Esperança dos enfermos."

Vela sobre os cristãos, de todas as condições, de todos os países, sobre os pais de família, os esposos, assim como sobre as virgens consagradas; sobre os ricos, para inspirar-lhes uma caritativa distribuição de seus bens, assim como sobre os pobres, para socorrê-los.

Ele é atento aos maiores pecadores e às almas mais avançadas. É o patrono da boa morte, das causas desesperadas; é terrível ao demônio que parece triunfar, e é também, diz Santa Teresa, o guia das almas interiores nos caminhos da oração.

Há na sua influência um reflexo maravilhoso da "divina sabedoria, que estende sua força de uma extremidade do mundo à outra, e tudo dispõe com suavidade". (Sb 8, 1).

O esplendor de Deus esteve, e ainda permanece eternamente, sobre ele; a graça não cessa de frutificar nele, e deseja fazer partícipes todos aqueles que aspiram verdadeiramente à "vida escondida com Cristo em Deus" (Cl 3, 3).

APÊNDICE
A Santíssima Virgem e a França

Finalizaremos esta obra recordando as principais bênçãos que a França recebeu da Mãe de Deus.

Após os anos tão dolorosos que acabamos de atravessar, de 1939 a 1945, para reencontrar a vitalidade e as energias necessárias à recuperação intelectual, moral e espiritual de nossa pátria, muito necessitamos do auxílio de Deus; e o obteremos por intercessão de Maria, recordando-nos daquilo que ela fez pela França no curso de nossa história, quando tudo parecia perdido. Recordemo-nos primeiro dos centros de oração de nossa pátria.

Os santuários antigos e novos de Nossa Senhora

Depois da idade média, a antiga França foi repleta de santuários da Santíssima Virgem. Basta recordar os principais: *Notre-Dame* de Paris, iniciado no começo do século VI, continuado sob São Luís; Nossa Senhora de Chartres, mais antigo ainda; Nossa Senhora de Rocamadour, onde rezaram Branca de Castela e São Domingos; Nossa Senhora de Puy, que São Luís visitou; Nossa Senhora da Guarda, em Marselha; Nossa Senhora de Fourvière, em Lyon; muitos santuários conhecidos sob o nome de Nossa Senhora do Bom Socorro, Nossa Senhora da Piedade, Nossa Senhora do Livramento, Nossa Senhora da Recuperação, Nossa Senhora de Toda Ajuda. Quantos milagres e graças concedidas no curso dos séculos nestes lugares de peregrinação!

Os santuários mais recentes de Nossa Senhora do Laus ,[1] nos Alpes, Nossa Senhora de la Salette, Nossa Senhora de Lourdes, Nossa

---

[1] As aparições do Laus foram recentemente aprovadas em 2008, e a vidente, Benoîte Rencurel, foi declarada venerável em 2009.

Senhora de Pontmain, Nossa Senhora de Pellevoisin, e muitas outras, nos dizem que a bênção de Maria está sempre sobre nós. Recentemente, quarenta e três paróquias, quarenta e três novas *Notre-Dame*, foram construídas ao redor de Paris.

Foi ela que inspirou outrora Santa Genoveva, patrona de Paris, e Santa Joana d'Arc, a santa da pátria.

Nos momentos mais difíceis, ela suscitou Ordens religiosas, como a de Cister, ilustrada por São Bernardo; de São Domingos, fundada em Tolosa; deu ao Carmelo da França uma admirável vitalidade, assim como a muitas congregações religiosas fundadas antes ou depois da tormenta revolucionária, e que frequentemente levam seu nome.

Como recordava Pio XI, ao proclamar em 1922 *Nossa Senhora da Assunção* patrona principal de nossa pátria, a França foi com justeza chamada *o reino de Maria*, porque ela lhe foi consagrada por Luís XIII, que ordenou que a cada ano se realizassem funções solenes em 15 de agosto, na festa da Assunção. No mesmo discurso, Pio XI lembrava que trinta e cinco de nossas igrejas catedrais estão colocadas sob o vocábulo de Nossa Senhora, e invocava, como uma resposta do céu à piedade francesa, as aparições e milagres de Nossa Senhora sobre o nosso solo e saudava a Clóvis e muitos de nossos reis e promotores desta devoção à Mãe de Deus.

Em um livro recente, *La Vierge Marie dans l'histoire de France*, 1939, escrito por M. A. L. de la Franquerie, encontra-se o relato das intervenções múltiplas da Santíssima Virgem para a salvação de nossa pátria. Como diz, no prefácio deste livro, o Cardeal Baudrillart: "Ao folhear as páginas desta obra, fica-se admirado e se pergunta: isso é possível? E depois o olhar desce estas páginas, para as abundantes referências, para as leituras inumeráveis, para as fontes, para uma erudição de primeira mão (...) Devemos também a M. de la Franquerie um surpreendente quadro, através dos tempos, um brilhante e maravilhoso buquê de virtudes religiosas e da piedade mariana na França (...). É um fluxo e refluxo incessante, um movimento que resulta em outro, da nação que invoca e do céu que escuta; visão de esperança para o presente e para o futuro".

Recordaremos os principais documentos recolhidos por M. de la Franquerie, aqueles relativos aos grandes períodos de nossas histórias, para sublinhar as principais intervenções da Santíssima Virgem em nosso favor.

De Clóvis e de São Remígio até a morte de Joana d'Arc

O que sabemos do santuário de Ferrières, no Sénonais, que Clóvis visitou e em cuja reconstrução contribuiu, e onde ia rezar Santa Clotilde, demonstra claramente *a ação de Maria na conversão de Clóvis e no estabelecimento da realeza cristã*.[2] As palavras de São Remígio, que nos foram conservadas e que explicam em seu testamento, são bem conhecidas: "O reino da França é predestinado por Deus à defesa da Igreja romana, que é a única verdadeira Igreja de Cristo (...). Ele será vitorioso e próspero tanto enquanto for fiel a fé romana. Mas será bruscamente castigado sempre que for infiel a sua vocação".[3] Essa profecia tem incessantemente se realizado.

De todos os reis da França, o mais fiel a esta vocação foi, incontestavelmente, *São Luís*, que teve pela Santíssima Virgem uma enorme devoção, como mostram as igrejas que fez construir em sua honra (cf. op. cit., pp. 63-75). Ele ia frequentemente rezar a Maria na *Notre-Dame* de Paris e, quando construiu a *Sainte-Chapelle*, anexa a seu palácio, para receber as preciosas relíquias da Paixão do Salvador, não separando sua piedade a Mãe do Filho, quis que a cripta da capela fosse dedicada à Santíssima Virgem. Antes de sua primeira cruzada, ele foi ajoelhar-se em Nossa Senhora de Pontoise diante da imagem milagrosa para consagrar-lhe o destino da França, de seu exército e de sua pessoa (p. 70). No curso da cruzada, no meio dos piores perigos, a calma nunca o abandonou. É ao prestígio de sua santidade que deve também a universal influência que exerceu sobre seus contemporâneos e pode realizar bem as reformas fundamentais que impôs. Durante a última cruzada, na qual tomou parte, morreu de peste em Túnis, no sábado, 25 de agosto de 1270, manifestando uma última vez sua piedade pela Mãe de Deus (p. 74).

Seu filho, Filipe III, o Ousado, se mostrou seu digno herdeiro. Mas, em seguida, as faltas de Filipe o Belo, com respeito ao Papa Bonifácio VIII, são castigadas como tinha anunciado São Remígio. Seus três filhos lhe sucederam sobre o trono sem deixar herdeiros. A coroa passa ao ramo dos Valois e a Guerra dos Cem Anos tem início, pelo fato de o rei da Inglaterra recusar a reconhecer a lei sálica que rege a ordem de sucessão ao trono da França (*op. cit.*, pp. 77-79).

---

[2] Cf. HAMON, *Notre-Dame de France*, t. I. p. 352; Dom MORIN, *Histoire du Gâtinais*, p. 365.

[3] P.L., t. CXXXV, pp. 51ss, 1168; HINCMAR, *Vita sancti Remigii*, c. 54; FLODOMARD, *Hist. Ecl. Rem.*, t. I, c. 18.

Durante todo este período, os Valois reinaram, conhecendo muito frequentemente a derrota, apesar de sua incontestável coragem, e não cessaram de invocar o auxílio de Maria, até o dia em que, expiadas enfim as faltas, a Rainha do céu intervirá por Joana d'Arc para manter inviolada a lei sálica e salvar a França do julgo da Inglaterra, que nos poderia ter arrastado para a heresia, porque ela passou ao protestantismo no século seguinte.

Sob Filipe VI de Valois e sob João o Bom, os desastres se amplificam: é a derrota de Crécy, depois de Poitiers. O Rei João é feito prisioneiro. O povo se lança aos pés de Maria. Humanamente a França é perdida; em 1360, é quase reduzida ao estado de província inglesa. A situação é desesperadora; Maria intervém. O exército inglês se dispõe a sitiar Chartres, quando um furação dos mais violentos não lhes permite avançar. O rei da Inglaterra viu nesta calamidade a intervenção de Nossa Senhora de Chartres e fez a paz, que não durou muito.

São Carlos V o Sábio, que une uma fé profunda e uma grande piedade para com Maria, Bertrand du Guesclin e Olivier de Clisson reorganizam o exército e liberam uma grande parte do território do jugo inglês.

Mas o reinado de Carlos VI é marcado pela invasão inglesa, pela traição da rainha Isabel da Baviera, e do duque de Borgonha, pela guerra civil, pela fome; a loucura do rei leva ao cume a confusão geral. Finalmente, o rei morre em 1422. A situação parece desesperadora.

O povo suplica à Santíssima Virgem que venha em socorro, e Carlos VII não tem mais em quem esperar. É o momento em que Joana d'Arc vem nos salvar da invasão inglesa: *Eu vim ao rei da França da parte da Bem-aventurada Virgem Maria* – ela dirá a seus juízes; e, de fato, não há grande evento na vida da Donzela em Maria que não esteja no meio. Sobre seu estandarte, dois nomes estão inscritos: *Jhésus-Maria*! Em Orléans, é depois de ter rezado a Maria, na capela de Nossa Senhora da Ajuda, que Joana obtém sobre os ingleses a grande vitória que salvou a França. Imediatamente depois, ela faz cantar o *Te Deum*, na igreja de Nossa Senhora dos Milagres. Ela *renovou* o pacto acordado em Tolbiac; *ela suplica o reino a Carlos VII, que lhe dá*; *ela mesma o oferece a Jesus Cristo, que por ela o devolve ao rei* (cf. *op. cit.*, p. 100). Este pacto proclama a realeza universal de Cristo sobre o mundo e particularmente sobre nossa pátria.

Mas, depois da sagração do rei em Reims, o resto da missão de Joana d'Arc: a realização da libertação da França e o reconhecimento da realeza de Cristo não se podiam cumprir senão que por seu martírio, que é o ponto culminante da vida de Joana e a prova da santidade de sua missão, selada por seu sangue. Após a libertação do território, Carlos VII foi homenagear por suas vitórias a Nossa Senhora de Puy, aos pés daquela que tinha ido frequentemente rezar no tempo de suas desventuras. Joana d'Arc tinha categoricamente afirmado que "não obstante sua morte, tudo isso pelo qual ela veio, se realizaria" (*op. cit.*, p. 107).

Depois da morte de Joana d'Arc até os mártires da Revolução

Luís XI reuniu a Coroa: Berry, Normandia, Guiena, Borgonha, Anjou, Maine e a Provença. Infelizmente, ele comete um abuso de poder, aumentado por um crime: ele participou na morte do príncipe bispo de Liège. São Francisco de Paula anunciou então ao rei que ele tinha um ano para expiar seu crime. Luís XI, durante este ano, se entregou a uma severa penitência, fez construir uma capela reparadora e morreu no dia anunciado. Seu crime fora perdoado, mas a expiação que recaiu sua descendência fez sê-la rejeitada: seu filho Carlos VIII não teve herdeiro sálico e o trono passou para seu primo Luís XII. São Remígio tinha escrito no seu testamento, sobre o rei infiel à sua vocação: "Seus dias serão abreviados e um outro receberá o reino" (*op. cit.*, p. 115). É a segunda vez que esta profecia se realiza, e se realizará ainda em breve.

Luís XII testemunhou seu reconhecimento a Maria por muitos favores que tinha recebido. Francisco I fez o mesmo depois da brilhante vitória de Marignan, e construiu em Milão uma igreja em honra à Mãe de Deus. Mas a proteção divina o abandona quando ele favorece o renascimento pagão, pactua com os protestantes, erige em dogma o direito ao erro. Ele é feito prisioneiro em Pavia (1525). Ele se arrepende, oferece uma reparação à Santíssima Virgem em três igrejas: de Bayonne, Puy e Paris; mas recai nos seus erros e de novo a proteção divina lhe abandona, e a profecia de São Remígio se realiza uma vez mais: golpe após golpe, seis dos seus sete filhos morrem, e o país estava pronto para as guerras de religião.

A situação se agrava com Catarina de Médicis. Os protestantes não tardam em assolar a França, incendiar e destruir as igrejas, os mosteiros, mas não contavam com Maria; é pela devoção da França à Santíssima Virgem que o protestantismo deve ser derrotado. Um dos primeiros atentados dos huguenotes foi uma sacrílega profanação de uma estátua da Santíssima Virgem. Ao contrário, o tratado de Péronne, que organiza a Liga, é confiado àquela que triunfa sempre sobre a heresia. Sob sua influência, a alma da França se reanima. Os príncipes da casa real são os primeiros a se inscrever. Cada um dos membros da Liga se compromete por juramento: "A manter a dupla e inseparável unidade católica e monárquica do santo reino da França tal como foi fundada milagrosamente no batistério de Reims; tal como foi restaurada milagrosamente por Joana d'Arc, tal como está escrita na lei sálica". – "A fazer por esta finalidade o sacrifício de seus bens e de sua vida (...)".

Finalmente, depois de muitas lutas, é aos pés de Nossa Senhora que vem a fracassar a heresia pela conversão de Henrique IV, que retorna ao catolicismo, e por sua consagração em Nossa Senhora de Chartres (*op. cit.*, p. 130).

Com seu primeiro-ministro Sully, ele restaura completamente o reino, reduz os impostos, reorganiza a agricultura, ergue o comércio e agricultura, favorece os empreendimentos coloniais, e, graças a seu apoio, Champlain funda Québec. No fim de seu reino, a França se tinha tornado o país mais rico, mais próspero, mais populoso.

Depois de Henrique IV, Luís XIII, o Justo, modelo do rei cristão, *consagra a França a Maria*. Tendo-se inteirado do fervor com que se recitava o Rosário em Paris na igreja dos Frades Pregadores todos os sábados pelo reino, fez com que se praticasse a mesma devoção no seu exército, para triunfar contra os protestantes.

A vitória sobre os calvinistas, apoiados pela Inglaterra, foi tão brilhante que a Universidade de Paris, em 1 de novembro de 1628, declara: "Nós atestamos firmemente que a maior parte de nossa França, infectada pela peste da heresia, foi curada pelo Rosário de São Domingos" (cf. *op. cit.*, p. 144).

Luís XIII, tendo sido assim atendido, funda a igreja de *Nossa Senhora das Vitórias*, em 9 de dezembro de 1629.

Em 5 de setembro de 1638, o nascimento de Luís XIV foi a ocasião determinante do *ato oficial pelo qual Luís XIII consagrou a França à Santíssima Virgem e instituiu sua procissão solene em 15 de agosto.*

O reinado mesmo de Luís XIII terminou na glória, e uma plêiade de santos foi dada à França: São Francisco de Sales, Santa Joana de Chantal, São Vicente de Paulo, Santa Luísa de Marillac, São João Eudes. Toda a renovação cristã do século XVII, como o próprio grande século, derivam diretamente do reino de Luís o Justo e de seu ato de consagração da França a Maria.

O autor da obra que nós resumimos conclui (p. 166): "Consagrando a França à Santíssima Virgem, Luís XIII deu à Rainha do Céu um direito de propriedade total e irrevogável sobre nosso país, e Maria não pode abandonar definitivamente ao poder de Satanás o que especialmente lhe pertence, sem incorrer ao mesmo tempo em uma diminuição definitiva de sua onipotência de intercessão, de sua soberania e de sua realeza, o que é uma impossibilidade".

Luís foi a Chartres, em 25 de agosto de 1643, desde o início de seu reino, para colocá-lo sob a proteção de Maria; renovou esta consagração a cada ano e, mesmo no tempo de seus erros, conservou uma real devoção à Mãe de Deus; é assim que ele se impôs a obrigação de recitar quotidianamente o terço. Como mostra o Mons. Prunel no seu livro, *La Renaissance catholique en France au XVIIe siècle*, o episcopado teve no seu conjunto uma vida profundamente digna e apostólica, e toma por modelo São Francisco de Sales. As Ordens religiosas foram reformadas: beneditinos, cistercienses, agostinianos, dominicanos rivalizavam em ardor para fazer uma França nova. São Francisco de Sales e Santa Joana de Chantal fundam a Ordem da Visitação; as carmelitas são introduzidas na França por Madame Acarie (Beata Maria da Encarnação Acarie); o Cardeal de Bérulle institui o Oratório; São João Eudes, a Congregação dos Eudistas; São Vicente de Paulo, os Padres da Missão e as Filhas da Caridade. M. Olier estabelece o Seminário de São Sulpício, e pouco a pouco se organiza um seminário em cada diocese. No fim do reinado de Luís XIV, o Beato de Montfort, fundador da Companhia de Maria e das Irmãs da Sabedoria, evangeliza Poitou, Anjou, a Vendéia, e nestes lugares inculca nas almas uma profunda devoção a Maria e ao Sagrado Coração, que lhes protegerá contra a astúcia da filosofia do século XVIII e contra a impiedade revolucionária; daí o heroísmo desta população durante as guerras da Vendéia, sob o Terror.

O quadro do renascimento católico na França no século XVII seria incompleto se não se falasse da evangelização do Canadá por religiosos e religiosas francesas, que de Québec irradiou para todas suas regiões;

assim, em 1642 iniciou-se o estabelecimento de Montreal, com o nome de Ville-Marie (cf. G. Goyau, *L'Epopée française au Canada*).

São Vicente de Paulo envia Lazaristas para evangelizar a Algéria, a Bizerta, a Tunísia, e mesmo Madagascar. Jesuítas franceses, carmelitas e capuchinhos partem para a China e para Tonkin. O seminário das Missões estrangeiras é fundado, bem como a Congregação do Espírito Santo, para igualmente formar missionários.

Este renascimento católico do século XVII comprova os frutos da consagração do reino da França a Maria, consagração renovada por Luís XIV quando colocou seu reino sob a proteção da Mãe de Deus.

No seu *Histoire du culte de la Sainte Vierge en France* (I, pp. 128ss), ele observa: "Até o século XVII, a devoção a Maria vai sempre crescendo, e lá, mais que nunca, resplandeceu em todas as partes (...), (mas pouco depois) o espírito religioso, e por consequência necessária o amor à Santíssima Virgem, se enfraqueceram sob a Regência, diminuíram sob o sopro gélido do jansenismo; os dias nefastos da França se preparavam".

Pervertido e sem convicções religiosas, o Regente deixou os incrédulos e os libertinos preparar o terreno às sociedades secretas e demolir as tradições mais sagradas. As primeiras lojas maçônicas se instalaram na França e se vão dispersar por todo o reino, formando uma rede formidável e secreta, que minará silenciosamente o edifício e o fará desmoronar durante a Revolução. A profecia de São Remígio irá se realizar de novo.

Como o confirmam trabalhos recentes sobre as sociedades secretas, com uma duplicidade e destreza satânica, a maçonaria adula o orgulho, a ambição, a inveja, e usa de espíritos utópicos. Ela coloca seus adeptos nos mais altos cargos e mina pouco a pouco todas as administrações, até o Exército e a Marinha. Todos os filósofos do século XVIII são seus adeptos; a Enciclopédia é a suma de seus erros. Ela trabalha sem descanso da para a descristianização da França. À morte de Luís XV, as lojas, pela boca de Turgot, buscam obter a supressão da consagração, para laicizar o reino cristão. Calunia-se gravemente a rainha.

Luís XVI percebe que a tormenta começa; em 10 de fevereiro 1790, ele *renova o voto de Luís XIII*, consagrando a França ao Imaculado Coração de Maria.

Mais tarde, opondo seu *veto* ao decreto de deportação dos sacerdotes, compreendeu que ele jogava sua coroa, e se expôs à morte; mas, diante do motim desencadeado, responde orgulhosamente aos líderes: "Antes renunciar à coroa do que participar de semelhante tirania de consciência". Ele preferiu morreu a trair a missão confiada por Deus à sua raça. A Revolução é, então, o sinal dos crimes mais atrozes; em seu ódio satânico contra Deus, ela vai muito mais longe do que aqueles que a provocaram; arrasta-os, quer descristianizar para sempre a França. Satanás parece triunfar. Mas sua vitória não pode ser definitiva: a França foi consagrada a Maria. É um dos grandes motivos que permitem esperar sua ressurreição, quando a expiação tenha sido suficiente.

Do ponto de vista da fé, que é o de Deus, o que há de maior sob o *Terror* é evidentemente o *martírio* de muitas vítimas que consumaram seu sacrifício invocando a Santíssima Virgem, tais como as mártires de Orange, as carmelitas de Compiègne e as ursulinas de Valenciennes. Como mostra M. Gautherot no seu livro *L'Epopée vendéenne*, após a resistência mais heróica e muitas vezes vitoriosa, os Vendeianos cantam o *Salve Regina*, o *Magnificat* e os cânticos populares à Santíssima Virgem, enquanto derramavam seu sangue.

Em dez anos, o Beato de Montfort tinha agitado tão profundamente, no fim do século XVII, estas províncias do Oeste, que os netos de seus ouvintes se levantaram para defender sua fé, trazendo em seu peito o escapulário do Sagrado Coração e o terço na mão. Tanto que, por própria confissão, Napoleão negociou a Concordata, porque ele não conseguiria dominar estas províncias sem restabelecer a religião. Os *Chouans* e os Vendeianos salvaram, assim, a religião na França, apesar de sua derrota.

O Mons. Freppel, no seu *Panegírico do Beato de Montfort* pronunciado em Saint-Laurent-sur-Sèvre, em 8 de junho de 1888, concluía: "Pode-se dizer que a resistência da Vendéia à obra satânica da Revolução salva a honra da França (...). Contra a desordem revolucionária oriunda das utopias perigosas de Jean-Jacques Rousseau e dos filósofos do século XVIII, ela defendeu, a preço de seu sangue, esta ordem social cristã, que tinha feito, durante séculos, a honra e a força da França. Sobretudo, é graças à resistência feroz e indomável da Vendéia que a França pode recuperar suas liberdades religiosas. Infrutuosa em aparência, seu sacrifício não permanecerá estéril. Porque, se é verdade que o sangue dos mártires é semente fecunda e que Deus mede seu perdão a nossas expiações; se, alguns anos após esta guerra de gigantes, como a chamou um homem que disso entendia, haveis visto reerguer vossos altares, vossos sacerdotes voltarem do exílio e a Igreja da França se levantar das ruínas, mais forte do que nunca, é o sangue dos justos que mereceu todas estas restaurações".

Depois da Revolução até nossos dias

É na festa da Assunção, em 15 de agosto de 1801, que Pio VII ratificou a Concordata, e em 8 de setembro seguinte, em outra festa da Santíssima Virgem, o Primeiro Cônsul colocou sua assinatura. Maria se tinha decidido a salvar a França, cuja ressurreição tinha sido comprada pelas mais puras vítimas sob o Terror.

Os regimes políticos que, em seguida, não quiseram reconhecer os direitos de Deus e nossos deveres, desmoronaram miseravelmente, para evidenciar que só Deus pode conceder a estabilidade e a duração.

Maria manifestou sua ação pela restauração ou fundação de institutos religiosos cheios de zelo, suscitando defensores da fé, e por suas intervenções pessoais, como as de la Salette, Lourdes e Pontmain.

Primeiro, o Pe. Émery restaurou São Sulpício, onde se formaram a maior parte dos grandes bispos da primeira metade do século XIX; pouco a pouco reaparecem, em 1808, os Irmãos das Escolas Cristãs, em 1814 os Jesuítas, em 1815 as Missões Estrangeiras, a Trapa; em 1818 os Cartuxos, em 1837 os Beneditinos com Dom Guéranger, em 1839 os Dominicanos com Lacordaire.

Em seguida, surgiu um número considerável de congregações novas, em particular a dos Maristas, Oblatos de Maria Imaculada; dos Marianistas, dos Padres do Sagrado Coração de Bétharram, as Ordens das Damas do Sagrado Coração, das religiosas da Assunção, das irmãs de São José de Cluny, dos Oblatos e Oblatas de São Francisco de Sales, do Bom Pastor de Angers, etc.

Em 1825, em Lyon, Pauline Jaricot organiza a obra do "Rosário vivo" e, três anos depois, a Propagação da Fé.

Para evangelizar a classe operária que havia ficado sem defesa depois da Revolução que tinha suprimido as corporações, que asseguravam aos operários a segurança na honestidade, admiráveis obras são fundadas: as conferências de São Vicente de Paulo, estabelecidas por

Ozanam, o Instituto dos Irmãos de São Vicente de Paulo, os círculos operários, as obras do patronato. Para assistir aos pobres e anciãos, muitas congregações são fundadas, em particular em 1840, as Irmãzinhas dos Pobres, que assistem hoje quarenta mil idosos, e em seguida as Irmãzinhas da Assunção.

A França retomou também, depois da Revolução, sua nobre missão de evangelizar o mundo inteiro, pelas antigas Ordens restauradas, pelas fundações novas das Missões africanas de Lyon, dos Padres Brancos do Cardeal Lavigerie, dos Missionários de la Salette, das Franciscanas Missionárias de Maria.

A Santíssima Virgem suscitou ainda eminentes defensores da fé, como Joseph de Maistre, de Bonald, Lacordaire, Montalembert, Louis Veuillot, Dom Guéranger e o Cardeal Pie, que via na proclamação do dogma da Imaculada Conceição o sinal certo dos próximos triunfos da Igreja e da França.

Maria, enfim, interveio pessoalmente e de modo excepcional muitas vezes no curso do século XIX.

Em 1830, no momento em que os abalos da Revolução agitavam o solo da pátria e varriam o trono, a Santíssima Virgem apareceu a uma humilde filha de São Vicente de Paulo, ainda noviça, Catarina Labouré, revelando-lhe a *medalha milagrosa* que traz a inscrição: "Ó Maria concebida sem pecado, rogai por nós que recorremos a vós". Ela é o prelúdio, assim, da proclamação do dogma da Imaculada Conceição; as aparições de Lourdes e seus prodígios serão a consequência. Sobre esta medalha são representados também o Sagrado Coração de Jesus, cercado de uma coroa de espinhos, e o Imaculado Coração de Maria, atravessado por uma espada. Em 1836, a Santíssima Virgem inspira a seu servo o Padre Desgenettes, pároco de Nossa Senhora das Vitórias, a idéia da *Arquiconfraria de seu Imaculado Coração*, para a conversão dos pecadores. Esta paróquia, a partir deste instante, foi transformada; e hoje esta Arquiconfraria conta com mais de cinquenta mil membros espalhados pelo universo inteiro. Em 1842, a Santíssima Virgem suscita um grande movimento *para a conversão dos judeus*, aparecendo tal como é vista na medalha milagrosa a um jovem israelita, Alphonse Ratisbonne, enquanto visitava, por curiosidade, a igreja de Saint-André delle Fratte em Rome e sem intenção alguma de se converter. Maria faz-lhe o sinal para se ajoelhar; ele sente uma força irresistível, que o converte instantaneamente e lhe faz ardentemente desejar o batismo. Como seu irmão mais velho Théodore, Alphonse Ratisbonne tornou-se pouco depois sacerdote, e ambos fundaram o Instituto dos Padres e Religiosas de Nossa Senhora de Sião, cuja ação é muito eficaz na França e se estendeu muito no estrangeiro, notadamente no Brasil.

Em 1846, Maria apareceu a duas crianças em *la Salette*, deu-lhes uma mensagem para "seu povo". "Ela não pode mais – diz – deter o braço de seu Filho". Ela enumera as faltas que provocam os castigos divinos, se não se arrependem; aponta os crimes como "a blasfêmia, a profanação do domingo, a violação da abstinência e do jejum, o esquecimento da oração". O aviso da Mãe de misericórdia não é compreendido, mas esta indiferença não cansa o seu amor.

Em 8 de dezembro de 1854, no próprio dia da *proclamação do dogma da Imaculada Conceição*, o bispo de Puy colocava a primeira pedra da estátua gigantesca que ele queria erguer de Nossa Senhora da França sobre o Monte Corneille, e que foi feita com cento e treze canhões tomados do inimigo durante a expedição da Criméia pelo Marechal Pélissier.

Em 1858, Maria aparece em Lourdes, dezoito vezes, a Bernadette; ela se proclama "a Imaculada Conceição" como para dizer: eu sou a única criatura humana que escapou completamente da dominação infernal. Em virtude deste privilégio que assegura a vitória sobre o inimigo de nossa salvação, nos traz o perdão de seu Filho dizendo: "Rezai e fazei penitência". Este segundo aviso é ainda pouco compreendido. Também a França não tarda em conhecer, em 1870, a invasão alemã e a guerra civil: o custo de não se ter seguido os conselhos da Virgem de la Salette e de Lourdes.

Entretanto, de diversos lados, várias pessoas receberam a inspiração do voto nacional ao Sagrado Coração, de que a Basílica do Montmartre perpetua a memória.

Em 17 de janeiro de 1871, Maria se mostra às crianças em *Pontmain* e diz-lhes: "Rezai, meus filhos, Deus vos escutará em pouco tempo. Meu filho se deixa tocar". Ora, é um fato certo que, a partir do momento em que a Virgem apareceu em Pontmain, o inimigo não deu mais um passo para a frente sobre o solo francês. Dois meses mais tarde, a paz era firmada, e seis meses depois a Comuna era vencida, e a França estava salva.

Em 1876, em *Pellevoisin*, Maria se mostra a Estelle Faguette, paralisada e tuberculosa; ela lhe cura e revela que quer também curar a

França, que Satanás a fez, do ponto de vista espiritual, uma tuberculosa e paralisada, pelas falsas doutrinas e leis ímpias. Libertada dessas correntes, a França deve voltar à saúde, à oração, às tradições seculares da fé. Maria, ao mesmo tempo, pede a difusão do escapulário do Sagrado Coração, porque os méritos de seu Filho são a fonte da salvação, e ela promete a sua assistência.

Apesar destas intervenções sobrenaturais, o trabalho satânico operado pelas lojas para a descristianização de nossa pátria continua. Mas a generosidade das almas mais fiéis é tal que a França é ainda mais vítima que culpada; a qualidade se sobrepõe sobre a quantidade nos pratos da balança do bem e do mal. Maria ainda não abandona o seu reino. A França é ainda salva, apesar de uma nova invasão alemã de 1914. Depois da vitória de Marne, a parada súbita das tropas alemãs permanece humanamente inexplicável, porque elas possuíam uma artilharia muito superior em número e em poder à nossa, e nossas tropas foram privadas das munições.[4] Depois de 1918, ainda cometemos muitas faltas, que merecíamos uma nova lição da Providência. O amor ao prazer, o divórcio, a queda da taxa de natalidade, a luta de classes conduzem os povos a desagregação e atraem os castigos de Deus. Somente o Evangelho e a graça divina podem levantar-nos, pela reorganização do trabalho, da família e da pátria.

Todas essas graças, concedidas por Maria no curso dos séculos, depois de quase dois mil anos para estabelecer a paz entre os povos, mereceram-lhe o título de *Rainha da Paz*. É para nós uma nova razão para pedir ao Soberano Pontífice a consagração do gênero humano ao Imaculado Coração de Maria, para obter aos povos e aos governantes as graças de luz, atração, união, estabilidade e força que, nos tempos tão turbulentos em que estamos, são indispensáveis para a *pacificação do mundo*, que só Deus pode realizar.

Fórmula de oblação de si mesmo a Maria pelo qual ela nos oferece plenamente a seu Filho

Convém que as almas interiores, sobretudo as almas consagradas, que vivem a verdadeira devoção à Santíssima Virgem, tal como exposta

---

[4] Ver o que diz sobre este tema M. de la Franquerie, *La Vierge Marie dans l'histoire de France*, 1939, p. 271.

pelo Beato de Montfort, se ofereçam a Maria, para que ela mesma lhes ofereça plenamente a seu Filho, segundo sua perfeita prudência e a extensão de seu zelo maternal. Iremos, assim, nem muito rapidamente por presunção, nem muito lentamente por falta de generosidade. Pode-se para isso servir-se, por exemplo, desta fórmula:

"Santa Mãe de Deus, eu me ofereço a vós, para que vós mesma me ofereçais plenamente e sem reservas a vosso Filho, segundo a extensão de vosso zelo e segundo vossa prudência perfeita, que conhece bem meus limites, minha fraqueza, minha fragilidade, mas que conhece também todas as graças que me são oferecidas e os desígnios de Deus sobre cada um de nós. Dignai-vos oferecer-me cada vez mais, e eu me ofereço a mim mesmo, ao amor misericordioso e abrasador do Salvador; que ele destrua tudo o que em nós deve ser queimado, e que sobretudo nos atraia cada vez mais, vivificando-nos e incorporando-nos a ele. Preparai-nos, Santa Mãe de Deus, para este encontro vivificante de nosso amor purificado com o amor de vosso Filho; preparai-nos para este encontro, que é o prelúdio da vida do céu, e fazei-nos compreender que quanto mais nos oferecemos a ele sem reservas, mais ele nos toma para vivificar-nos e fazer-nos trabalhar para a regeneração das almas. Assim seja."

Vemos, para terminar, como se deve responder à questão: pode-se amar demais a Santíssima Virgem? Deve-se responder como um Pequeno Catecismo da Santíssima Virgem, muito bem feito: "Não; se Maria é um caminho para Deus, quanto mais a amamos, mas amamos a Deus, e o verdadeiro amor à Santíssima Virgem, que é um amor não de adoração, mas de veneração, deve sempre crescer".

FICHA CATALOGRÁFICA

Garrigou-Lagrange, Réginald Marie (1877-1964)
A Mãe do Salvador e nossa vida interior / R. Garrigou-Lagrange, O.P.; tradução de José Eduardo Câmara de Barros Carneiro – Campinas, SP: Ecclesiae, 2017.

ISBN: 978-85-8491-060-1

1. Mariologia. 2. Devoções à Santíssima Virgem Maria.
I. Réginald Garrigou-Lagrange VI. II. Título.

CDD – 232.91
248.3

ÍNDICE PARA CATÁLOGO SISTEMÁTICO
1. Mariologia – 232.91
2. Devoções à Santíssima Virgem Maria – 248.3

Este livro foi impresso pela Ferrari Daiko.
O miolo foi feito com papel *chambril avena* 80g,
e a capa com cartão triplex 250g.